国家出版基金项目
NATIONAL PUBLICATION FOUNDATION

中國哲學史概論（下）

[日]渡邊秀方◎著
劉侃元◎譯

山西出版傳媒集團
山西人民出版社

近世哲學

總論

紛紛五代的喪亂裏，宋太祖趙匡胤卽了帝位。從他卽位的建隆元年（西紀九六〇年）算起，到清代退位（一九一二年），止約九百五十年間，呼之爲「近世哲學」的時代。但其間自清聖祖康熙元年到近年，凡三百年間的清代，因哲學思想爲當時學潮「考證書所窒息」，差不多全停了脈搏的原故，所以眞正哲學思想活躍過的時代，只能從北宋第四朝仁宗末年算起，到陽明沒後（西紀一六三二年）二三十年之間爲止。至於宋學的興起，自是因受老佛二教的刺戟而然，二教的要素多少且被化成了儒教，儒門學者且取作了自家哲學的體系——其內容所以自和原始儒教不能無別；但以久酣沉睡，拜於老佛下風的儒教，一旦能破其隱忍的沉默，出而建設清新的哲學，稱霸於思想界者且數百年，其證實漢民族在思索方面之爲優秀民族的地方，眞是不少！不待說這個比之先秦時代，其思想的多歧多樣，及創造力的旺盛，尙還遠非其比，但封建早變成了郡縣，分立早變成了統一的近世，先秦那種現象自不容易再爲現出，何況先秦學相的特色，爲多歧多樣，這近世哲學的特色，則爲內面的深刻呢。

北宋是近世哲學的發祥時代，當時思想活躍，周張邵二程諸子輩出，色彩稍有撩亂之觀。但經南宋到陽明，則變成單調了。陽明歿後，朱王二學派雖分野存在，但其餘則概不足觀，黃宗羲在明儒學案裏，雖蒐集了許多學說，然其中超出朱王以外的人物極爲寥寥單調至此，眞使人吃驚不小！而晚明王學的末流，尤爲內容空虛，殆同野狐禪。反抗這種單調的空虛而起的，不待說就是清朝的「考證學」，但這學又專以整理古書——訓詁校勘期於資料的正確爲能事，嚴密地講起來，不能屬於思想史的範圍內。但雖然如此，這學派研究之爲「實證的」的點，則又前古無匹，我們想徹底地研究支那古代學術的人，差不多誰也不能不以他們的研究所得的東西爲基礎；——在學術界上，他們給過這般大的效果。

第一編　北宋哲學

第一章　宋學概論

第一節　宋學勃興的原因

支那的英主，大概都是保護儒教的，尤其新承天命登大寶的帝王，多以這保護爲能事。宋太祖太宗，不待說也不是例外，前者兄，以寬仁之資，一統天下，後者弟繼位後又尊孔子，謚之爲「至聖文宣王」，且編纂了太平御覽一千卷，文苑英華一千卷，太平廣記五百卷——浩瀚的書籍。猶復敕天下求遺書，大大地獎勵過這儒學。但這種官場的獎勵，既是支那歷代帝王的通例，多少雖於當時儒學的勃興上有影響，然不能謂爲卽是「宋學」勃興的眞因——我們以爲。論者又或以爲前代韓愈的呼號，是其原因，或則謂宋初孫明復（其著春秋尊王發微）歐陽修（春秋論，易童子問）等立於訓詁學之外，和從來的儒者大不同，曾以批評的態度及自由的思想，研究過古書，他們的這種態度和思想，當爲原動。但這種事實，我們以爲要不外一種外因而止，換句話：不過間接地給過影響而止，說這是直接眞正內面的原因，則我們還有不敢贊成處。

依我們的觀察，「宋學」勃興的原因，不是這種人爲的作用，全然是當時時勢的力量。換句話，從來取保守態度的儒門，現在進一步把道教取進來了，又進一步把佛教也研究起來了——的結果。蓋儒道二教的融合，在漢代當時已能見其雛形易的繫辭傳及揚雄王充的實在論，卽其明證：都是取借過老莊的本體論的。其後魏晉時的儒者，如王弼何晏等所註解的周易、論語，也是一樣，不識不知之間，把老莊取進來，把二教融合起來的東西。同時在佛教方面，也差不多，六朝間這教已浸潤於一般天下英才皆趨於此儒佛二教的融合說，不久也從這裏面發生過。不待說唐時儒家內出過一個韓愈竭力排斥過佛教。但這要不外感情及實利的見解而然，佛教既是宗教，這樣實利的罵倒，縱無論如何猛烈，究於其教理毫無痛癢。罵倒者自身的儒家，適所以自證其思想之爲淺薄，沒分曉而止。——所以愈的弟友李翺就不和他一樣，反把佛教取進來作過自家的資料。其後五代末宋代初時，道士陳摶出來了，他在他所著的木巖文集中明示過三教調和的見解。「宋學」元勳周茂叔的「太極圖」，還說是從他傳下來的。且茂叔曾學於潤州鶴林寺僧壽涯處，張載也批評過楞嚴經，程明道且出入於老釋者幾及十年，這不都是明示儒家取入佛教的實證麼？新哲學組織的機運，於此蓋已含苞放蕊，且將開花結實了。——所以我們以爲「宋學」組織的原因，是時代推移的必然結果，謂爲人爲的，當無十分理由。而根本地論起來，這個尤可說是漢民族固有的一種不可思議的性質之所致，隱忍不撓，意志的及保守的國民性之所致，時間地（Zeitlich）不容易論斷的國民性之所致，人種地短命的他民族，所不能容易論盡的國民性之所致，——我們以爲何以見得呢？蓋佛教渡來了將及千年，到這時候，纔着手一點一點地取捨以作新學的這種事，在性急的近代人現代人，到底是不能想像得到的。但這不能想像的地方，又正是所以理解支那文化的眞相的幾微處。不能理解這幾微時，支那文化的眞相，我們當到底不能捕捉，這點是我們當切切不要忘記的！

第二節　宋學的特色

「宋學」的特色，卽理氣心性二者的研究前者乃「實在」的研究哲學上所謂本體論，後者則心理倫理諸方面的問題。前者多取於老莊及易繫辭傳，用以構成儒教的世界觀的，後者則和佛教中的禪宗多有交涉，同時又以子思、孟子爲正脈，把古來的性說，更豐富了好些學理化了好些。其結果所以古來儒教的非思辨的、專門道德的、的本體觀現在變成理智的了；心性問題也非常變成心理學的（psychologische）了；——這正是「宋學」的大特色。

但儒佛二者的融合，本來並不是全無交關可以成立的。孫泰山先倡過「儒辱說，」排老佛，歐陽修也追韓愈後轍，作過本論三篇排佛教，石守道作過「怪說，」李泰伯著過潛書，都盡力排過佛教。但這些人本來並沒有十分研究過佛教玄理的，他們大概都是爲政家，其排佛論率立脚於經世及功利的見地上，和韓愈初無違異。但這時候，佛教界裏忽出過一個大人物明教大師（契嵩），他對於這種時潮，深懷憂懼，於是作了一篇「排韓文」（鐔津文集）闡明過佛教的性質；他的椽大的筆，用以屈服當時的儒者，眞是非常有勁。於是歐陽修李泰伯等都自慚識淺起來了，進而研究佛教起來了。其他如王安石父子，蘇子瞻兄弟，黃山谷陳師道張商英等，也同樣依契嵩的「輔教篇」研究佛理，且進而作佛教外面的保護者起來了。

在北宋仁宗，英宗，神宗三代哲學很盛時，儒學旣這樣自動地、沉潛地、研究佛教起來，那末其中禪宗的「心性問答，」他們自更必非常留過意。當時儒者和佛僧間的關係，我們以下論述各家時，在其傳記裏自當再爲詳及。但總而言之，當時儒家取入佛教的原因，其初是因立於爲政者的見地上排斥過，後來則轉依佛僧的教訓，明其眞意後，因而取入過的，這是不錯的。

——這樣把儒道佛三教內面地渾融綜合起來，創出一新機軸的，不待說就是現在說的「宋學」。這宋學把人間的性情那樣綿密地研究過的現象，眞是世界學界上一大異彩。牠在現今思想界上，雖差不多全被閑卻，但在絕叫人間平等自由的今日，考究人間的性情的問題，自不能不說是根本問題，——我們以爲。

第二章　周濂溪

第一節　略傳及著書

宋初如胡安定、孫泰山、石徂徠等，都是有名的學者。他們都用師道，闡明過聖學。但他們又都沒有到過建築宋學的基礎的地步；爲宋學定基石的人，乃轉爲周濂溪其人。濂溪是生成的哲人，其重厚樸淳的人格，夫子以後，殆不再覯，眞是沒有間然的聖者。所以他之所學，概融洽於他自己的人格內，成了渾然的組織。

周敦頤字茂叔，道州、營道人。濂溪本水名，流於他的故宅下，後來因以取爲別號的。父輔成，作過賀州桂嶺的縣令，早死，所以他幼卽養於舅氏龍圖閣大學士鄭向的家中。鄭氏曉得他是個大器，愛之如親。出景祐三年，作洪州分寧縣主簿，年二十三，決獄示才，遂被舉爲南安軍司理參軍。作參軍時，他又不顧一身的安危，力攻擊過轉運使王逵的苛法，且赦死囚，講正義，視吏職如敝履，示其高節。大理寺丞程珦看出了他的氣象容貌之非常，使二子顥頤就學於他，也正是這時候的事。後來又爲桂陽令，移南昌令，所至都有令名，人民愛戴之如父母。他的政治，嚴恕皆盡理，獄無寃言；而自奉又極質素，割祿俸以賙其宗族的貧者，不少留餘蓄。曾一日得疾暴卒，後一日忽復蘇，卒時友人潘興嗣檢其敝篋中僅餘百未滿的小錢，餘無長物云。後爲太子中舍簽書，又爲合州判官事，又爲國子博士，虔州通判。官合州時，趙清獻公爲使者來州，有人讒他，清獻公於是臨他以威權，但他晏如自處，疑乃釋。旣任虔州時，又會趙公爲虔州守，時留意他的行爲，益推服其德，歎爲「得見眞周茂叔」。左丞蒲宗孟由蜀江至合州時，見他亦歎爲世覓有這樣的人。王安石在江東提點刑獄時，和他談論連日夜，退而精思，至忘寢食。英宗登極後，移虞部員外郞，通判永州。熙寧初依趙清獻公及呂正獻公的奏薦爲虞部郞中，轉廣南東路運轉判官，次又爲該路提點刑獄，侵煙冒瘴，深及於荒崖絕島間，一以洗寃敦俗爲己任，毫無倦色。因得疾，請知南康軍，見允，遂卜宅廬山蓮花峯下。峯下有清溪，因故山的濂溪，築書屋於其上，悠悠自適，然天不假以年，遂歿於此。時神宗熙寧六年（西紀一〇七三年），行年五十七。遺骸葬於江西德化縣清泉社，三子皆賢。嘉定十三年贈謚文公，淳祐元年，封汝南伯，從祀孔子廟，後改封道國公，明嘉靖中稱爲「先儒周子」。

周子清明誠一，而寡欲，胸中常灑灑如光風霽月。二程子少年時，往見他，他使他們尋「仲尼顏回所樂爲何事」。又依明道的話時再見周茂叔後，吟風弄月以歸，有「吾與點也」之意，遂慨然厭科擧業，生求道之志云。又明道曾問他何故不除窗前草，他說和自家的意志一樣，所以不除云。其人物之自然、無俗氣，而又不帶隱者獨善的臭味如此；體至誠之道，忠於職務的地方，眞是根本上繼承孔子道統，毫無遺憾的哲人！——我們不能不說他確是宋代的孔子。其人格、其思想之所影響，不僅思想家的二程而然，卽大政治家如王安石，呂公著，大詩人如東坡兄弟等，亦無不皆然。

著書、有太極圖說通書二卷,雜著一卷,收在周子全書七卷(三册)裏。其哲學思想,於前二者中,可窺全豹。這二者在性理大全以下諸家的「學案」(譬如宋元學案理學宗傳等)中也都載有全文。

他的學統的淵源不明。但舅氏既是龍圖閣學士,當受過影響不少,宋晁公武的讀書志,黃宗羲的宋元學案,朱彝尊的經義考裏,又都說他曾就學於潤州鶴林寺的壽涯和尙過,看來多少和禪僧交遊過,當是事實;但現在分析他的學說時,則禪的影響極輕微,而道教的影響轉濃厚。

第二節　本體論

周子的根本思想,盡在其太極圖說中。關於這圖的傳說,宋元學案卷十二裏,把諸家的考證及批評,都詳舉了;篤學之士,就而讀之,當可明一是。本「概論」則因篇幅關係,只能摘其要點而止。一般率認本圖爲道家的傳來物,其系統則依朱彝尊的考證,是從河上公而魏伯陽,而鍾離權,而呂嵒,而陳摶,而周子的;這考證很爲明瞭,所以周子受道教的影響的事實,殆不可否定。但又有說這是出於佛家的;然佛家根本沒有這種思想,有則當亦爲取之於道家。

但實際上,周子的太極圖說,又幷不僅道家的本體觀而止。其萬物生生發展的過程,取之於易的繫辭;分爲陰陽五行,則取之於漢的「五行說,」「德合天道」之說,則爲儒教思想——他把諸思想融合起來,構成自己獨特的學理的。後世儒者,各揣摩其片鱗,呼之爲儒、爲佛、爲老,不是擔板漢的見解麽?太極圖說曰:

無極而太極、太極動而生陽、動極而靜、靜而生陰、靜極復動、一動一靜、互爲其根、分陰分陽、兩儀立焉、陽變陰合、而分水火木金土、五氣順布、四時行焉、五行一陰陽也、陰陽一太極也、太極本無極也、五行之生也、各一其性、無極之眞、二五之精、妙合而凝、乾道成男、坤道成女、二氣交感、化生萬物、萬物生生、而變化無窮焉、惟人也得其秀而最靈、形既生矣、神發知矣、五性感動而善惡分、萬事出矣、聖人定之以中正仁義、而主靜、立人極焉、故聖人與天地合其德、日月合其明、四時合其序、鬼神合其吉凶、君子修之吉、小人悖之凶、故立天之道曰陰與陽、立地之道曰柔與剛、立人之道曰仁與義、又曰原始反終、故知死生之說、大哉易也、斯其至矣、(全文)

周子以宇宙的根原爲「太極」一理，又以這一理爲造化的根本。這太極的本體是無始無終、無聲無臭的，所以他又稱之爲「無極」。其思想蓋從老子「玄」的本體爲靜寂無象之說而來的；但太極與無極本來是同一物，不過自其「體」言之爲無極，自其「用」言之爲太極而止；必如是異其名的原因，則因這太極分出陰陽二氣，恐怕讀者因此誤解其本體爲表象，所以他特附之以這無象的無極，以玄其體的。但僅說無極時，則其體又流於空寂，而陰陽發展的理也會空虛，所以又附以止揚(aufheben)其有無的意味，呼之爲「無極而太極」——美妙的本體說，於是遂提出來了。這太極又能自然開始運動，其一動一靜的運行間，發生「陰陽」，這陰陽卽爲宇宙生生的第一過程；更進展則生「水火木金土」——他蓋不取易的「陰陽兩儀而四象而八卦」的發展過程，而取老子「一生二二生三三生萬物」的過程的；他蓋以爲五行乃生萬物的根原，而其所基則要爲這太極的；所以無極的「眞」和二五的「精」（陰陽和五行）「妙合」遂生「形」象而成「男」「女」兩性；——這兩性遂爲「萬物生生」的過程。（至於說男爲天屬陽，女爲地屬陰的話，則是根於易而來的。）萬物於是變化無窮，流轉生生，至於無所底止了。但其中「人」類是稟宇宙的正氣而生的，最爲靈長；——問題遂由本體方面一轉而達於心性和倫理方面來了。

但周子對於太極自身的性質，未加過何等解說，解說過的人，充實過的人，用理氣二元作過說明道體的契機(Motiv)的人，是後來的朱晦菴。

第三節　心性說

周子用他的「太極」說明儒教的「誠意」（卽善性）之爲何；更把五性（仁義禮智信）配之於五行，而植其根原於太極這一理上，給以學理的根據；其論法所以和漢朝董仲舒單以五常配於五行而止者絕不同。在周子，萬物的生出，雖都爲靈妙的本體——「太極」的顯現作用，但其中人類含秀氣最多，尤爲神妙靈智。所以由靈妙的本體分產出來的這靈妙的人間，其本性當然是至純至粹至善的。換句話當然是至誠的了。所以通書第一裏，他說：「誠者聖人之本大哉乾元、資萬物之始、誠之源也、乾道變化、各正性命、誠斯立矣、純粹至善者也、故一陰一陽之謂道、繼之者善也、成之者性也、」——太極的本性卽是聖人的本質；他的意思如是。那末然則爲甚麼人類的性又有善惡之分呢？他對這問題答曰：凡人生出來時，都稟過五行的氣，但這五種性一感觸外物時，卽生善惡，呈異相。所以至善是先天的性相，而惡則是後天的性相；但是雖然如此，先天的性旣至善純粹，五行的氣，如何一觸外物就會生出後天的性來呢？這兒於是觸到了他的「由幾」（善惡未萌的象）說，——一種心理的解釋。

誠無爲、幾善惡、（註曰幾者動之微善惡之所由分也、通書「誠幾德」）

圖解之則如下

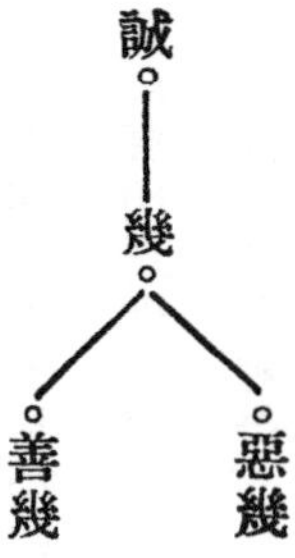

（性理大全註）

寂然不動者誠也、感而遂通者神也、動而未形有無之間者幾也、誠精故明、神應故妙、幾微故幽、誠神幾曰聖人、（同上第四）

他說的「幾」這東西，大概是我們和萬物接觸、自動其神（理性）時的認識作用，或意志作用之謂。他的意思，這「幾」一觸外界的對象物，變成欲望，而動搖時，那時能以神（理性）臨之，卽能保其本性，那種人卽爲聖人。而反之爲意欲的奴隸，後其本性的人，則爲下根。但觸外界物象而寂然不動這宗事，第一不能說是合乎人間本性；第二無論怎樣的聖人，也決不會有這樣純粹至善的性的道理；所以他於是又分性爲幾類，而解釋之如下：

性者剛柔善惡中而已矣、不達曰剛善、爲直、爲義、爲斷、爲嚴毅、爲幹固、惡爲猛、爲隘、爲彊梁、柔善爲慈、爲順、爲巽、惡爲懦弱、爲無斷、爲邪佞、惟中也者、和也、中節也、天下之達道也、聖人之事也」(「師道」第七)

意謂性的本體，固是至善純粹，但觸外物則生剛柔善惡中等的差別，而其中惟中和的德，乃天下的達道——至誠的道。至於到這中道的方法，則不能不待於「師道」(教育)以防其剛柔善惡的極端而莅於中庸。他是信教育，可復性於本來面目的。

第四節　倫理觀

他說人間的本性，是純粹至善，而聖人卽其代表；表現其道則爲誠；誠就是中正仁義。所以他說：「五性感動而善惡分、萬事出焉、聖人定之以中正仁義、主靜而立人極。」至於聖人的性能如何時，則他說：「聖人與天地合其德，與四時合其序、與鬼神合其吉凶。」這等「聖人觀」和孔孟以下的儒者所說是不同的；孔孟那些儒者，都是以聖人爲倫道的儀表，其內具的體用，和老莊哲學內的「眞人」「至人」等無二；但他的聖人則不立於這等標準上，乃是指和宇宙的本體同其軌的超人而言的。這種聖人超人當依怎樣的修養工夫而後可能呢？換句話：其實踐倫理方面如何呢？則他的主張和素來儒家的主張一樣，也是五倫說，別無新見。不過此外他又假借於老莊學，對於倫道的根本，倡過「主靜」一說。但由前述，性既是觸物而必生動搖，「至誠卽動、動卽變」(蓋指五性感動而生善惡觸於物欲而迷本性而言的)(通書三五)——的話，他又說過，那末然則如何而後可呢？他於是就說「當無欲」，當以無欲爲修養工夫。但無欲兩字，儒家素來沒人說過，卽孟子也只倡過「寡欲」二字，他這又是假借於老莊無疑了。假借於老莊，自無不可，但這樣則「聖人的至境，唯在於中庸之德」的話的說明，當有所不澈底了，換句話：倫理的本性取於老莊，體用則求於儒教中和的德時，他在這裏面多少論理的 dilemma（窮境）當不能免了。

第五節　結論

他爲「宋學」築的基礎，是其太極圖說。關於這圖的傳來——尤其是「無極」二字的爭辯，後來南宋時陸子兄弟和朱子、張南軒間，交換了許多；此外朱竹垞等考證了許多古籍，也都自引爲得意，以爲探得了本源，但都不得要領，自不待說。蓋周子他既立於儒家的見地上，總合衆流，組織了自家獨得的體系（system）以上，其體系中縱一二部分源於老佛，但現在已不屬於老佛，全屬於他個人的獨有的創物的話，是不待煩言而後解的。何況太極圖說的根本思想，既爲融合周易、五行等秦漢學者的思想而成，其和原始儒教當少異其內容，也是必不可免的事實呢！這不是時世進展及思想發達的必然的結果麼？不待說，他的本體觀、倫理觀中，說明尚多直覺處，而充實這些直覺處，附以理氣二元說而大成「宋學」的人，還是朱子。但全體上，朱子系統上是繼承他的，所以他不僅是「宋學」的始（alpha）同時又是「宋學」的終（omega）——他占的地位這樣重要。

第三章　邵康節

第一節　略傳及著書

邵雍字堯夫，范陽人，年三十，葬親於伊水上，遂居於此，——古洛陽之南，今的河南府、安樂窩。他比周子長六歲，識見人格，則相伯仲，我們比周子於孔子時，他當爲近於老子。幼年卽慷慨有大志，周遊天下，涉淮漢，歷遊齊魯宋鄭諸故墟，還時北海李之才授以先天象數之學，——遂爲其一生學說的根本。李之學出於陳希夷（摶），但他青出於藍，於此更大有精得。他以居近洛陽，常於春秋二季乘小車來遊，一時名士如富弼、司馬光、呂誨等爭迎之，不稱姓字，惟稱先生，而謹聽其說。他又不擺學者架子，無論貴賤上下，都共燕飲，所以無論賢不肖，皆服其德。當時學者中，如張載、二程亦皆和他往來，學他的易學。他的有名的逸話：在天津橋上聞杜鵑聲時，認爲地氣流動，豫言天下之將亂。——這當也是從其哲理衍算出來的。

他居陋巷，悠悠自適，前後徵命皆不就，以自高尙其志，保其思想的獨立，眞是醇儒。神宗熙寧十年（西紀一〇七七年）歿，行年六十七。元祐中賜謚康節，明嘉靖中稱爲「先儒邵子」，從祀孔子廟。

著書有皇極經世書十二卷，觀物外篇二卷，漁樵問答一卷，伊川擊壤集等，收在邵子全書中。

第二節　宇宙論

他的宇宙論，卽其先天學。這先天卦圖，出自道士陳摶，經种放、穆修、李之才而傳於他，而尤成於他。先天者對後天而言的，指用象數演繹宇宙萬有的發生次第的原理而言的。和周子的太極同一原理，也可以說，其根不待說出於周易。但易說太極兩儀四象八卦等，且用陰陽二元說明一切；他這先天易則不然，唯以四象爲原理，以「四」這數說明萬象，這當是其特色。今舉其大綱如下：

物之大者無若天地、然而亦有所盡也、天之大陰陽盡之矣、地之大剛柔盡之矣、陰陽盡而四時成焉、剛柔盡而四維成焉、夫四時四維者天地至大之謂也、凡言大者無得而過之也、亦未始以大爲自得、故能成其大、豈不謂至偉至偉者與、天生於動者也、地生於靜者也、一動一靜交、而天地之道盡之矣、動之始則陽生焉、動之極則陰生焉、一陰一陽交而天之用盡之矣、靜之始則柔生焉、靜之極則剛生焉、一剛一柔交而地之用盡之矣、動之大者謂之太陽、動之小者謂之少陽、靜之大者謂之太陰、靜之小者謂之少陰、太陽爲日、太陰爲月、少陽爲星、少陰爲辰、日月星辰交而天之體盡之矣、太柔爲水、太剛爲火、少柔爲土、少剛爲石、水火土石交而地之體盡之矣、（皇極經世書三「觀物內篇」之一）

這是他先天易的根本思想。始終想以「四」的數，說明一切現象，和周子太極、陰陽、五行、男女、以及萬物生生的不同。他以日月星辰爲天的四象，水火土石爲地的四體，他認這四象四體是形成天地的本體的東西，爲先天的，水火木金土等則爲人間必須的致用品，後天的。

他依這先天的理法，究天地萬象的世數，定時間空間的基準。他以元、會、運、世四者爲天的四時，歲、月、日、辰爲地的四維。用這四時四維他定了時間的基準，且測定了天地運行變化的一期限。

他以一辰爲時間的單位，一日分十二辰，三十日爲一月，十二月爲一歲，共三百六十五日四千三百二十辰。以之合於天數，則一元爲十二會，一會三十運，一運十二世，一世三十年，所以一元當爲十二萬九千六百年。但天上一元，即如地上一年，地上一年告終時無休歇，天上一元告終時，也無休歇；這樣運行不休，元之又元，遂迄於無窮。但天在每會的初頭始開漸次進展，到第十一會時，則人物消滅，更元元循環，爲始爲終，（經世一元消長圖參照）他這種天地過程說，眞可謂廣大無邊，在科學進步了的今日，我們關於地球的年齡，天體的廢滅，星雲的狀態，（天地生成的理）等，還是除依直覺和推定外，別無精確的尺度以爲測定，他的這地數測天數的學說，全斥爲牽強，當不可能，不待說，轉可認爲是一種很有興味的說明，我們以爲他除這種天地命數測定說外，關於天地星辰相對地存在的意義，及宇宙的終始問題等，也發過極有趣味的議論，而其內容和 Newton 的「萬有引力說」也殆相同——都是說宇宙的天體，各相吸引，各相依附的。其言曰：「樵者問於漁者曰、天何依、曰、依於地、地何附、曰附於天、然則天地何依何附、曰自相依附、天依形、地附氣、其形也有涯、其氣也無涯、有無相生、形氣相息、終則有始、始終之間、天地之所存歟、」（漁樵問答）蓋他以爲一個天體廢滅時，則變爲氣，而散亂無存，其氣又叢集形成新體時，則爲第二個天體。——其說和現在天文學上的「星雲說」相同，不過他單基於直覺，沒有科學的實驗罷了。

第三節 經世論

邵子名其著爲皇極經世書，以爲用四象加一倍的數理，可以說明宇宙萬象，又可以推算人類的歷史過程，及古今的治亂興廢。他把這四數附於古今帝王的世紀，比於經典，配於四時，且以及於未來。其言曰

善化天下者、止於盡道而已、善教天下者、止於盡德而已、善勸天下者、止於盡功而已、善率天下者、止於盡力而已、以道德功力爲化者、乃謂之皇矣、以道德功力爲教者、乃謂之帝矣、以道德功力爲勸者、乃謂之王矣、以道德功力爲率者、乃謂之霸矣、以化教勸率爲道者、乃謂之易矣、以化教勸率爲德者、乃謂之書矣、以化教勸率爲功者、乃謂之詩矣、以化教勸率爲力者、乃謂之春秋矣、（觀物內篇五）

他這樣以皇帝王霸四者，配於化教勸率四德，更嵌於易書詩春秋四經，而以爲經世致用的四原理。

但時間的今昔，在天地間猶如旦暮，以今視今謂之今，以後視今則今亦古，古與今皆自我上的見地，在無窮的時間上講話時本初無甚麼差別，不過這兒要把「時間」這觀念插進來時，則上述的易書詩春秋四者爲聖人的經，皇帝王伯四者爲聖人的時了。他說「時有消長、經有因革時有消長否泰盡之、經有因革損益盡之」他蓋以爲因時的消長，體用乃分依事的損益，心迹乃判的。所以在他所謂聖人要爲居於體用和心迹二者之間，以測知權變爲事業的人換句話能知權變的人，始能盡體用心迹二者能知古今變遷的原理，以共世推移的人，始能謂之曰聖人。

依這理，他於是又說從古君天下的人，其命有四，即「正命、受命、改命、攝命、」是。「正命」是因而因的，其德長而長，乃千秋之業，史上所謂皇道即是。「受命」是因而革的，其德長而消，乃百世之業五帝之道即是。「改命」是革而因的，其德消而長，乃一世之業五伯之道即是。當因而因、當革而革的，則萬世之業，仲尼之道即是。所以皇帝王伯爲命世，仲尼爲不世（觀物內篇五）。命世之德有限的，不世之德無限的。命世乃帝王之道，仲尼雖不得位，但其道出於其上，乃能用帝王的。仲尼說：「殷因於夏禮、所損益可知也、周因於殷禮所損益可知也，其或繼周者，雖百世可知也。」但豈僅百世可知，雖億萬世——由前述的理由——亦可推知。蓋皇帝王伯配之於四季時，爲春夏秋冬，而仲尼之道，則爲司這四時運行的理，所以皇帝王伯的命世，依仲尼之道，可以推移及於無窮。所以欲知仲尼之所以爲仲尼，捨卻天地當不能知其本體，而同樣欲知天地之所以爲天地，捨卻天地的動靜，當也不能知其所以。仲尼說：「予欲無言、天何言哉、四時行焉、百物生焉」這正是他洞察了宇宙間的動靜，而能盡天地人三才的話——他說。——要知他的經世論，是應用四維四象的原理，時間地表示人世歷史的過程，并測未來，以供經世之用的。

第四節　人生觀

邵子好作宇宙大觀的議論，以說古今的經世，倫理道德方面的問題，本非所長。但他的人生觀，在其從他的宇宙觀演繹出來的意味上，多少也有特色。他以人心比於太極，他說人之神卽天地之神，又說人性備萬物之性。本來在絕對的見地上立言的時候，物我是本無畛域的，我心卽宇宙，心宇宙體卽我體，物心一如的唯心論，是可以倡的。但這是由本體觀上演繹起來的見解，他的主觀的見解則不同，他以爲人生由四維四象的交化，也是要生差別的，和「日爲暑、月爲寒、星爲晝、辰爲夜、寒暑晝夜交而天變盡之矣、水爲雨、火爲風、土爲露、石爲雷、雨風露雷交而地化盡之矣」（觀物內篇）相同，人的四體中，也要現差別相的。換句話：和萬物同理，人是有聖愚善惡等差別相的。所以他說：「人之所以能靈於萬物者、爲其目能收萬物之色、耳能收萬物之聲、鼻能收萬物之氣、口能收萬物之味、聲色氣味者、萬物之體也、耳目口鼻者、萬人之用也、體無定用、唯變是用、用無定體、惟化是體、體用交而人物之道於是乎備矣、然則人亦物也、聖亦人也、有一物之物、有十物之物、有百物之物、有千物之物、有萬物之物、有億物之物、有兆物之物、生一物之物、當兆物之物者、豈非人乎、有一人之人、有十人之人、有百人之人、有千人之人、有萬人之人、有億人之人、有兆人之人、生一人之人、當兆人之人者、豈非聖乎、是知人也者、物之至者也、聖者人之至者也、……何哉、謂其能以一心觀萬心、一身觀萬身、一物觀萬物、一世觀萬世者焉、又謂其能以心代天意、口代天言、手代天工、身代天事者焉、又謂其能上識天時、下盡地理、中盡物情、通照人事者焉、又謂其能以彌綸天地、出入造化、進退古今、表裏人物者焉、」（觀物內篇二）。

從差別的見地上觀察人類時，本來十人十相，是非善惡賢不肖等色色不同，恰和宇宙的本體現於吾人的知覺上時爲「萬象」一樣；蓋依四維的感應，物是必不能無差別的。但這不是眞正的本相；本相是沒有差別的；人類中能明這理而合其德於天地的人，止有聖人。聖人乃宇宙本體的表象。所以人間當以聖人的言行爲儀表，爲法則。——一轉下來，他又回到物心一如萬物一體的大人生觀去了。

第五節　結論

邵子學說的特色，在其廣大無邊的宇宙觀上。其說繼承易學，本沒有論理的基礎；但宇宙問題，在今日既還依直覺的推定外沒歸宿時，在九百多年前，卽能倡出幾多創說的他，關於這方面的頭腦，自可贊爲優異。傳者說：他曾想把這學問傳於二程，二程以其中多附會，辭退過。但這自是程門子弟的揑造，二程在這方面有其才，有其質麼？我們不待說，轉引爲疑問。看伊川，就知道：除語錄體的短文外，甚麼學理的組織也沒有。又看朱子，就知道出於伊川之門，多取邵子之說，推服其理，而組成古今第一人的哲學——不是明證麼？

第四章　張橫渠

第一節　略傳及著書

張載，字子厚，世居大梁。生於天禧四年，恰少於周子四歲。父迪，仕仁宗朝爲殿中丞，知涪州，歿於任。諸子皆幼，遂不歸大梁，僑寓於鳳翔、郿縣、橫渠鎭之南。他少卽志氣不羣，喜談兵。年十八，上書謁范文正公。公知其器大，乃責之曰，

「儒者當自有名教樂何事談兵、」因授以中庸一册。他於是遂飜然志於道，熟讀這中庸，愈覺有興味，其後涉獵老釋者累年，仍返而之六經，植其根底。嘉祐初到京師，和遠親的二程談道學，互相敬服。從此更捨去一切異學，專志於儒。他的學問，以易為宗，以中庸為的，以禮為體，以孔孟為極；近世喪祭無法，他常引為大患。其後歷任諸官，和王安石爭新法，託疾歸橫渠，安貧守窮，以讀書三昧為事。熙寧九年呂大防等請復其舊職，哲宗嘉納，但出廬時，忽獲病，遂不起，年五十六，時熙寧十年十二月，（西紀一〇七七年。）

著有西銘、東銘各一篇，正蒙十篇，經學理窟十二篇，橫渠易說三卷，語錄、文集各一卷。其中正蒙一書，尤可窺其思想，為北宋哲學著述中最大的一書。（西東銘二篇乃朱子從正蒙抽出加以註釋的。）

第二節　本體論

太虛氣之體、氣有陰陽，屈伸相感之無窮、故神之用也無窮；其散無數、故神之應也無數、雖無窮其實湛然、雖無數其實一而已。陰陽之氣，散則萬殊，人莫知其一也，合則混然，人莫見其殊也。形聚為物，形潰反原、反原者其遊魂之變歟、所謂變者，對聚散存亡為文，非如螢雀之化，指前後身而為說也。（正蒙「乾稱篇」）

這是他本體論最明瞭的一段。由這段看起來，他所謂「太虛」乃氣的一元，比周子以陰陽五行的消長化成萬物之說不同；換句話說：在周子，陰陽五行等都是太極的「分出作用，」萬物都是經過這作用而後生起的；但他則不然，他不認這分出作用，他以為宇宙自身是太虛一元氣，此象所在，自然聚散離合，此聚散離合，即為萬象顯滅的由來；他稱這種顯滅作用為「神化。」他蓋以為太虛這一元氣裏含有陰陽二氣，這二氣浮沈升降，相感應時，即成物象。所以關於萬物的過程，他一不取易的兩儀、四象、八卦說，二不取陰陽五行說，專取太虛一元氣的集散離合以爲說明的，這當是他的最大特色。

天地之氣，雖聚散攻取百塗，然其爲理也順而不妄。氣之爲物，散入無形，適得吾體；聚爲有象，不失吾常。太虛不能無氣，氣不能不聚而爲萬物，萬物不能不散而爲太虛。循是出入，是皆不得已而然也。（正蒙「太和篇」）

他蓋以爲現象界裏只有氣的集合離散，幷沒甚麼生滅。有象的東西，散而入於太虛而止。所以從太虛的本體上看的時候，現象界的生滅，幷沒甚麼增減。其現出也自然，其消去也自然，和雲霧之往來，初無二致。所以他對於老子「有生於無」的自然觀不贊成，而說「有無混一之常」；又佛陀唯心地觀物象，以爲物象和我心一樣，同歸於寂之說，他也不贊成。他說這是以乾坤當作幻化幽明的東西的說法，且爲知無而不知有的見解；——佛老都墮於無見。至於他的虛氣，則自升自降，自浮自沈，自有動靜相感的性質，自有 active （自動的）及曾沒休息過的原動力。他於是稱其狀態爲易經所謂「絪縕」，莊子所謂「生物之以息相吹」。他雖說過「由此一動一靜，浮沈升降之狀，而陰陽二氣生」（同上）的話，但這是爲說明現象界所以生萬殊的理由作準備的。又雖說過，「游氣紛擾，合而成質者，生人物之萬殊；其陰陽兩端，循環不已者，立天地之大義」（正蒙「太和」）的話，意似說萬物殊象的理由是因陰陽的升降浮沈的程度如何而然，但語太簡單，理論亦缺於明晰。

如上所述，他的本體觀是立腳於「有」的範圍內，和老子「無中生有」之說是不同趣的。但老子雖說「無中生有」，一面又說過「以其象復歸於無物」，且老子的「無」，本來幷不是絕對的無，乃所以止揚(Aufheben)

有的無，所以由這點看起來他以宇宙的本體爲太虛一氣的見解，和老子「玄之又玄，衆妙之門」的那玄理，當多少有幾分交關。至於佛教方面來的影響，則他既終身居於長安洛陽附近，當時所謂江北佛教——華嚴唯識等「有」的範疇的宗教又既盛於彼地一帶以上，自然當多少有幾分關係無疑。所以常盤大定博士說的：

正蒙中的「太和」，是「世界原理」，性是「人間原理」；佛教的「法界」，「一心」，正和這二者相當。太和中的「虛」「氣」二者對立，又當和佛教的「動」「靜」——「不變」「隨緣」二面相當，後來「理氣對立說」的根原也存於此。……又太和說「虛卽是氣」，這當是認識了二而不二的關係而然的；大和蓋認這內含虛氣兩面的性爲「萬物的一源」。這個和佛教的「阿賴耶識」當又相當，這識以無限的種子爲內包，所以呼之爲「太和」。又性既是萬物的本源，以上萬物一體之說自可成立，萬物既是一體，以上萬物之間又自必有合感之理存在，合異而使爲一的素質存在；——這又是「華嚴」所謂「感應」。（「宋儒和佛教」哲學雜誌三百五十四，五號）

——的話，多少是可以供參考的。但虛氣對立，由於周子「無極而太極」的脫化，虛卽是氣，由於老莊「天地與我爲一體」的脫化——當也可以說。不待說，張子之研鑽過佛典，是歷史的事實，正蒙諸篇在在排斥過佛教，唯心論的空寂，亦可以證明他深通佛經；「大心篇」說：「釋氏不知天命，而以心法起滅天地，以小緣大，以末緣本，其不能窮而謂之幻妄，眞所謂疑冰者歟。」又說：「釋氏妄意天性，而不知範圍天用，反以六根之微因緣天地，明不能盡，則妄天地日月爲幻妄，蔽其用於一身之小，溺其志於虛空之大，所以語大語小，遁流失中，其過於大也。」——都是指摘佛者認天地一切現象皆生於緣心之爲迷妄，破其極端的唯心論，且指摘其對於窮理盡性方面尚多缺陷而立言的。

第三節　鬼神觀

支那古書裏的鬼神，概是指人鬼而言，古人殆以爲人死魂魄爲鬼而存在；——其信仰其思考，概爲「宗教的」。但到易「繫辭」及中庸時，則多少變成「思辨的」了：中庸說「鬼神之爲德、其盛矣乎，視之而不見、聽之而不聞、體物而不可遺」易「繫辭」說：「精氣爲物、遊魂爲變、是故知鬼神之情狀」——都是以造化的妙用爲鬼神的。所以鄭玄解這中庸的鬼神爲「謂萬物無不以鬼神之氣而生者也」程子則說「鬼神之功用、造化之跡也」朱子則說：「鬼者陰靈、神者陽靈、以一氣言之、則至而伸者爲神、反而歸者爲鬼、其實一物而已」——他們的解釋，雖各異其辭，但繫辭中庸中的鬼神觀之已異於古代，是無疑的了。現在張子則因萬象的聚散由於一氣之浮沈升降屈伸的作用的原故，鬼神這東西他遂認爲是陰陽二氣的醇化物。「鬼神者二氣之良能也、聖者至誠得天之謂也、神者太虛妙用之目也、凡天地之法象、皆神化之糟粕耳」；(「太和」)——他蓋專指天地造化的靈妙爲鬼神的。換句話，依陰陽二氣的交替，萬物所生的神化作用，卽爲鬼神的主性。此外如以「鬼神」爲「往來屈伸之氣也」「二氣之良能也」的話，他也說過，神化篇裏他尤盡力解釋了「神化」這東西；蓋都是想徹底這意思的。

第四節　倫理說

他的倫理觀由其本體觀演繹出來：萬物與我爲一體，合其德於天地，則自然合其理，——這是他人生觀的大綱。在周子用無極太極的理，綜合過古來支那的思想組織過一大宇宙觀；但他在西銘裏也應用自家的本體觀，綜合古來儒教的倫理觀組織了一大系統。所以他和周子，太極圖說和西銘，正是形成「宋學」的二大Arch（穹窿）。

他先說當撤去吾人主觀的差別觀，當和宇宙本體——「至誠」之道相合一。能此者卽是聖人。「聖者至誠得天之謂」其解和中庸相同。但修得之道則異趣，中庸講躬行的，他則說：

大其心則能體天下之物、物有本體、則心爲有外、世人之心止於見聞之狹、聖人盡性、不以見聞梏其心、其視天下無一物非我、孟子謂盡性則知性知天、以此天大無外、故有外之心不足以合天心、見聞之知、乃物交而知、非德性所知、………德性所知、不萌於見聞、由象識心、循象表心、知象者心、存象之心、亦象而已、謂之心乎、（正蒙「太心」）

——聖人去我見，冥合於宇宙本體，不墮於表象見，不拘於抽象知，否則決不能全其仁道。所以去這種我見，直參於至誠通神之道，爲最大要件。——他立於這見地上，組織仁道，闡述其人生觀而成西銘。銘曰：

乾稱父、坤稱母、予茲藐焉、乃混然中處、故天地之塞吾其體、天地之師吾其性、民吾同胞、物吾與也、大君者吾父母宗子、其大臣、宗子之家相也、尊高年所以長其長、慈幼弱所以幼其幼、聖其合體、聖其秀也、凡天下疲癃殘疾、惸獨鰥寡、皆吾兄弟之顛連而無告者也、於時保之、子之翼也、樂且不憂、純乎孝者也、違德曰悖、害仁曰賊、濟惡者不才、其踐形肖者也、知化則善述其事、窮神則善繼其志、不愧物漏爲無忝、存心養性爲匪懈、惡旨酒、崇伯子之顧養、育英才、潁封人之錫類、不施勞而底預、舜其功也、無所逃而待烹、申生其恭也、體其受而歸

全者參乎、勇於從而順令者伯奇也、富貴福澤、將厚吾之生也、貧賤憂戚、庸玉汝於成也、存吾順事、沒吾寧、

（全書卷一）

西銘把儒教倫理的大本——「仁道，」加了這「理一分殊」的哲理，給了學理的根據。這「仁」字倡始於孔子，孔子曾用以定道德的規範，作東洋倫理的基礎；但在孔子，這字的意義，非常分歧，他依其對手如何，解釋就不同，所以雖孔門諸子，捕得其眞義的人也很少，其根據於是遂變成非常抽象的。不待說，儒教的道德，從古以來，就是從天道演繹出來的，雖夫子也是一樣，「獲罪於天，無所禱也，」「天生德於予，」「予所否者天厭之」的話，他都說過；他也把自己的道，盡力求其本源於天。過但無論如何，他講天道的時候還是少，子貢曰：「夫子之文章可得而聞也、夫子之性與天道，不可得而聞也、」——他對於仁的本源，沒多講論過，由此就可見了。所以後來子思以「誠道」代這仁道，使合於天道，欲用以連結於古來天人合一的觀念，而賦之以一定的理法。思以後董仲舒等儒家，雖皆以道德的根源基於天，但他們不過單以天爲主宰，以天爲道德的對象而止。其必然的理由，都沒說過，直到張子。但張子他則從他的本體觀，對這仁道，給以「哲學的」根據，更使之變成「論理的。」他說宇宙本體的太虛氣，既是萬物的母，從這母胎生出來的萬物，自都有兄弟的因果關係。換句話：萬物都是一體，而同時站在這萬物一體的原理上，考察人類和萬物的關係時，則人類爲得天地的正氣，最優秀的生物；所以人人相互地以人類愛相提攜，當是必然的事。他這見解，正就是孔子仁道的大義，這萬人同胞的觀念，正卽所以合於天道的。且擴而充之，這見解不僅對人間當如是，卽對萬物也當如是：萬物既同是生於太虛的氣，以上自然也是人間的儕輩，所以換句話：對於生物，我

們不能不臨之以仁愛。——他這仁的意義，於是遂推及於韓退之「博愛之謂仁」的範圍內去了；惟其如此，所以我們人類社會只要施這仁德於政治時，卽所以盡天地的至誠之道。他並且力說了不可不博愛萬物的理由。張子他這樣以愛人愛物一視同仁爲社會的理想時，那末我們自然會要疑問他爲何不學墨子，進一步澈底地求社會的平等呢？但這點又正是他的哲學的有趣味處：他說萬物因虛氣陰陽交感而生時，依生氣之浮沈升降如何，其氣且爲萬殊而顯現。這個就是他的理一分殊說。就是現象界的世相。所以人類社會中，貧富貴賤君臣上下、賢不肖，惸獨鰥寡等差別之生起，在這理上講起來，都是當然的事。生於下層階級的人，生於不幸的地位的人，所以也都要體仁的心而安其分。——下尅上，是他所斷然排斥的。

總之他的仁道，是一面主張博愛萬物，一面又主張人人盡自己的天職，守正義，安本分，求無愧於屋漏的；——要爲一種「人格主義。」換句話，以天地的心爲心，就是他的人生觀，倫理說的全體。他草這西銘時，像非常用了心血，筆墨放在枕邊，有所得卽加訂正（朱子語類九八。）楊龜山曰：「西銘只是一個事，發明天底道理，所謂事天者，循天理耳；」眞深澈了他的根本的話。

第五節　心性觀

萬物生於太虛的一元氣，因這氣的浮沈昇降，遂生萬殊。物與人之別，人有貴賤貧富賢不肖之別，人性有正偏善惡之別，都是因這個道理。但聖人則稟氣醇正至誠，其仁合天道，得天性。所以「性者萬物之一源，非得我私也。惟大人惟能盡其道」（誠明。）至於聖人以外的人，則因未能得天地粹然的氣，偏正純雜而生，所以有「氣質之性。」

這「本然」和「氣質」二性的區分，正是他比古來性說精到一著的地方，後來經伊川至朱子且告了大成。

他於這二者的關係，不待說還有曖昧處——這點到朱子才明瞭。他的性說，和告子「生之謂性」是恰兩樣的，他以為生卽是氣，至於性則為生之理。他說：「以生謂性，既不通晝夜之道，且人等於物，故告子之妄，不可不詆」又說：「形而後有氣質之性，善反之則天地之性存焉，故氣質之性，君子有弗性者焉」（「誠明」）都是認「氣質的性」為攝在「本然的性」之中的話，——他蓋最喜歡一元地考察事物的。又氣質的性，既為如是先天地(a priori)各種氣雜居混聚其中，那末何者為善，何者為惡，何者為正，何者為偏的名義，自尚不可確定；不過可認其為混淆雜處而止；但既混淆，則去其偏駁，而明其本性，自是必要了——他的為學工夫蓋如是。且由他素來高倡禮道必要的點看起來，這點也可推測。「誠明篇」裏：「人之有剛柔緩急，有才與不才，氣之偏也，天本參和不偏，養其氣，反之本而不偏，則盡性為天矣，性未成則善惡混」的話，也正是這個意思。

其次他又說過「以神統性情」的話，蓋對於人間的知識能力為說的。他說「神者天德，化者天道，德者其體，道者其用，一氣而已矣」又說：「惟神為能變化，以其一天下之動也，人能知變化之道，其必知神之所為也」（「神化」）他蓋以神為心，指人間的理性而言的。所以又說：「心能盡性，人能宏道也，性不知檢其心」（誠明）。但心這東西，被知覺作用所亂的時候常多，所清的時候常少。清時，不待說不覊勒視明聽聰，四體也自然能恭謹；這時候的心，就是正心，卽先天的本心，但亂時則和這正相反，客慮多而俗心不能去，實心不能全。我們所以必去亂心、明天心，以先天的理性去統率性情才好。——他道「正心」「實心」之說，很像從佛性論裏的「性行修得說」脫化而來的，但總而言之，他的目的，是說情的來去動人心性，所以當明其理性，（卽正義）以作統御、的意思。

第六節　修養法

由上節我們可以曉得他的修養法，要爲變化「氣質的性」及明本然的性兩點了。爲學之大益，在自能變化氣質，不然則卒無所發明，不得見聖人之奧（橫渠理窟）的話，就是這個意思。蓋本然的性，乃純粹無瑕，至誠通天的性，惟聖人才有的。氣質的性則正氣偏氣等混淆，生爲一個人，誰也沒有不含帶牠的（因爲萬物都因氣而生的原故）但本性則又人人皆一。換句話：理本一而分則殊——這就是他有名的理一分殊的哲學原理。所以誰也有能矯正其偏性的可能性。——和荀子以人間的性爲惡，然加人爲的禮則可得爲善良的見地，多少有幾分相同處。

根據這個理由，所以他的修養工夫，分外內二面。外面的爲人爲的，卽禮，內面的爲精神的，卽虛心。「虛心」是否定一切見聞知，抽象知，以求發見自己本然的性的意味，和佛說見性當相類。換句話：卽平心一氣，合於宇宙的本性，以平靜無私的心理狀態，使本性明澈的意味。「太虛心之實也、虛心然後能盡心」（理窟）的話，就是這個。至於外面修養法，則第一爲學問，第二爲禮，其中理尤爲重要。他說當用這個去羈勒放心，去嚴持身心。但他的這等羈勒嚴持，和佛教的唯心見性又不同，他的是非常活動的（active）不是寂滅的，他所說「學者有息時、一如木偶人，牽搐則動、舍之則息、學者有息時、亦無異於死、是心死也、身雖生亦物也、」（理窟）的話，卽是傳這消息的話。他自己一生重禮以率弟子，關中士風，且爲一變，都是這個原因。——他以爲依這內外二修養法以陶冶其性情，則可以達於聖賢。

第七節　結論

張子的學的特色，是其太虛的一元論。他綜合易、繫辭、老子的世界觀，及佛教的思想構成他個人獨特的實在論、倫理方面則把孔子的仁子思的誠，打成一爐，從其本體觀出發，賦之以哲學的組織。性問題，則創出本然氣質二面，亦從其一貫的哲學出發，不識不知之間包孟荀於一壑。其構想雖或來自佛性論的「性得」「修得」說，但他的特色，是以自己獨特的本體論為根據，對於一切重要問題皆給以體系(systhem)的點。對於從來語錄體的仁道及性說極力組織地綜合過的點。他的正蒙的文章在宋代哲學中第一，其洗鍊的筆致，和徹底的理論比其餘一切哲學家都高一籌。確是宋代哲學家中的首班。

次之就是他和二程子的關係。我們在略傳裏說過了：他是初從中庸入過老佛的人，所以這方面的造詣，宋代無出其右——看當時許多排佛論中，他的最為銳利，餘則都不過像附他的驥尾而然，就可知道。但讀他的行狀，比他年少十二三歲的二程反像是他的師傅，這又是何解呢？他初見二程時，是嘉祐元年，那時他三十七歲，明道二十五歲。所以「見二程悉捨異學淳如也」的話，我們以為當很不的確。為甚麼呢？那時他不正是過了青年期，思想方趨於圓熟，而程子則還不過思想發展中的一青年麼？且伊川作的「明道行狀記」裏明明說過，「明道二十五歲為醇儒」，是則對於三十七歲的張子給過大影響的事，當不可期了。程子思想尙未達於確定成熟的境界，當很明白了。何況明道十五六歲時起出入老釋者還幾及十年呢？所以程門尹和靖說的「張子昔在京說易時，一夕聞二程子來問易，對弟子曰，吾說亂道也，不及二程，汝等可師事之，遂撤虎皮歸陝西」的話，當為程門尊師的揑造無疑。

此外尋證據時還不少：譬如明道推讚西銘謂爲「秦漢以來學者之所未到、意極完備、乃仁之體也、」（遺書二）。又伊川見呂與叔作的行狀有「見二程盡棄其學」的話時，也說過「表叔平日議論、謂與頤兄弟有所同、則可也、謂其學於頤兄弟、則無是事也、頃年屬與叔刪去、今尚存、其幾於無忌憚。」——明明白白可以看出他和二程的關係，要不外相互推尊相互啓發的意味而止了。依我們說起來：在性說方面二程且受過他的影響不少不過他一生以禮自持私德高尚，既疏於名利，復不得高弟子以傳其學，遂至爲之辨護的人也沒有爲之闡揚的人也沒有而一手上下之間，遂生這樣的顚倒，我們在思想發達的關係上，這是萬不可輕輕看過的。

第五章　程明道

第一節　略傳及著書

程顥字伯淳，世世居中山後徙於河南、洛陽。曾祖以來，即爲顯宦，父珦曾作大中大夫。他生於仁宗明道元年（西紀一〇三二）生，即神氣秀爽，異於常兒，十二三歲時居庠序中，如老成人，見者無不稱歎。早登進士第，歷任諸官，有治績，愛民如子，得名望，如當年周子。熙寧初作太子中元，神宗命他選薦天下人材，他薦張子以下數十人，皆得當。時王安石用新法，天下騷然，他也是反對者之一，因不得久立於朝。安石曾於中堂議政事，他蒙聖旨赴席，安石厲聲色以待他，但他從容而入，徐言曰：天下的事，不是一家的私議，願明公平氣以聽；——安石大爲慚沮。哲宗立時，弊政一新，首舉賢，應召他，但未及行，即病歿，年五十四，時元豐八年（西紀一〇八五）。

弟伊川記其行狀曰：「資稟既異、而修養有道、純粹如精金、溫潤如良玉、寬而有制、和而不流、忠誠貫於金石、孝悌通於神明、視其色、其接物也如春陽之温、聽其言、其入人也如時雨之潤胸、」(二程全書五九)——其人格之高，態度之和非常似周子如此。死之日士大夫無識與不識，都爲天下生民惋惜，其風高德重又如此。

他的學說傳授不明；「孟軻歿而聖學不傳、先生生於千五百年之後、得不傳之學於遺經」——其說當近於眞。十五六時，與弟伊川共從學於周子，「遂厭科舉之業、慨然有求道之志、未知其要、泛濫諸家、出入老釋者幾十年、返而求諸六經而後得之」——其說當爲事實。他從學周子的時候，還是少年，哲學上尙未達到傳授之域，但人格上則受了周子的影響不少。又研究過老佛多年，對於當時洛陽附近最盛行的楞嚴、華嚴、涅槃諸經，造詣當亦不淺，但師傳如何，則亦不明。

著書收在二程全書六十六卷裏，但其中許多語錄，究不明其是兄物抑是弟物，可稱恨事。至於其思想，則從明道文集五卷，二程遺書二十八卷，二程外書十二卷等裏，可窺知一般。

第二節　本體論

明道的宇宙觀，未嘗出過周易的範圍外，其爲說極斷片的，論旨缺於明瞭。在張子當年樹立過確實的本體論，依其原理且觸及過一切的問題，謀過解決；但他則不同，其本體觀裏天道人道混而不分，非常帶心理的傾向，這傾向，當卽是他的特色。他和其弟伊川一樣，對於宇宙生成的見解，專取易理，萬物生成的根源，他不說「太極」說「乾元，」但這亦不外名稱上的少少換更而止，其本體究爲同一物。譬如

乾陽也、不動則不剛、其靜也專、其動也直、不專一則不能直遂、坤陰也、不靜則不柔、其靜也翕、其動也闢、不翕

聚則不能發散、（二程全書十二）

的話裏雖沒有明明地立出一太極，但以乾爲陽，以坤爲陰的地方，也是說明氣的動靜聚散的理由的，而「生生之謂易生生之用則神也」（同上）的話，則尤和易理全無區別。但他面他又非常帶唯心的傾向：譬如「天位於上、地位於下、人位於中、無人則無以見天地、書曰、唯天地萬物之父母、唯人萬物之靈、易曰、天地設位、易行其中、乾坤毀時、則無以見易、易不可見時、則乾坤幾息矣」（全書十二）

的話裏他認天地人三體爲一體，缺其一天地之所以爲天地的理且不存，換句話：宇宙自身的存在，畢竟由於我們的心理作用，離開我們的心時，天地不得存在，其氣亦不得存在，——這種純粹不認「物自身」（Ding-an-sich）的存在的傾向，他也有。所以他說：「形而上者謂之道、形而下者謂之器、若如或者以清虛一大爲天道，乃以器言、非道也」（同上）。——他要爲合天地人三才爲一，使人心天心這內外二面膠着不能分離，其間不能劃一界線的在同一「氣一元論」之中，所以他的傾向，更特別帶唯心色彩。

天地和人和萬物，本是一氣的混現，使這一氣必如是分化的，卽爲易，認識這易理的，則爲人。所以說：「天地設位而易行其間、何不言人行其中也、蓋人亦物也、若言神行其中、則人只求於鬼神之上、若言理言誠、亦可也、而特言易者、欲使人默認而自得之也」（全書十二）。又曰：「氣外無神、神外無氣、或謂清者爲神、則濁者非神耶、大抵不學而自得者、乃自得也、有安排布置者、皆非自得也。」

——正都是說破天地人融合的理，及理氣爲一元的理的話。他以爲若能體這理而誠時，則卽可達於至誠之域，冥合於宇宙的本體；所以說「大人者與天地合其德、日月合其明、非外也；」（同上）又說：「萬物皆備於我矣、反身而誠、樂莫大焉」（同上）。也是說天地人三者要爲一體的話。惟其如此，所以他對於人間以外的萬物，也決不下唯物的觀察，無心的草木他以爲也是相對的存在，而非單獨的存在；至於萬物所以有靈不靈、正不正、純不純的差別，則他說是一元的陰陽分而變化時，必不可免的現象；爲甚麼呢？因爲：

萬物莫不有對、一陰一陽、一善一惡、陽長則陰消、善增則惡減、斯理也推之其遠乎、人只要知此耳、（全書十二）

所以在他本原的氣不是至純公正，如張子當年所說，善惡美醜正偏等差別之生起，都是必然的，都是自然的現象，都是宇宙的眞相。蓋明道之爲人，質既和純，性格又富於抱擁力，這種渾融包括的議論，宜乎在他可以成立。在他，絕對的善也沒有，絕對的惡也沒有，能執中正的道，以達觀天地人一體的至理的人，他以爲只有聖人、大人可能。

第三節　性說

天地之大德曰生、天地絪緼、萬物純化、生之謂性、（全書十二）

這是他的性說概論。他和張子不同，對於性、不說甚麼本然氣質，他唯說「生之謂性」和告子一樣。他蓋以爲生時的性，善不能說，惡也不能說，那時性就是氣，氣就是性。不過這樣無善無惡的性，到後天發而爲行爲時，則有是非曲直之別，這是直非曲二者，在理的見地上、下判斷時，前者卽爲善，後者卽爲惡。換句話：說性有善有惡的話，要爲以理爲根據，對人間的後天行爲下判斷時的話。但由此遂混合起來，說氣也有善惡，則不當。爲甚麼呢？氣是先天的，無所謂善無所謂惡，人間稟氣以生，雖聖人也不能免於善惡正偏之性，自不待說；但這種善惡正偏的差別，若專從性字上看時，當還不能彀體現出來；換句話：這種差別生起的原由，既純是根於後天的事實，直以性定善惡，當不可能。且惡沒有時，善也不能成立，醜這觀念不對立時，美這觀念也不會出來；純粹的清水固不少，但使這水永遠澄清，流千里萬里至海而仍不汚濁時，則煩人力以作教化的事，有何必要？惟其事實上決不如是，無論怎樣的清水，流出不遠卽必濁而汚，變成不純，所以我們有澄清之、濾淨之的必要；且水縱無論如何不純，我們也決不能說不是水，不僅是水，幷且流遠而濁的也是水，流近而濁的也是水，濁多的也是水，濁少的也是水；——現象雖千差萬別，究總當呼之爲水。同樣人性也是一樣，性自身本萬人一般，惟因後天的作用，遂生善惡正偏的差別，但這個依教育的人爲工夫澄治起來，方使再爲純良的水的，不過澄治快則清亦快，澄治遲則清亦遲罷了。且到了清以後，則又和最初的良水一樣，毫無差別。——要之善和惡，初不是對立於性中的兩物，或各自生出不相關係的兩物。其生出的理乃天命，循之者卽爲道，循此而修之各得其分者，則爲敎，（全書一）。

——以上是他性論中最明晰的部分。他的人生解釋，非常自然，以爲雖聖人也不是生成的善惡，人也不是絕對的惡，敎化的功用，他看得很重要。但同時他又不和普通儒者一樣，專以強施敎化爲能事，他的敎化是非常自然的，他的理想是在於直覺宇宙的眞意，合依天地的大道，至於敎化，還是第二義。——他是這樣一種理想主義的學者。所以其說中非常富於含蓄。看他和張子應答的定性書，尤其明白。他以爲性這東西，雖把牠定下來，但猶必累於外物而動搖，所以「定性」這宗事情，非常困難，於是遂認定這東西爲混一的一氣。這一氣，（性）他不分之爲內外，「定」則置於動靜二面之上，絕對的大我之上；——必如是他以爲性始可得而定的。其文曰：

定者動亦定、靜亦定、無將迎、無內外、苟以外物為外、牽己而從之、是之己性為內外也、且以性隨物外、則當其在外時、又何者為在內乎、是有意於絕外誘而不知性之無內外也、既以內外為二本、則又烏能遽語於定乎、夫天地常以其心普於萬物而無心、聖人常以其情順萬物而無情、故君子之學無若廓然大公、物來順應、又曰、人情各有所蔽、故不能適道、大率患在自私而用智、自私時則不能以明覺為自然、（全書五十六）

他的主張定性這工夫，是絕人智，捨小我，入於無我三昧的境地，合於自然的大道之謂。所以他形容這至極的定性境為「廓然大公、物來順應；」這種心理狀態，他以為就是至境。看來他的聖人觀，定性觀，和儒家正系的見解，并不相同，孔孟所說的性，和體得這性的本然的聖人，都不帶他所說的那種「禪味，」都是明差別，定上下，以善惡作批評，以明智分內外的非常徹底的；但他則不然，在北宋諸子中最受過老佛的感化；同時其人格的渾然自然處，於此也可以觀照得出來。

第四節　仁說

程明道的「仁說，」畢竟就是他的人性觀、倫理觀。我們的心即天地的心，本來是和純粹無垢的水同一樣。天地鬼神也是一個至誠，和我同體，所以我能至仁，則天地和我當可渾然為一——這就是他的仁說。「君子之學，廓然大公，物來順應。」有這種心境時，不必防檢也自然體得仁道。他的有名的識仁篇就是說的這個。

學者須識仁、仁者渾然與物同體、義禮知信皆仁也、識得此理、以誠敬存之而已、不須防檢、不須窮索、若心懈則有防、心苟不懈、何防之有、理有未得、故須窮索、存久自明、安待窮索、此道與物無對、大不足以名之、天地之用、皆我之用、孟子言萬物皆備於我、須反身而誠、乃爲大樂、若反身未誠、則猶是二物有對、以己合彼、未之有、又安得樂、訂頑意思、乃備言此體、以此意存之、更有何事、必有事焉而勿正、心勿忘、勿助長、未嘗致纖毫之力、此其存之之道、若有一得、便合有得、蓋良知良能元不喪失、以昔日習心未除、卻須存習此心、久則可奪舊習、此理至約、惟患不能守、既能體之而樂、亦不患不能守也、（全書卷二）

——可見「窮理盡性」不是他的主張了。他始終以心的修養爲重，訴於良知，直參至誠，這就是他「識仁」的意思。所以徒然一彼一此地弄智術，窮思索以爲爲學的工夫，在他以爲不過是徒勞身心，毫無所益，依固有的良知，直冥合於宇宙核心，才可真有所得。蓋明自己固有的心，畢竟就是宇宙的心，這心並不是要待外部的修飾而後可得而匡正的。若明有未到時，則當怵然誠敬以自修養。我們的良心本不學而知，不慮而知的，但猶當恃這敬字以爲匡正，以得仁本。「博愛之謂仁」的仁，不待說他也說過，外面的修養論他也主張過，但這些都是極微溫的，不足和張子以禮道變化氣質者比論。他的修養工夫，專是唯心的，後來陸象山「六經皆我註腳」的思想，可以說在他已經顯出幾分來了。

第五節　結論

明道性格中多含和氣，且有仁德，所以其學說渾然有圓味。「萬物與我一體也、盡心而誠、何分內外、而用窮索、」——說這話的他，一種溫容，宛然顯在我們眼前。這種直截簡明的學風，後來思想界上生過大影響，自不待說，陸王學系由他產出，更是可特書大書的事。他的思想，雖說以孟子的先天良知爲基礎，但受過老佛，尤其禪學的影響，當不可否定。然講誠敬，重人格，且常不忘「應世」的點，猶是儒家本領。其言曰：「聖人以生死爲本分事，不可懼，故不論生死。佛學怕生死，故只管說不休。只是個意見，皆利心也。」（全書卷一）——亦可見其學風大致。

第六章 程伊川

第一節 略傳及著書

伊川是明道胞弟，少於明道一歲。但性格和明道相反：明道比於麗麗的春光，他當是烈烈的秋霜。所以其學風也自然不同：明道重德，他重知；明道爲直覺的，心理的，他爲分析的，論理的。明道所以有旗幟不鮮明的地方，他則毫無曖昧模稜處。明道是理想派，他是主知派，所以明道產出陸王，他產出朱子，——在「近世哲學」上作二大對立的思潮。

伊川生於仁宗明道二年，和兄一塊兒受初步教育於周子。十八歲上書闕下，勸仁宗黜俗論、志王道。後遊於大學，草顏子所好何學論，驚其教授胡安定。安定雅重他，處以學識。於是自呂希哲以下，師事他的人非常的多；嘉祐三年，和張子同登進士第。繼被舉爲崇政殿說書，哲宗朝作經筵侍講。峻嚴之資，以天下自任，議論褒貶，無少顧慮。曾侍經筵講畢，帝以漱水投蟻羣，既則有惻忍意。他於是進言曰：「願陛下以此心及於天下。」又帝手折庭柳時，諫曰：「時方春盛，無故摧枝，非好生之道。」呂申公范堯夫等聞之，皆歎爲「眞侍講」。當時東坡在翰林，有盛名，一時名士多歸其門；性又素豪宕，不好拘束，因不好伊川之所爲，門生間因亦相忤視，所謂「洛蜀黨爭」，於是形成。標榜排擊，日趨漸甚。紹聖年間，伊川且因以講竄涪州。往涪州時，渡漢江，忽遇暴風，舟幾覆，但伊川泰然，聲色無少動；船中有老人，見而問之伊川答曰「因吾心存誠敬也，」但老人忽曰，「誠敬雖可、不如無心，」言畢自去伊川異其言，欲與語不及，——老人當是禪門之士伊川像也多少爲所感動。但他平常用誠敬鍛鍊心神實際上曾這樣活用過的事由這一段逸話，當可概見。又在涪州時他也還是傲骨如故，毫無屈色，志氣極爲堅強。徽宗大觀元年七十五歲歿，寧宗嘉定十三年謚曰正公。

他因資性峻嚴的原故，晚年厄於黨禍；但是大成「洛學」的功勞，我們不可忘沒。關於這點，雖明道怕也要讓他一籌，所以明道也說過：「使異日尊師道者、必吾弟也、」的話。不過性格太峻嚴了一些，生出黨派，致互相傾軋，亦不能不說是短處。邵子臨終時，他曾侍側，且頻問道，邵子性磊宕，因戲他曰：「正叔可謂生於生薑樹頭上的，將來必死於生薑樹頭；」有間，邵子聲息漸微，他復問還有甚麽話相告不？邵子於是舉兩手張而示之，但他不解，邵子乃曰：「面前路徑須常寬、路徑窄時自身且無所着，何能使人行呢」（全書六十七）——邵子眞是點着他的痛處。

著書有易傳四卷，文集八卷，經說八卷，二程子遺書二十五卷，外書十二卷，粹言二卷等。除易傳外，都合刻在二程全書內。

第二節　宇宙論

明道伊川的性格不同，已如上述，但究其思想的內容，則又到底是兄弟，類似點非常不少。不過明道如前說，多直覺處，間缺明徹，他則以分析的論理的的態度，述其旨，所以把兄的學說，更使明快了許多。所以人物的比較丟開，專在學者的資格上講話時，他比明道當高一籌。譬如論宇宙的時候，明道一面主張說「天地萬物之理、不能獨也、萬物無非對也」他面則又說「天地萬物鬼神本無二」——可謂非常曖昧了；但他則判然立理氣二元，使明道之說明徹無晦。他斷言曰「離陰陽則更無道，所以陰陽道也，陰陽者氣也，氣是形而下者，道是形而上者，則是密也」（全書）——語錄中有這一段最明白地解釋本體二元的話。他所謂道即是理，這是形而上的東西，至於氣則是器，形而下的東西。這二元如何生起的理由則如下：

道二，仁與不仁而已矣，自然理如此。道無無對，有陰則有陽，有善則有惡，有是則有非，無一亦無二，故易曰，三人行則損一人，一人行則得其友，只是二也，（全書十六）

由這理看起來萬物都是相對的，保其存在的理由就是「相對」，沒有無氣的理，也沒有無理的氣，所以有天就有地，有男就有女，有男女就會生兒子；——「二」這數即生萬物的原理。換句話：理氣相對，即爲道，即爲本體；他的實在觀，即如是。他蓋不以陰陽自身爲實在，而以「所以陰陽」的理爲實在的。所以他的現象發生的過程論，不和易理一樣，他完全是自然的唯理的，換句話：全是理智的的看法。

道則自然生萬物，今夫春生夏長了一番，皆是道之生，後來生長，不可道卻將既生之氣，後來卻要生長，道則自然生生不息，（全書十六）

換句話：他的實在觀的原理方面，雖亦取於易，但易的生生發展形式，則非他所取。他蓋以爲有陰陽的地方，即有物象，換句話：理所在的地方，氣也在，氣就是象的根。至於問到氣既是象的根，那末萬象爲甚麼有差別的話時，則他的解答，也和張子及明道等一樣——歸之於氣的清濁作用。這個所以後之人批評他的哲學爲「一元的二元論。」他說：「古今風氣人物之所以異者、何也、氣有淳漓、自然之理、有盛則有衰、有終則有始、有晝則有夜、譬之如一片地、始開荒田時、則穀倍收、及其久也、則一歲薄於一歲、氣亦有盛衰故也、」（同上）他蓋以爲氣有強弱剛柔種種的變化，所以遂生種種的物象。

但他雖這樣確立過理氣二元，且用以說明過萬象，因以示明過本體，但其大成者，洗練者，還是後來的朱子。

第三節　性論

他的性論，在其思想上和張子相似，也是以性爲理、爲天、爲心、爲萬物之根，而以才情等後天的東西爲氣的。他說：「性出於天、才出於氣、氣清時才清、氣濁時才濁、譬猶木、曲直性也、以作棟梁、以作榱桷、才也、才則有善不善、性則無不善、謂爲上智與下愚不移者、非謂其不可移、而有不移之理、所以不移者、只有兩般、爲自暴自棄之事、而不肯學也、使其肯學、肯不自暴自棄、則安不可移乎、」（全書二十。）

——意謂性出於天，天卽是理，所以性自己純粹無垢，而不善之生出，則由於氣之有濁時。氣濁則才（質）濁，所以自然生惡。惡這東西是後天的東西，所以在他，天下沒有絕對的惡。上智下愚不移的話，是說第一因沒有想移的心思，第二或因修養沒有徹底，——二者必居其一，至於絕對不能教化的惡則沒有。他用這理論過古今的性說：「性相近者、言其所禀之性、非言性之本、孟子所言、便正言性之本、……揚雄韓愈、皆說着才、然觀孟子之意、似才亦無不善；」且說孟子說性情才三者皆無不善的話，是因孟子不認「氣質」的原故。他於是認才情爲後天的，不是性的本質，而爲說明曰：

生之謂性、與天命之謂性同乎、性字不可一概論、生之謂性、止訓所稟受也、天命之謂性、此言性之理也、今人言天性柔緩、天性剛急、俗言天成、皆生來如此、此訓所稟受也、若性之理也則無不善、曰天者自然之理也、(全書二十七)

這兒雖明明地提出了本然氣質二性，但比這還明白的則爲「性相近、習相遠、性一也、何以言相近、曰只言氣質之性耳」(全書十九)的話。但他這樣把告子、明道「生之謂性」的性，解爲氣質的性，自是他的管見，他或以爲既說生之謂性、其中正偏混合、善惡不分的東西，必然含着，所以作如是解；但其實告子他們，幷不是說善惡混合的東西爲性，他們是說出於天的爲性，所以在他們性是一種超越了善惡差別的純粹體，說善說惡時，在他們已不是「性自身」所以伊川的見解，自不能謂爲得當。但是雖然如此，在伊川——在純以分析的論理爲立場的伊川，對於這種不徹底、且近於曖昧的主張，無論如何，是不能容許的，他始終認善惡相混的東西爲氣質的性，以眞而靜的東西爲本然的性。前者依修養去其惡分子，可復歸於後者，但後者、其體則爲寂然不動的靜止狀態，這狀態開始動轉時，於是氣也生出來，才也生出來，情也生出來——他是這樣思考的。所以在他，凡人沒有一個僅有本然的性而無氣質的性的；換句話，氣質的性，也是必然含有的，所以他又以爲教育這東西無論如何不可少，教育就是變化氣質復於本然的唯一機關。

至於心性二者的關係如何，則他說：道、性、心、情、四者，都是一物的面面，換句話：都是同一存在的異面。性之有形者謂之心，性之動者謂之情，其名雖異，其根則一，其名之異，要只由其體現而止。——

稱性之善謂之道、道與性一也、以性之善如此、故謂之性、善性之本謂之命、性之自然者謂之天、自然之有形者謂之心、自性之有動者謂之情、凡此數者皆一也、聖人因事以制名、故不同若此、而後之學者隨文析義、求奇異之說、而去聖人之意遠矣。(全書二十八)

但這個，和張子的心統性情說，又多少不同，在伊川蓋取孟子「盡其心則知其性」的意思，認心卽性；以爲這個在天爲命，在人爲性，而其所主則爲心。而三者合起來，其實又只是一個道。所以我們「苟能通之以道、又豈有限量、天下更無性外之物、若謂有限量、則除是性外有物始得」(全書十九) ——他說他蓋以爲心就是性，性就是道，道就是理，所以還存在的東西，都必有性：「一人之心、卽天地之心、一物之理、卽萬物之理、一日之運、卽一歲之運、」(宋元學案十五) 所以盡其性、制其性之動(情)而正其心而養其性，以反其本然，就是他的倫理學，「凡學之道、在正其心養其性耳、中正而誠、則聖矣、」是他的主張；有名的顏子所好何學論裏，他把這意思反復評論過。

第四節　知識論

明道以良知良能那種先天的知識、爲人間固有的能力，萬物皆備於我，所以人間當以誠敬致其固有的良知——在有名的識仁篇裏說得很詳；但關於經驗方面的知識，則明道沒有觸及過，觸及過的人，幷且其結果把明道之說充實過的人，則爲伊川。蓋良知良能、乃先天地(a priori) 人人所具有的，所謂道心、所謂德性、所謂天理就是指的這個；至於經驗知，則爲後天的，現代語所謂科學的知識。這科學的知識，距伊川千三百年前，韓非子已經論述過了；他說沒有參驗而欲究事理的眞相的人，當是愚人。但韓子這種經驗論，從先秦以來早已全然窒息，不可復得而聞了，到這兒伊川復觸及起來，主張起來，這伊川之爲致知窮理的學者，且分析能力的優秀者，我們當可以實見了。他說：「見聞之知、非德性之知也、物交於物、則知之矣、非在於內也、今之所謂多能者是也、德性之知、不假於見聞也」（全書二十八）又說：「知者吾所固有、然不之致、則不能得、而致之必有道、故致知在於格物」（同上）——他蓋以爲良知雖吾人所固有，但吾人自己不努力發揮之的時候，僅僅固有之的時候，無論如何不能成一個能人。玉不磨不光，知不致不益，而致知之法則爲經驗。「致知在於格物、非自外而鑠我者也、我固有之也、有因物而遷者、迷而不知時、則天理滅矣、故聖人欲事格之」（同上）——明明反復前言，意謂良心固然固有，但自發地不求磨光之道時，則必化成後天性的東西；換句話：良知當不能返，迷而至於自滅。所以聖人究理格物，以期盡其先天的性。

由上看起來，經驗知是後天的知識，是致先天良知的手段，附屬地存在的。但他一面由其文句看起來，則又有認這爲有害於良知的意味。但大體上，他還是認這種知識爲必要的；他說過老莊棄其知，忌其巧僞，但「知」自身，初無善惡，於性有何善？——的話。

第五節　倫理觀

伊川把實踐倫理的修爲法分作內外二面論述過。內面的是「致誠敬之德」的工夫，外面的是求後天知識的充實——「格物致知」的工夫。在明道僅說過前者，但伊川兼重後者，以爲涵養須用敬，進學則在於致知；他的致敬工夫，涪州道上一回逸話，我們可以曉得了，他個人生活上是非常涵養有得的。他說明這敬字時，說過「主適無一」的話，蓋以一爲主而無所適的意思（全書十六）又說過「沖漠無朕」的話，蓋當如萬象森然，澄治其心，使明本性的意思。他蓋以爲人間本性本是善的，靜的，合這善靜的本性的工夫則爲敬。所以他又以爲藏心於丹田，靜坐沈默就是這主一無適最好的修養法。這點不待說是他受過老莊思想的影響，及當時士君子間流行的「坐禪」「入定」的影響而然的。

至於進學，在於致知的話，則是說我們當多學外面的經驗知的意思，即是當格物致知的意思。本來良心這東西，不待說誰也是有的，但氣稟昏濁時，則易爲外物所掩，所以想致良知僅依內面的修養尙不能徹底；換句話，僅依誠敬工夫能達於至善的人當很少，有亦不過上智的人而止；即上智的人亦未必全然不要修養，所以凡人則更不待說；而在這凡人致知(學問)這修養工夫尤爲吃緊。他一生較其兄看得知識重要，以爲知行合一，要即知之徹底，知而能徹底行自然地不能不自發，——他以爲。所以他說：「學莫大如致知，養心莫大如禮義」(全書十五)誠敬和致知，始終是他修爲的唯一法門。但他的「知行合一論」比後來王陽明倡的不同，王子「知者行之始，行者知之始」一的話，他沒有說過；他不過說能致知，則知必自然地顯現於行爲而止。

至於說到格物致知是怎樣一種意味，則他和後來的朱晦菴一樣。意謂我們的格物致知，雖就是惟窮我們的知識，但這又決不和後世末輩同其內容。後世末輩只曉得尋覓事事物物的理，如蜜蜂一樣，四處徬徨，他則是經驗地窮物的理，欲於其中發見物的原理；換句話，求其方則，想發見其一貫的條理的。他說：

格物窮理，非是要盡窮天下之物，但於一事上窮盡，其他可以類推。至於言孝，其所以爲孝者如何，窮理於事上窮不得，且別窮一事，或先其易者，或先其難者，各隨人深淺，如千蹊萬徑，皆可適國，但得一道入得便可，

所以能窮者、只爲萬物皆是一理、至於一物一事、雖小皆有是理、（全書十六）

這是他最明瞭的格物解。他決不和後世學究一樣白髮倘不能通一理。他一句喝破：「學問之要惟見事物之理耳。」所以這問學之所趨，自然地、知行合一論也生起來了；「知至時則當至之、知終時則當終之、當以知爲本、知之深時、行之必至、知之不能行者、未之有也、知而不能行者、只是知淺」（全書十六）。——陽明的知行合一論是從他這致知項下發源出來的，不可疑了。所以他以爲博學、審問、愼思、明辨、四者、是知致而至的，篤行則爲其終。致知而達於知行可以合一的域時，甚麼事當都可以貫通。不待說，他這貫通的話，還是講的知致之效及修爲之德，到後來朱子，才把這方面更細說一遍，創出居敬窮理二大綱目來。

第六節　結論

伊川的特長是其學說之爲分析的、主知的、的點。明道說中的曖昧處，不備處，依他的努力宏大了許多，充實了許多；在這意味上所以他是「洛學」的完全者。但兄弟間，關於仁說的思想，非常不對。明道主張不用絲毫窮索，只要守着誠敬二字自然可達於仁。伊川則於敬字外，以爲爲仁乃合於天道的事，從而又是盡人道的事，從而又卽盡物性的事，盡物性則不可不講究格物致知；（全書十九）於是遂力主張後天的經驗知爲必要。看來明道的人格，是渾然天成的，像禪僧，像聖僧，伊川則似淸規嚴厲的戒僧。至於學說，則又各有特色，可以說都是出羣的哲學家。同胞之中，得這樣雙璧競秀，眞是珍奇，世界哲學史上，除印度論師聖無著世親兄弟外，當無儔比。尤其伊川學系中，出過大哲學家朱晦菴，且對於陸王亦給過大影響，在哲學史上的位置，他眞是重而且大。

第七章　程門諸子

第一節　謝上蔡

邵子死後，有子伯温繼父業，但沒有甚麼精進；張子死後，關中之學，蕭條無後繼。於是學者概歸於程門，謝上蔡、楊龜山、游廣平、呂大臨等，稱爲「程門四先生」，而上蔡尤爲其中卓卓者。

上蔡名良佐，字顯道，壽春上蔡人。明道知扶溝時，他往執弟子禮。他素來廣於見聞，自恃博學多才，和明道談話時，引經證史，無所遺漏；但明道徐徐說：「足下記憶何多、亦可謂玩物喪志。」這一言之下，他汗流浹背，深自愧慚；但明道又曰「這恥心就是惻隱心、明乎此以後去了這種枝葉之學、好好於靜坐誠敬上做工夫罷」從此以後，心機一轉，他遂專心於這直截簡易的學問上精進不輟了。元豐八年、登進士第，建中靖國初召對不就、乞作西京竹木場監，益自修鍊，進步益多。明道歿後，又學於伊川，別一年、伊川訊其所得，他答以「但去得一矜字，」伊川亦深歎其切問近思之多功云。伊川從涪州歸時，子弟多背去，但他獨毅然不移，和伊川相終始。晚年坐飛語下獄，褫職爲庶人，不遇而歿。游廣平曾爲他作墓誌，但文不傳，生平事蹟，所以多不詳。著書有論語說及語錄三卷傳於世。

學說　上蔡學於二程，思想的影響亦二程各半；內省方面受於明道，格物致知方面得於伊川。他自經明道一言針灸後，即改心韜晦，明道亦愛其才之純，務引入於內省去矜持敬，所以其學通達無礙，甚有師風。仁論裏說：

心者何也、仁是已、仁者何也、活者爲仁、死者爲不仁、今人身體痲痹、不知痛癢、謂之不仁、桃杏之核、可種而生者、謂之仁、有生之意、推此仁可見矣、學佛者知此、謂之見性、遂以爲了、故終歸妄誕、聖門者見此消息、必加功爲、故曰回雖不敏、請事斯語矣、雍雖不敏、請事斯語矣、仁操則存、舍則亡、故曾子曰、動容貌、正顏色、出辭氣、出辭氣者、從此廣大心中流出也、（語錄）

明道以沒卻自我、合於天地的大道，與萬物爲一體的心境，爲仁的極致；上蔡則以生生之德爲仁，以佛學者專從事於內省，沒頭於死學，猶不自覺，且以「見性卽仁」其愚眞不可及，於是解仁爲活活動動地霑潤萬物的德。這正是他駕出師上，別開新境處。他的着想，像根於易生生發展的理；其截然區別儒佛的學相，積極地尊前者而貶後者處，也是卓見；後儒許多批難，都不得當。他又還說過「天、人、心、性、三者的關係，以爲：「仁者天之理、非杜撰也、心焉則天也、孟子曰、仁人心也、盡其心者、知其性也、知其性則知天矣」（同上）。所以在他，盡性就是仁，仁又就是天的理，盡天道所以又卽是仁道，盡仁心卽是盡天理。但實際上，仁心如何盡法呢？他思想上因二程的影響各半的原故，所以關於這點，明道的靜坐澄心，他也主張，伊川的格物致知，他也主張。前者用以涵養天理的良知，後者用以求後天的知識，二者相倚待，則人欲去，天理存了——他說。換句話：不涵養良知時，我們的心必易爲人欲所掩蔽，仁道且不能盡，同時不求知識，則我們的心又必易被欺妄。所以他說：

所謂有知識、須是窮物理、只如黃金天下至寶、先須辨認得他體性始得、不然、被人將鍮石喚爲黃金、辨認不過、便生疑惑、便執不定、故經曰物格而後知至、知至而後意誠也、所謂格物窮理、須是認得天理始得、所謂天理者、自然底道理、無毫髮杜撰、今人乍見孺子將入於井、皆有怵惕惻隱之心、方乍見時、其心怵惕、卽所謂天理也、要譽於鄉黨朋友、內交於孺子之父母兄弟、惡其聲而然、卽人欲耳、天理與人欲相對、有一分人欲、卽

滅卻一分天理存一分天理、卽勝得一分人欲、人欲纔肆、天理滅矣、(語錄上)

他以爲：致天理(仁心)起見，當明良知良能，又當重格物窮理。二程的思想，明明被他結成一塊，冶成一爐了。後人率以朱子語錄「上蔡以覺訓仁、無異佛氏」之說爲基礎，批難他多帶佛臭；又以後來他的學系裏出過橫浦象山二唯心論者，遂或比他如禪子，都是沒有道理的議論。我們平心說一句：宋代儒者受過佛教影響的人，何止他一個？明道不待說了，卽伊川「沖漠無朕」「主一無適」的話，不也是以儒家的作用，加於「坐禪」「入定」之上的麼？何況他還辨過儒佛的違異，說過「釋氏所謂性、如吾儒所謂心，釋氏所謂心、如吾儒所謂意」的話呢！這種話，又豈是半通半不通的末輩，所能說得出，解得透的麼？

第二節　楊龜山

全祖望宋元學案曰：「明道喜龜山、伊川喜上蔡、蓋其氣象相似也、龜山獨邀耆壽、遂爲南渡洛學大宗、晦翁、南軒、東萊、皆其所出、然龜山之挾雜異學、亦不下於上蔡」(學案三十五)——大儒定論，當不可移。

楊時字中立，南劍、將樂人，生於神宗皇祐五年。幼穎悟，能文，修經史；熙寧九年登第，不就官，以師禮見明道，明道非常喜歡他，歸時嘆曰：「吾道南矣。」明道歿後，又於洛陽師伊川，時年四十。一日和游定夫共見伊川，會伊川方瞑目坐，二人侍久之，伊川忽左右顧，「二子猶在此耶、日暮矣、姑就舍」二人乃退，門外雪已深尺餘。——這逸話、一般常比之於達摩慧可的逸話，禪味本也不少；伊川爲師的威嚴，及二人爲弟子的誠謹，於此又可窺一般了。張子著西銘時，龜山疑其旨近於「兼愛」，和伊川往復辯論甚多，伊川曉以「理一分殊說」，始豁然大悟云。後來他歷任州郡，有治績，入作侍講，尤多進言，辨王安石學說之妄，欲止其從祀，毀其三經新疏的刊木，但反爲反對者所排斥，罷官。高宗即位，初復召爲侍講，未幾致仕，紹興五年以八十五歲的高齡歿於家。

著書、有其裔孫楊繩祖所刊的四十二卷本通行於世，其中思想可窺的，則爲語錄四卷及書七卷。本節則依張伯行編的正誼堂全書中的六卷本。

學說　他的本體觀，蹈襲張子以爲天地是一氣，宇宙萬象皆由這氣的離散集合而成；蓋這氣的闔闢來往，初無窮盡，所以生變化；這變化稱之爲易。——

夫通天下一氣也、人受天地之中以生、其盈虛常流通天地、寧非剛大乎、惟自梏形體、故不見其至大、不知集義之所生、故不見其至剛、善養氣者、無加損也、（文集三）

他以爲萬物的生滅聚散，不外乎這一氣的離合，合則爲體，離則消亡。同時這種生滅離合，又只限於現象界，若宇宙本體則毫無所增減。我們能領得這天地萬物一體之理時，我們始能達到物我一如的妙境。且我們人是得天地之中而生的，是最靈的東西，所以又能穀盡性體仁。——天人合一的理，他用作人生的標的。同時他這種天地萬物爲一體的見解，最後又使他倡出了聖人可學而成，及生死如一的見解來。他說人間雖有賢愚之分，但這不是絕對的，修養不怠時，誰也可以學到聖人。

至於學聖人的方法如何，則他又和伊川上蔡一樣，主張持敬及致知二內外面。但此外，他又說過、「當去勝心」的話；他說：「人各有勝心、勝心去盡、惟天理是循、則機巧詐變不作」（語錄）。他蓋以爲去勝心而誠意誠心，則性可盡，同時經營天下，完成自己也都在這一點。

次之生死一如的話，則他說宇宙本體本來甚麼變化也沒有，變化乃現象界的事，要不外一氣的消長聚散而止；生生死死，所以要為一如，別沒甚麼悲歡。他這見解中當帶有幾分佛教影響，但說是由他的本體觀演繹出來的，亦無不可。

他的學說綱領如此，此外雖還有性說，別無出色處；一般地他的學說少於定見，缺於精氣，所以後儒比之於上蔡，當很失當。朱子說：「龜山天資高、樸實簡易、然所見一定、更不須窮究」又曰：「龜山文字議論、如手捉一物、正緊忽墜地、此由其氣弱」（語錄百〇一）當是適評。

第三節　呂藍田

呂大臨字與叔，京兆、藍田人。兄弟四人，大忠、大防、大鈞和他，都學於張子，都登進士第，都是有名的學者，而他更傑出。他當如陸象山，他家兄弟亦當如陸氏兄弟。四人中又唯他沒應科舉，專志於學業。

他受學於張子時，專以防檢窮索為事，但張子歿後見明道時，明道語以「識仁」，他於是大悟昔日之非，唯明道的心法是歸。但他和上蔡本都是頭腦很明晰的人，明道的心法，則素帶禪味，授受之間，他們思索上的發展和鋒芒，受過很大的挫折，鈍澀不淺了，眞是可惜！但雖然如此，他又不和楊龜山一樣，專守師說。看他後來明道歿後再師伊川時的事，就可知道他把先前師張子的學旨全然反省地服膺起來了，和伊川且幾次爭持過；伊川說「與叔守橫渠說甚固、每橫渠無說處、皆相從、纔有說時更不肯回」（宋元學案三十一）——他是這樣一個敢為的人，所以其文章也才機煥發，非常論理的。讀他的克己銘及未發問答時，伊川像也很爲其鋒銳所沮。他博究羣書，尤精於禮，獨居時亦儼然危坐以自養德，所以時人非常推重他。元祐中爲大學博士，遷祕書省正字，范禹祖薦之，未及用而卒，年僅四十七，舉世無不痛惜。朱子曰：「呂與叔惜乎壽不永，如天假之年，必所見又別。程子稱其深潛縝密，他資質好，又能涵養。某若只如呂年，亦不見得到此田地」（語錄百〇一）——亦深惜其早逝。黃宗羲曰：「朱子於藍田求中之說則深非之，及爲延平行狀，謂其危坐終日，驗未發時氣象，而求其所謂中……又卽先生（藍田）之說也」（宋元學案三十一）。

著有藍田文集二十八卷，詩說、大學說、中庸說各一卷，禮記傳十六卷，孟子講義十四卷。

學說　他因受張子氣一元論的學系，所以對於本體也以爲是氣的一元，人則稟天地之中以生，其性寂然不動，虛明純一，其狀態如中庸所謂「喜怒哀樂之未發。」他這「中」不特說正是指人的本性而言的，若已發而接觸事物，則生氣質的性，而爲氣象，他說。他蓋以爲這「中」藏喜怒哀樂等於其中，且爲毫沒體現的狀態，正如易所謂寂然不動，陰陽尚未着手動靜時的狀態。這狀態卽謂之本性，若已開始動靜，則爲已發，氣質的性從而生出了。——這些地方不特說他和張程初無別，但認這「中」卽爲本性的地方，及比之於「赤子之心」「聖人之純」的地方，則確是他的特色；爲這點和伊川且屢次爭論過。蓋伊川以爲赤子之心是已發的，既說心以上沒有不是已發，未發則心那樣的具象、知當還不能容認；所以赤子之心也是已發，不過在赤子爲「致中當節之和」罷了。（未發問答）但藍田不屈說：「赤子之心良心也，天之所以降衷於人，人之所以受天地之中也，寂然不動，虛明純一，與天地相似、與鬼神爲一、傳曰喜怒哀樂之未發、謂之中、其此之謂乎、此心自正、非待人而後正、而賢者能勿喪、不爲物欲所遷動、則如衡平不加以物、鑑明不蔽以垢、乃所謂正也、惟先立其大者、則小者不能奪、忿懥恐懼、好惡憂患、一奪其良心、則視聽食息、從而失守、欲區區修身以正外、難矣」（語錄）——他蓋主張當先着眼於良心的良心乃根本，當先究其本源而無失、如僅拘泥於區區情欲的末節，或專腐心於後天氣質的矯正，則末中之末，有何大效？他以這思想爲中樞，後來歷羅豫章、李延平、迄於朱子，都受過——如黃宗羲所云——大影響。

此外他還說過人的氣稟有強弱，蔽亦有深淺，賢愚之差，卽生於此的話。

人受天地之中、其生也具有天地之德、柔弱昏明之質雖異、其心之所然者皆同、特蔽有深淺、故別而爲昏明、稟有多寡、故分而爲強柔、至於理之所同、則雖聖人有所不異、盡己之性、則天下之性皆盡、故能盡人之性、蔽有深淺、故有昏明、蔽有開塞、故爲人物、稟有多寡、故爲強柔（性理大全二十九）

這樣分析地論過性的差別相。他這「蔽」字和張程的氣質相同，雖沒甚麼特別處，但他不喜歡分性爲本然氣質二面，以爲只要能盡本然的性，後天的氣質性，當可消滅不存。

（附記）　程門四子中尙有游定夫、字廣平、其人也是一個篤學溫厚的君子、惜其著作散佚、思想傳於後世者極少、所以現在只好割愛、

第四節　胡五峯

胡宏字仲仁，號五峯，崇安人。有名的碩學胡安定的季子，二兄胡寅胡寧也都是學德俱高的名士。寅作過禮部

侍郎兼侍講，寧則作過太常丞，有文集十五卷，資治通鑑舉要補遺二百卷。五峯以這樣的大學者爲父兄，幼時卽懷大志，嘗見龜山於京師，又從侯仲良於荆門，侯卒後，優游於衡山，讀書二十餘年，晝夜不舍，甚能傳其家學。南宋大儒張南軒，是他的弟子。

著述有胡子知言五卷，(百子全書裏) 其思想於此中可以窺知。此外且還有詩文集五卷，皇天大紀八十卷，五峯易外傳一卷。

學說　「天命之謂性、性者天下之大本也、堯舜禹湯文王仲尼六君子、先後相詔、必曰心而不曰性者、何也、曰心者知天地、宰萬物以成性者也、六君子盡心者也、故能立天下之大本、人至今賴之、不然則異端併作、物從其類而瓜分、孰能一之乎、」(知言疑義) ——這是他的學說的根據。蓋從中庸「天命之謂性」及孟子盡心、知性、存心養性，又張子心統性情諸說得了 hint (暗示) 而作的，所以和從來的性說不同。他以心爲統理萬理的機關，認其存在、曰：「天命爲性、人心爲心、」又曰：「道充於身、塞於天地、而拘於軀者不見其大、存於飲食男女之事而溺於流者、不知其精、諸子百家、億之以意、飾之以辯、傳聞襲見、而蒙於心、爲命理性道之言、置諸茫昧、則已悲乎、此時所以邪說暴行盛行、而不爲其所惑者鮮也、然則奈何、曰在修吾身而已、釋氏定其心、不理其事、故聽其言如該通、徵其行則顛沛、儒者事理正心、故內不失成己、外不失成物、以贊化育、以參天地、」(知言) ——他以心爲天命之理、人生之道、和宇宙的本體同一性質。無心則人生且爲形骸。至於其「氣主於性、性主於心、心純則性定、氣正、氣正則動而不差、」的話，則是從張子心統性情說來的，惜其論理常陷於循環，未能徹底罷了。此外又說過心所以主宰一身的理由如下：

心無不在、本天道變化、爲世俗酬酢、參天地、備萬物、人之爲道、至大也、至善也、放而不知求、耳目聞見爲己蔽、父子夫婦爲己累、衣裘飲食爲己欲、既失其本矣、猶皆曰我有知、論事之是非、方人之長短、終不知其陷溺者、悲夫、故孟子曰、學問之道無他、求其放心而已矣、（知言疑義）

心苟不動而能主宰其性，則道可以不失，所以去「蔽」「累」「欲」三者，當是學問的最大要件。「天下莫大於心、患不能推之耳、莫久於性、患不能順之耳、莫盛於命、患不能信之耳、不能推、故內外不能一也、不能順、故死生晝夜不能通也、不能信、故富貴貧賤不能安也、」（知言三）。

——要之他以心爲萬物的主宰，以心爲知天地之理，及使性所以成善惡之理的東西，換句話：即統御性情的東西。同時、又以爲心的作用就是成這性的，依良心而使盡至誠的。換句話：他以爲心是司理性的判斷作用的。所以他和別的學者不同，無心的性情，他是不承認的。所以窮理、盡性、明心的話，他用力說過多次。至於性的善惡問題，則他不下斷語，蓋他根據家學，把性委於心的統轄去了。又他以爲心的本質，發則爲心，散則爲氣，心無生死。這個後來張南軒朱子都以爲近於釋氏的輪迴說，但從前張子也是一樣，且從氣一元說的立場上立論時，這種結論；當然可以演出來，一定謂爲輪迴說，當無左證。他把生死看作自然，因認解脫生死的佛法爲畏死營私的小見識；則其儒家態度，又可以得而明白了。

第八章　王安石

第一節　略傳及著書

「宋學」除正統派周、張、邵、程諸子外，還有許多政治家兼文學家的人，間也喜歡談談哲理，如歐陽修、司馬光、王安石、蘇東坡等，都是。歐陽著過易童子問，史眼很卓越，但缺少創見；東坡於經子造詣很深，但於當時中心思想的性論，則發揮極少，僅於韓愈論裏按排過一下告子、揚雄等的學說而止。司馬具政治、史學兩方面的大才，但其著潛虛則模倣太玄，且其中有尊揚雄、疑孟子處，所以也難說是傑出的思想家。唯王安石無往不宜，天才如海，眞使人驚歎不置！他當政治家時，反對黨司馬光以下，誰也莫敢如何；爲文章家時，雖東坡也不敢大張氣燄；經學方面則又著過新疏，示其獨特的境地；哲學方面則一篇性說，又樹其一家的定論。人生如他，區區一時的毀譽，眞是何足掛齒！

王安石字介甫，號半山，臨川人，家系代代高官。他生於眞宗天禧五年，夙有盛名，年二十二，登進士第，知常州，又提點江西刑獄，入則三度作支判官，進知制誥，時年四十一。神宗即位後，爲翰林學士兼侍讀，拜參知政事，年四十九。於是頒布有名的「新法」，天下騷然，但他不顧，惟厲行其是，政敵交攻，責難滿天下，他愈岸然，免司馬光以下數十人的官，呼爲「元豐朋黨」。但其時恰值天下大旱，神宗也就對於新法懷起疑來了，他於是以觀文殿大學士的官銜，出知江寧府。但翌年又入相，爲同中書門平章政事，且加尚書左僕射，幷門下侍郎，總理一切，這時候反對黨更兇了，差不多盲目地攻擊他，但素性勇邁的他，益自堅其志，厲行新法不休。但同時政務上他用錯了幾個佞人，致事功不就，未幾遂辭官，拜尚書左僕射、觀文殿大學士、集禧觀使，封荊國公，退居於鍾山，而朝政則仍歸他一黨所董持。但神宗崩後，他也就不久於世，追其知遇篤隆的故主歿去了，年六十六，時元祐元年（西紀一〇八六）贈太傅，謚曰文。

著書、文集一百卷外，周禮新義、毛詩義、尙書義等尤有名。

第二節　性說

他的性說，詳於原性及性情二篇中。內容則爲「性情一致說，」唐李翺的「性善情惡論，」被他評得無完膚了。他把性比於宇宙的本體太極，由這點出發，更把古來的性說通評一遍：第一、韓愈說五常的倫道爲善，性則恰如五行，五行又卽太極。但這個不對，五行不能說就是太極，善的五常也不能說不是性，所以天下的性皆惡的話當不能斷，愈說尙過於輕率。第二、孟子說過性善的話，荀子說過性惡的話，但二人也沒得眞。爲甚麼呢？我們的性既如太極，太極雖生五行、而生利害，然利害生於五行生出之後，我們不能直以利害論太極，同樣不能直以善惡論性，——孟荀也不無所偏。第三、揚雄說善惡混。這說雖和我們的見解稍相近，但揚猶不過以習爲性而止，未嘗徹底。以上他們五人（合李翺）雖都是置善惡的標準於情上，但性本來一不是善，二不是惡。善惡之生，起要因於性觸外物，發而爲情時而然的。換句話：性生情，情生善惡，其關係和太極生五行、生利害、是一樣的（原性論。）且徹其意曰：

性情一也、世有論者曰、性善情惡、是徒識性情之名、卽不知性情之實也、喜怒哀樂好惡欲之未發於外而存於心者性也、喜怒哀樂好惡欲之發於外見於行者情也、性者情之本、情者性之用、故曰性情一也（性情論）、

——他以性爲未發、情爲已發、二者共爲心中同質的一存在，不過在內未動時爲性，發於外則爲情而止。至於論到情的善惡又如何的話時，則七情這東西我們人生誰也共有，不過接物而動時，有當於理者（爲聖賢）及不

當於理者（爲小人）兩種。以情爲惡的人如李翺，是專知情之入於惡而不知情之基於性的；其實情幷不專入於惡，說這種話的人自己必是被外物所累的人。何以見得呢？惻隱之情、不也是一種情麼？這種情、不是善而且仁且義麼？所以無情的性之存在當不可有，我們是不能思考的。君子惟其養其性之善，所以情亦善，小人惟其養其性之惡，故情亦惡——性情要爲一元，不可作二元看的。而李翺不然，以爲唯性爲善，情則爲惡，性則求於君子，情則求於小人，這不是把人生必然的情，都當作惡看的議論麼？眞是豈有此理了！蓋喜怒哀樂好惡欲七情之存在於人間，正人間所以爲人間的根本原理，舜之所以爲聖人要不外因對於「不悌」的象有友愛之情——「象憂亦憂象喜亦喜」的原故。文王之所以爲聖人，也是一樣，要因「王赫斯怒」「誅無道紂」——心裏有正義之情、醱酵着的原故。若是文王不怒，舜不憂喜，則兩人「聖」的資格，當不可得；然則情之於人，雖聖人亦初不異於常人了；無情則善惡作用不起，人類當與木石同其塊然了；這還是好麼？所以性情相須，正如弓矢之相待爲用，問題要在其矢之中的不中的一點而止。君子務以修養完其性，而期其矢之中的者，就是這個原故。所以人們，一面當不學小人之養惡爲惡，他面更當力養其善性、無怠於修養而後可。——他的性情一致論，大概如此，性善情惡說，遭此殆失其存在了。

此外他於佛學的造詣也不淺，其詩中有讀維摩經有感的章什，於楞嚴經又作過註釋。所以他的性說，許多人說是根據於佛性論——如「天台」的「一念三千說」及「唯識說」等。但事實上他是倡「心性白紙說」的，佛說則爲心識，其間當有懸異。不待說他的議論，在多數的儒者中，非常生氣潑溂，有獨步出塵之概，所以其間或不無得自佛教新知識的地方，但這究當歸之於他的創造天才的旺盛點上，我們以爲。

第二編　南宋哲學　附　元朝哲學

第一章　總論

宋欽宗靖康元年，金人大舉南下，徽欽二帝皆北狩，棄淮水、大散關以北的地方，高宗卽位於南京。繼改杭州爲「臨安府，」奠都於此，是爲「南京。」——從高宗起到衞王止，前後九代百五十年間。高宗時本出過名將岳飛，一時中原恢復，成了指顧間事，但漢人天性好口舌，好以口舌排擠他人，又好自私自利，於是空空地走了長蛇，逸了好機，眞是千秋恨事！但這等國事艱難的時候，文學藝術方面，還是順風地發展。他面由楊龜山傳來的「洛學」，歷羅豫章、李延平等及於朱晦菴，且臻大成。同時朱的學敵中又出過有名的陸象山以下、張南軒、呂東萊、葉水心等，極一時之盛。而其中朱陸之對峙，尤爲本朝哲學史上的偉觀。朱陸二人外，不待說可比於前期周張邵二程諸大學者的人物絕少，但亦個個有毅然大儒之風，人格高尚，宜其餘風所及，國亡時節義之士簇簇輩出，如文天祥、張世傑、謝枋得、等皆極一時之選。

元朝

南宋寧宗開禧二年（西紀一二〇六）不世出的大英傑鐵木眞自立爲可汗，稱國號曰「元。」西紀一二七九年，世祖忽必烈遂滅南宋。西紀一三六八年朱元璋又滅元，卽帝位，國號曰「明。」——元主中國，前後僅八十九年而止。但元未起以前，還有金國入主過中原；徽欽北狩是西紀一一二七年，在其前徽宗政和五年、金已稱帝號，霸北方。所以事實上、胡人君臨中國的年載，合起來當有二百五十餘年之久。但君臨雖久，文化方面則視百五十年間、國步艱難裹度日的南宋，殆不可同日語。其中元代滅金亡宋，統一天下後，雖於文藝方面出過水滸、三國、西廂等傑作，趙子昂、薩都剌、楊維楨等詩人，學術方面亦因和西域開了交通，輸入過許多異文化，在歷史上可改編論述的事實不少；但思想方面則因漢民族痛於亡國的噩運，思索全告屏息，八十餘年間空空洞洞，差不多毫無可供記錄處。不待說這金元二族，雖皆起於北方，其民族并不全如漢人書史上所詆毀全爲野蠻，他們第一曉得統治國家首先不可不藉重於文教，同時對於這方面他們又并不是沒有盡力提倡過獎勵過。事實上他們的熱心提倡和獎勵，使我們引爲驚歎的地方還很不少。譬如元太宗在南宋理宗二年時，即已招聘過宋朝學士趙江漢等數十人，且蒐集周張二程遺書於燕京，又立「太極書院」建周子祠廟、而配以張程龜山定夫朱子等、以示其尊崇文教的盛意，即其一例。到世宗朝則更有加無遜：集世界的偉人學士，使參政教，版圖雄大，志亦如之。使這朝治世長久時新思想的發展，當必可期；惜乎版圖太大，又是全依幾個特出的人傑名臣所手製，人傑名臣一去世時國勢即四分五裂，一落千丈；不僅思想方面沒有見功舉效，即江山亦且立復歸於漢人之手去了。其間稍有名的幾個學者，則爲許魯齋、劉靜修、吳草廬、鄭師山等，但亦都是南方人，學說沒脫朱陸窠臼，在思想史上只能稱爲「南宋哲學」的餘燼。要之元人這次統一中國，在文化史上自是劃時期(epoch-marking)的事業，單就其開拓漢人眼界一點講的時候，也是功績非常偉大，但思想方面則沒有法子，只可說是附南宋的驥尾罷了。

第二章　李延平

第一節　略傳及著書

楊龜山受學於明道，歸時明道目送之曰「吾道南矣。」這句話果成了讖語，龜山後來果爲南宋程學之祖，其門下出過羅豫章，豫章門人又出一李延平，因而及於朱子。豫章本篤學之士，傳說龜山講易至乾九四爻時，曰「此段伊川之說甚善，」他於是就鬻田往洛見伊川，親聆其說而返云。他從龜山多年，後來作過官，但淡於名利，官期滿、卽入羅浮，不復出，靜坐澄心，以自修養。著有豫章文集十六卷及中庸解、毛詩解、春秋解等。李延平則其門人，和龜山、豫章同被稱爲「南劍三先生。」

李侗字愿中，南劍人，生於哲宗元祐三年，高宗南渡時，他正三十九歲。和師一樣，他也淡於名利，屏居絕世，故四十年，飲食不充，亦怡然樂道，講誦之餘，終日危坐，體驗人生喜怒哀樂未發之前的氣象，以求其所謂「中」者。久之遂果能察知天下的大本眞在這「中」裏云。——他的學所以專重實踐上的體得一點。他又事親至孝，其仲兄性剛躁，他亦能感化之，其人格修養之深，由此可見。且他教導後學晝夜不倦，門下所以出過古今稀異的大碩學朱晦菴。他的功業眞是偉大。

他的學說，專以實踐倫理爲重，所以別無新說，著書也沒有，只有朱子編纂的延平問答二卷，及朱子語錄百三卷中的講話、及朱子文集八十七九十七卷裏載的祭文、行狀等而止。但其爲人及思想，由此亦可窺知。孝宗隆興元年卒於家，年七十一歲。（西紀一一六三）。

第二節　學說

延平之學要爲澄心默坐，以察求喜怒哀樂未發以前的心理狀態之學。這心理狀態，用言語表出本是難事，但旣說是性情未發以上，自是指純粹至誠的心理狀態而言；他的用語雖不同，但爲從程門傳統的心學——「誠敬工夫」衍出來的，當無疑義。蓋喜怒哀樂未發的狀態，換句話：就是情未萌時的狀態，這個在實踐地講的時候，較誠敬工夫那種抽象語，多許多實際味，延平特標出這新語來，當非無因。而求純粹至善的心，且持續這純粹至善的心理狀態，又當就是延平學說的根本了。他因用這種實踐的修養工夫爲方法，所以甚麼事他也不主張強爲窮索，他只俟其自然心會而冰解。所以物有所疑時，他卽教人以靜坐體究。他說「惟求靜於未始動之先，則可見性之靜、求眞於未始僞之先，則可見性之眞、求善於未始惡之先，則可見性之善」（延平問答補錄）——他蓋以爲這性情的未發狀態，是善是眞，同時體得這未發的心情以臨物時，物的中庸當可得，天命當可達。宜乎朱子說：「李先生教人、大抵於靜中使人體驗分明、大體未發時之氣象，則處事接物、自然中節、是卽龜山門下相傳之指訣」（同上）。然則用甚麼修養法，就可以達到這境地呢？延平他提出了具體的一法，曰「存夜氣」。這夜氣說，本倡自孟子，意謂人在晝間，耳目爲外物所煩，夜則萬籟俱寂，能靜心平氣，所以寢覺或晨起時，精神至純潔，心情至沉着，有反思自省的餘裕。延平現在因其靜的原故，有似於自己倡的性情未發的狀態，故借名用作自己的修養工夫。他說「夜氣之說、所以於學者有力者、須是兼旦晝存養之功、不至梏亡、卽夜氣淸、若旦晝不能存養、卽夜氣何有、疑此便是日月至焉氣象也」（延平問答）。他用這修養法以純粹心思直覺事物，他的問學之道卽在於是。所以說仁時，他也不依知的工夫，他以爲卽於自己的本性而冥合宇宙的本體時，仁卽可以體得，——和明道的識仁篇所說無殊。他不喜歡「聖人者包覆萬物者也」那種積極的說法，他唯喜歡「人間到底如何而能體得仁到？」這種消極的想法，（朱子語類一〇三）。

依朱子說起來，延平青年時，也很豪放，後來用了許多上述的琢磨工夫，渾然的人格始底於成就。朱子見他時，年二十四，他則已是六十六歲的老人了，朱子聽了他的教說，才覺到自己從來的空疎，於是大起反省，他亦愛朱子，認爲是個「寧馨兒」，與友人羅博文書中且曰：「元晦進學甚力，樂善畏義，吾黨鮮有」。朱子人格之成就，他與有大力。

第三章　朱晦菴

第一節　略傳及著書

孔子歿後千六百零九年，道學大宗生個朱子。以博大好學之資，整理過古典，批判過古書、古事，明定過一貫之理，且還教育過許多弟子。斯文自任，泰然自若，屢爲邪黨小人所苦，亦天職自信，不少屈，且於千數百年之後，把孔子當年做過的事，許多點又再集大成過一遍。我們知道：古來以夫子自任過的人，有揚雄王通等，但才疏德薄，那一個不是徒招詘笑？但他則頭腦博大，綜合力強，雖夫子關於這點，怕也要被他瞰在眼下。天分這樣豐富的他，所以我們爲他求對手於泰西時，除 Aristotle 及 Kant 外，當難發見第三人。他絞其不世出的頭腦，更訂古典的註釋，給以一貫的理義，又於「仁」「義」「理氣」「太極」等，闡明其內容，使各得其所。他這精神，當和 Kant 立認識論的範疇的精神同其價值。不待說，講到哲學上的傾向和方法，他還不是 Kant 的對手，但使他如處於 Kant 的地位，同樣的過程和收穫，其誰曰不能，他二人的人格和學才，眞是好一對類型（type）。對於後世所給的影響，二人也東西如一，我們離開 Kant，談不上近代哲學，一樣離開他，也講不了近世東洋哲學；近世東洋思想家裏，雖反對他的人也不少，但反對者也沒一個沒有受過他的洗禮。若乎二人日常生活上規矩整然，若合符節的點，則更使人驚歎其何無獨有偶之若是之甚。——讀者對於我們這種比較論懷疑麼？試一察其各方面類似點之多，及對於後世哲學上的功績，想誰也不能不首肯。

朱子字元晦，又名仲晦，晦菴、晦翁，其別號。徽州婺源人，生於南宋高宗建炎四年——西曆千百三十年。父名松，字喬齊，號韋齋，羅豫章的門人，早登進士第，就朝官，痛國事日非，外交軟弱，常和同志主張過強硬政策，然秦檜當國，屈不見用，因謝官去朝，入於閩，居於南劍的尤溪，我們的朱子即生於此。

朱子小字五二，生穎悟，五歲就學，嚴訓甚嚴，但十四歲時，嚴父即去世，死時以他託於籍溪的胡憲、白水的劉勉之、屏山的劉子翬，而遺言曰：「此三人皆我親友，其學亦有淵源，汝須父事之。」從此他遂就學於這三人了；這三人亦不負亡友託，視他如親子姪，其中劉白水且娶他以女。他十九歲登進士第，爲同安縣主簿，大有治績，二十四歲時始見李延平，得「洛學」正統，於是悔從來治學的空疎，心機與方針一轉——蓋白水以下三師都是小乘的，現在延平則大乘的。孝宗即位，初他爲文學博士，年三十三時，舉朝方戰慄於金禍，無一人敢倡義聲，國勢益日蹙，但他稟亡父忠誠之血，不能自禁，召對時，因答以「大學之道在於格物，君父之讎不共戴天」。然當時宰相湯思敬以下皆懦怯鼠輩，不能用他的話，他也不願久立於朝，遂去官家居，以教育子弟，甘貧行道爲事，因此聲名大揚，朝命復屢至。

乾道五年時，三十九歲，遂又出知南康軍。治南康時政教之實大舉，自不待說，他又修白鹿洞書院遺址，立學規，教諸生，招陸象生講論語，又立周子以下的祠堂及陶淵明以下的「五賢堂」，明道德，殖綱常，如火如荼。於是聲名愈盛，他又數上書彈劾當途宰相王淮以下，於是遂都忌憚他每沮他的所言所行，最後且排斥「程學」，想根本地推倒；他同時本部侍郎林栗因和他論易及西銘不合，恨他，說他「本無學無識，徒舐張載程頤殘唾，自稱道學，從門人數十人，擬古昔孔孟之周遊，甚可怪也。」傾擠如斯，自不能久居其位了。爾後朝命至時，雖或辭或就，但卒不得志，淳熙十年，道學禁止的命旨且至於頒出，反對黨恨他之熱，熱到這種田地！

但淳熙十五年五十九歲的時候，他更上一大封事：一輔翼太子，二選任大臣，三振舉紀綱，四變化風俗，五愛養民力，六修明軍政。這封事很感動了孝宗，召他爲大乙宮，主管崇政殿說書，但反對黨又沮之，敍爲祕閣修撰的閑職，未幾孝宗內禪時又被出知潭州。寧宗卽位後，趙汝愚執政，雖復召過他，但同時韓侂胄又以定策功擅恣朝政，他切言忤意，僅四十五日復罷官歸。而機會可乘，反對黨更目他爲僞學，讒誣中傷，無所不至。其極，小人沈繼祖、胡紘、劉德秀輩，且欲置之死地，說他有窺伺神器意。僞學之名，至是一變而爲逆黨，至有上書請斬者；慶元黨禍之烈，竟到這種田地！史家多比這時的事，如元祐當年，但元祐的黨禍，專起於內政，這則根於外交，同爲政治問題，則一。

——情勢至此，如是懦怯者，或竄山林，或改名志，或且轉入敵黨，但他則身當其的，講學竹林精舍，泰然自若。有人諫告他，但他說「禍福有命」，卒不少屈；——其精神，其信念，使我們想起匡人夫子的當年。門人蔡元定因道禍被貶謫道州，來敍別時，他們師弟除寒暄外，不及他，既則就前日讀的參同契質疑畢而去——怡然如此，眞是難師難弟他那時答方賓王的書內，有「一身利害不足云、所懼者秦政坑焚之禍、遂及吾黨」的話，當是實情。但寧宗慶元六年，（西紀一二〇〇）天奪這偉人而去，行年七十有一。

晚年精力頭腦都衰了，又多病，眼病尤至於不能讀書，但還教導諸生不息，長慶六年三月，見諸生來集，強病說太極圖西銘、甚詳，越五日整衣冠長逝；——活活的一個聖者（saint）的行狀。葬時反對黨復揚言：四方僞徒集送其僞師，將因以謀亂，政府因嚴加監視，然來會者尙千餘人之多。韓侂胄死後，嘉定元年賜謚文，尋贈中大夫，讃直閣學士，理宗寶慶三年封太師信國公，改封徽國公，子三男五女皆賢，歿後六十七年，曾孫浚守節殉國，不辱其祖。

他一生資性方正，舉措有法，行狀之合規矩，中方圓，和夫子當年殆如一。病時有人勸其少晏起，但他一見晨光，卽興讀書，不休不徹，時且常敲推忘夜（語錄百〇四）。宜乎一生著作，詩文至於百二十一卷，語類至於百四十卷，而編纂註釋之作，且等身有餘，精力絕倫，著述廣大，眞是東洋第一。今舉其主要者，則：

文集百二十一卷，語類百四十卷，是門人所編纂。其中語類尤爲蒐集許多高弟的筆記，咸淳六年導江黎靖德編集而成的。諸家筆記駢列，一條數篇之處很多，一見很覺重複蕪雜；但其重複蕪雜處，又卽所以證朱子的親口金言，研究朱子的人，這部書當是根本資料。把這語類和文集拔萃而成的，則有朱子全書（六十四卷）朱子書節要（二十卷），張伯行的朱子文集（十八卷）葉子龍的朱子語錄類要（十八卷）等及其他十餘種；但這個在初入門的人，或有意研究的人，決不可取。

其註釋書，則最注過心血的，當爲四書集註。沒有這「集註，」四書當不能讀——其關係確有這般重大。他爲完成這集註起見作過論孟集義三十四卷，大學中庸或問等，（所以和語類中的四書研究相重複處很多。）——此外重要的註釋書則爲周易本義十二卷，易學啓蒙四卷，儀禮經傳通解三十七卷，家禮五卷，詩集傳八卷，太極圖說解一卷，通書解二卷，西銘解一卷，陰符經註一卷，楚辭集註八卷，同後語六卷，韓文考異十卷等。編纂書則上蔡語錄三卷，程氏遺書二十五卷，同外書十二卷，近思錄十四卷，伊洛淵源錄十六卷，延平問答一卷，名臣言行錄前後二十四卷，小學書六卷，資治通鑑綱目六十卷等。——文學史學方面手腕也是第一流。

至於他的學系，則上面說過了：幼時學於胡憲、劉勉之、劉子翬，長學於李延平。勉之之學出自司馬光，子翬出自譙天授，憲出自龜山門下的胡文定；——他的學系所以差不多全來自程門。但思索力那樣博大的他，囿守程學自不能滿足，所以周張邵諸子外，上自六經，下及孔門一系，傍及老莊——凡百思想，殆無不溶於他自己的那大爐內，層層精鍊而以其醇味爲血爲肉爲用。在這些意味上，所以我們不如說他是一個批判綜合的大學者，——與其說是一個獨創的大哲學家；他的頭腦和精力，勤學和該博，對於這綜合事業，確是適當得很。不過太該博些了，我們想接近時，很大的準備和精力，當不可少。

第二節　本體論

他的本體論，即是周子的「太極說」及伊川的「理氣說」的綜合。前編以來，我們屢屢說過了：宋代諸家的宇宙觀，大概都是以易的繫辭及老子爲根據的話。第一、周子如是他說「陰陽」之上更有「無極而太極」——超越了有無的一理之存在，這理自然地開始運動時，陰陽二氣於是乎生，從而五行也於是乎生，從而萬物又於是乎生。第二、伊川如是。他是理氣二元論者，以爲萬物之生，乃由陰陽之交感，理則二氣所以交感的原理，理與氣相倚待，萬物發展的作用於是乎起；換句話：沒有無理的氣，亦沒有無氣的理，其氣之所分化，卽萬象之所由生——「理一分殊說」卽是這個。現在朱子呢，正是綜合這周程二子之說，理氣之上，再置太極，而欲抱二元於一元的。

他先對於太極這東西的性質，覺得有說明的必要；換句話：周子當年只說過「無極而太極」一句，關於其屬性，別沒釋明；再換句話：想以太極主宰理氣二元時，關於這太極的本體，不能不先有所解釋。爲「無極而太極」這句話，他和陸象山曾幾次書筒來往，各盡其辯辨攻難之能了。但這等辨難，要不外「無極」二字的字義，及其傳統，及古來關於這「極」字的用例的諸方面的辨難而止；初沒觸及這思想的根本解釋；換句話：要爲枝葉問題的高調，而象山尤爲顯甚（象山全集卷二、「與朱元晦書」二通參照。）又當時朱子的答辯，雖似風色不佳，有被象山侵凌之勢，但問題要非根本，不足輕重（朱子文集三十六卷「答陸子靜書」參照。）且「無極」兩字，縱如象山所說：是古聖賢所不道，或爲出自老子；但在周子既用以組成了哲學，在理只當就周子見解之所在，加以思想的解釋而止，才是思想家的正當行爲；若僅拘拘於其傳統如何，來由如何——如象山，不是末中之末，得小而失大麼？——難怪朱子專從哲學的見地上下筆，謂太極上加無極，稱爲「無極而太極」的原因，是周子有懼於讀者不明太極之爲無象幽玄，誤把牠化成形器而爲說明了！其言曰：

不言無極，則太極同於一物，而不能爲萬化之根，不言太極，則無極淪於空寂，而不能爲萬化之根。（答陸子靜書）

又說不如此兩下說破，則讀者錯認語意，必有偏見之病。——朱子對於太極說的解釋，此其一。其次陸子又以「極」爲「中」義，但朱子則說易大傳裏太極是「究竟至極」的意味，不是「中」的意味，不待說其中含有「中義」，但若把太極解作「太中」時，則必墮於形氣，其爲理體、爲無形象可附的理體的本質，當不明。——

以中言之、非以其義爲可訓中也至於太極、則又初無形象方所之可言、但以此理至極而謂之極耳、則是所謂理有未明而不能盡乎人言之意者一也、（同上）

更釋其意曰：「無極而太極者、只是無形有理周子恐人於太極外、更尋太極、故以無極言之、既謂無極、則不可以有底道理搜尋也」；又曰：「周子所謂無極而太極、非謂太極之上、別有無極也、但言太極非物而已、如言上天之載、無聲無臭、」（語類五十四）——看起來：朱子他蓋以太極這東西爲超越了時空的理（Vernunft），其體難於明言，但文字上則和一「理」字相該當。在天地的根——「陰陽二元」未現以前，不可不先有這理存在；換句話：「現象」的背後不可不有一「實在」存在——的意思了。他說：「太極只是天地萬物之理、在天地間言之、則天地中有太極、在萬物言之、則萬物中各有太極、未有天地之先、先有此理、動而爲陽、只此理、靜而爲陰、亦只此理也、」（性理大全二六）——這樣其解益精，其說益玄，最後他遂以這太極爲萬物之理，生出一種「汎神論」的說明。要之太極這東西存在於現象界的背後，生這現象的理，即爲牠；其存在則純依我們的悟性（Verstand）概念地、（begrifflich）才能體現得到的。至於太極如何就能產出理氣二元呢的話，則他的答復，非常曖昧；但從其文勢上看時：其意當爲太極雖是理體，但即以爲就是理氣二元對立上的理，則有所不能，理氣是已發的狀態，和易的陰陽二元一樣，同其對立；太極這理，則爲指運動——開始動靜二者的運動自身「所以生起的理」而言的。換句話：其理雖爲超越了陰陽理氣的象徵體，但直以爲化生萬物的原動力則不能，然同時其中又含有使這二元化成的可能性，所以我們如果立於認現象界爲現象，且認萬物皆具一太極的見地上講話時，這太極當卽是理，當卽是道。

至於理氣的關係如何，則他說：

天地之間、有理有氣、理者形而上之道也、生物之本也、氣者形而下之器也、生物之具也、是以人物之生也、必稟此理、而後有性、必稟此氣、而後有形、（性理大全二六）

那末依此以分解理氣的屬性時，則理爲物的性，形而上的東西，氣爲構成萬物的形象的，形而下的東西。又具體地說時：則氣是水火木金土五行，理是仁義禮智信五常。但這不過是便宜上的區別，他自身幷不喜歡這樣截然的區分，他考察這問題時，常是一元地立言；不過體用時二元地下解釋罷了；所以他是一個「一元的二元論者。」他說：

或問必有是理、然後有是氣如何、曰、此本無先後之可言、然必欲推其所從來、則須說先有是理、然理又非別爲一物、卽存乎是氣之中、無是氣則是理亦無掛搭處、氣則爲金木水火、理則爲仁義禮智、（語類卷一）

他蓋以爲理氣這二元，是相憑依而成形象的；孰先孰後，則很難推究。但同時此氣當依理而行的話，他也說過。至於二者的體如何？則

及此氣之聚、則理亦在焉、蓋氣能凝結造作、理卻無情意、無計度、無造作、只是氣凝聚處、理便在其中、且如天

地間、人物草木禽獸、其生也莫不有種、定不會無種子白地生出個物事、這個都是性、若理則是個清淨空闊底世界、無形跡、他卻不會造作、氣則能醞釀凝聚生物也、此有此氣、則理便在其中、(同上)

——一段，說明得最要妙，看來理是物的性，物的心，物的精神，氣則是物的體，物的象，物的造作。所以先有理而作形，有心而成體，有種而生物。換句話：無心性當無形體，無屬性當無物體，——他的意思當如是。

但太極既是萬物所同一，萬物又皆有太極這理體，那末由這理體出發的萬物，爲甚麼其體又各不同呢？這點的見解，則他和張子伊川一樣，也以爲因氣有正偏的原因。換句話：就是太極分成理氣二面，理是純精，氣則有正偏，清濁，等性，得其正者爲人類，得其偏者爲動植物。更換句話：時理一而萬象則殊相。——他概念地考察宇宙的本體時，常是這樣歸於太極（理）一元，而入現象界，說明其體用時，則理氣二元說出來了。

蓋自周張邵程諸子以來，對於現象界的背後，都認爲有一實在存在，他學既本於諸子，所見自不大相遠，所以印度系的實在論，——他同時的陸子及後來明朝的王子所好倡的心即理說，他是不能贊成的。他的實在論，蓋因想發現萬物成立的根據而作的，又因想說明這世界上所以有變化的現象的所以然而作的，換句話：這變化的現象如是果時，則必有甚麼東西在其中爲因，——爲推究這種因果關係而作的，或則因想說明這現象界的殊相，不可不求一普遍的基準而作的。這樣的實在論在西洋哲學史上，其例也不少。

第三節　心性說

萬物中都有一太極的話，畢竟就是說因萬物各有屬性的意思。於這屬性中，樹本然氣質二元，——和本體論裏樹理氣二元一樣以爲說時，當就是他的性說。他以爲性有這本然氣質二別，前者爲寂然不動未發時的狀態質則至善純粹可比於宇宙的本體；後者則是已發的狀態含有正偏清濁等類，所以混淆性的善惡的。他這思考法，一面是受自張子伊川，一面又是研究過孟荀以下諸家的性說受其影響而成的，自不待說；看他「答陳敬之書」裏，及語類卷四裏的話，就可知道。前者說：「性是太極渾然之體、本不可以名字名，但其中含具萬物而爲綱理之大者有四曰仁義禮智。孟子始以四端之情論之、然孟子之四端爲言未發本然之性、未常盡性之全體」（文集七十八。）後者則說：

孟子言性、只說得本性底、論才亦然。荀子只見得不好底、揚子說得半上半下底、韓子所云、卻是說得稍近。蓋荀揚說既不是、韓子看來端的、見有如此不同、故有三品之說、然惜其言之不盡、少得一個氣字耳、程子曰、論性而不論氣不備、論氣而不論性不明、蓋謂此也、

這樣批評過孟荀以下唯知性的本然、而不知氣質的性之爲何之外，門人亞夫問他氣質的性說起於何人時，他答以起於張程，且說如使這性說生於諸子之前，則許多性說爭端，當可以免。

他這樣肯定過氣質的性，所以他自己說性時，也是分之爲天地的性，氣質的性二種。前者專指理言，所謂「太極本然之妙、萬殊而一本」、就是這個、後者則二氣交感而生的，理氣交混，一本而萬殊的。唯其如此，所以前者不能用言語說明，強言之則其體爲寂然不動，純一一元，同時其裏面又藏有萬殊的相。後者則是觸外界的氣之後而生的，其中清濁正偏的氣交混，所以稟正氣的人有善性，爲聖人，稟偏氣的人有惡性，爲凡人。這正偏的稟受又不僅人

間如是，萬物亦皆如是，所以有千態萬殊之別。他說：「人物皆稟天地之理以爲性、皆受天地之氣以爲形、人品之不同、是氣有昏明厚薄之異故也、」（語類卷四。）——要之性這東西，離開理氣，是不能說的，說性以上，卽就是已經稟了氣的了；氣與理本是一體，從性自身的本質上講時，截然分爲二，是不妥當的；不過理論上可以如是區別而止。至於性與氣的關係，則恰如水之如瓶，換句話：水是我們的性時，氣則是盛這水的瓶，因瓶的色彩形式的關係，水自不能不生種種異相，同樣依氣的影響性也不能不生差別。不過本然氣質二者，既非截然可分，性的善惡問題，結果自然也不是絕對的；換句話：誰人也有本性的善，只要矯正這氣質時，誰也可復於善性；——語類卷四及文集中關於這點，他反復說明了許多。其間亦間有用五行的理作說明處：如說「性有濁者」「得木氣多者仁較多、得金氣多者義較多、」又說因四季天氣的變化、氣亦有變化、等等是。——這當是漢代「五行說」的影響；他的性說的一小側面。

心性　其次關於心與性情的關係，他說過：「性者心所具之理、情者感物而動者也、」又曰：「理者天之體、命者理之用、性是人之所受、情是性之用也、」（語類卷五）的話。至於性與理的關係，則曰：「性卽理也、在天喚作理、在事喚作性。」心性與理的關係，則曰：「性便是心在處之理、心便是理所會之地也、」又曰：「性猶如太極也、心猶如陰陽也、太極只在陰陽之中、非能離陰陽也、然至於論太極、則太極自是太極、陰陽自是陰陽、惟心性亦然、所謂一而二、二而一者也、仁義禮智性也、惻隱羞惡讓辭是非情也、仁以愛、義以惡、禮以讓、智以知者心也、性者心之理也、情者性之動也、心者性情之主也、」（性理大全三十三。）——他蓋以爲情是性之用，當然要織在性內，離性則情自不能獨存的。至如心對於性情所取得的地位如何，則他左袒邵子「性者道之形體、心者性之郛郭也、」之說，認爲很好；又說：「沒有心時將以性置於何所。」——所以看起來他是以心爲司善惡美醜等的判斷取捨的東西的。而「心便是理所會之地」的話，尤正是認心爲理性判斷的機關的——和張子的「心統性情說」相似，他當是從張子得來的。而其主意，則要爲指心爲批判善惡統御性情的精神作用的主宰地的。但一面雖如此，他面則他又認心爲理氣二元的妙用，性如作太極看時，心則如陰陽那樣的作用。這種地方正是他一觸體用，即便宜上持二元主義的地方，我們不明察這點時，他的思想當很難了解。蓋論到心和性情的原因時，他取伊川的「心即理說」——「一元論」論體用時，則分之爲道心人心兩面——「二元論。」道心是純粹至善的東西，理的(vernunftliche)東西，人心則爲善惡交混的氣質之性，我們人心中這二者都含有着；唯聖人能完備前者，凡人則唯完備後者。但這種區分上來屢說過了，要爲他便宜上的一手段，至於論到心與性的對立時，則又立刻變爲渾然的一心說了：

夫心者、人之所以主乎身者也、一而不二者也、爲主而不爲客者也、命物而不命於物者也、故以心理物、則物之理得、今復有物以反觀乎心、則是此心之外、復有一心而能管乎此也……夫謂人心之危者、人欲之蔽也、道心之微者、天理之奧也、心則一也、以正不正、而異其名耳、（文集六十七卷「觀心說」）

但他論「命」時，則又用理氣二元爲解。他先說明命與性理的關係曰：「天則就其自然者言之、命則就其流行而賦於物者言之、性則就其全體萬物得以爲生者言之、理則就事事物物各有其則者言之、到合而言之、則天即理也、命即性也、性即理也、」（語類卷四。）他蓋以爲命屬於性，性之中又更和氣質的性相關，而同時又有一種理的命：

「天命之謂性者、言所稟之理也、性也有命焉、言所稟之分有多寡厚薄之不同也、生死有命之命、是帶氣言之、氣便稟得有多少厚薄不同、天命者謂性之命也、專指理言之也、然天之所命、畢竟皆不離氣、但中庸此句、乃以理言之、孟子謂性者有命焉之性、是兼氣稟食色而言之」（語錄四）他這正是以中庸「天命之謂性」的「命」爲「理的」的命，「生死有命、富貴在天」的「命」爲「氣的」的命；和說性有本然氣質二類的說法一樣認命爲也有先天後天的殊異的。他的心性說看來無論心無論性情無論命，都是體則一元用則二元（理氣）的。這是他的本體觀上當然要產出來的理論，他綜合張子伊川的地方，也就在這點。

第四節　倫理說

一　仁的組織

明道說仁時，以渾然與物同體爲第一義，以爲甚麼防檢窮索也不必，只要自己以誠敬渾融於萬物中，則仁自可體得，又必如此而仁始可體得。其識仁、入仁的工夫，都是極主觀的極理想的。

但朱子雖一面亦以明道這種仁爲仁的極致，他面則又分析地攻究其體，然後更歸納地綜合其意義，而樹其獨得的組織。他的博識貫古今；古來部分地解說過的仁，現在被他冶爲一爐，加了許多學理的內容了。仁說曰：

天地以生物爲心者也、而人物之生、又各得夫天地之心以爲心者也、故語心之德、雖其總攝貫通、無所不備、然一言以蔽之、則曰仁而已矣、請試詳之、蓋天地之心、其德有四、曰元亨利貞、而元無不統、其運行焉、則爲春夏秋冬之序、而春生之氣、無所不通、故人之心、其德亦有四、曰仁義禮智、而仁無不包、其發用焉、則爲愛恭宜別之情、而惻隱之心無所不貫、故論天地之心者、則曰乾元坤元、則四德之體用不待悉數而足。論人心之妙者、則曰仁人心也、則四德之體用亦不待通舉而該、蓋仁之爲道、乃天地生物之心、卽物而有、情之未發、而此禮已具、情之已發、而其用不窮、誠能體而存之、則衆善之源、百行之本、莫不在是、此教門之教、所以使學者汲汲於求仁也、（文集六十七）

——他以仁比於乾元的德用以定倫道的根元，百行的基礎，一切道德都想包轄於其內，古來儒家所說的「克己復禮」「忠恕」「四端」「博愛」等，他概括之於這「仁」的範疇內，且認書經內的「三德」「九德」，後世的「五常之教」也都是這仁體的一部分。所以古人讓國爲仁，殺身成仁，餓死成仁。這仁在天地間，則爲坱然生物的心，在人則爲溫然愛人利物之心，包四德而含四端的。他以仁爲倫道之理，倫道之法。

以上是其仁的廣義方面的見解，至於狹義的仁，則他又始終用「仁者心之德也、愛之理也」等文字，而使廣義方面的仁具體化。本來孔門的仁說，造端甚大，沒一定的組織，所以當年雖夫子的高弟顏淵子貢等，也不過捕其一端一角，不能擷得其全意義，後來的碩學大儒也率一樣，所闡明的不過其一面或一部分而止，但現在他則要領地對這問題給以解說了。

二　修爲論

他的修爲工夫繼承伊川，以居敬窮理爲根本，分內外二面。內面的就是居敬，精神修養，屬於心理方面的。外面的就是窮理，知識修養，屬於問學方面的。前者要求持守的意志力，後者亦要求力行的志操，否則皆不達。

先從後者講起。這句話是從大學「致知格物」來的。大學這章的解釋，本來在古註裏大概是解「格」為「來」、以為苟明其心，知當不求自來；換句話：即孟子「萬物皆備於我」的意思。所以只要我心誠而明其天授的知，知當自然地來格於我。這解釋在後來陸王那些唯心論者，更主張得很力。他們且持以反對過朱子。但朱子則不這樣解；他立於自主的見地上，以為不是物（知）自來於我，乃是我自去（到）於知。換句話：我們廣求學問而研究物時，格物致知的眞義，始可得而全；且以為不用窮索探究，而僅自固守於本來的知以體物時，物會自來的話，當為空論。——他抱這種見解，他的學問，所以非常緻密；無論甚麼事，他必窮其理，盡力攻究之後，然後歸納地下綜合組織的工夫，其方法所以和近世科學的方法初不大相遠；在這個意味上，對於從來粗雜的學問，他確實又闢了一新天地。而窮理廣知的方法，又正是他修為工夫之一。所以中庸說的博學、審問、慎思、明辨四則，他用作這修為上的方法，他以為天下無理外的理，凡百學問、先窮理當自能格，「今日了一件、明日窮一件，則久而久之，自會脫然貫通」，所以由小及大，由卑及高，是他求學的心得，亦即他求學的目的。但同時他又主張博文約禮，博學之後，不可不於其中求一貫之理以作自己學問的主宰。如博而不能約，則必成蠹魚，或百科辭書；這是他所斷然排斥的。所以其結果，他又主張「實行」、以為理窮而一貫已求時，不體諸實行，當仍功少。要之像陸王諸子那樣不窮物理，唯明本知，不踏階梯，唯期如野狐禪一樣，一朝大悟——的辨法，他是最所唾棄，最所不取的。所以他的學問，不取知行合一那種形式，而取「先知後行」這種實踐法。十分知其理而後行，不則必多妄而成輕舉。——他的主張如是；所以換句話：「先知篤行」四字，當就是他的倫理實踐。

其次就是內面修養法——居敬。這居敬卽伊川所說的「主一無適」；詳言之：就是把精神專集中於一事，不爲外物所掩蔽的工夫，不爲物欲而錯亂精神的修養方法。他說：「致知必須窮理、持敬則須主一」又說「持敬當以靜爲主、須於不做工夫時頻頻體察、久則自熟……若覺言語多、便須簡默、意志疎闊、則加細密、輕浮淺易、便須深沉重厚」（語類卷九）。——看來他這居敬工夫裏，又分兩面：內省的、求心無少息的工夫，及靜坐調身、察其未發前的氣象的工夫。這些工夫的源流，不待說本於周子、伊川、延平等，但其中延平的影響當尤大，（前章李延平參照。）但延平說中尙多少帶點禪味，他則和「無念無想內外坐忘」的「禪定」不同；「不做工夫時、頻頻體察」的話裏，沒有意志的努力，是難期其功效的；這努力與這努力的持守，當卽他的去欲方法。

要之窮理居敬這內外二工夫，在他是如車的兩輪，鳥的兩翼，以前者比氣時，後者當如理，二者合一，其用始全的。我們心無主時，無論怎樣說窮理也沒益效，又無論怎樣一個聖人，不窮理也不能達於道，孔子一生還求學窮理不休呢，由此就可曉得了。所以學者的工夫，「在居敬、窮理二事、此二事互相發、能窮理則居敬工夫日益進、能居敬則窮理工夫日益密、譬如人之兩足」（語類卷九）。

第五節　鬼神論

鬼神論是他的「宗教哲學」，在這兒他把宋儒這方面的哲學，又全綜合了。古時支那學者對於「天」，率自然地宗教地下過解釋，但宋儒則哲學地解釋之。張子曰：「鬼神二氣之良能也、聖者至誠得天之謂、神者大虛妙應之目、凡天地之法象、皆神化之糟粕耳、」（正蒙「太和」。）張子蓋以爲宇宙萬象，皆爲神迹之顯現，神的本體則爲總括理氣的「太虛一元氣」——他的宗教哲學，於是成立。二程對於鬼神，雖沒多談過，但亦說過這是氣的集散作用，太極的分化；「集則爲精氣、散則爲游魂、集則爲物、散則爲變、觀集散則鬼神之情狀著矣、萬物之終始不越集散而已矣、鬼神者造化之功也」（性理大全二十八）。

但到朱子則從理氣二元上觀察這問題：認鬼神是二氣屈伸所生，其本體爲太極，這本體所分出的「氣的變化」。他講鬼神的時候很多，語類卷三全是這些話。他先以孔子「未能事人、焉能事鬼、未知生、焉知死」的話爲前提，說不能理會眼前的事而猥談鬼神的人，當毫無實效，徒費心力。至其鬼神觀，則全爲理氣說之衍出，不明他的理氣說時，這個當到底不能領會。

天道流行發育萬物、有理而後有氣、雖是一時都有、畢竟以理爲主、人得之以生、氣之淸者爲氣、濁者爲質、知覺運動陽之爲也、形體陰之爲也、氣曰魂、體曰魄、高誘淮南子註曰、魂者陽之神、魄者陰之神、所謂神者以其主乎形氣也、人所以生、精氣集也、人只有許多氣、須有個盡時、盡則魂氣歸於天、形魄歸於地而死矣、人將死時、熱氣上出、所謂魂升也、下體漸冷、所謂魄降也、此所以有生必有死、有始必有終也、夫集散者氣也、若理則只泊在氣上、初不是凝結自爲一物、但人分上所當然者便是理、不可以集散言也、然人死雖終歸於散、然亦不便散盡、故祭祀有感格之理、先祖世次遠者、氣之有無不可知、然奉祭祀者既是他子孫、畢竟只是一氣、所以有感通之理、然已散者不復集、釋氏卻謂人死爲鬼、鬼復爲人、如此天地間常只是許多人來來去去、更不由造化生生、必無此理、至於伯有爲厲、伊川謂別是一般道理、蓋其人氣未當盡而強死、自是能爲厲、子產爲

之立後、使有所歸、遂不爲厲、亦可謂知鬼神之情狀矣、

問伊川言鬼神者造化之跡、此豈造化之跡乎、曰、皆是也、若論正理、則似樹上忽生出花葉、此便造化之跡也、又如空中忽然有雷霆風雨、皆是也、但人所常見、故不之怪、忽聞鬼嘯鬼火之屬、則以爲怪、不知此亦造化之跡、但非是正理、故不爲怪異、家語如山怪曰夔魍魎、水怪曰龍罔象、土怪曰羵羊、皆是氣之雜揉乖戾之所生、亦非理之所無、專以爲無則不可也、夏寒冬熱、可說此理無乎、但既非理之常、便謂之怪、孔子所不語也、學者亦未須不可理會也、（語類卷三）

這是他以理氣二元解說鬼神且及於生死問題的議論，其中肯定怪物存在一條，在現在看起來，雖近於迷信，但其意極明白。他這兩段文章，不僅在他個人的宗教觀上很爲重要，即研究宋儒一般的宗教觀，也是不可忽視的，所以特把全文抄出；他怎樣綜合過諸子，又怎樣使諸子的見解徹底過，由此當可曉得。他蓋以爲鬼神是司氣的散集離合的東西，和普通的宗教以人格的主宰神爲司配萬物生滅者不同，他的觀察，極自然的且理知的。至於其說氣退散時有前後遲速之差，依這差而氣有厚薄，因而遠祖遠先之鬼即爲氣薄的見解，則爲基於古來祖先崇拜的觀念而來的；又枉屈而死的人，其鬼必爲厲的見解，則當是基於墨子等的古說而然的。要之他是認氣散則不能復輪迴的生死這種事情，要不外氣的集散作用，他以爲。

第六節　結論

以上諸節，把他學說的中心略爲說盡了，但此外他的知識範圍還很博洽：第一、如自然觀。——現象界上的自

然分度及天算等第二佛學批判諸子學攻究第三尤其訂正四書的章句判定諸家的註釋給以一定的理解使學者先修得四書六經領會其大道而後傍及子史二門以爲爲學的尺度第四於易說則匡正王弼以來以義理解易理的誤謬且用象理明解易理爲「卜筮學」著易學啓蒙——諸點尤爲最有特色至其古書研究法一面闡明學理一面又不忽蔑事實深得事理的中庸其精神且爲後來清朝「考證學」的先驅——清儒方東樹說的這句話一點也不錯此外史學方面他的手腕也非常其著通鑑綱目裏以司馬光的資治通鑑爲基礎對歷朝事蹟加以褒貶正義的筆加以批判名義凜然更爲卓拔舉一例如司馬以魏爲正統他則反是以蜀爲正統只要正義所在領土的廣狹如何物質的強弱如何他概不放在眼裏他這種史眼在我國也給過很大的影響我們當不可忘記。

要之他的學問具博大深刻多面三大特色所以其影響不僅四百餘州而止幷且越海到了我們日本德川時代「朱子學」風靡一時數多名儒輩出政教上給過至大的感化所以僅從其振興我國國民精神的偉功的意味上講話時他也是孔子以後第一人。

第四章　朱門諸子

朱門之士濟濟西山父子陳北溪黃勉齋等尤爲品學皆高一世碩儒吳伯豐李宏齋張元德等也是名士現在唯選其二三使之髣髴一下朱門學風而止。

第一節　蔡西山

蔡元定字季通建陽人朱門第一高弟他的父親發號牧堂老人也是一世宿儒以程氏語錄邵子經世學張子

正蒙等授西山且告之曰：「是孔子正統也。」西山深涵養其義，旣長辨析益精，聞朱文公之名往師之，文公叩其學，大驚曰：「此吾老友也不可使居於弟子之列。」於是四方來學者，文公都命先從西山質正——這樣器重過他。慶元初韓侂胄禁僞學御史沈繼目文公爲妖人目西山爲僞徒爲黨首，彈劾他，因左遷別州編管。成行時，朱子張宴送之，他一語不及謫遷事，受書如平日而去。在謫所時，從游者甚衆，官邊的壓迫仍急，但他毅然講道不輟，臨歿時，僅說一句「吾欲安靜以還造化舊物，」越三日遂永逝。嘉定三年贈迪功郎諡文節。英明之資，黨禍之誣，異地作犧牲，眞千古傷心事！

他爲學精博通達，朋輩皆不及，關於天文、地理、樂律、曆數、兵陳等科學方面的學問，尤用過功，深有所得，這都是人人引爲畏途的學問，但他能窮其奧處。朱子常說：「人讀易書以爲難，季通讀難書以爲易，」又說：「造化微妙唯深於理者能知之，吾與季通言而不厭」——其推重如此。他的頭腦及造詣，由此可以曉得了。

著有大衍詳說、律呂新學、燕樂原辨、皇極經世、太玄潛虛指要、洪範解、八陣圖說等，都是科學的實學，沒有眞力量，不容易成著作的。他平日最重邵子的皇極經世書，他說揚子的太玄，關氏的洞極，司馬氏的潛虛，都是不明伏羲的易爲何而作的，但邵子則不然，他的先天學和伏羲的易一樣，他當是秦漢以來第一人。至於他自己的易學，則爲家傳，他的父傳於他，他復傳於其子九峯，九峯著過洪範皇極內篇五篇，且標榜洛書，欲以奇數的數理說明一切現象，很有異彩。黃端節所以說：「蔡氏祖孫三世一轍。」

第二節　蔡九峯

一　略傳及著書

西山有季子名沈，字仲默，隱居九峯不出，當時卿相物色之，亦不出，世稱之爲「九峯先生。」幼承家教，長師朱子，其學所以極爲該深。朱子晚年註書經傳未完，物色門下，最後以之遺囑於他——見重如此。同時他的父親西山在世時，又以洪範之教學者間久失其傳，自己雖心得之，但稿未成，死時亦曰：「成吾書者、沈也。」——他於是深沉思索者數十年，最後遂大成其名著書集傳六卷。他以青年從父配所，辛苦艱難，備嘗之餘，楚粵窮僻，又都走遍，在那風物凄滄中，父子相對，怡然樂道，唯以潛心理義爲日課。父歿後，他又徒涉數千里，護柩歸鄉，時年三十。爾後棄舉子業，捧其一生於探道著作，除上記書集傳外，還有洪範皇極內篇五卷，收在性理大全裏。

二　洪範的原理

西山素重邵子的皇極經世書，因稱邵子爲秦漢以來第一人；但九峯則和父不對，說：「以象爲數、偶多難通、經世書之謂也、」又以爲易理也是偶數，這種偶數的對峙，只是靜止，不能窮索萬物的消長及古今的變化。他於是就改而用洪範一三五七九的奇數，以爲這個比偶數的易理更適於謀現象的發展；且進一步欲用這理包攝一切對象、及道德、作說明之具，（這點和邵子一樣，不過所用的數奇偶不同）至如他衍出這數的根據，則爲易大傳及後世孔安國劉歆等的言說。蓋易理這東西本是依易大傳「河出圖、洛出書、聖人則之」的傳說而來的，古來於是遂都信這圖書爲出於天啓，其中孔安國說過「伏羲則於河圖而畫易之八卦、大禹因洛書而成洪範九疇、」劉歆亦說：「河圖洛書、相爲經緯、八卦九章、相爲表裏。」——這些言說之當與不當，姑暫不論，總之九峯他是用這種言說為基礎，因而推衍洪範九疇的理由，作洪範皇極內篇一書的。至如其原理為何，則他說「凡體天地之撰者。易之象也、紀天地之撰者、範之數也、數始於一、象成於二、一奇也、二偶也、奇者數所以行、偶者象所以立也、故二而四、四而八、八者八卦之象也、一而三、三而九、九者九疇之數也、由是重之、八而六十四、六十四而四千九十六、而象備矣、九而八十一、八十一而六千五百六十一、而數周矣、」（洪範皇極內篇）。又把易象和範數比較對照之後，說明數的屬性曰：

嗟夫天地之所以肇者數也、人物之所以生者數也、萬事之所以得失者亦數也、數體著形、數用妙理、非窮神知化而獨立物表者、曷足其此也、然數之象用若異、而本則一、途若殊而歸則同、不明數則不足與語象、不明象則不足與語數、二者可以相有、不可以相無也、（同上）

——他說易象數理二者相待為用。而易象之學，因有伏羲文王周公孔子四聖相傳，大明於世，範數之理，則因禹錫範於神以來，不得其傳，後之作者，昧於象數的原理，窒於變通的妙用，或卽象為數，或反數擬象，洞極用書，潛虛用圖，非不作也，牽合附會，而數理益晦蝕也，——他說。

其次他更欲用範的數理，從宇宙的一切現象，轉到政治道德等一切人事上去。他說大凡有物則有數，所以數是萬物之初、萬物之源。換句話：「溟漠之間、朕兆之先、數之原也、日月上垂、山川下奠、數之著也、四時之運行、風雨之現象、數之化也、五常之教、數之教也、九州、九族、九刑、九章、九經、數之度也、」（內篇下）。他又以自己著的這書的上中下，擬於易的繫辭及說卦，用幽玄的文辭說明萬象，其思想則為宋學之粹——「性理哲學」，所以很有特色。但其世界觀，究沒出於朱子範圍外，這兒不錄。

要之他這洪範皇極的歷史的原理觀姑不論，他以這理爲基礎，着眼於前代未聞的新數理論，用以樹立一種新易理，且欲用以說明一切現象，——其嶄新的世界觀，是可以特書大書的。其爲宋學上的異彩，自不下於周子的「太極圖」邵子的「先天學」了。三代相傳，到他結實，誠非虛語。

第三節　陳北溪

陳淳，字安卿，龍溪人，生於高宗二十三年。少習舉子業，林宗臣見而奇之，且曰：「此非聖賢學也」，因授以近思錄，——這錄遂爲他問學之的。文公守漳時，他去請教，文公曰：「凡關義理，必窮其源」——這話遂爲他爲學之法。嗣後進學益力，文公喜，有「吾喜南來而得陳」的話。十年後復見文公，陳其所得，文公曰：「如今所學已見本原，所闕者下學之功耳」。後三月而文公卒。他於是益思師誨，痛自抑裁，螢雪積功，遂貫理義，洞條緒，做到一世碩學。郡守以下，都敬禮他。嘉定九年，嚴陵守官鄭之悌又率僚屬來師事他，於是聲名益舉。他歎陸象山之學空疎似禪家，乃明吾道的體統，師友的淵源，用功的節目，及讀書的次第等，標示學者。其明年以特奏授迪功郎，泉州安溪主簿，未就而卒，年六十五，時爲寧宗嘉定十年。著有論孟學庸口義、性理字義詳講及其子榘所編次的文集五十卷。

學說　北溪的學說，各方面都沒出過朱子的範圍外，但把朱子之說充足起來，使其意義更爲精密之處，當是他的特色；所以不久遂爲「朱子」的補傳者。其著性理字義詳講及文集中，處處精解程朱學裏的要語，今舉其一二例：

說明太極本體時。

太極只是理、理本圓故太極之體爲渾淪、以理言之、則由末至本由本至末、一聚一散、而無所極、自萬古之前、至萬古之後、無端無始、此渾淪太極之全體也、自立沖漠無眹、與天地萬物皆由是出、又及於天地萬物、既由是出、又復沖漠無眹、此渾淪無極之妙用也、聖人一以渾淪太極之全體爲心、酬酢萬變、無非太極流行之妙用也、今學問工夫、須從萬事萬物中貫通湊理、而爲一渾淪大本、又於渾淪大本中、散而爲萬物、無稍窒礙、然後實體得渾淪之至極者在我、大用不差、（宋元學案二十七卷）

又解說人心道心時。

人心之虛靈知覺一而已矣、由其形氣而發者、以形氣爲主、謂之人心、由其理義而發者、以理義爲主、謂之道心、飢而思食、渴而思飲、冬思裘、夏思葛、此人心也、視思明、聽思聰、言思忠、動思義、此道心也、二者有脈絡粲然於方寸間而不相亂、（文集）

——上二例不過示其片鱗而止，他的尊重師說，且光大其精神處，大抵如此。在這意味上，所以雖蔡氏父子，怕也在他的下風，——二蔡之學，謂爲朱子正派，無寧謂爲蔡氏家傳，而他則不同，始終一貫，闡明朱子的窮理方面。尤其排斥陸子一派的頓悟學，批難其爲學的空疎處，更是朱門功臣。其著性理字義詳講一書，修「朱學」的人，誰也不能不讀的，間雖亦有悖師意處，但大體是發揚師說的。

第五章　朱子的交友

第一節　張南軒

朱子論學的交友中有南軒、呂東萊、汪玉山、趙汝愚等，其中南軒、東萊尤相過從親密，往復辯論甚多，南軒尤爲朱子所敬重。

張栻字敬夫，一字樂齋，南軒其號。生於高宗紹興二年，父浚是南宋名臣，入相出將，金兀朮大爲他寒過膽，封魏國公，謚忠獻。魏國公身任劇職，然猶作過易解雜說十卷，書、詩、禮、春秋、中庸解，文集十卷，奏議二十卷，「英雄自有閑日月」，非虛語了。南軒以這樣一個偉人爲父，又生而穎悟，深得父愛，庭訓不忽，長從學於胡五峯，五峯一見卽知其大器，重推服之，卽授以自己學得的「程學」，他於是益奮勵，以聖賢自期，作希顏錄以自志。後歷任諸官，爲吏部侍郎兼侍講，召對中有「修身務本，畏天恤民，抑僥倖，屏讒諛」等語，宰相忌之，近臣尤不悅，乃退而家居不出。但孝宗念之，詔除舊職，又進寶文閣，除祕書修撰，荆湖北路轉運副使，改知江陵府，但又爲小人所阻，不得志，求去官，詔爲右文殿修撰，提舉武夷山沖佑觀，未幾而歿，時孝宗淳熙七年，四十八歲。世皆惜其早逝，尤其朱子聞訃痛傷，作神道碑（朱子文集八十九卷）弔其靈。嘉泰中賜謚宣，繼又從祀孔子廟。著有論語解十卷，孟子說七卷，易說三卷，及其弟杓所纂編的文集四十四卷行於世。

學說　南軒受學於九峯，尊重其師，自不待說，但同時從二程哲學，也受過大影響。他在胡子知言疑義裏評胡子「聖人指明其體曰性，明其用曰仁，性不能動，動則心也，聖人以仁傳心，教天下」的話爲分心性爲體用，以性的動者爲心，當有語病。於是逐左祖伊川「自性之有形者謂之心，自性之有動者謂之情」之說，——超於師承之外。至於其性說，則於繼承伊川外，又特出心裁，說過一段非常有價值的話。

太極動而二氣形、二氣形而萬化生、人與物俱本乎此者也、原物之始、亦豈有不善者哉、其善者天地之性也，而孟子道性善、獨歸之人者何哉、蓋人稟二氣之正、而物則其繁氣也、人之性善、非被命受生之後、而其性旋有是善也、性本善而人稟夫氣之正、初不隔其全然者耳、若物則爲氣旣昏、而不能自通也、惟人全夫天地之性、故有所主宰、而爲人之心、所以異於庶物者、獨在於此也、（文集九卷「存齋記」）

張程二子論性的起源時，都稍有缺於明瞭處，他則從宇宙的本體說起，對於性善說，給以學理的根據。依他說：本心這東西就是天地的心，其本體周流該通，自完備其道理，所以在乾坤則謂之元，在人則謂之仁，在易則謂之善之長。孟子說：「仁人心也」、但合而言之、則爲道，禮謂「仁天地之心也」、亦不外此意，——他用這些話，說明善的本質。但然則惡從何處出來呢？不待說這點的答復他也很不明瞭，但同時「致知所以明其心、敬所以持其心而無失也」的話，他旣說過，則他所謂本心自是指物欲所掩蔽的心了，他當是想以誠心體敬，致知養性的。他這修爲工夫，不待說沒有出於程朱之外，但他的學風從容不迫，髣髴其人、坦蕩明白、表裏洞然，這點當是特色。所以黃宗羲評之曰：「南軒得其學於五峯、然其所造、大要比之五峯更爲純粹、蓋其所見高也」、朱子亦讚之曰：「諳理旣精、信道又篤、其聞道樂、徙義勇也」（張公神道碑）又說：「敬夫見識卓然不可及、從游久之、反復開益、益多學問愈高、所見卓然、議論出於人表」——其學與人格，由此可概見了。

第二節　呂東萊

呂祖謙字伯恭，號東萊，生於高宗紹興七年；呂滎陽的四世孫。幼志於學，長受教於林拙齋、汪玉山、胡籍溪三子，且與朱子、張南軒交遊。隆興元年登進士第，又中博學宏詞科，除大學博士，改嚴州教授，尋復召為博士兼國史館編修官，實錄院檢討，後作著作郎，兼國史院編修。淳熙八年歿，年四十五。理宗二年謚忠亮，景定二年配祀孔子廟。

朱子悲南軒、東萊之相繼早逝，作文祭之曰：「嗚呼伯恭，有蓍龜之志，而處之若愚，有河漢之辯，而守之若訥，胸有雲夢之富，而不自多，詞有黼黻之華，而不易其出，此固今之所難，而未足以彷彿兄也。」（朱子文集八十七卷，「祭呂伯恭著作文」）——他的人格，蓋悠揚不迫，內具不好猥爭的良質的。宜乎朱陸相持時，他常處其中，指彼此短長，作和事老。「鵝湖之會」，結果雖不成功，但作產婆的是他。他費了許多苦心。

著有東萊博議二十卷，東萊左氏傳說二十卷，同續說十二卷，春秋集解三十卷，東萊書說三十五卷，呂氏家塾讀詩記三十二卷，大事記十二卷，古周易一卷，易說二卷，皇朝文鑑百五十卷，麗澤論說集錄十卷，東萊集四十卷等。

由這些著作的書名看起來，我們就可以曉得他的所長，是在史學方面。他曾以中年入史館，作編修，宜其對於這方面特饒興趣。朱子門人曾問朱子以「東萊之學」，朱子答曰：「伯恭於史，分外仔細，於經學卻不甚理會。」又答「東萊象山之學」的質問時，曰：「伯恭失之多，子靜失之寡。」（朱子語類百二十二卷）——知己寸評，可稱不爽。他於史學，甚尊司馬遷的史記，稱為漢儒所不能及，而尤惡蘇子由「馬遷淺陋，不學，疏略，輕信」的評語，（同上語類）他蓋非常重視歷史和文章二者的。他又說：「史官萬世是非之權衡也，禹不能褒鯀，管蔡不能貶周公，趙盾不能改董狐之筆，崔氏不能奪南史之簡，公是，公非，舉天下不能移之。」（語錄）——其史家的抱負，由此可見了。又可以察其對左氏、司馬氏造詣之深，及宋史不把他列於道學傳中的來由了。

惟其如此，所以他雖受學於程子，他面對於象山唯心的直覺說，也感興趣；他只說居敬，不力說窮理，以存善心（天理）去私意（人欲）爲修爲要道。其言曰：「天道有復，乃天行自行之道，人之善心發處，亦人心固有之理，天道便運行無間，如人心多汨沒，蓋以私意障蔽也，然雖有障蔽，稟彝而不可汨沒，便是天行無間也。」——（宋元學案五十一「麗澤講義」）——他蓋以復歸於天道（人間固有的善）爲本的。又格物方面，亦多近於明道象山的直觀說，距伊川朱子的窮理說爲遠。

又曰：

致知格物，修身之本也，知者良知也，與堯舜同也，理既窮則知至，與堯舜同者，忽然自見，默而識之。（語錄）

草木之微，器用之別，皆物之理也，求其所以爲草木器用之理者，存吾心也，忽然識之，是爲格物。（同上）

其語調和象山的「心卽理說」，毫無違異。他本來想調和朱陸，但著作時又常示其扞格；他的本領要爲在於史學方面，若哲學則不過其旁系，宜乎有此。

第六章　陸象山

第一節　略傳及著書

南宋程、朱之學，風靡一時，獨敢樹異不屈的人物中，有陸子一家及陳亮葉水心等。後二人屬於經濟史學方面，思想方面不很重要，前者陸子則於朱子儼然敵國，其後輩中且出過大成者王陽明，和「朱學」相對峙，爭霸於思想界上，亙數世不歇。陸氏本齊宣王的子元侯通所出，其六世祖德在五代末時，移居於撫州金谿。父道卿諱賀，有異稟，端重不伐，且究心典籍，生子六人：九思、九敍、九皋、九韶、九齡、九淵。九思長子，賢而舉於鄉；敍則從事實業，養育諸弟；皋亦少好學，文行俱優，著有文集；韶字子美，號梭山，不以進士業爲事，頗脫俗，和朱子相友善，互論周子太極圖說有名，且和二弟講學，定陸門之學的基礎，著有梭山日記。齡則字子壽，號復齋，少有大志，浩博無涯，入大學，夙擧重名，一時名士皆尊之爲師，登進士第，任桂陽教授，以喪未就，旣則以病歿，年僅四十九歲，擧世惜之。九淵則末子，所謂象山即就是他。——依這簡單的敍述，陸氏如何多才，我們當容易想像得到了，濟濟一門，眞堪健羨！但其中次兄九敍（字子儀）功尤多，諸兄弟能轂悠悠問學，不爲生活問題所煩，都是他一人持家理俗之勞之所賜，他和他妻余氏開藥鋪，家中貧苦，夫婦備嘗艱辛。所以象山作兄的墓誌銘時，又有「余氏孝順出於天性」的話。

象山在這多學多賢的兄嫂家中，紹興九年，呱呱出世，但三歲即喪母，以後全是這余嫂撫養他成人。他幼即不好戲弄，靜重如成人，四歲時從父宣教公行，忽問天地之所窮際如何，宣教公不能答，至於忘寢食，——其早熟如此。八歲讀論語，疑有子之言爲支離，且指伊川之言不類孔孟，——卓異又如此。十三歲讀古書，見宇宙二字之解爲「四方上下曰宇，古往今來曰宙」，遂大悟曰：「宇宙內事乃己分內事，己分內事乃宇宙內事」，又曰：「宇宙便是吾心，吾心即是宇宙，東海有聖人出焉，此心同也，此理同也，西海有聖人出焉，此心同也，此理同也，千百世之上，至千百世之下，有聖人出焉，此心此理，亦莫不同也」。（象山全集三十六「年譜」）——總角之年，把自己一生心即理學說的根據，即早樹立了。又如此。二十九歲娶吳氏，三十四歲登進士第，爲考官呂東萊所知。旣爲官，少時即歸，築屋於雲臺山泉石間，名曰「象山」，四方學徒雲集，他遂講其心即理的學說於此，專以啓發本心爲務。淳熙二年，三十七歲，由東萊發起，特約他和朱子會於信州、鵝湖寺共傾蘊蓄，來會者有他、和東萊、梭山、復齋等，皆一世碩學。會中以他和朱子為學的殊異點為題，根本主張則不觸及；但結果他和朱子卒不能發見一致點，不得要領而散。其後六年，四十三歲時，訪朱子於南康，温厚的朱子非常歡喜，和他泛舟為樂，且說「自有宇宙以來，雖已有此溪山，還有此佳客否」。且請其到白鹿洞書院講論語「君子喻於義，小人喻於利」一章，講畢，朱子離席稱謝。其後在敕局，光宗紹熙三年在荊門，肺病篤，冬十二月遂長逝，年五十四。

著書有象山全集三十六卷（「遺書」三十三卷、「語錄」二卷、「年譜」一卷）行於世。

他為人氣象高邁，不輕下人，說「六經皆我註腳」，目無古人，今人則更瞰在眼下，這是他的長所，其不為物所羈勒及不屈於物的精神，眞堪歎服；但同時又是他的短所，獨往不顧，人言不入，偏狹之嫌，亦所不免。他作過一篇「王荊公祠堂記」（全集十九）把荊公十分批判後，自己的氣象也完全表出來了；想了解他的為人時，這是一篇頂好的材料。朱子答張南軒書中說：「象山兄弟操持謹質，表裏無二，實過人者也，惜乎自信太過，規模窄狹，不能取人之長，將流於異學，不自知耳」。——可謂極適切的評語。

第二節　心卽理說

早熟的天才家陸象山在常童嬉遊憨戲之年，已自能定其哲學的根據，長來更精進，自守甚切，天地之所以為天地，人生之所以為人生，現象之所以為現象，換句話：天理人理物理三者，他概認為理，認為心。凡百現象，他以為都是內心的現象，離開自己的心，甚麼現象都不會存在，從而物的認識也不可能；換句話：有心而後能識物，且辨物的理；心才眞是唯一的實在。——絕對的唯心論，他於是創了出來。其言曰：

此理在宇宙間、未嘗有所隱遁、天地之所以爲天地者、順此理而無私耳、人與天地幷立爲三極、安能自私而不順此理乎、孟子曰、先立大者、其小者不能奪也、人惟不立大者、故爲小者所奪、以叛此理、而與天地不相似、

（全集十一「與朱濟道書」）

這大者他多是指心即理而言的，他以爲曉得心與宇宙的本體——「理」所以爲同一的實在的原理，這宗事情，即是問學修道的第一義。不知此心即理而徒沒頭於格物致知，則當如習射而不習射法徒恃氣力的人一樣，其矢是決不會中的的。——他這個說法，和近世 Hegel 以自己絕對唯心論中的「理性的東西」爲實在，一切實在都是理性的東西且立於理性的東西、外爲現象界內爲精神界的見地上說 Kant 的認識論，爲習泳水的人不習於水——的評語，全然相同。不過 Hegel 是唯理上的話，象山則是心理上的話，出發點不同罷了。

在象山、蓋以爲我們人間的心是聖凡同一、初無二理。善惡的判斷作用，自具於心，不過聖人能盡心而一致於善，所以其行爲遂與凡人不同，聖凡之差遂因是而起；人只要能心協於誠道而當於理，則「六經皆我註脚」了。同時格物致知的話、自然也不是窮物研物的意味，而爲使物自然地進入我們心眼的意味了。換句話：明物理這宗事，要即是明理這宗事。不體此理而以口耳之學去明理時，則萬物皆備於我的理，當不能該，所謂聖人之徒，決不如此，蓋萬物是皆備於我的，唯我們不求於我、而求於物；所以物轉不能得。——和朱子窮理之學，這樣嚴嚴相對峙。他蓋以爲心本具理、理本備於心；換句話：心外是沒有理的，良能是我們固有，只要我們本心一明，一切的理，自然也都會

明，因而盡性，則聖賢之域當可達了。他很喜歡標榜孟子，隨處他都反復孟子的話，以作材料，以固根據。——「萬物皆備於我矣、反身而誠樂莫大焉、」「人之所不學而能者，其良能也、所不慮而知者，其良知也、」「仁義禮智非自外鑠我也、我固有之也、」等等。

性方面也是一樣，把性分成本然氣質或才情而分論的那種論法，他是不喜歡的。他始終立脚於心卽理的一元說上，以爲只要本心能明，人自可達於至善，若乎二元論的解釋，則他不僅自己一個人不喜歡，卽他人研究這種問題，他也不喜歡：弟子伯敏常問他「性才心情的區別如何、」他答曰：「吾友此言，只是枝葉，雖然此非吾子之過、舉世之弊也、今日學者之讀書，只是解字而已、更不求血脈、且如性情才，都只是一般物事，言偶不同耳、」（全集三十五「語錄」）在他，蓋與其清濁如何，情的動靜如何等心理的分析問題，不如直逼統御心情的本心的修養如何的根本問題。他唯想把性情二者合而爲一，當作一全體的理而始終合之於心的內在及至善的本體上去。所以在這意味上，孟子「夫道若大路然，豈難知、」「己欲仁，斯仁矣、」「一日克己復禮天下歸仁焉、」「未之思也，夫何遠之有、」那些話，都引了出來，以作證據；且更明其理曰：

蓋心一心也、理一理也、至當歸一，精義無二、此心此理，實不容有二、故夫子曰、吾道一以貫之、孟子曰、夫道一而已矣、又曰、道仁與不仁而已矣、如是則爲仁、反是則爲不仁、仁卽此心也、此理也、求則得之、得此理也、先知者知此理也、先覺者覺此理也、愛其親者此理也、敬其兄者此理也、見孺子將入井而有怵惕惻隱之心者、此理也、（全集一「與曾宅之」）

——他以爲人倫之情四端之情，都是人的正義的一端。所以明本心卽所以發揮人間固有的良知良能，而這本心又是不學而能，不慮而知的；我們的安宅我們的正路孟子所謂「天下的廣居」卽在於是。——他這樣地又把心的內容說明過。

不待說他的心卽理說雖如是成立，又雖如是以爲得之於孔孟，但孔孟之說究不一定是這樣。他於孔孟心理方面的議論取捨不無牽強，換句話：於他主觀見解相合的則取，否則捨，不無這種傾向；且他力說過的去俗智去邪念務開心眼的主張，孔孟幷沒倡說過，同時以格物致知爲明本性的見解，孔孟也沒懷抱過；他蓋取之於當時風靡南支那的「南禪頓悟說」而來的，——毫無疑義。蓋自明道迄他都是根於印度系的思想樹其唯心的實在論的，不過他比較好些沒墮於禪門的「無心」及沒由無心墮於「無用」罷了。且他用良心作過倫道的根據，用良心總括過一切的理，——欲建成一種活學問應用於實際社會上，看來還是儒家後裔。

第三節　修養論

前節說過了他是認良知良能爲人間固有，不是從外面來而鑠我的；換句話：「道遍滿天下無些少空闕，四端、萬善、皆天所予，不勞人妝點，但是人自有病，與他相隔了」（語錄三十五）。所以學苟知本，六經皆我註脚，窮理問學那種苦工，毫無必要。他的學問要爲良知良能的發揮，與其窮索，不如養德性。明天與的美德之轉爲要務。所以不知德性之爲何而去窮理問學，他以爲正是忘本求末，捨巧恃力。至於發揮這良能時要用甚麼工夫，則他又和朱子伊川不同：朱子有許多法則，他不取；伊川有窮索法，他也不用；他只主張正良心、明本知，以爲如此就已足。「先立其大者、而後小者不能奪也」的話，畢竟就是達觀了心卽理的原理，而明良知的話。

第四節　朱陸的爭點

朱陸學相之相異，由前數節我們當能明其大概了。但此後二派漸成對立，明代以後，對於思想界，且給過大影響，所以特不避重複，這兒再簡單地一述其要領。

朱陸之爭，第一就是本體觀。他們二人，一個是認現象界背後有一實在的「實在論者，」一個則把實在現象等問題看得很輕，以爲這些東西要不外吾心之所產，——是這樣一個「唯心論者。」所以根本地學說這樣不同，關於太極圖說的問題、心性的問題、修爲工夫的問題，不待說在在扞格，都不能一致。

太極圖說，是朱子實在論的根本，朱子的本體論受這圖的影響極大；所以這東西在朱子當然是很重要。但象山則因是唯心論者，很藐視牠。他要破壞朱子的學說時，取這圖說的間隙步步敲入，自是一良法，但他不如是，他從他的尊古癖及道統論上，認這圖說不是孔門的學問。原來太極圖說內「無極而太極」一語，最初懷過疑的人，就是象山的哥哥梭山。梭山爲這一點，和朱子通過兩回信討論過，但後來曉得不能取勝，自己沈默了。但象山不如梭山那樣脫俗，同時他的性格又很敢作敢爲，且抱「道一也、不可不爲天下後世明之」的抱負和意氣，於是就代兄而起，和朱子開起論戰起來了。關於這論戰的書簡，收在他全集卷二裏，現在舉其要點時，則第一就是他認「無極」這話，是老子的話，這圖是老莊系的產物。爲甚麼呢？古聖賢裏沒有誰說過這兩字，這兩字加於太極上，明是走入旁門，取於老子的。何況這二字，縱不加，僅說「太極」——如易大傳，亦可用作萬化的根本，毫無障礙呢。所以曉得加這二字要爲屋上架屋，尤不僅此，這「極」字又并不是至極之極的意味，乃和洪範裏「皇極」之極相同——「中」的意味；換句話，無極猶無中也。又尤不僅此，這太極圖說這東西，在周子自身也是未定的學說，他草通書時，已自悟其非，不復談及半字隻句了。——他要不過本諸道士陳希夷的傳說，筆之成書而止，既不是儒家的產物，又不是他的獨創。（全集卷二「與朱元晦」、時象山五十歲。）

對於這個，但是朱子怎樣答復呢？朱子說：不錯，從來的儒者確沒有發過這種議論，但周子現在新發出來，創出來，有甚麼不可以呢？不轉是儒家思想上一大發展麼？你看伏羲作易，文王演易時，乾以下都沒說過太極，孔子後來不是明明提出來了麼？那末孔子沒有提出的「無極」，現在周子提出來，先聖後聖，同條共貫，又有甚麼不該呢？至於太極的「極」字，則又非「中」義，乃「至極」之義；古書中不待說作中解的地方也有，但這不是正解，且太極那樣形象方處都不可言的理體，怎樣可解爲中？至極之解，纔誠確適。又太極上面加無極的理由，則是因「不言無極，則太極同於一物，而不能爲萬化之根，不言太極，則無極淪於空寂，而不能爲萬化之根」——的原故。且在思想上看的時候，太極上加這兩字，正是意味很深長的一回事，周子的實在觀，正可謂幽玄而沈着。并且周子的無極的用法，和老莊不同，老莊說有無時，是以有無爲二二元地解釋的；但周子說有無，則爲指超越了有無的一理而言的；其用法及思考都不同。最後，太極圖說不類通書，通書裏沒有這種思想的話，則答復之如下：

通書理性命章、其首二句言理、次三句言性、次八句言命、故其章內無此三字、而以三字名其章以表之、則章內之言固已各有所屬、蓋其所謂靈、所謂一者、乃太極也、而所謂中者、乃得氣稟之中、與剛善剛惡柔善柔惡

者、為五性、而屬於五行也、初未嘗以是為太極也、

次則關於陰陽方面的論爭。梭山象山都以陰陽為形而上的東西，對於朱子形而下的東西的見解，不以為然；但朱子答之曰：「有形有象者、皆器也、一陰一陽、雖屬形器、然其所以一陰一陽者、乃所以見道體之所為也、」換句話：「陰陽是器、但所以為陰陽的理則是道、前者是形而下的東西、後者是形而上的東西」（朱子文集三十六卷「答陸子靜」二書）。

以上是以太極圖為中心，朱陸爭持的要點。陸氏兄弟從這圖說的傳統及用語方面着力，朱子則專從思想內容方面作答，針不對孔，各肆其空漠的議論。在朱子，像有意認這圖說為出自易大傳為儒家思想，但大傳既非孔門一家之學，內含老子系的思想甚多，且在朱彝尊的經文考出世了的今日，朱子之亦為強辯，自不待說。但象山僅以其不是儒家道統的原故，就必欲認為非周子創作，因而疑及其價值，則亦可謂固陋已極，非思想家所應出，所以在這點講話時，陸子當不是朱子敵手。

二人除這種理論方面的違異外，實際方面也非常不一致。看「鵝湖會上」他們的述懷詩就可知道。

復齋的詩：

孩提知愛長知欽、古聖相傳只此心、大抵有基方築室、未聞無址忽成岑、留情傳註翻榛塞、著意精微轉陸沈、
珍重友朋相切磋、須知至樂在如今、

象山和酬：

墟墓興哀宗廟欽、斯人千古不磨心、涓流積至滄浪水、拳石崇成華泰岑、易簡工夫終久大、支離事業竟浮沈、

欲知自下升高處眞僞先須辨只今、

以良知良能爲古聖相傳之學，求這良知良能，就是根本事，窮理支離，易簡久大，眞僞先須於目前辨之。

但朱子和韻則曰：

德業風流夙所欽、別離三載更關心、偶扶藜杖出寒谷、又枉籃輿度遠岑、舊學商量加邃密、新知培養轉深沈、

卻愁說到無言處、不信人間有古今、

象山詩極露圭角，述所信時毫無忌憚，然朱子則果然名不虛傳，人格溫厚如畫，指摘「陸學」毛病時，亦措辭極婉曲，詩趣亦遠出陸子上。但他還固執問學的必要，以爲陸子直覺的頓悟，不能達於聖賢境地，致使象山忍不住了，發出「那末堯舜以前讀甚麼書呢」的激問。

「鵝湖之會」要之僅以這樣唯理唯心的學風違異論告了終局，象山始終以直覺地捕捉人間固有的良知，以明其心爲言，以爲如此，則萬物之理自格；——尊德性、養心神所以最爲必要，而心性情的分析論，則可以不必說天理人欲時立道心人心二元尤爲不當。換句話：這種二元要爲假說，二者本是一心不二，其差別不過大我小我的意味而止；古聖賢所以如是分別立論的理由，亦要不外爲教人上引爲便利而止。但朱子則因本體論上已是理氣二元的主張，所以對於心性也必分本然（道心）氣質二別，認爲後者當去人欲，前者當明天理。其結果，所以在修養論上也以居敬窮理二法爲主，以爲涵養和窮索必相待，且窮理而由小及大，則爲學的階梯始具，其法蓋和孔子當

年全然相同（論語爲政）。

但象山則專執於內省以明固有的良知一點，其工夫所以極簡單，和禪宗專看自己本來面目的工夫同樣；窮理盡性，則他反對。他以爲自己的心卽聖賢的心，聖賢的心卽天地的心，天地的心卽宇宙的理，——心卽理的解答，由這樣的肯定，自然他衍派了出來。

二人、要因哲學上的立說，根本不同之所致。朱子是問學的，陸子是尊德性的，朱子所以重客觀的、科學的、的研究，立言時也是歸納的、綜合的；陸子所以重主觀的、演繹的的研究，立言時也是主觀的、獨斷的。——皆不得已，其爭亦不得已。

第五節　結論

程朱主知之學，漸流於煩瑣，不利於實行，這時候陸家兄弟崛起，分天下思想界爲二，而自有其一，確是豪傑之士！其中象山尤爲敢作敢爲，「陸學」之得宏大，負於他的剛邁處最多。不過其說過於簡單，思索方面因而不備的點非常不少，且見解太趨於主觀，肉體上又早年卽得血疾，（全集十三卷「與朱元晦書」）且以此失其生，（年譜）和王陽明一樣，所以各方面都未能如朱子，以大精力做大事業，這蓋因他的思想學風如是，沒有法子，僅認爲禪家影響，當亦有所不合。要之二學派各有短長，唯朱子適於萬人，陸子則非絕頂聰明人，常易陷於自大、野狐、唯我獨尊、的危險罷了。

第七章　永嘉學派

第一節　陳龍川

一　略傳及著書

南宋學潮，除朱陸二大哲學派外，尙有陳龍川、葉水心等所大成的功利派一派存在。這派介於朱陸間，亦時開論戰，世所謂「永嘉學派」，即指這些人。其學亦出於程門，鄭景望、薛艮齋二人首倡於前，陳止齋、陳龍川、葉水心三人傑出於後，而水心的思索方面尤爲表表，「永嘉學派」所以在思想界上佔一角的理由，他的功勞最不可忘。他們都是以經濟事功爲主的，尤其對於史學率具隻眼，在現在看起來，都是政治經濟諸方面的學者，朱子那種哲學，本不是他們所能理解的，亦不是他們所欲得而理解的；——他們以爲是空談空理，毫沒實用的東西。至於他們自己的經典，則爲周禮，這書本總括過政治經濟法制等爲一爐，他們所以遂用作唯一無二的憑據，以爲如是，則自己不是杜撰，根據存於禮樂，而他面則又用其獨得的史學，考察世運興亡，樹其治國安民之道。

陳亮字同甫，號龍川，永康人。和朱子友善，經世之論，屢和朱子通信交換過意見。爲人才氣超邁，喜談兵，議論風發，與至千言萬語立成。隆興初，與金人和約成時，天下皆欣然，但他獨以爲不可，上「中興五論」、不報，因退而修學，專事著述，四方學者亦多從之游。孝宗十七年又上書陳國家立政的本末，及天下情勢的消長等，孝宗壯之，欲擢用，但爲當道所沮，不成。他的目的不待說也不在此，於是復上「三事」，平然渡江而歸。一生性格如此，所以屢罹言論禍，下過幾次獄，但他初志不屈，卓犖如故。晚年授簽書建康府判官廳公事，不及拜命，暴卒，年五十五，諡文毅。著有龍川文集三十卷，行於世。

二　學說

永嘉之學，全以經世事功爲事，其中龍川尤甚，一切性理學，他概目爲空疎。所以他推重王通，以爲孟子以後最得孔子意旨的人，「獨伊川以王通爲隱君、稱其書勝於荀揚、然荀揚非其倫也、」（全集十四卷）。又曰：「夫功用之深淺、三才之去就、變故之相生、理數之相乘、其事有不可不載者、其變有不可不備者、往往汨於記註之書、天地之經、紛紛然不可以復正、文中子始正之、續經之作、孔子之志也、」（同上）——他的學旨在那邊，由此可推知了。他蓋以爲天意在於經世，思辨的性理學則他不想認容，不能了解。又這種學風，「永嘉」全體皆如是，所以朱子有評言曰：

永嘉諸公多喜文中子、只是小也、他知了自學不得孔子、纔見個小家活子、便悅赴之、譬如泰山高、他不敢登、見個小土堆子、便上去、只是小也、（朱子語類百二十三）

又曰：「永嘉之學無頭無尾。」——思想家和事功家的違異如此。朱子蓋以龍川一派之學，本體論也沒有，性理論也沒有，換句話，學理的憑據甚麼也沒有，僅以古今成敗一點爲根據，所以如是作評的。

但同時龍川罵儒家時，也是一樣滔滔數千言，痛罵那些腐儒倡天理人欲之說，辨析古今同異，捨事功而原心於秒忽，不推理時勢，單以義利而辨王霸，尊三代，難漢唐，固陋已極！又如封建郡縣之變，乃社會上必然的消長，從而分之爲天理人欲，眞無謂之尤！——文集二十卷裏「與朱子書」七通，都是辨證這意旨的。同時又說過：「有公則無私、私則不復公、王霸可以雜用、則天理人欲可以幷行、亮之所以縷縷者、欲更添一條路、開拓大中、張皇幽眇、所以助祕書於正學也、豈好爲異說而求出於祕書之外哉、」（文集二十卷「復朱元晦」）一段，蓋深知正學方面不是朱子敵手，但正學以外，程朱所看過的他方面則欲緊緊把捉，以作自己立脚地的。論陣堂堂，龍川自是卓犖之士。

第二節　葉水心

略傳及著書

永嘉之學，到水心達於頂點；龍川不過單就事功一點，批難過程朱，水心則更進一步批評程朱所依據的典籍；換句話：周易、「十翼」——程朱（廣言之「宋學」一般）的本體論的根據，他斷言不是孔子的作物，同時中庸、孟子，他又認爲不是道統的眞傳，他蓋從道統上辨證宋儒心性說爲妄謬的。一舉衝其根據，「程朱學」至此果逢勁敵了。

葉適字正則，號水心，永嘉人，宋高宗紹興二十年生。受業於鄭景望之門，有出藍之譽，淳熙五年舉進士第二，授平江節度推官，召爲大學士，由祕書郎出知荊州，入至尙書左選郎，歷諸官，至知建康府，兼沿江制置使。既被雷孝友所彈劾，說他詆毀程朱，因被免。後奉祠十三年而卒，年七十四，諡忠定。著有習學記言五十卷，水心文集二十九卷，學說可於記言中觀之。

二　學說

朱陸對峙的南宋學派，自二子歿後，猶極盛大，水心出而介立其間，鼎足之勢遂成。水心不待說也是經濟的、功利的，志在於經國濟世，太極、心性、那些問題，也是不喜歡顧及的；實際問題才是他的中心。他重書、禮，甚於重周易。他以爲書、禮中所表出的一貫的功利思想，是儒家固有的精神和道統，程朱等的心性學則爲旁門。他以爲古聖賢是專以圖民利民福爲目的的，其陶冶人民的方法也只限於禮樂，到子思孟子時，纔倡甚麽心理，後人不察，復倣而高調之，以爲學問的中心；其實正學由此早已失其傳了。

水心立於這等見地上，所以根據也是存於周禮、書經內的尙德及功利思想內。他用這些思想，確立了「永嘉學派」的基礎，作個大成者，同時又用以批判古書，及「程朱學」的原理。

所以其結果，宋儒一般受他的打擊很大，最少傳統上的本體觀，被他打碎了。同時許多學子，受他的衝動，警醒了也不少。蓋他第一認「宋學」之失，在於以易的十翼爲孔子所作，而孔子實不過著彖象而止，周子想借此以抗老佛，殊不知由此轉皆陷入老佛，失了儒家本旨。

周易者知道者之所爲，而有司之所用也，孔子爲之著彖象，（此說出於班固）蓋惜其爲異說所亂也，故約之以中正、明之以卦爻之指，黜異說之妄，以示道德之歸，其餘文言、上下繫、說卦之諸辭，所著之人，或在孔子前，或在孔子後，或與孔子同時，習易者彙爲一書，後世不之深考，以爲孔子之作。（講學大旨）

這樣斷十翼中除彖象外都不是孔子所著外，又說這易後來入於老莊之手，至於號稱孔老佛學盛時，又變成禪，悅其說者，且以爲孔子語（王弼以老莊之旨解易，卽其好例）。至本朝，禪學最盛，豪傑之士，修明儒說，欲駕出其上，而周張二程，竟亦不明這關係，認老佛爲儒言，倡無極、太極、太和、參兩、形象、聚散等說，以爲出於十翼，不知都失了儒家正脈，致夷狄之學，依附於中國，中國之學乃益晦亂。蓋孔子以後的經解，都不是孔子周公的本旨，雖思孟所以也沒得到眞傳，周程諸新說，更不待說了。所以我們不可不復歸於周代古學，以明道統。——他這樣說完之後，同時信自己是唯一的正統派。

至於他所依據的尙書、周禮，則不待說內容和他的主張——「經世」全相融合，所以他和他那一派的人都重視之；而於書中所講的人心道心等心性問題，則解釋亦和程朱的甚麼天理人欲不同，不過認作已顯未顯的心理，而以得心的中和爲教化爲止。蓋人心之危，道心之微，他以爲依禮樂可以從外面教制的；換句話：以禮教「中」，以樂教「和」，如是體得，即古聖賢教人的原則。——解明如此，所以平心講一句，他確比別的宋儒有密邇古人一着之觀。所以他說：

周官言道、則兼藝、自國之子弟貴賤、以及民庶皆教之、其言民以儒道得至德者、以道本最爲要切耳、未嘗言道之所以爲道也、書言堯舜之時、亦以道、及孔子言道、尤爲著明、然終未嘗明言道是何物、蓋古人所謂道者、上下皆通知之、但患行而不至耳、（習學記言卷二）

至如明明標出道學，樹立異說的人，則是老子；思孟見而欲闢之，所以道的「定義」問題於是乎起，而異說紛紛，遂不知所底。在古時則道這東西，決沒離過實用；換句話：「六藝」就是古時的道。

他除這樣以經世功利的觀念解道統外，此外對於學界還有貢獻：即他用銳利的眼光，批判古書一事。由來文籍批評，在支那古學界，是很缺乏的事，他這行爲，眞是一大刺激。他除斷易的八翼中六翼非孔子作外，子思孟子他也疑過，國語、管子、老子他也疑過。史眼卓越，眞堪歎異。他的學說，在支那雖沒結過果，但流入我們日本，則於×仁齋一派的「古學派」給過大影響。仁齋體用他的精神，也批判過古書，攻擊過宋儒。又×徂徠從他的功利學方面像也受過多少影響。以上不待說是記他的功績的話，至於他對於周張程朱諸子，僅以其雜過老佛，就因而疑及其價值，則當不免固陋之譏；所以說他是一個「宋學」批判者，當不可能；他的長處要在其史眼卓越的古書批判上。

× 仁齋、徂徠都是日本德川時代大儒；仁齋姓伊藤，所謂「堀河學派」之祖；徂徠姓物，所謂「蘐園學派」之祖；仁齋主著有讀孟字義、童子問、古學先生文集等，徂徠主著有辨道、辨名、論語徵、徂徠集等；二人都是反對「朱子學」的日本「古學派」的中堅。——譯者註

第八章　元代哲學

第一節　許魯齋

一　略傳及著書

許衡字仲平，河內人，號魯齋，生於宋寧宗嘉定二年、（西紀一二〇九年。）幼好學，屢窘塾師，成人後值天下騷擾，亦不廢攻讀，漸爲世所知，遠近子弟多來相從。後又訪姚樞於蘇門，得伊、洛、新安遺書，（姚雪齋得之於德安趙江漢的）歸而謂其徒曰：「昔日授受殊孟浪，今始聞進學之序，若必相從，當棄前日所學，從事於小學之灑掃應對，以爲進學之基。」諸生皆忻諾，相與謹舉容，習禮節，程朱入敬的第一過程，於是師生間實踐起來，儀容整肅，見者爲之動容。世宗非常寵任他，召至京師，使爲京兆提學，即位時，又授國子祭酒，但他以病謝，不就。到至元二年，安童爲右丞相時，始出輔之。因上書言立國規模，詔授集賢殿大學士，兼國子祭酒。十三年，制定新曆時，又以原官領大史院事。歸、十八年卒，年七十三，贈司徒，謚文正。著有魯齋全書七卷，行於世。

二　學說

他是純粹的程朱學者，但不如伊川朱子的主知；他以實踐爲重，內面地主張持敬，外面地主張綱常，欲以這二者爲化俗敎風的先聲，因以及於治國平天下。同時性理方面，也不是全不說及，譬如下面一段文字，就是把古來大學的「明德說」及宋儒的「理氣說」綜合起來的議論。

古之聖人以天地人爲三才、天地之大、其與人相懸、不知其幾何也、而聖人以人配之、何耶、蓋上帝降衷、人得之以爲心、心形雖少、中間蘊蓄天地萬物之理、所謂性也、所謂明德也、虛靈明覺、神妙不測、與天地一般、故聖人說天地人爲三才、明德的靈明、天下古今無不一般、只爲受生初所稟之氣、有淸者、有濁者、有美者、有惡者、得其淸者則爲智、得其濁者則爲愚、得其美者則爲賢、得其惡者則爲不肖、若得全淸全美、則爲大智大賢、其明德全不昧也、身雖與常人一般、其心中明德、與天地同體、其所爲便與天地相合、此大聖人也、（下略、全書卷三、「答丞相問大學明明德」）

他蓋把心性二者，當作一元看，而以人心善惡紛歧的理由，歸之於氣的。這說本別無甚麼奇異處，但尊明德、尊本然的性的話，在在表出，且和明道一致。也有可堪注目處。又他主張既如是，所以窮索的工夫，自不贊成，養成毅然的人格，以處實際，才是他的主眼。他述其爲學的目的曰：

爲學者治生最爲急務、苟生理不足、則爲學之道、當有所妨、彼旁求妄進者、及爲官嗜利者、其亦窘於生理之所致也、君子當以務農爲生、商賈雖逐末、亦可爲也、果處之不失義理、或以姑濟一時、亦無不可、若教學爲官、以規圖生計、則恐非古人意也、（全書卷六、「國學事迹」據正誼堂全書本）

——這些話同時當又是他自己的述懷;他屢辭過官,歸過田,於此中當深有體驗。即我們現在,爲求自己思想之獨立時,讀這種深切的金言,也當服膺。蓋食人之祿,則奴顏婢膝,側身於朝,則阿世趨譽,爲温飽計,雖學出高門,於腐臭不可近的商人前,亦不能不叩頭拜顙,這不是人生最悲慘的現象麼?所以把這些事情想一想時,王陽明對於他的攻擊,可以說矢失其中!爲甚麼呢?他決不如陽明所謂因於個人利己的見解而立說的;他的處世觀較陽明或還高一籌;并且他這樣的言論,在泰西思想家中也能尋出許多來: Tolstoi, Rousseau, Wordsworth 等誰也抱過同樣的精神和主張。

他的精神如此,爲學的目的如此,所以官僚生活,他是不覬覦的,重仕於元朝,要不過爲報世祖忽必烈的知遇而止。他唯以明德二字爲立己立人的本義。他以爲人的德性,具自先天,而明德之體則虛靈不昧,其理則爲仁義禮智信五性。五倫則又是行這五性之道;率性之道,乃職分之所當爲。至於仁則是五常之長,內又兼具五常,恰如元爲四德之首,內又兼具四德一樣。換句話:兩者的關係要爲一理,雖假名之爲天理人欲,其實體則爲一。所以「仁者性之至、而愛之理也、愛者情之發、而仁之用也、公者所以爲仁之道也、元者所以爲仁之至也、仁者人心之所固有、私或蔽之、則陷於不仁、故仁者必克己、克己則公、公則仁、仁則愛」(全書卷一)。——這樣繼承朱子把仁當作倫理人道的太極,以爲盡仁道,即所以盡人間固有的道。至於行義也是一樣,也是因人間內有固有的道而然的。若義與命,則其關係爲「凡事有兩件、有由自己底、有不由自己底、由自己底有義、不由自己的有命、唯有歸於義命而已」(全書卷一)。——「由自己」的話,當就是盡仁道的意思,命則是吉凶禍福等宿命的意思。主意要爲盡人事而待天命一句。所以一讀其說，卽覺渾然而有圓味，同時其修爲工夫，所以也就歸於持敬一點。「凡事一一省察，不要逐物去了，雖在千萬人中，常知有己，此持敬之大略也」——深於體驗，幾多有益。他當是朱門的順臣。

第二節　吳草廬

一　略傳與著書

吳澄字幼清，撫州崇仁人，生於宋理宗淳祐九年（西紀一二四九年）。二十五歲時，宋祚移，元朝一統天下，程鉅夫求賢於江南，起他至京師，但他辭以母老歸；至大元年始被再召爲國子監丞，陞司業。其言曰：「朱子問學道功居多，陸子以尊德性爲主，問學不本於尊德性，則其弊必偏於語言訓釋之末，故學必以尊德性爲本，庶幾得之」——這段話遂引起時人的攻擊，說他是「陸派」，和許子相悖，他於是遂辭官。但未幾復被陞用爲翰林學士，泰定元年作經筵講官，統元元年卒，年八十五。追封臨川郡公，諡曰文正。著有五經纂言，草廬精語，吳文正公集五十三卷，道德眞經註等，思想則可於精語中窺之。

二　學說

他的理氣說的進展過程，取之於周子的太極圖說。以爲自天地未有以前，到天地生成以後，只是一氣。這氣，分而言之則爲陰陽，更分之則爲五行。理則別是一物，不在氣中，乃爲氣的主宰的。換句話：理外無氣，氣外無理。人則得天地的氣而形成，氣也含有着理，也含有着這理。在天地間則爲元亨利貞，在人則爲性，爲仁義禮智信（精語）。——全爲套襲程朱，和許子一樣，都沒甚麼創說。

但用理氣二元以說心性，不是他的本意；朱子致知窮理的修養工夫，也不是他所好，尊德性，直覺地捕捉良心，以期發揮本來的能知，纔是他的目的，他和陸子轉多接近的。他說：

夫人之生也、以天地之氣凝聚而有形、以天地之理付界而有性、心者形之主宰、性之郛郭也、此一心也、自堯舜禹湯文武周公傳之以迄孔子、其道同焉、道之爲道、具於心、豈有外心而求道者、其所用各當於理、則心在是矣、操舍存亡、惟心之謂、孔子之言也、其言不見於論語所記、而得於孟子之傳、則知孔子之教人、非不言心也、一時學者未足與言而言之有不及耳、孟子傳孔子之道、而患學者之失其本心、於是始明指本心以教人、其言曰、仁人心也、放其心而不知求、哀哉、又曰、學問之道無他、求其放心而已矣、又曰、耳目之官不思則蔽於物、心之官則思、先立其大者、則其小者不能奪也、嗚乎至矣、此陸子之學所從出也、（草廬精言）

知者心之靈、智之用也、未出於德性之外者也、曰德性之知、曰聞見之知、然則知有二乎、夫聞見者、所以致其知也、夫子曰、多聞闕疑、多見闕殆、又曰、多聞擇其善者而從之、多見擇其善者而識之、蓋聞見雖得於外、而所聞所見之理、則具於心、故外物格、則內知致、此儒者內外合一之學、固非如記誦之徒、外博而內無得也、（同上）

——他不認心有內外之分，以爲心是人身的主宰，見聞這種經驗知，要爲依內心的認識作用而後能全；所以我們最大的事就是明心，——明那生起認識作用的內心。朱子在大學或問裏，以反身窮理爲主，以爲必究本末是非的極致，而後知識愈博，心乃愈明。但他則以爲這知識，必不可不仰我們內面固有的明知的批判，否則當有毛病。

他的學說，所以是專以陸子爲主的但他同時又不輕視朱子，以爲兩兩相待，學始得全；朱子的博識，他雖主張過必恃明知的批判，但陸子那樣全然排斥窮理他又不贊成。「朱陸二師之爲教一也、而二家庸劣之門人、各立標榜、互相詆訾、至今學者猶爲所惑、嗚乎甚矣、道之無傳、而人之易惑難曉也」(精言)——一段話，正是明證。折衷朱陸，各取其長，他之所以爲穩健派在於此，所以爲折衷派亦在於此。

要之許吳二子，是元代思想界上雙璧；一以實行爲主，專於祖述程朱，一以尊德性爲主，折衷朱陸，都可以說是輔翼聖學，指導一世的大儒。

第三編　明代哲學

第一章　總論

西紀一二九四年；元世祖崩御，一三六八年，明太祖崛起布衣，戡定宇內登帝位。其間七十四年間，元雖尙領有中國，但其實發揮過國威的日子，要不過世祖崩後二三十年間而止。「英雄一去霸圖空」，眞可爲元朝寫實。明太祖懲於元政的廢弛，於是法尙峻嚴，又起用宿儒，修禮樂，建國子監，育人材，欲以敦風俗，肅紀綱，同時輔臣中亦有劉基宋濂輩，以謀臣而兼學者，大有勳猷，而宋濂且和後來的歸有光齊名，同爲明代二大文章家。但是雖然如此，當時一般士風，還是汲汲於擧子業，思想上沒有甚麼進展。不過開國時，既有劉宋輩起於上，文運就也漸次促進，所以到太宗時，父業不墜，這方面愈有起色。太宗他命儒臣胡廣等撰五經大全百七十卷，四書大全三十六卷，宋元新註，全輯收在內，又撰性理大全七十卷，「程朱學」的精粹，類別纂輯，以作斯學的教科書。這學於是蔚然復振，曹月川（名端，字正夫）、作先驅，薛敬軒、吳康齋並起，同爲泰斗。敬軒著有讀書錄及薛子道論，維持風教，尤有功績，至其思想，雖不過爲「程朱學」的一解釋家而止，但他同時又是這學的實行家，具有一世祖師的人格。康齋亦純儒，且同派，雖別無著述，踐履工夫上，則主張克己積功，門下出過胡敬齋、陳白沙、婁一齋等名儒。尤其一齋門下出過一個大家王陽明，開「明學」更新的端緒；「明學」且在這時期達於最高潮，爾後雖分成「江門」（以白沙爲宗）「姚江」（以陽明爲宗）二派，但二派的思想也都是明朝獨步，出於程朱以外。且陽明之下，如王心齋、徐橫山、錢緒山、王龍溪、鄒東廓、羅念菴等也都是有名人物，對「王學」很盡過力。

陽明之學，不待說是陸象山的系統，其大體骨子，卽是象山的心卽理說。但「陸學」所以隆興的原因，則理由別有所在；蓋元初以來，「程朱學」常得官權的擁護及親信，講學日盛，而流弊亦日烈，支離陳腐，到末輩且唯以口耳爲能事，所以機運際會，陳王等遂得出而反動。但「程朱學」在這朝也不是就全然屏棄了，實際上其勢力還在陳、王之上，學者中也出過羅整菴、吳蘇原（著吉齋漫錄）陳清瀾（著學蔀通辯）王弘齋（著朱子心學錄）等，或排「王學」或擁朱說，都相當有勢力。但雖如此，「王學」究直截簡易，易於入人，所以燎原之勢，風靡天下，且及於清初。

除這二派外，「明學」中還有「東林」一派。這派不待說也是「程朱學」，但他們好議論時事，高倡節義，以一變士風爲主義；且涉及實際問題，投於政爭漩渦，於思想界則貢獻絕少。這派的起源，初因宋楊龜山建過東林書院，顧憲成、高攀龍等豪傑風的學者，於是遂藉其遺址，設學舍，標榜程朱，集天下英才數千人，時作批難時政之舉，於是「東林學派」之名遂出。不得志的政治家又羣起加入之，萬曆四十年以後，勢愈甚，反對派的攻爭亦益烈，黨禍相結，迄國亡猶不解。

要之這三百年間，思想學術界上出過幾多巨子，和前代色彩不同的文化也構成過，比之宋代，不待說活躍的程度，猶遙爲單調。陽明以後且愈流於空疎，至達於顧炎武所譏「不學而借一貫之言，以文其陋，終日以放談爲主」、（日知錄十八）的現象。所以黃宗羲的明儒學案裏，雖特立了許多學派，其實實際上眞有特色的則極少，比諸宋時的濟濟多士，班班輩出，誰也不能無寂寥之感，單調之歎。

第二章　吳康齋

第一節　略傳及著書

吳與弼字子傅，號康齋，撫州、崇仁人，生於太祖洪武二十四年（西紀一三九一年）。父溥，作過國子司業，康齋十九歲，即至京師，從學於洗馬楊文定，讀伊洛淵源錄，因慨然志於道。於是棄舉子業，謝人事，獨處小樓中，玩讀四書、五經、及諸儒語錄，以自體驗身心，兩年間沒下過樓。他起初氣質很剛忿，至是遂自覺其非，盡力於克己上做工夫，性格因爲一變。二十二歲，奉父命還鄉，迎新室，京師往來，常粗衣敝履，不少飾邊幅，人率不知其爲司業子。後歸鄉，又躬耕力食，風雨披蓑，負耒和諸生並耕而談宇宙，歸則解犂飯糲，共食蔬豆；——許魯齋當年學者當先治生產的話，他如實地這樣實行過。陳白沙自南廣來學，一日天尚未曙，晨光暗仄，康齋早起簸穀，見白沙猶未起，大呼曰：「秀才如若爲懶惰，則他日何從到伊川門下，又何從到孟子門下。」又一日刈禾傷指，甚痛，但忽自警曰：「何可爲物所勝」，復刈如初——其克己大率如此。居常歎箋註爲繁而少益，因自亦不輕著書。天順元年，石亨薦之於英宗，爲太子講學，固辭不受。憲宗成化五年歿，年七十九。門人胡敬齋、婁一齋、陳白沙、等受他的薰陶，後來都爲一世大儒，「明朝哲學」界上，他當是母親。

第二節　學說

康齋整篇的著述，一篇也沒有，但依明儒學案的語錄看時，他雖也是程朱學者，於窮理主知方面，他卻不甚置重，反之於實踐修爲方面則大努過力於持敬一條，也有只尙內省的傾向。他的學問，蓋從明道、李延平一派得來的；換句話內面地持敬，以存天理、以去人欲，就是他的學說根本。

人須整理心下、使常瑩淨惺惺方好、此敬以直內工夫也、嗟乎不敬則不直、不直便昏昏倒了、萬事從此隳矣、可不懼乎、又曰、聖賢之所言、無不在於存天理去人欲、聖賢之所行亦然、學聖賢者、舍何之也、（語錄）

又說：「靜時涵養、動時省察、以加克己復禮之功、以作虛明其心之用、使本心不爲事物所撓、否則心愈亂、氣愈濁。」他常感於朱子贊延平少年時剛忿，後來則積琢磨之功，終日至於無「疾言遽色」的話，自己遂亦養成習慣。所以「心本太虛、七情不可有所放、物之相接、甘辛鹹苦、萬有不齊、而吾可惡其逆我者乎、但於萬有不齊中、詳審其理以應之、則善矣、於是中心灑然、此殆克己復禮之一端乎、」一段，亦當是指延平所謂未發的理情而言的。常常平心靜氣，不走感情，以存天理、全人性的意思。蓋他以爲我們的心本是個活物，不涵養則不免於動搖，但僅從書上領會，則動搖當還不能免，外物當還不能勝，所以當於實踐上求之，省察和涵養內求之。在他尊德性重於問學；弟子中出個陳白沙，自是當然。

第三章　薛敬軒

第一節　略傳及著書

薛暄字德溫，號敬軒，山西河津人，洪武二十五年生。父名貞，滎陽教諭，聞理學於元儒魏希文、范汝舟二先生，於是遂使敬軒亦從之學。敬軒讀了濂洛諸書後，得了爲學的正路，舊來所學，遂盡棄之。永樂十八年，鄉試第一，明年登進士第，時年三十；授監察御史。於是手錄性理大全，有所得即劄記，進學益力，時人皆尊稱之爲「薛夫子」。後歷諸官，作過禮部右侍郎，兼翰林學士。曾以直言救人死罪，又便殿召對時，因上衣冠不正，不入，上改衣冠始入云——亦可見其爲人。因此上遇很隆，晚年致仕，天順八年七十六歲，卒於家。著有讀書錄十一卷，續錄十卷，道論三卷，讀詩錄一卷。

第二節 學說

他的學說，可概見於讀書錄中。不待說這錄不是一貫的著作，乃讀宋書時備忘的劄記，語既多重複，創見亦絕少；但他是一個實踐學者，其事業不在此而在彼——他之教後學，傳程朱，有功於風教之點，當不可忘。尤其他斷言過：「朱子是孟子以後第一人、許魯齋則其後繼者；」——態度可謂徹底已極了。至於他自己的學說，則以持敬以復本性爲要旨；他說：

盡性工夫、全在於知性知天之上、蓋性即理、天則從理所出也、人能知性、則天下之理無不明、而此心之理無不貫矣、苟知性不知天、則一理不通、心即有礙、又何以極其廣大無窮之量也、是以知盡心工夫、全在於知性知天之上、（讀書錄卷一）

他蓋認人性基於天理，而以明這所以基於天理、的理，而存天理、去人欲，爲其實際學上的中心思想的。理氣本一元，沒有無理的氣，亦沒有無氣的理，不過言語上可說理無集散，氣有集散罷了。所以說理時、即爲普遍的主靜的意味，天理則爲至誠純粹至善、的意味。而要合這天理（道）時，則不可不用主敬，「不敬則中虛無物，」「心常主靜、則物來應之」「水淸則見毫毛，心淸則見天理」（讀書錄）——程朱實踐方面的名句，他縱橫地拉進來了。他雖在他處也說過窮理以求知的話；但其主意，要爲實踐一點再反復說一句：就是去私心、滅人欲、順天理、而達於人生至境的意思。

第四章　胡敬齋

第一節　略傳及著書

胡居仁，字叔心，饒之餘干人，學者稱之爲「敬齋先生。」弱冠奮志於聖賢學，遊於吳康齋之門，遂絕意科舉，築室於梅溪山中，讀書不干人事。久之爲廣見聞起見，適閩歷浙入金陵，過彭蠡，所至訪學者，歸則和鄉人婁一齋、羅一峯、張東白等爲會於弋陽的龜峯及餘干、應天寺，提學李齡、鍾城等相繼請其主白鹿洞，諸生又懇請其講學於貴溪、桐源書院，淮王聞其名，亦欲請其講易於王府，王且爲之梓其詩文，但他皆固辭不就。居常嚴毅淸苦，每日必立課程，詳書其得失功過，以自反省，以自進德。其言曰：「仁義以潤身、牙籤以潤屋，則足矣」。終身不仕，淸貧以終，如一聖者(Saint)。成化二十年歿，年五十一。著有居業錄八卷，文集二十卷，收在正誼堂全書內。

第二節　學說

吳康齋門人中，最善體得康齋學說的人，就是他。他不喜歡當時的程朱學者博學自得；他專說主敬，專在這點做工夫。不待說，存心窮理，乃學問的大關，應事成己成物乃學問的應用的話，他也說過；但他用力最多的，還是康齋傳來的持敬工夫。所以他最私淑過的前人，是程明道，而不是伊川或朱子。他甚稱明道居敬之德，及察理之精，及涵養成熟，從容不迫的態度，且說其人格，是孔子以後第一人。

至於入敬工夫，則他說：「端莊整肅、嚴威儼恪是敬之入頭處、提撕喚醒、是敬之接續處、主一無適、湛然純一、是敬之無間斷處、惺惺不昧、精明不亂、是敬之效驗處。」又曰：「敬該動靜、靜坐端嚴者敬也、隨事檢點謹致、亦敬也、敬兼內外、容貌莊正者敬也、心地湛然純一者、亦敬也。」（居業錄）

敬的性質，可謂說得很分明了。至其敬兼內外，內為湛然純一，外為容貌莊正的說法，曾和程朱當年所說初無稍異，但他下的敬字解，不落於禪；他以為心當常有主，常有統一，所以動時檢點謹致的精神力不可不養成。他蓋不喜歡同門陳白沙的主張多近於禪，而然的所以同時又倡出一個「探」字。探者即孟子「求放心」的意思。儒家所以異於禪家，即在這一點。為甚麼呢？求放心是為求靜時亦有主，不欲任其放縱的意思，但禪家則不然，其說「存心」雖亦和這求放心形式上相似，但實際則殊不然：「蓋所謂探者、只約束收斂、使內有主而已、豈如釋氏常看管一個心、光光明明、如一物在此耶、夫既收斂有主、則心體昭然、遇事鑒察、必精也、」（居業錄）——意謂禪家專以無念無想，復於本來無一物為工夫，儒家則探以為靜，其內容決不一樣。「周子有主靜之說、學者遂專志靜坐、多流於禪、蓋靜者體、動者用也、靜者主、動者客也、靜意雖重於動、非偏於靜也、愚謂靜坐中有個戒慎恐懼、則本體已立、自不流於空寂、雖靜何害、」（同上）——靜的意義說明了，同時和禪的悟入不同之處也說明了。最後又註腳之曰：「靜中有物、只是常有個操持主宰、而無寂寂昏塞之患。」看來他的主靜是非常積極的工夫，是一種敬心用以御事統物而謀盡其才的；和禪家消極的超然物外，謀歸於無我無物的境地者，全然不同了。所以他又說：

雖內外判心跡此二本也。蓋心具衆理衆理悉具於心心與理一也故天下事物之理雖在外統之在吾一心應事接物之跡雖在外實吾心之所發見故聖人以一心之理應天下之事內外一致心跡無二異端虛無空寂此理先絕於內以何者而應天下之事哉（居業錄卷一）

心無主宰靜也不是工夫動也不是工夫靜而無主不是空了天性便是昏了天性此大本所以不立也動而無主若不猖狂妄動便是逐物循私此達道所以不行也已立後自了當得萬事是有主也（同上）

未發之前要操得密已發之後要察得精（居業錄卷二）

要之康齋敬軒敬齋之學都是實踐之學尊德性重於問學是他們一般的主張。其學七分取於明道象山三分取於伊川朱子，「明學」大概如是，特色也卽在於是。後來到陳白沙王陽明時，學風雖全然一變而爲心學，但其傾向於草廬已很顯著了。

第五章　陳白沙

第一節　略傳及著書

陳獻章字公甫，新會白沙里人，明宣宗宣德三年（西紀一四二八年）生。身長八尺，目光如星，右臉有七黑子，如北斗狀，非常異於常人。幼警悟絕人，讀書一覽輒記。常讀孟子「天民」句，慨然曰：爲人必當如此。正統十二年舉於鄉，因至崇仁受學於康齋，歸則絕意科舉，築陽春臺靜坐其中，足不出國外者數年。尋遭家難，成化二年遊於大學，祭酒邢讓試使和楊龜山「此日不再來」一詩，時歎其所和，雖龜山亦不如，因颺言於朝：眞儒復出，由是名動京師，歸時門人益進，聲聞且及於四海。布政使彭韶、都御史朱英等交薦之於朝，曰：「國以仁賢爲寶、臣自度才德不及獻章萬萬、臣冒高位使獻章老於邱壑、恐失社稷之寶。」因被召入京但大臣尼之，使就吏部試，他辭疾不赴，疏乞終養，授翰林院檢討而歸。或有以其出處異於康齋爲言者，他答曰：「先師爲小人石亨所薦、故不受；今選某者不然、故受、不敢以僞辭釣虛譽、或受或不受、各有所宜。」其後屢徵不起，宏治十三年卒，年七十三，著有白沙要語。

第二節　學說

黃宗羲曰：「先生之學、以虛爲基本、以靜爲門戶、以四方上下往古來今、穿湊紐合爲匡郭、以日用常行分殊爲功用。」羅文莊反駁「道學之昌始於白沙、學術之誤亦始於白沙、白沙明心而不見性」之說曰：「至極而動、至近而神之說、此白沙自得之妙境也。」

白沙年二十七，在康齋門下發憤讀書，古聖賢的垂訓，無所不講，歸亦杜門不出，忘寢食而勉勵者多年；但猶未有所得，吾心與此理相湊泊脗合的境地，卒捕捉不到。於是舍彼之繁，求吾之約，惟靜坐久之，而後始覺吾心之體隱然呈露，如有物，日用之間，應酬之際，隨吾所欲，如御銜勒之馬，體認物理，稽諸聖訓，各有頭緒來歷，如水之有源，——得到了這種心的無礙境。於是渙然自信曰：「作聖之功其在茲乎」（文集卷三「復趙提學」）——他的學說根柢，是這樣得來的。看他「心地要寬平、識見要超卓、規模要闊遠、踐履要篤實、能此四者可以言學」（卷三「與賀克恭」）的話，不待說說他和內外坐忘的禪學全然相同當尙有未當「朱子學者」呼他爲禪子，要不外因他的用語如「靜坐」「惺惺」「調息」等的外觀上全同於禪定而然的。不待說他和陽明一樣，其學說中說是全無禪味，當屬強辯，事實上他們比宋人在修養工夫上，多帶了些異味，是不可諱言的。

他的學說，以周子爲張本，周子主靜以立人極的思想，即是他的根據。所以修爲上，他主張靜坐澄心，以期統一精神，保持心靈。這工夫和南禪的頓悟雖不同，但和北禪祖師神秀「心如明鏡，當勤拂拭」的思想，則相共通。「人心上不得容留一物，才看一物時，謂爲有礙，心心念念只在功業上，則此心便不廣大……聖賢之心廓然，如無感而應於後，不感則不應」等語，全是禪談，不是儒家正統之言，自不待說。

所以他的修爲法有二：「依積累」與「不依積累」。前者可以言語傳，後者則不能，除虛其本而求自得外，沒有法子（「復張東白」）。又說：

終日乾乾，只是收拾其心而已，此理干涉至大，無內外，無始終，一處而無不到，一息而無不運，會此則天地立於我，萬化出於我，宇宙在於我，此把柄入手，更有何事，往古來今，四方上下，都一齊穿紐，一齊收拾。（文集卷三「與林緝熙」）

——都是離開了心的涵養問題，而唯高調絕對唯心論的妙諦的。和雷峯禪師「盡大地撮來，如粟米粒大」（碧巖集五則）的話，思念全同。——宜乎史家說「明學到白沙而一變，蓋自周子以來，他當是最大膽地通禪的」，但他自己還以爲是儒家正統，「初看禪家語時，甚可喜，然實自儱侗，似同吾儒而異，毫釐之間，便分霄壤」（「與謝元吉」）——很象徵的話，他也說過。但亦要不外爲說儒家重事功實踐，禪宗則否定內外的差別，一意以合於宇宙大道爲原則，其間根本地有不同處的意味而止；這個在標榜儒家的人，雖也是知道的，初不待於他的解辨而後明，他自己則早沒於禪而不自覺了。在康齋門下窮學入道而不得，至於靜坐澄心而始得脫的時候，當正是禪學浸潤於中的時候。他一生蓋欲以禪工行儒事的；主虛以保心靈，以作百行，是他的主旨。涵養極精密，畢竟不離於禪定。

第六章　王陽明

第一節　略傳及著書

永樂年間撰述的四書五經大全，是「程朱學」的集註，當時進士試驗時，用作藍本，天下學者盡封入於其中，不復知有他。朱子學貫古今的精神，及其格物窮理的意義，他們都以爲讀這部大全即可竟事；學問於是變成試驗上的學問，反求諸心以窮眞知的精神，一點也再尋不着了——「明學」空虛、固陋、偏狹至於此極！對這空虛狹陋的學界，投以一種清新徹易的學說，使「明學」一轉而爲有意義的東西，自己且爲其盟主，歷世不泯的人，不待說就是我們本章的陽明。陽明一面反抗「朱學」而起，一面又是武勳赫赫的偉人，文武雙全，古今來當很堪珍異。

陽明字守仁，號伯安，越、餘姚人，生於憲宗成化八年（西紀一四七二年）。其祖是晉光祿大夫覽之後，覽的曾孫還出過一個很有名的王右軍羲之。陽明的父名華，字德輝，官至南京吏部尚書，封新建伯——陽明是這樣名門之產。爲人豪邁不羈，幼有呑牛之概，「初溺於任俠之習，再溺於騎射之習，三溺於辭章之習，四溺於神仙之習，五溺於佛氏之習，正德丙寅始歸於聖賢之學」（全書三十七卷、湛甘泉陽明墓誌銘）——正德丙寅年間他正三十六歲；未得正學以前，其閱歷與體驗已如此。年譜說他十七歲時迎新婦，結婚之夕，閒行至鐵柱宮，遇一道士趺坐，叩以養生之道，因相與對坐忘歸云——好沉思默想的性格又如此。二十一歲，舉於浙江鄉試，是年始聞宋儒格物之學，於是遍求遺書鑽讀，至於得病——好學窮理的性格及意志力又如此；後來成大功業，樹新學說，負於這性格的地方當不少。二十八歲登進士第，賜二甲出身，翌年授刑部雲南淸吏司主事，三十五歲上封事彈劾小人劉瑾，忤旨下獄，已則庭杖四十，謫貴州、龍場驛。然瑾猶恨忌之，必欲置之死地，遣刺客數輩，要於途，他歷盡艱辛，始無事安抵龍場。在龍場煙瘴三年，出生入死者又屢次，然亦卒保得性命，瑾誅後、且蒙赦還朝，而這三年間學問人格，且得以盤根錯節，達於確立不拔的境地；天之禍福亦云奇了！還朝後、由廬陵知縣起，復歷任諸官，且平南贛、汀漳、橫水、桶岡、三浰諸巨寇，外更平過宸濠之亂，功封新建伯，年僅四十八。但這時候，武宗的寵臣張忠、許泰等小人又忌其勳功，百方排擠，害得他始終不得安於其位。五十歲時，「致良知之說」完成了。勳高德重，學冠一時，四方英俊，競集如潮，良知說之擴盛更快。五十六歲時，復奉上命南征思田，強病出發，果一去不返，肺病劇，歸時歿於途。臨終時門人求遺言，微笑曰：「此心光明、亦復何言」、言畢、頃刻卽神去——聖者風神依依如畫。時嘉靖七年十一月，（西紀一五一八年）享年五十有七。著有王文成公全書三十八卷，陽明全集中最完備之作，其中所收「傳習錄」尤爲其學說的精粹，讀此可以盡其概要。

第二節　唯心論

心卽理之學，倡於陸象山，但陽明則更認這爲孔孟眞確的道統，以爲天地之所以爲天地，萬物之所以爲萬物，人之所以爲人，其理畢竟就是自己的心。換句話：「宇宙內事、乃己分內事、己分內事、乃宇宙內事」離心卽無物理，無物象；——絕對的唯心論。所以其結果，就事事物物窮理致知，如朱子的說法，他是認爲勞而無益的死學，心以外決無甚麼事事物物之存在的。

夫物理不外吾心、外吾心而求物理、無物理矣、遺物理而求吾心、吾心又何物邪、心之體理也、物卽理也、故有孝親之心、卽有孝之理、無孝親之心、卽無孝之理矣、有忠君之心、卽有忠之理、無忠君之心、卽無忠之理矣、理豈外於吾心邪、晦菴謂人之所以爲學者、心與理而已、心雖主乎一身、而實管乎天下之理、理雖散在萬事、而實不外乎一人之心、是其一分一合之間、而未免已啓學者心理爲二之弊、此後世所以有專求本心、遂遺物理之患、正由不知心卽理耳、（全書卷二「答人論學書」）

這是他的「心卽理說」裏最明白的一段。他立於這種絕對的唯心論上，以爲明其心——「宇宙心」——則物理自然可格，窮理盡性自然可能。明心這宗事要爲人生最大的一宗事。這宗事就是他學理上的根據，倫理觀，「致良知」，「知行合一」等都是這裏面派衍出來的。

至如物與心的關係如何，則他說「只在感應心上看。」意謂我們的心所以能認識萬物的原因，要因我們的心自有和天地萬物相感應的能力存在；換句話若我們沒有這感應心時，一切物象當都不至於存在。所以我們的對象——物，和我們是同體物我是一如，我們不可僅拘於形體形相的違異。

常聞人是天地的心、曰人又甚麼教做心、對曰只是一個靈明、不知充天塞地中間、只有這個靈明、人只爲形體自間隔了、我的靈明、便是天地鬼神的主宰、天沒有靈明、誰去辨他吉凶災祥、天地鬼神萬物、離卻我的靈明、便沒有天地鬼神了、我的靈明、離卻天地鬼神萬物、亦沒有我的靈明、（全書卷三）

物心的關係物心一如的理論，這樣地說得明盡。但他的門人常識地還發過下的疑問「天地鬼神萬物、千古見在、然我的靈明、則非與其死俱滅乎。」然他諭之曰：「今夫見死人、其精靈遊散了時、其人所認識的天地萬物在於何處、必與吾人之心同歸於寂」——絕對的唯心論、這樣地完成過。

第三節　良知說

他的良知說遠則受影響於孟子「人之所不學而能者、其良能也、所不慮而知者、其良知也」「盡其心者、知其性也、知其性則知天矣、存其心養其性、所以事天也」等良心論，近則受影響於陸子的哲學。這個本來在以心爲絕對唯一的理的人如他，無論如何是必要達到的結論，同時他的論述法，又多少含了些宋儒的性說，比從來的良心論者不同趨。

不待說宋儒是性心二元論，他則是心卽理的一元論；他以爲人性至善，生來卽具這良心，這良心又卽天地萬物的心，只要這個不失，我們的身子卽能統御萬物。至於這良心中含有善惡美醜的傾向的原故，則因蔽於人欲之所致；但人欲所以出現的動機如何，他也沒有明白解答過。他只講當防這人欲於未萌，換句話：我們當努力於意志的克己。又關於這人欲的起源如何的問題，他亦以爲由於後天種種原因，所以講到去這人欲的工夫時，他亦和程朱無異。他蓋一面以宋儒的本然性爲良知，氣質性爲人欲，他面又想以心歸於良心一元的；但其說明則缺於徹底。

他說的「心之虛靈明覺、卽所謂本然之良知也、」（全書卷三）「良知卽是未發之中、中是廓然大公、寂然不動之本體、人人之所同具者也、」「未發之中、卽良知也、無前後內外、渾然一體者也、」等話，和宋儒說的本然性的心理狀態初無二，不過他異其名稱為良知，釋為聖凡固有的心的存在而止。朱子曾解過尚書的「道心」為一身之主，「人心」為每聽命焉；但他則以為道心是良知，人心則是道心之失其正者；換句話，人心是人欲，道心是天理，（良知）所以人心不可不服從於道心。——意見和朱子亦究相同，不過換了幾句話，一元地說了出來罷了。

知是心的本體、心自然會知、見父自然知孝、見兄自然知弟、見孺子入井、自然知惻隱、此便是良知、不假外求、若良知之發、更無私意障礙、卽所謂充其惻隱之心而仁不可勝用矣、然在常人不能無私意障礙、所以須用致知格物之功、勝私復理、卽心之良知更無障礙、得以充塞流行、便是致其知、知致則意誠、（全書卷一）

意謂聖知安行，凡人則為私蔽，故不可不致良知；——一面說致知工夫的必要，一面又是良知的解釋。但門人黃以方問他「致良知則可以達於中庸所謂溥博如天淵泉如淵的境地麼」時，他又說：「人心是天淵、無所不該、原是一個天、只為私欲障礙、則天之本體失了、心之理無窮盡、原是一個淵、只為私欲窒塞、則淵之本體失了、如今念念致良知、此障礙窒塞一齊去盡、則本體已復、便是天淵」（全書卷三）——其良知的解釋又如此。此外還不勝枚舉地解釋過很多，要為認良知是心的本體，未發之中，寂然不動，明瑩不曇，為私欲人欲所蔽時，則帶塵埃如明鏡之忽晦的。對於其本體，則又說過不僅人心中先天地(a priori)具有，卽萬物亦無不具有，不過因氣質有偏正，所以表象遂異其體，使人間能致其良知，則通達無礙的聖境當可達。——基礎存於孟子，影響受自宋儒，由上來的敍述，明明白白了。

第四節　致良知的工夫

人心本至善，內具良知，但私欲蔽，則本來面目失而惡心生。所以去私欲，明良知，發良能，就是大學格物致知之學。但他的格物致知和朱子的重經驗知窮事物理的不同，他只主張明自己固有的良心，而直觀物理。換句話：格物這宗「事情自身」就是致知工夫，格者「正」之謂，物者「意」之謂，格物就是正意。譬如意在於事君，則「事」這宗事情，是一個物，意在於交友，則「交」這宗事情也是一個物，諸如此類，所以正其理與意，這「事情自身」，卽爲格物。至於致知，則要不外誠意正心的意味。致知的工夫，則爲去人欲，明天理，而直觀物理。他的格物辯曰：

朱子所謂格物云者、在卽物而窮其理也、卽物窮理、是就事事物物上求其所謂定理者也、是以吾心而求理於事事物物之中、析心與理而爲二矣、夫求理於事事物物者、如求孝之理於其親之謂也、求孝之理於其親、則孝之理其果在於吾之身邪、抑果在於親之身邪、假而果在於親之身、則親沒之後、吾心遂無孝之理歟、見孺子之入井、必有惻隱之理、是惻隱之理、果在於孺子之身歟、抑在於吾心之良知歟、其或不可以從之於井歟、其或可以手而援之歟、是皆所謂理也、是果在於孺子之身歟、抑果出於吾心之良知歟、以是例之、萬事萬物之理、莫不皆然、是可以知心與理爲二之非矣、夫析心與理而爲二、此告子義外之說、孟子之深闢也、……若鄙人所謂致知格物者、致吾心之良知於事事物物也、吾心之良知、卽所謂天理也、致吾心良知之天理於事事物物、則事事物物皆得其理矣、致吾心之良知者、致知也、事事物物皆得其理者、格物也、是合心與理而爲一者也、……（全書卷二）

——把他自己爲學的工夫，最爲說得明鮮。如朱子那樣事事物物，一樣一樣都去窮理，天下的物事，那有限制，結果不過是玩物喪志，究何能眞正致其知？致知之法，唯有致自己的心於事事物物的理上，而得其理的一法而止；這個又卽是格物。

以上是他的格物致知的理論方面，至於如何致其理於事事物物去的方法，——實際上的修爲法，則他說依知情意三者的合成作用，當可期得。蓋我們的良心本是先天具有，其體至善明瑩，但因常易爲物欲所蔽，失其善與明而生惡與晦，所以我們不先誠意，則必不能正物，不能正物則自不能格物，其結果所謂致知也必成空語。譬如對君盡忠這句話，忠是物，知其如何盡忠之道是知，行這道的決斷力是意志，而所以生這忠的意志則是仁、是情。所以他屢說過的「所以戒愼恐懼者良知也」的話，畢竟當也是這個意思。換句話：我們心內固有的情，使我們起意志的衝動，這衝動又使我們戰勝私欲，誠意而盡力於致知。——這知情意三作用不分裂而合同活動時，我們的知始能致，物始能格，所致的知才不爲理想知，空想知。所以正心、誠意、致知、格物三者——大學第一關門，既可比之於心的作用——「知情意」，又可比之於知情意三者的理想——「知仁勇」，缺其一，致知這宗事，卽不能全的。至於誠意的工夫如何，則除上來說過的之外，他還力主張過「事上鍊磨」一條，說過下一段話：「必欲此心純乎天理，而無一毫人欲之私，此作聖之功也。必欲此心純乎天理而無一毫人欲之私，非防於未萌之先而克於方萌之際，不能也。防於未萌之先而克於方萌之際，此正中庸戒愼恐懼、大學致知格物之功，舍此之外，無別功矣。」（全書卷二）蓋誠意的工夫，宋儒多主張主敬靜坐，邇來學者用作標的，如陳白沙輩，且至於流成禪態；陽明他蓋認心有動靜兩面，當兩面兼養，始爲功而適於用的；所以事實上鍊磨其心膽的話，他常說。他一生出入生死幾多次，其實際得來的體驗談，和俗儒的機上空談大異其趣。僅僅無念無想，靜坐調心，一旦遇變故，其醜態幾多較常人尤爲難堪！——他蓋深有見於此，所以又說：「是徒知靜養而不用克己工夫也。如此臨事便要傾倒、人須在事上鍊磨、方立得住、方能動亦定、靜亦定」（全書卷一）。但他的這事上鍊磨非常「經驗的」，雖是他的體驗得來，但這兒程朱經驗知的影響當亦不少。同時「減得一分人欲、便復得一分天理」的話，「如欲孝親、生知安行的只是依此良知、（精精明明的良知）實落盡孝而已、學知利行者、只是時時省覺務要依此良知盡孝而已、至於困知勉行者、蔽錮已深、雖要依此良知去孝、又爲私欲所阻、是以不能、必須加人一己百人十己千之功、方能依此良知以盡其孝」（全書卷三）的話，「聖人雖是生知安行、然其心不敢自是、肯做困知勉行的工夫」的話，——無不是「經驗的」事上鍊磨的主張，及心性上中下三品說的承認，程朱影響在在證明。而同時脫出禪宗、白沙的空理，能自保其着實、活動、積極諸特色，當也是原因於此。

第五節　知行合一論

他既想用唯心的一元解決萬理，對於知行二者的關係，自然也不會想分離地考察，而想認後者爲含於前者之中了。他曾說過：「外吾心卽無物理」的話，所以致知卽爲致自己的良知於事物之上的同時、知致則物亦格、而成行爲，所以知無不伴實行的，不伴實行的行，還不能說是眞知。換句話：知行不合一時，眞正知了的話，當還不能說，這種知還只能說是理想知、空想知。在朱子是廣窮物理，集而歸納之以爲致知的，那時候心與物分而爲二，致知在前，行爲在後；簡言之前知後行，是朱子的主張。但陽明則不然，他是倡物心一如的，所以一說知時，物的理當是已經明白，否則當不能徹一如之義，所以在他、知行當爲合一。他關於這理，舉過很平淺的例，說明之如下：

設如好好色、如惡惡臭。見好色屬知、好好色屬行、只是那好色時已自好了、不是見了之後又立個心去好、聞惡臭屬知、惡惡臭屬行、只聞那惡臭時已自惡了、不是聞了後別立個心去惡、（傳習錄上）

這眞是知行合一的好例。此外又說過「知是行的主意、行是知的工夫、知是行之始、行是知之成、」的話，及行爲的動機在於心裏處，這「發動所」不善時，其結果當然不能善，所以這不善的念在其未萌，即不可不推倒的話。

關於知行合一說提出的宗旨，則述之如左：

今人學問、只因知行分作兩件、故有一念發動、雖是不善、然卻未曾行、便不去禁止、我今說個知行合一、正要人曉得一念發動處、便即是行了、發動處有不善、就將這不善的念克倒了、須要徹根徹底、不使那一念不善、潛伏在胸中、此是我立言宗旨、（卷三傳習錄下）

——知行合一，所以必要的理由如此。在當時唯知漫然沒頭於傳註學裏的思想界上，否則以禪子無心的空理爲眞知識的思想界上，遇着他這篇實眞摯的學說之突然出現，當是一大驚異無疑。難怪後人常比之於 Socrates ——論破同時代的 Sophist 以「汝知汝自己」爲標語，高倡行知合一論的 Socrates。但他是以良知合於行的，Socrates 是以德爲在於知識的，其間當尙有違異處。詳言之：Socrates 是認德爲理性所造，換句話：德就是知識，所以無明知的人到底不能行德；——蓋以明知爲主而倡知行合一說，因以論破當時詭辯論者（Sophist 的「知識否定論」的。所以比較起來：Socrates 傾於主知，陽明則傾於主意，其間當多少尙有出入，但其以理知合於行爲的點，則如一。

第六節　天泉證道問答

依陽明年譜，（全書三十四卷）嘉靖六年五十六歲，在越以都察院左御史的官銜，受命征思田，時痰病甚劇，不能起上疏固辭；不獲，出發之夕，高弟錢緒山王龍溪二人，以意見不一，求批判於他，他那時羸憊憔悴，殆亦自知其生之不永，欣然悅二人之請，移席於天泉橋上，傾聞其論。——這就是有名的「天泉證道問答」其語盡載在全書三卷傳習錄下及三十四卷年譜三，及王龍溪全集卷一裏。（就中龍溪全集文，尤長。）

錢緒山曰：

無善無惡、是心之體、　有善有惡、是意之動、　知善知惡是良知、　爲善去惡是格物、

——緒山蓋把陽明平日的教言，編成這四句。——後世都稱這爲「四句訣」或「四言教」。但王龍溪以爲這個不徹底，曰：

若說心體是無善無惡、　意亦是無善無惡的意、　知亦是無善無惡的知、　物亦是無善無惡的物、

在緒山蓋以爲心的本體，無善無惡，不過人有習心，從而意念上有善惡；所以要做誠意格物致知的工夫。但龍溪則以爲格物致知的工夫，是夫子立教的權法，不是夫子之學的正法；換句話：「顯用體微，只是一機、心意知物，只是一事、若悟得心無善惡、意知物三者中、當無生善惡的道理」（王龍溪全集卷一）再換句話：心的本體既無善無惡，只從而始終便行了，何必定要去做習心的工夫呢？

於是陽明曰：

二君之見正好相資爲用、不可各執一邊、我這裏接人原有此二種、利根之人、直從本源上悟入人心本體原是明瑩無滯的原是個未發之中、利根之人一悟本體、即是工夫、人己內外、一齊俱透了、其次不免有習心在本體受蔽、故且教在意念上實落爲善去惡、工夫熟後、渣滓去盡時、本體亦明盡了、汝中之見、是我這裏接利根人的、德洪之見、是我這裏爲其次立法的、二君相取爲用、則中人上下皆可列入於道、若各執一邊、眼前便有失人、便於道體各有未盡、（全書卷三）

——綜合二人的意見使毋偏於一邊，在陽明生知安行，學知利行，困知勉行的見解上，可謂當然的結論。

第七節 結論

「陽明學」的特色，是其心理的、直覺的、及主張的明快，富於生氣，誰也容易通曉的點。以豪明果斷的陽明，格這本是當然的結果。他以心即理的一元，統括致良知及知行合一二者，一絲不紊，眞是手法高妙。他在「周子太極說」裏說過「陰陽一氣也、一氣屈伸而爲陰陽動靜、一理也、一理隱顯而爲動靜」的話，這理他始終守着直進不改，尤可見其思想家毅然的態度。他因當時「朱子學」成了官學，他自己新創的「王學」不能對抗，多少用點權變，於是作了一編朱子晚年定論，把朱子集註及或問裏的窮理說，認作朱子中年時的見解，晚年則朱子亦自省其非，變爲內省的了；次則又從其文集中選出三十四條，認爲和自己相類似，欲以調和自己與朱子的內容。不待說，這三十幾條之不盡爲朱子晚年之作，當時的碩學羅整菴也指摘過他，幷很被這指摘丟了幾分面子；但其實說二學全無類似，當亦不可能看當時朱陸二派的爭辯，就可知道了一面相爭，一面又是相接近的。何況陽明他自己又取入過許多朱子的思想呢。但是雖然如此，這要不過枝葉論，二人的根本思想既全不同，以上陽明這種牽合，要爲無意味，在他不能不說是白玉微瑕。不過微瑕雖是微瑕，在他又毫不足輕重，他是近代思想界上的霸王，次於朱子的大思想家，當又是萬人定論不待贅言的。

第七章　王門諸子

第一節　王龍溪

一　略傳及著書

陽明門下出過許多秀才，師歿後其學所以流布及於四方。舉其有名的，則有徐愛字曰仁，越、餘姚、馬堰人，陽明的妹壻，一般稱爲「王門的顏淵」，然不幸短命，亦如顏淵年僅三十一。愛以外如鄒東廓、歐陽德、薛中離等，也都是人格者，「王學」振興上也都有功績。其他王心齋、羅念菴亦一時之選，尤其心齋的格物說，東廓的恐懼說，念菴的主靜說，都很有幾分特色。但是雖然如此，眞正輔翼過「王學」助「王學」張過教綱的人，還要算王龍溪和錢緒山。先就王龍溪講起：

王畿字汝中，號龍溪，浙、山陰人，生於弘治十一年。弱冠舉於鄉，後受業於陽明，時陽明門人益進，不能遍授書，因命他和錢緒山兩人擔任諸生講學。他資性明敏，辯舌爽捷，門人親之；仕至武選郎中，未幾去官，專從事於流傳王學，四十餘年間不輟，兩都、吳、楚、閩、越、江、浙各地，都有講舍，都以他爲盟主；年八十歲時，尚司講席不倦。萬曆十六年、八十六歲歿，著有王龍溪全集二十二卷，行於世。

二　學說

龍溪自師歿後，和緒山一塊兒同爲「王學」中心，王學發展的功績上，他稱第一人。但他的學說，則如前章「天泉證道問答」所述，是不依格物致知之學，而以直覺地冥合天理，超越善惡的差別，以期合於宇宙的本體(至善)爲傾向的。他的「無字四句」很和六祖慧能繼五祖弘忍的衣鉢時的偈語——「本來無一物，何事拂塵埃」——的思想相似。乃感而遂通，廓然大公，物來順應，心意上本無善惡，一念何格物的必要的意思。所以其學和禪家相表裏，許多人都稱他爲禪子。惟其如此，所以他講學時，唯努力於良知固有說之宣傳，而把陽明訓誡的「四句訣」常有附於忽視的傾向。這雖一面因他自信甚厚之所致，但後來「王學」遂至於流爲禪狂的現象，他當不能不負幾分責任。他的語錄裏有「吾人一切世情嗜欲，皆從意生，心本至善，意動始有不善，若能在先天心體上立根，則意之所動，自無不善，世情嗜欲，自無所容，致知工夫，自然簡易省力，若在後天動意上立根，則未免世情嗜欲雜有，致知工夫，轉覺繁難，顏子先天之學也，原憲後天之學也」(語錄)一段話，他蓋以爲達道工夫有難易二門，直覺地把握良知的是後者，是顏子之學，先天之學；苦而後成的是前者，是原憲之學，後天之學。又說：

良知是造化之精靈，吾人當以造化爲學。造者自無而顯於有，化者自有而歸於無，吾之精靈生天生地生萬物，而天地萬物復歸於無，無時不至，無時不化，未嘗有一息之停，自元會運世以至食息微妙，莫不皆然。如此則造化在吾手，而吾致致知之功，自不容已。(同上)

——微妙幽遠，如聞禪理，而又文理暢達，以魅後學，十分有力，陽明哲學的精微，眞是舍他以外，誰能闡明如此！難怪論者說：「陸象山有楊慈湖、王陽明有王龍溪」眞是兩副好對偶。況思想之高，傳學之功，他還遠出慈湖上呢，無論如何，他當是「王門」第一功臣。

第二節　錢緒山

一　略傳

錢德洪字洪甫，號緒山，浙、餘姚人，陽明討平宸濠歸越時，他率同邑子弟數十人，會陽明於中天閣，同請學。其明年舉於鄉，和龍溪共司講席，教導子弟。陽明征思田時，他又和龍溪居守越中書院，旣又居師喪，十一年赴廷試，仕至刑部主事，遷員外郎，因論武定侯郭勛違敕十罪事下獄。然在獄中，講易無少屈色，出獄後，復故官，未幾下野；三十年如一日，從事於講學，江、浙、宣、歙、楚、廣的名區奧地，都有講舍，與龍溪迭主講席，萬曆二年七十九歲歿。

二　學說

緒山之學，由前述「四有說」看起來，就可知道他是不如龍溪好高踏遠視的；他步步極着實，守其師的實踐方面，不流於空疎，不失儒者規矩。其良知觀：

心之本體，純粹無雜，至善也，良知者，至善之著察也，良知卽至善也，心無體，以知爲體，無知卽無心也，知無體以感應之是非爲體，無是非卽無知也，意者以言其感應也，物者以言其感應之事也，而知則主宰事物是非之則也，意有動靜，此知之體，不因意之動靜而有明暗也，物有去來，此知之體，不因物之去來而爲有無也，性體流行而自然無息、通晝夜之道、知也、心之神明本無方體、欲放則放、欲止則止、放可能也、止亦可能也、然非本體之自然也、何者、意見使之也、君子之學、必事無欲、無欲則不必言止、而心不動、（語錄）

這段是他學說的中心、陽明所謂去私欲存天理的理，形容得非常逼眞，其學風的眞摯着實，由此當可窺見一般；而有功於「王學」之點，則和龍溪伯仲。

第三節　王心齋

一　略傳及著書

陽明門下放過異彩的人，當算王艮。他字汝止，號心齋，安豐場人，生於明憲宗成化十九年，家貧不能受學，從父爲商於山東，抱孝經、論語、大學於袖，逢人質疑，刻苦奮勵，卒獨學以成。——後來其學有異彩的理由，也基於是。年三十八，始爲陽明弟子，然初至時，不執弟子禮，據上坐，以其所體得的格物學，和陽明辯難甚久，始稍折節，歎爲「簡易直截，良不及。」但稱弟子後，氣紛紛猶未收，忽自悔輕於屈從，乞再論，陽明諾之，於是復上坐，辯難久之，始大服。——其志氣之剛，行爲之奇如此。所以陽明亦歎悅，退而對門人說：「吾曩擒宸濠時，一無所動，今卻爲斯人所動，此眞學聖人者也。」後陽明歸越，他亦從，來學的人從他求教的也不少。但他言行稍奇矯，陽明也屢戒飭過他。陽明歿後，他專從事於講學，和龍溪幷稱爲「王門二王」。其徹底的講話及給門人的滿足，則且出龍溪上。世宗嘉靖十九年，五十八歲歿。著有王心齋全集行於世。

二　學說

他以大學的格物說爲根柢，倡出有名的淮南格物說。蓋大學的格物本是以治國平天下爲根據的，但他說格物當以安身安心爲第一要諦。「止於至善」這句話，他說卽安身的意味，身安而心安時，天下的大本始立。「本治末治、己正物正、」纔是大人之學，所以身是天地萬物之本，而天地萬物乃其末，知身這本時，纔能明明德親民，身不安，本末有能立的本亂，末末有能治的——他說。至於曉得安身的人，又必是敬身愛身的人，從而又必是愛人敬人的人，能敬人愛人，則人未有不敬我愛我了，那末結果我身就也安了；——這就是治國平天下的基本。他蓋以功利的見解，解格物二字的。安身安心者爲上，不安其身而安其心者爲中，身心皆不安者爲下的話，也是同一意旨。

這格物的解釋，在前儒中朱子說過窮理，陽明說過正意，但他以格爲「格式」的格，「絜矩」（定規）的意義。格物則爲矩吾身而規天下國家的意思。所以矩不正時，無論對象如何正，也不能得其正。所以先正其矩之不正，然後一切物象的正格始可得而求；約言之：矩苟正則物的方形亦正，方形正則格成，——格物的意思要爲如此。物者要爲吾身上下前後左右的一切東西之謂，格者要爲絜度之謂。格物者要卽上下安身的工夫之謂。他不和朋輩一樣，專踽踦於師學，他單獨創出這新說來，不觸及心理問題，專從安身、立命、愛敬、功利方面立論，是其特色。這格物說，并且很有名，後來許多學者如劉蕺山、全祖望、伊藤仁齋等，都認爲是「格物」二字的正解。

第八章　羅整菴

第一節　略傳及著書

羅欽順字允升，號整菴，吉州太和人，明憲宗成化元年（西紀一四六五年）生。弘治五年、二十八歲，登進士第，授翰林院編修，擢爲南京國子司業。時章楓山爲祭酒，亦正己率物，大學一時遂極盛。但他奉親歸里，疏乞終養，因觸逆瑾怒，被奪職爲民。瑾誅後復舊職，歷諸官，拜南京吏部尚書，值父憂居喪，期了復原官時，固辭致仕。嘉靖二十六年，八十三歲歿，贈太子太保，謚文莊。著有整菴存稿二十卷，困知記五卷。後者尤爲其思想的結晶。

第二節 理一分殊說

明儒學案載他一日至京師，逢一老僧，說「佛在庭前柏樹子」（這公案出於無門關三十七則，本趙州和尚的話）他於是大有所感，精思至於達旦，攬衣將起時，忽恍然悟，不覺通體汗流。後來讀證道歌，見其理和自己所悟者若合符節，因更引爲至奇至妙，自此以後，遂以爲天下之理無以復加。——和尙蓋否定抽象知的神佛觀，而以主觀如實的自我的態度、爲態度的。他蓋深感於和尙這態度而然的。嗣後他於是萃其精思，研究佛理佛學知識，遂爲儒家以來第一人批判之眞，無出其右。後又博究程朱陸王之學，年及六十時，始見心明性。——一生涯這樣參透過諸家，所以對於那一家的批判，也得中鵠，其比較象山孟子的心性說，認象山的心卽理說爲禪論的點，尤爲得心應手的名言。而以空理爲能事的「王學」末流，更被他刺着痛所，雖陽明也因朱子晚年定論一文，被他引了許多史證，痛痛地駁了一頓，大爲失色。

他的學源大槪如此。至於他自己的學說，則爲「理一分殊說」。這說本始於程朱，不是他的獨創；但他把這說徹底過多少也有些創意處。他一生最共鳴的是程明道對於周子「無極之眞、二五之精、妙合而凝」的話，及伊川朱子的二元論懷疑過，他以爲太極和陰陽，不是二物，乃是一元。「凡物必兩而後以合，太極與陰陽，果爲二物，則未合之先、各安在也、」——這樣反問過。朱子的理氣二元說，他以爲也是本於此，同時用這二元說明本體，他尤以爲不對。但他的見解，未必都得當。朱子理氣二元，是用以說明性理的，幷不是使對立於本體上的；換句話：本體之爲一元，朱子也屢次反復過：「無無氣之理、無無理之氣、」的話，卽其明證。朱子理氣二元的對立，要爲就物性而言的，本體則只是理的一元，「太極只是一個理字、太極只是天地萬物之理、只有此理、動而生陽、亦只有此理、靜而生陰、」的話，又是一個明證。朱子理氣二元的對立，要爲就物性而言的，本體則只是理的一元——幷未曾把本體解爲二元。所以整菴對於朱子的批辭，當未爲無誤。整菴他又對於張載的「神化」說過下一段話：「張子言一也故神、兩也故化、蓋化言其運行、神言其存立、然言化則神在其中、言陰陽則太極在其中、言太極則陰陽在其中、一而二、二而一也、學者須認知作用而使之分明、或差之毫釐、鮮不流於釋氏之歸、」（困知記）——他蓋以爲氣本是一氣，天地的一動一靜，氣的一升一降，四時的循環，萬物的收藏，人事的成敗，以及日用彝倫等，概爲一元的萬殊相，別非有一物爲之主宰於其間的。——易裏的太極——本於一元的理，他可以說弄明白了。他以爲易裏生生的理，卽是這個，這個是「自然之機、不宰之宰、」他說。他和程明道「繫辭之形而上者曰道、形而下者曰器、陰陽者言形而下者也、以道一語、截得上下最分明也、元來唯此一理而已、一個之誠、天地萬物鬼神本無二、」的思想相共鳴，而以伊川朱子爲缺少渾然一理的妙味。但伊川朱子的哲學，本是理知的、論理的，明道那樣總合的、曖昧的，且帶佛臭的學說，本不是他們所尙，所以轅轍不同，整菴之矢，自難中的。

第三節　性說

他的性說出於他的本體觀——理一分殊說。他以人間的自然性(卽天命之性)爲理一，而以率性之謂道，爲分殊。換句話人間從天所稟的恆性，是理之一，而仁者、知者、凡夫等之別，則爲分之殊；說性善，是說理之一的，但未說到於分殊，說性有善有不善，是說分之殊的，但未說到理一。「程子張子本於思孟而言性，既專主理，復爲氣質之說，是則分之殊者，誠亦盡之矣。然天命之性，本就氣質而言，二者特一性而兩名耳。分別而言之，尙未徹底」——他說。他蓋反對二性對立說的，以爲性不外就是天命之性，善惡仁智平凡等，則爲性的分殊相而止。所以他說：

竊以爲生命之妙，無不出於理一分殊四字。蓋一物之生也，受氣之初，其理一也，成形之後，分而爲殊，其分殊無非自然之理也。其理一，常在分殊之中，此所以爲性命之妙也。語其一，人皆可以爲堯舜，語其殊，上智與下愚不移，雖聖人復起，其必取吾言矣。(困知記上)

蓋自太極一理上講話時，萬人本都是一性，且都是至善；自分殊上講話時，則有上中下三品的差別，所以，不是最初卽有本然氣質二者的對立的性的本體，要爲渾然的一理——他的主張如是。

第四節 結論

他是明代「程朱派」的巨擘，學識賅博，當時的「陽明學者」都遠不及。他對於各學派所取的態度，常公平無偏倚，有所信，又毫不客氣，盡情發展，所以眞是一個粹然的學者。他初修禪學，究佛經，對於佛教理解之深，一讀其辨佛書(從困知記拔起出來的)，當立能明白，批評中肯的地方眞是非常不少。在理一分殊說中，又推衍周易、明道和伊川、朱子的性說相對峙，且其對峙確具特色，在明代的「程朱學」裏，作一標榜。(明代程朱學者的本體觀及性說，都是一元的，其特色也在於是)他學程明道的理由，當是因明道的思想近於陸王，非常心理的、一元的、的原故。當時著論性臆言的楊東明，吉齋漫錄的吳蘇原，也都是同一論調，同一一元論者。又他的理一分殊說，對於日本的×貝原益軒給過影響，吳延翰的「氣一元論」對於×伊藤仁齋給過影響。——這個當年×大宰春臺也曾說過。我們現在借他一人為「明代程朱學派」作個代表，并記這派的特色，而略其餘罷。

×貝原益軒是松永尺五的弟子，多識多著，哲學方面的代表作則為大疑錄，愼思錄等，從「王學」入於「朱學」，對於理氣二元說，倡過「氣本說」。

大宰春臺是物徂徠的高弟。

伊藤仁齋見前「第七章、葉水心」條下。　——譯者註

第九章　劉蕺山

第一節　略傳及著書

「明代哲學」的殿將，且志節忠純，以身殉國的人，則為劉蕺山——名宗周，字啓東，又號念台。他的鄉里是紹興、山陰。生於神宗萬曆六年(西紀一五七八年)二十四歲登進士第，上疏東林名士多不宜彈射，自則欲歸臥鄉里，但被起為禮部主事。於是彈劾閹人魏忠賢，示其剛烈之概，歷任諸官，後至左都御史。在這期間內又彈劾小人，論述時政的事，不一而足，但世運已衰，上下皆病入膏肓，他的大言不入俚耳。崇禎二年作順天府尹，又作工部左侍郎，因直諫不入，遂歸里，終日閉門危坐，不見一客，以自修鍊其心膽。然遠近子弟羣來請教，不得已遂會講，既則開蕺山

書院，門人且及千人。他以孔門相傳的「慎獨」爲學本，以闡明伊洛的主敬，及講學爲能事；然眼前國勢日淩夷，悲憤不能堪，遂復上書乞斥庸人誅誤國諸臣，然結果如前，又被卻下。福王弘元元年六月山居中，忽聞史可法戰死，福王被擒——鼎革的國變，遂絕食二十餘日殉節，時年六十八。著書有劉子全書四十卷，明儒學案六十二種，把他思想的主要部分節錄得有。他幼學於許孚遠，受陽明存天理去人欲之學，又謁東林名士高攀龍，相共講論，著問學篇，居家操持謹嚴，積慎獨工夫不倦，一世皆仰爲人格者。

第二節　學說

他自程朱入門，更深探陽明良知說，而用工夫於中庸「未發之中」語上。詳言之，就是卽於一氣的流行上，發揮其良知，就於未發之中內守其中和，使不起一念之邪，寸心之妄的工夫。這說本起於宋代李延平，但他更大大地使之精密化過。他常稱延平全書中語錄中，常述延平對於未發之中用過功的德行。——

延平教人看喜怒哀樂未發時作何氣象，此學問第一義工夫，未發時有何氣象可觀，只是查檢自己病痛到極微密處，方知時雖未發，而倚著之私，隱隱已伏，纔有倚著，便來橫決，若於此處查考分明，如貫虱車輪，更無躲閃，則中體恍然在此，而已發之後，不待言矣。此之謂善觀氣象者。（語錄）

——這是他慎獨的第一工夫，其基本就是當這靜中未發的時候，積其心的修鍊一點。他說：

動中有靜，靜中有動者，天理之所以妙合而無間也。靜以主動，動復歸靜者，人心之所以有主而常一也。故天理無動無靜，而人心唯以靜爲主，以靜爲主，則時靜而靜，時動而動，卽靜卽動，無靜無動，君子盡性至命之極

則也、（同上）

此外他更作「獨體圖說」以獨體比於天體，之「中」爲天體，天無一息不運行，但其樞紐處，則萬古常止，無一隙之縫，止處卽是靜體，——所謂至靜之體，可比之於得了未發的中和的象。次之則以比於小人閒居的象，「常人之心其動也衆欲交馳其止也物而不化合之而爲昏昧放逸。」——蓋謂常人之心當其動時，自中心向四面八方亂動中心一些也不安泰，其象正如圖。——他這樣心理地精密地加過說明，以自求其說的充實。且原心、原性諸篇中關於心性分析，尤極緻密，譬如：「心之官則思也、故善求心者無先於先識官、官在則理明而氣治而神乃尊、自心學不明、學者往往以想爲思（知慮）因念爲意、及其變也、以欲拒理、以情偶性、以性偶心、以氣質之性分義理之性、而方寸爲之四裂矣。」（原心）的話，「心爲人神之宰、思（知慮）爲心官、意爲心官之眞宅也」的話，「欲者生機之自然而節制諸理也、理謂之性、謂之命、謂之天、著於欲者謂之情、負情而出、周到而不窮者才也」的話都是。——由是論到性問題時，他又說：

夫性因心而明者也、盈天地間一性也、而在人則專以心言、性者心之性也、心之所同然者理也、生而有此理、之謂性、非性爲心之理也、如謂心但一物而已、得性之理以貯之而後靈、則心之與性、斷然不能爲一物矣、盈天地間一氣而已矣、氣聚而有形、形載而有質、質具而有體、體別而有官、官呈而有性著。（原性篇）

他蓋以爲性是心的理，以性比心，乃根本的錯誤。性善性惡那樣的事，是心的變動，不是性的表現。性是理體，屬於形而上，心是形器，屬於形而下。換句話：性是理體，心之所以爲心，其理卽本於此。——這見解眞是他的獨創。在他、心是人生唯一的根元，所以他就這根元之發動處，述其愼獨工夫。

以上是他愼獨說的基礎方面，同時這愼獨是他個人最獨得的修養法；但對於他人的修養法他加過甚麼批評呢？他說：「伊洛拈出敬字、所本來自中庸之戒愼恐懼、然敬字只是死工之力、不若中庸之說得有落着、以戒愼屬於所不睹、以恐懼屬於所不聞、總只討這些子的消息、胸中實無個敬字也、故主靜立極之說最無弊。」又曰：「陽明先生言良知、卽物以言知也、若早知有格物之義、卽止言致知亦行、朱子之言獨知、對睹聞以言獨也、若早知不睹不聞之義、卽止言愼獨亦得、」（語錄）

換句話：朱子、陽明都是就物（性理）上做工夫的，都尙沒有解到愼獨的根本義。愼到不單是指這樣形而下的東西而言的，善惡觀念尙未發時；做戒愼恐懼的工夫之謂，而又決不僅於靜坐默想，以自戒愼之謂。再換句話：對於一眞無妄的一元的主宰——「本然固有的德，」在一切觀念未兆時，行其戒懼之謂，決不是善惡的差別既發之後，就而做工夫之謂。——他爲學工夫如此，所以比諸程子的主敬，朱子的獨知，陽明的良知，無論如何不能不說都要高一着。

他的「人極圖，」是倣模周子的「太極圖」而作的，周子說「無極而太極」他說：

無善而至善者、心之體也、繼之者善也、成之者性也、繇是而之焉達於天下者道也、放勳曰、父子有親、君臣有義、夫婦有別、長幼有序、朋友有信、此五者天性之所以著也、五行既著、萬化出焉、萬化既行、萬性正矣、萬性一性也、性一至善也、至善本無善也、無善之眞、分爲二五、散爲萬善、上際爲乾、下蟠爲坤、乾知太始、吾易知也、坤作成物、吾簡能也、其俯仰於乾坤內者、皆其與吾之知能者也、大哉人乎、無知而無所不知、無能而無所不能、其惟心之所爲乎、易曰、天下何思何慮、天下同歸而殊塗、一致而百慮、天下何思何慮、（人極圖說）

周子從「太極」這實在出發，說明人，說明人性，人道，他從「人心」這人間的主體出發，說明心之體。（這人極圖說和證人要旨（全書卷一裏有的）有單行本。）

第三節　結論

劉子以緻密之思，着實之學，裝飾明朝最後的思想界，晚明「陽明學派」之放逸自恣，他深爲厭棄，內以愼獨說自匡其心，外倡節義，欲以振興士氣，無奈大廈已傾，飲恨而終，眞是傷心之極！然其國士心懷，當千古不滅，思想家一點的意味上，他也是陽明以後第一人。

第四編　清代哲學

第一章　總論

清代學術，由明代遺臣展開第一步。顧炎武、黃宗羲、等都是清代學術之祖，都是明萬曆末期出世的人，而其學說告成，又都是清聖祖康熙年間的事。其中顧炎武尤爲清代「考證學」的母，他的日知錄最初部告成之年，是他五十歲前後，康熙初年的事，黃宗羲明儒學案的脫稿之年，是康熙十五年的事。所以這清代學術連續的時代大概可從康熙初年（西紀一六六二年）算起，到民國元年（一九一二）爲止——約二百五十年間。

至其性質，則與宋明的性理學全異其趣，所謂「考證學」風靡一世的時代。從來的哲學都被這大勢力壓倒了，差不多都失了存在。歷史家把歷代學術分類時說：漢魏有「訓詁學」，隋唐有「佛學」，宋明有「性理學」，清代有「考證學」；眞可謂把各時代的特色最表得的當的了。

「考證學」是一種甚麼學問？這個可一言以蔽之曰：是資料研究之學。詳言之：就是把古學的資料——古書——的訓詁、文字、字句、及其史的價値，一一訂正比較，考證其是非謬誤之學。至其研究法，則嶄新，和近代科學上的研究法初無異：先從同類的書中檢出許多同類的事實，而歸納之，而吟味之，不得到的確不可動搖的證據，則不輕易下斷案的研究法。所以其精神眞摯着實，不雜些毫主觀，且巨匠輩出，古書的本文訓詁等一一被考證得明瞭的確之點，差不多前古無匹；而名著和有益的參考書之出產，尤指不勝屈。僅舉正續皇清經解裏所收的經書考證，當也使人咋舌歎其難爲讀破。這學最初的精神，不待說，不過想專究經書的眞意而止，然這點要徹底下去時，勢又不能不於「小學」「金石學」等下手，否則不能爲功，所以於是小學又勃興了，同時史學、地志、算數、諸子學等也都在同一精神之下大被發揚了。情勢如此，所以一世名儒謀士，率歸於這「考證學」的大旆下，各方面的資料，差不多全被他們完備整頓了，其事功既空前，誠恐又當絕後。所以我們敢說：研究支那學問的人，不以清代學者的名著爲根柢，當斷不能成功。

那末這種學風如何誘起來的呢？這個講起來，不待說，其原因當很多，但大別之可分爲內外二面。內面的即明朝性理學的途窮無路，和其弊害；外面的則爲清朝政府的壓迫，——這二點我們以爲最重而且要的原因。

黃宗羲在明儒學案裏贊賞明代辨析心性之穿微入細，而說有明的文章事功，雖不及前代，獨理學則反爲前代所不及。這話誠哉不錯，在精緻的點上講的時候，「明學」高凌「宋學」之上的事，當是定論。但同時比「宋學」遙爲單調，遙少生氣的話，恐怕也是定論；一個王陽明，不待說，在明代是首屈一指的哲學家，但其分析綜合之力，較諸朱子怎麼樣？眞是遙出其下了。且陽明的思索簡單，唯以良知直覺物理之處，手段也非常直截，所以到末輩，遂流於放逸，終日危坐，放談空理，變成了野狐禪一樣的廢物，而同時健全的「朱子學」亦漸陷於支離固陋，——至此明代思想，還不過一反動、回轉的運命麼？當無此理了。

清代政府的壓迫，則因清初顧炎武、黃宗羲、孫奇逢等，都是氣節之士，不容易肯屈膝清朝，且鼎革時，都曾自募勤王兵，和清軍搏戰過，鼎革後，則更不食清祿，終身草野——的原故。不待說，清聖祖是一個文武兼備的豪傑，且又可遠比於唐太宗那樣的明君，爲這些小事埋沒他們那些碩儒，自是不會幹的，所以屢次厚禮懷柔他們，招致他們。但他們還是不屈絕不出廬；清朝所以也就沒法了，把他們於是當作眼上的疔瘤，注意他們的言行起來了。殷鑑不遠，「東林」言論不是間接地作過明亡的素因麼？——英主胸裏本不無這種問題的來去。但雖然如是，康熙帝到底還是偉大，終他一生，迫害學者的事實，歷史上一點也沒有。但又雖然如此，這問題到底又沒有忘卻過，——學者言論的自由，如明朝以一介布衣可以上書談政事的雅量，不可復見了。——這一點講起來，清代學術發達上所以自然又不無關係。次之就是聖祖對於學者的籠絡法。聖祖自身本好學，同時他曉得自己以滿人入主中國，內懷不平的人，初不僅於顧黃等而止；他於是爲籠絡他們起見，及防備他們煽動起見，就大大地利用他們，編纂書籍。他招聘了許多高名的學者，給以優遇，使編纂佩文韻府四百四十卷，淵鑑類函四百五十卷，子史精華百六十卷，康熙字典四十二卷，古今圖書集成一萬卷（雍正三年完成）。陸陸續續，這些大部頭的編纂物，直到乾隆年間，還繼續不休。大學者那末自然沒有耽於思索的工夫了，同時埋頭於古書堆裏，做工不休，一種「考證」的傾向，又自然容易生出來了。（但乾隆間興過文字獄，稍稍壓迫過學者）何況利祿所在，趨之若鶩，古與今初不異其揆，清學又安得不生一定型而風靡天下呢？

——思想既這樣趨於一偏，其他自不容易振起；所以宋明的「性理學」，在這代不過出過孫奇逢、陸隴其、陸世儀、李二曲、張揚園等寥寥數子而止，內容且極孱弱，除其人格高尚，可與考證學中諸巨子同作一世師表外，殆不足云。但到晚清，則忽出一「公羊學派」，這派主張一種革新思想（民主共和），影響且大，及於民國的革命上。這派的起源，不待說也是因於「考證學」的窮極，不能再有發展餘地而然，所以其為學法也就和考證派不對，——考證派是以外面的考察為方法的，這派則唯求古書古人的微言大義，其方法全是內面的。而這微言大義，又即孔子的大同思想；換句話，即所謂民主共和思想。所以他們根本地依據的典籍和資料，於是大概遂全為何休所註釋的春秋「公羊傳」，董仲舒的春秋繁露，禮記的「禮運篇」及秦漢時代流行的讖緯書等著作。這種著作到底發揮過孔子的眞精神與否，不待說，很是一大疑問；但他們急於立說，為目的不擇手段；換句話，只要合於孔子大同的旨意，無論老莊，無論陰陽家，他們都一概拉來，以作根據；所以其結果，其說也就漸生破綻。

首倡這派的人，是莊存與、劉逢祿，其後則龔自珍、魏源。——都有慨於清紀之漸次廢弛，寓意思於革命，而以孔子的微言大義為理想為思慕之的的。但其後康有為、梁啓超、譚嗣同諸子興起時，理想遂化成現實，捲起了一代的大風雲，且成就了回天事業。但雖然如此，我們專從思想方面着眼時，他們這些人的主張，要為根於孔子精神和西洋思想的混合，其體如鵺，其說則破綻獨斷，牽強附會，無所不至。所以這派在其社會革命方面，雖可說是有大功績，在純理的意味上，當不能發見很多價值。

——所以以上三思潮，雖為清代思想的全體，「理學派」和「公羊學派」在其學的價值上，比之「考證學派」遙多遜色。但「考證學」如上所述，是一種資料之學，其性質在我們現在的「哲學史」上，不能多述，所以本書就只為之設一章，於下概說其要領而止，而以究論前二者為歸。

第二章　考證學

第一節　考證學的淵源

要講「考證學」，不可不先講顧炎武，不如是「考證學」的淵源、及精神，當不能明。現在先就炎武的著述，及治學精神述一述，考證學的淵源問題，當於此中可以答復。炎武字亭林，崑山花浦村人、（生於明神宗萬曆四十一年、歿於康熙二十年、年六十七、）狀貌英秀，事繼母王氏至孝，明亡時，舉義兵不成，王母絕食死殉國，遺命他毋仕二姓。他性既耿介又承這遺訓，於是遂終生不渝，周遊天下，究古今治亂，自金石碑碣以及地理經濟之學，無所不該。出遊時，後車每滿載書籍，以作實地研究之用，所以見聞既廣，學亦遙異於古人，根柢非常深實。著書有日知錄三十六卷，天下郡國利病書百二十卷，肇域記，亭林遺書六十五卷。（「詩文集」「左傳杜解補正」「金石文字記」其他小著等，網羅在內。）

他的學問，以經世濟民為主眼，最忌空談，尤排陸王簡易直截之學，而以着實周到的朱子學為宗。蓋有鑑於晚明之學的狂禪頓悟，空理空談，支離固陋，而欲復於樸實的宋學，以事事求實為目的的。他的學風，日知錄裏最表現得顯明，這日知錄的讀書求學的精神，且即為後來大發達的「考證學」的基礎。——日知錄自序曰：

君子之為學也，以明道也、以救世也、……某自五十以後，篤志經史，於其音學，深有所得，今為五書，以為三百篇以來久絕之傳、而別著日知錄、上篇經術、中篇治道、下篇博聞、共三十餘卷、有王者起、將見諸行事、以躋斯世於治古之隆、未敢為今人道也、（與人書二十五）

——率率直直，說出了他為學的精神，所以「舍多學而求一貫、置四海困窮於不言、而講危微精一」的「明學，」他是斷不喜歡的。他說「古今安得別有所謂理學、經學卽理學也，自舍經學而言理學，邪說以興。」（全祖望亭林先生神道碑）這「經學卽理學」的話，正是推翻「宋明性理學」而直進於六經的根柢的標語；蓋宋明學者，既都沒有脫出程朱陸王的羈絆，感感於其藩籬內以上，他這句話自是一新生面，振落因襲，直叄孔門根柢資料的一大警鐘。不過其方法過於趨於外面的探究，內面的思想探究至多缺如（日知錄的精神正是這樣，全是以捉捕事實的證據爲主眼，毫無思想研究的地方）差爲可惜；然其所以被稱爲「考證學」之祖的原因，也就是這一點。

現在略舉其研學的特色，則第一方法爲歸納的，科學的；第二不以吸嘗古人的糟粕爲能事，而以獨創的主張爲生命；第三力求研究之所得，施於實用，所謂致用的精神——這三者就是。第一歸納的的話，是說事蹟、文物、文句、文字、等，都一一博引旁證，綜合研究其異同，以期入手卽無謬誤，而後歸納地下以定說之謂。第二獨創則爲專以收拾古人已經闡明過的遺說爲恥愧，務期自創新說，不得則決不僞竊以自飾掩之謂。日知錄自序曰：「常謂今人纂輯之書，正如古人之鑄錢、古人采銅於山，今人則買舊錢，名之曰廢銅，以充鑄而已，所鑄之錢，既已粗惡，……承問日知錄又成幾卷，蓋期之以廢銅，而某自別來一載，早夜誦讀、反復窮究，僅得十餘條。」——由此就可以知其獨創的精神了。全祖望亦曰：「凡先生之遊，必載書自隨，至阨塞之所，卽呼老兵退卒，詢其曲折，或與平日所聞相合，時卽發書而對勘之。」（鮚埼亭集「亭林先生神道表。」）他這樣的周遊前後并且差不多三十年，一一如此，其實證的精神，又可想見了。所以四庫全書提要說：「炎武學有本源，博贍而能貫通，每一事必詳其始末，叄以證佐，而後筆之於書，故引據浩繁，而少牴牾，非如楊愼焦竑諸人之偶然涉獵，得一義異同，知其一不知其二也。」其造詣之深及論斷的精賅的確，又可見了。第三的致用，則爲學者一切研究，不可單止於斷理，尤當使之適用於實用之謂。由來孔孟爲學的精神，都是實用主義，并不是純理思辨的。到宋明，纔把這本旨磨滅了，學者遠於世用，如野狐禪，這是最大毛病，所以不可不復於孔孟當年，亦以經世致用爲宗旨。——他的天下郡國利病書，即其代表偉著，如斯誠堪驚異。

——以炎武這種歸納的、獨創的、致用的的精神爲精神，而續起的，即爲「考證學派」。這派不待說，自閻若璩、胡渭而後，到戴段二王時，其致用的精神，已生了變化，「爲學問而學問」的精神，他們發揮得很利害，致用的精神，則拋在一邊，所以末梢的部分的、的弊害，非常的多；方東樹至於痛罵之爲「典章制度之夷，一無是也」（漢學商兌）當時惠棟一派的「漢學家」，及「考證派」的末輩，本確有這種毛病，但事實雖如此，這種毛病，又只能算是小小的餘弊，我們不能因噎廢食，唾棄考證學一切；這學出現的結果，「支那學」得了多少鮮明！且炎武治學的精神，幾多妥當而有權威！這個在今日，是已不待煩言而後解的了。

第二節　考證學的內容

從來說「考證學」的人，多不說其內容，僅列舉其名而止；這當與作佛不入魂者同其概，我們現在舉其代表作例一、二，以明其內容之爲何。

考證學研究經子的方法，大別之可分爲「訓詁」「校勘」兩種；前者是整理、貫通書上的字義的，後者就是整理書本。前者是惠棟一派「漢學」者之所長，把古義古訓的同一事類，同一用法，盡力蒐集，而比較之，歸納之——其爲法，雖和古來的訓詁書不大相違，然研究的深沉，及客觀的態度，是其特長。現在所舉的例，即這派的中堅戴段二王所用的方法，應用於「小學」——文字、音韻、文法三方面的，或則又參照古訓的義理，而比較歸納，以作定說的。

(一)「文字」上的研究。　根據古義，把古字典、古箋注、及古書的同類項，比較綜合之謂。

例：老子三十九章　「爲天下正」(讀書雜志餘篇上)

侯王得一以爲天下貞、河上公本貞作正、註云、爲天下平正、念孫案、爾雅曰、正長也、廣雅曰、正君也、呂氏春秋君守篇、可以爲天下正、高註曰、正主也、爲天下正、猶洪範言爲天下王耳、下文天無以淸、地無以寧、卽承上文天得一以淸、地得一以寧言之、又云侯王無以貴高、貴高二字、正承爲天下正言之、是正爲君長之義、非平正之義也、王弼本正作貞、借字耳、

——以古字典二則，古書同類二則，注一則，考證「正」字的字義。

(二)以「音韻」爲根究，對於文字的研究。　其法用假借、聲類、通轉等用例爲證。意謂古字通用由於聲音音韻之不大相違。所以要明古字的意義，不可不明古來音韻變遷的道理。其說顧炎武江永錢大昕孔廣森等力倡之，以後此學遂大興。

例：莊子　「培風」

逍遙遊篇、風之積也不厚、則其負大翼也無力、故九萬里則風斯在下矣、而後乃今培風、釋文曰、培重也、本或作陪、念孫案、培之言馮也、馮乘也、(見周官馮相氏註)風在鵬下、故言負、鵬在風上、故言馮、必九萬里而後在

風之上、在風之上而後馮風、故曰而後乃今培風、若訓培爲重、則與上文了不相涉矣、馮與培聲相近、故義亦相通、漢書周緤傳更封緤爲鄘城侯、顏師古曰、鄘、呂忱音陪、而楚漢春秋作馮城侯、陪馮聲相近、是其證也、馮字古音在蒸部、陪字古音在之部、之部音與蒸部音相近、故陪馮聲亦相近、說文曰、陪滿也、王註離騷曰、馮滿也、陪馮聲相近、故皆訓爲滿、

——引古字典古書古註各數條辨證「馮」「陪」音相近，義亦同如此。

(三)「文法」上的研究。把助字、介字、連字、狀字等都解作名字代字，以匡其義的方法之謂。這方面的大成者，是王念祖父子，所註經傳釋詞，尤其代表作。

例：老子三十一章「夫佳兵者不祥之器」

釋文佳善也、河上公云飾也、念孫案善飾二訓、皆於義未安、古所謂兵者皆指五兵而言、故曰兵者不祥之器、若自用兵者言之、則但可謂之不祥、而不可謂之不祥之器矣、今案佳當作佳字之謂也、佳古唯字也、唯兵爲不祥之器、故有道者不處、上言夫唯、下言故、文義正相承也、八章云、夫唯不爭、故無尤、十五章云、夫唯不可識、故強爲之容、又云、夫唯不盈、故能蔽不新成、二十二章云、夫唯不爭、故天下莫能與之爭、皆其證也、古鐘鼎文、唯字作佳、石鼓文亦然、又夏竦古文四聲韻載道德經唯字作雇、據此則今本作唯者、皆後人所改、此佳字若不誤爲佳、則後人亦必改爲唯矣、(同上，讀書雜誌餘上，老子)

——以上三例皆不過示「考證學」的片鱗，然由此片鱗讀者當可以悟到其研究之爲如何科學的客觀的，

且用意周到的了。訓詁方法，不待說，不單如這三法，或引史例，或證金石彝器鐘鼎的款識，又或如惠棟一派漢學家，考證漢代的古義古訓；——其方法依人而異，不一二而足，上之法不過因其在小學及其他方面多被使用，故特標出爲例而止。

至於「校勘」古書一則，則和「訓詁學」正如姊妹關係，專以勘校本書的正確爲能事的。換句話，集古刻的善本多種，正其異同、及誤字誤句等，且由本書上的通用義例，及類書的引用事，及本文上下的文義文法等，詳加考察而匡其誤謬之謂。這事業亦大收過效果。

第三節　考證學的名著

把這學派的名著，更略述一二時，於上述的內容，當更多有所明晰，且於接踵而起的公羊學派之產出上，亦可預得幾分理解。——

自顧炎武把這學派的精神開拓後，接着大才如太原、閻若璩、德清、胡渭等出來，把這學更確立起來了。閻子於尙書古文疏正八卷裏，把東晉晚出來的古文尙書十六篇，及孔安國尙書傳（亦同時出世的）概認爲僞書；尙書裏增多的二十五篇，認爲採綴先秦古書而成的，不是固有——他博引旁證，論據殆爲鐵案。古文之爲僞書一事，在這考證學派以前，本已有許多人懷過疑團，如朱子（宋）吳澄（元）歸有光（明）等皆從文章上疑過這東西、不是正體的；但到閻子現在，竟的確的得了確定。於是歷朝來被帝王所尊重，引爲自己的教科書，爲帝王學的這尙書，其結果且差不多帶起宗教的性質來了的這尙書，現在被他毫不客氣，描出本體，認爲僞作，眞可謂破天荒的事業，他的勇氣和確信，及批判的態度，給當時考證學的刺戟，眞是至大懷疑的攻學態度，和徹底的攻學精神，遂爲一般通尙了，卽後來的「公羊學派」也感受這精神不少。

胡渭的易圖明辨，則爲辨正宋邵子的河圖雒書，——爲與周公孔子的易毫不相關的著作。其爲辨爲證極明確，且又毫不加過情的抨擊，事理明晰地把「宋學」和「孔學」區別下來，喚醒了宋代以來六百年間的迷夢。不待說他和閻子一樣，其學在枝葉的點上，還有許多未到處，但這些未到處，不關他們的輕重，他們的功績，唯繫於體現顧子的精神，確立「考證學」的基礎，且寄與嶄新的批判精神於學界的大處。同時朱竹垞、毛奇齡二大碩學也出世了，前者著經義考三百卷，很有益後者研學法雖稍粗，然著述豐富，文才縱橫，眼空一世，雄視文壇。

不久又出了乾隆七年以七十一歲歿的惠士奇一家。這一家儼然如「漢學」一要塞，作其泰斗，一世尊崇。士奇及其祖父周惕，父棟——三代都是這學的大家，其中士奇的易說六卷，棟的九經古義十六卷，易漢學七卷，周易述義二十三卷，明堂大道錄八卷等，尤大有名。其門下的沈彤、江聲、余蕭客等，也都是鐵中錚錚，各富名著。蕭的弟子江藩又著漢學師承記，把這學的中堅都傳出來了。但惠棟之學雖精，尙有褊狹之弊，及盲從漢書之憾，所以接踵而起的休寧戴震，遂一洗其風，以公正的確爲尙，——在這意味上，戴子當凌駕惠家，且他生成就是個學者，十歲讀傳，質問連發，塾師爲之辟易，著有方言證疏十三卷，爾雅文字考十卷，考工記圖，校水經註四十卷，直隸河渠書六十四卷，其他十數種，都極精該，前古無匹，且萬人所難的小學天算方面，亦舉全力研究過，而孟子字義證疏三卷，尤是一種哲學的著作，作其思想方面的代表，所以一時大學者如錢大昕、王昶、朱筠、秦蕙田等，都推服他的才能不置。其弟子又出過段玉裁、王念祖、王引之父子，世所稱「戴段二王」——即考證學的中堅和正統。無此四人，則考證學當寂寞以終，亦不可知，所以他們在這學派裏的功績，眞是顯著。段的名著中有說文解字註三十卷六書音韻表二卷，王念祖則讀書雜志八十二卷廣雅疏證十卷，引之則經文述聞三十二卷經傳釋詞十卷，都是考證學的權威。

其他經書註釋中精該無比的，還有焦循易通釋二十卷孟子正義三十卷。邵晉涵爾雅正文二十卷。郝懿行爾雅文疏二十卷。孔廣森公羊通義十一卷。陳立公羊義疏七十六卷。孫星衍尚書古今文注疏三十卷。王鳴盛尚書後案三十卷。陳奐詩毛氏傳疏三十卷。馬瑞辰毛詩傳箋通釋三十二卷。胡承珙毛詩後箋三十卷。胡培翬儀禮正文四十卷。劉寶楠論語正文二十四卷。孫詒讓周禮正義八十三卷。——都是正統派的流亞，統一代心血而成的經解上的精華。

其他部分的研究，有名的則爲胡渭禹貢錐指，江永周禮疑義主要，惠棟易漢學，孔廣森禮學卮言等，以下數十種。至若劄記雜考之類，則炎武日知錄，萬璩潛邱劄記，大昕十駕齋養新錄，鳴盛蛾述篇，何倬義門讀書記，陳澧東塾讀書記……不下數十種，亦都是好學努力的結晶。

——以上是就經學的名著而言的。至於諸子學方面的考證，則自王念祖讀書雜志以後，這方面新展開了一條路徑。晚清時正統派的俞樾（曲園）著羣經平議三十五卷，諸子平議三十五卷，（收在春在堂全書裏。）其弟子孫詒讓則精該更踰於師，墨子閒詁一著，是其最代表之作。不待說，他以前畢沅、孫星衍、盧文弨等都校勘過墨子，但大成者還是他。又他和畢盧外，還有作過大官的阮元及其門人嚴杰等，也都是一世大儒，對於經書諸子的考究校勘，大努過力杰且是皇清經解百八十餘種，約千四百卷的編輯之一，高名藉藉。其他續皇清經解的編輯者王先謙著過荀子集解二十卷。郭慶藩著過莊子集釋十卷，戴望著過管子校正二十四卷。都比從來的注解，遙爲正確，其結果最近遂產出組織地研究諸子的哲學思想的氣運來。這其中俞曲園的弟子章炳麟最初助成這傾向，最有功。炳麟他一面又是考證學正統派最後的殿將，於小學的研究，尤發前人所未發，其著文始九卷，新方言十一卷等，都足以證其頭腦的精密，同時佛學也研究過，且由慈氏世親的唯識出發，對於諸子的思想又系統地着手研究過——原道、原名、明見、原墨、訂孔、原法、齊物論釋等，即其代表。從來的學者唯訓詁地攻究諸子，他現在於內容思想方面，開一新生面了。（章氏叢書四帖）

——以上是「諸子學」研究者的大概。至於其他古書的校勘輯佚，及金石、典章、制度、地志、歷史、天算、等方面，還出許多碩士大儒。如史學有章學誠的文史通義，王船山的讀通鑑論，萬斯同的明史稿，全祖望的宋元學案（鮚埼亭集同時又是經史問答的著者）。地理則有顧祖禹的讀史方輿記要，楊守敬的歷代地理沿革圖。天算則有梅文鼎的著述……算來眞枚舉不遑。

（參考書：江藩國朝漢學師承八卷，國朝經師經義目錄一卷，唐鑑清儒學案十四卷，方東樹漢學商兌四卷，李元度國朝先政事略六十卷，國朝耆獻類徵（儒行經學部）。記述廣汎的，則有梁啓超的清朝學術概論一卷。）

第三章　黃宗羲

第一節　略傳及著書

長於顧炎武者四年，且後死於顧炎武者十四年，樹立過清初一大學統的人，就是黃宗羲。不待說，他的學派的漩渦，不如顧子那般大，然其所著明儒學案，當爲「中國學術史」最初之作，其史學造詣之深，當和王船山相伯仲。且易學象數論六卷，比胡渭的易圖明辨，互有發明，辨河洛方位圖之非，甚多創說；且律呂新義二卷，爲開樂律研究之緒之作，天算學爲梅文鼎天算學之導。——其攸往咸宜的頭腦，比顧子決不能說差一着。

他字太沖，梨州及南雷其號，越餘姚人，生於明神宗萬曆三十七年。父忠端公尊素，乃明室忠臣，爲宦者魏忠賢所獄死，他隱鐵椎於懷，欲亡仇報親，然值逆閹已死，因自刺奸者上書請誅逆臣——其氣概凜烈，早已如此。父遺命他就學於劉蕺山，因奮起以掃洗越中的野狐學爲能事。又體父「學者不可不通曉史事」的遺訓，從有明十三朝的實錄起，直至二十一史，無所不修，更欲究九流百家的蘊奧，發家藏遍讀之，不足則遊歷以補其缺——博學勉勵又如此。吳越之間，遂遍知其名，二弟宗炎宗會亦有學才，他教之使同成名。國亡時又糾合志士，禦清兵，且遠來我們日本乞師；——出入危難，九死一生。國定後，奉母歸里門，從此專意著述，間授子弟。康熙十七年，詔徵爲博學鴻儒，固辭不出；推以年老，世宗乃命巡撫抄其所著關於史事者，送至京師，而召其養子百家高弟萬斯同使參訂之。他八十歲，尚讀書不廢，常至午夜，康熙三十四年，以八十六歲的高齡歿。著書除上記諸書外，尚有明儒學案六十卷，全氏補定宋元學案百卷，南雷集二十卷，（四部本）同文定文約合四十卷，明文海四百八十二卷，明史案二百四十四卷，及其他數十種。

第二節　學說

他是劉念台唯一的高弟，受過「愼到之學」的「陽明學者。」但其該博的知識，不單自對於「陽明學」內，明儒學案一書雖有人說他是爲擁護「陽明學」而作，但其史筆，決不偏於一方，長其所長，短其所短，儼然的客觀態度，貫溢於全書。他深不慊於晚明「陽明學者」之流於口頭禪，尤於越中周海門以後，學弊之深，多所不滿，所以欲一洗這風潮而復於陽明當年。他說：「明人講學、語錄之糟粕耳、不以六經爲根柢、束書不讀而從事於遊談、學者當先窮經、經術所以經世、乃不爲迂儒」他又說「讀書不多則無以證斯學之變、讀書多而不求諸心、則又爲僞儒」（清史「黃宗羲傳」）——明是不單單埋頭於心卽理說，而示其朱王兼取的態度的。所以受他的教的人，不泥於講學之弊，又不爲障霧的妄言，萬氏兄弟大史家，全祖望那種實質的學者，輩出其門。其剛毅的風貌，所以破當時雷同附和於心爲萬殊之說的小人輩，蓋有餘。他說：

盈於天地者皆心也、變化不測、則不能不萬殊、心無本體、工夫所至、卽本體也、故窮理者、窮此心之萬殊、非窮萬物之萬殊也、是以古之君子、寧鑿五丁問道、而不假於邯鄲之野馬、故其途亦不得不殊、奈何今之君子、必欲出於一途也、化厥靈根之美、而爲焦芽絕港也、夫先儒語錄、人人不同、只是印我心體之變動而不居也、若執定成局、終是不得受用、此無他、修德而後講學耳、今講學而不修德、又何怪其舉一而廢萬耶、（明儒學案序）

——痛切之言，眞是誰也當正襟謹聽的。他蓋舉萬物的萬殊歸於一心，而以心理的闡明及修德的工夫爲先，講學爲後的；其言雖爲陸王之言，然以心爲萬殊，而欲實現自己的心之處，乃倫理上實現自己的人格的意思，發揮自己的個性的意思。

第三節　政治哲學

清初學者，個個都不慊於明學的空疏，羣以講經世致用爲能事；其中尤其他，因修過史學，精於古今治亂興亡的事蹟，議論尤有根柢，不墜於抽象，其具體的、實際的的論旨，使人感一種痛快味。他的明夷待訪錄，正如現今所謂「政治哲學」、以民利民福爲主眼，以民本主義爲政治本質的。他的意思：君主本是爲人民而假設的，所謂大統領，這大統領而有蔑視民意，自圖私利的行爲時，則非君主而爲獨夫，其君主資格，自當剝失，所以湯武的討伐，既爲目的在於爲民，自是事理上當然的行動。蓋以億兆人之心爲心的人，才可稱爲聖人，稱爲君主。所以從古以來，爲君主的責任重大，不欲自勞其身心的人，曾有許由、務光，一時爲君主而後去其位的人，曾有堯舜，初不欲爲，而卒不得已爲過的人，曾有大禹。——看來三代以前的帝王，都是不得已而尸其位的。但到三代以後，則以天下爲家私，視萬民如產業，立法的精神，全變爲私法，再無公法的內容了；換句話：三代時候，法曾存在，三代以後則全滅卻了。——他蓋以孟子的王道爲政治本體，從社會學的見地上，應用史實，給孟子以學理上的基礎，而樹立其民本政治的哲學的。他以這理論爲基礎，論及過一切政治問題，其間如人民爲主，則政治難行，當選舉一人，依賴以行之的見解，雖和現代民本主義，尙有消極積極之差，然大致是以人民本位爲主眼，和民主政治相酷似的。所以近年革命時，爲鼓吹民主共和的精神起見，一時志士，密印過這書數十萬部，頒布天下，且大收過效果（梁氏清代學術概論。）原君曰：

有生之初、人各自私也、人各自利也、天下有公利而莫或興之、有公害而莫或除之、有人者出、不以一己之利爲利、而使天下受其利、不以一己之害爲害、而使天下釋其害、此其人之勤勞、必千萬於天下之人、夫以千萬倍之勤勞、而己又不享其利、必非天下之人情所欲居也、故古之人君、量而不欲入者、許由務光是也、入而又去之者、堯舜是也、初不欲入而不得去者、禹是也、豈古之人有所異哉、好逸惡勞、亦猶夫人之情也、後之爲人君者不然、以爲天下利害之權皆出於我、我以天下之利盡歸於己、以天下之害盡歸於人、亦無不可、使天下之人、不敢自私、不敢自利、以我之大私爲天下之公、始而慚焉、久則安焉、視天下爲莫大之產業、傳之於子孫、享受於無窮、漢高帝所謂某業所就、孰與仲多者、其逐利之情不覺溢之於辭矣、此無他、古者以天下爲主、君爲客、凡君之所畢世而經營者、爲天下也、今也以君爲主、天下爲客、凡天下之無地而得安寧者、皆爲君也、是以其未得之也、屠毒天下之肝腦、離散天下之子女、以博我一人之產業、曾不慘然、曰、我固爲子孫創業也、其既得之也、敲剝天下之骨髓、離散天下之子女、以奉我一人之淫樂、視爲當然、曰、此我產業之花息也、然則爲天下之大害者、君而已矣、向使無君、人各得自私也、人各得自利也、嗚呼、豈設君之道固如是乎、古者天下之人愛戴其君、比之如父、擬之如天、誠不爲過也、今也天下之人、怨惡其君、視之如寇讎、名之爲獨夫、因其所也、而小儒規規焉以君臣之義無所逃於天地之間、至桀紂之暴、猶謂湯武不當誅之、而妄傳伯夷叔齊無稽之事、乃兆人萬姓無窮、亦無怪乎其私之也之中、獨私其一人一姓乎、

——這樣把三代聖王爲君的動機，和後世帝王爲君的動機，對照比論之後，痛擊後者之爲私利私心之餘，更

進而斷言其制定的法律之無權威如下：

三代以上有法、三代以下無法、何以言之、二帝三王知天下之不可無養也、爲之授田以耕之、知天下之不可無衣也、爲之授地以桑麻之、知天下之不可無教也、爲之學校以興之、爲之婚姻之禮、以防其淫、爲之卒乘之賦、以防其亂、此三代以上之法也、固未嘗爲一己而立也、後之人主既得天下、唯恐其祚命之不長也、子孫之不得保有也、思患於未然、以爲之法、然則其所謂法者、一家之法、非天下之法也……夫非法之法、前王不勝其利欲之私以創之、後王或不勝其利欲之私以壞之、壞之者固足以害天下、其創之者亦未始非害天下者也、乃必欲周旋於此膠彼漆之中、以博憲章之餘名、此俗儒之勦說也、卽論者論天下之治亂、不繫於法之存亡、夫古今之變、至秦而一盡、至元而又一盡、經此二盡之後、古聖王之所惻隱愛人而經營者、蕩然無具、苟非爲之深思遠覽、一一通變、以復井田封建學校卒乘之舊、雖小小更革、生民之戚戚、終無已時也、卽論者謂有治人無治法、吾以謂有治法而後有治人、（下略、原法篇）

他的政治理想，蓋全在於三代民本政治的精神上的；所以他以孟子的王道爲根據，更樹立了許多政策。

第四節　結論

棃州大才、多角史學、經學、天算、樂律、諸學無所不賅；情亦極濃摯，爲國仇親恨，屢罹危險。國亡後養母教弟，亦孝友可風，且亡國之哀終生不能忘，一删明夷待訪錄傳其心髓。這書晚清時忽與「公羊學派」諸子的思想無端相合致，因被引爲「革命排滿」的大旆，在二十世紀的初頭，東洋的天地裏捲起一大風潮，雖曰時運，他的正氣之功，謂非偉大當不可能。

第四章　顏習齋

第一節　略傳及著書

汪中舉崑山顧炎武、德清胡渭、宣城梅文鼎、太原閻若璩、元和惠棟、休寧戴震六人，作過一篇國朝六儒頌。但與這六儒可並肩齊驅的人，我們以爲還有餘姚黃宗羲、衡陽王夫之、無錫顧祖禹、大興劉獻廷四人，亦可入選。這四人中，不待說，除黃王二子外，餘二人稱爲思想家，當有不類；但此外還有一顏元其人，倡過很有異色的學說，我們不可忘記。顏子超出「宋明性理學」的範圍外，直參孔孟的經世學，欲以謀天下國家的公利，其內容雖不如孔孟之爲理想的，然意志的、努力的的點，及節用的、公利的的點，和墨子又極有類似處。

顏子字渾然，號習齋，博野人，生於明崇禎八年（西紀一六三五年）。父諱昶，事蹟不明，然在習齋幼時，已遠往遼東，且在該地再娶過。習齋五十歲時，曾去尋過父蹟，有銀工金某之妻，示其墓，於是祭靈而歸，（顏氏遺書「年譜」。）他的親母再嫁過沒有，不得知，但他幼時養於蠡縣劉村朱翁家，嘗過貧苦，是實。八歲就學，刻苦勉勵，異常人，學業因日進；稍長，慨國事日非，因研究戰守攻取之略。二十一歲時，讀通鑑，忘寢食，由這書像受過大影響。二十四歲開家塾，教子弟，初著存知篇，翌年著存性篇，又續著存學篇，於是其學說的根本遂固，後更著存人、存治篇，且躬耕講學，一世皆仰其人格。康熙四十三年歿，年七十歲，弟子有李塨最著。著作則有顏氏遺書，收在畿輔叢書中，外又有顏李遺書二帙二十本。

第二節　實用主義

他生長窮境，志氣強固，作事徹底——眞有墨子當年之概；他說：「立言但論是非、不論異同、是則一二人之見、不可易也、非則雖千萬人之所同、不隨聲也、豈惟千萬人而已哉、雖千百年同迷之局、我輩亦當以先覺覺後覺、不可附和雷同也、」（遺書「學問篇」）。他蓋和顧王二子一樣，都有鑑於明季心學之流於放縱，欲矯其弊害，欲破其空疎的。但黃子雖戒「王學」的末流，未嘗認「王學」爲非；顧子雖斥「明學」，未嘗攻及「宋學」，他則不然，「明學」「宋學」一概排斥，以爲這種「理學」「心學」，要爲机上空論，毫無益於躬行實踐。孔子敎人學六藝，都是要子弟實地練習的，幾曾是這種口頭學問？實地教之實地習之而後可實得體驗，這實得的體驗，才有功益，所以孔子的弟子，都能在社會上獨當一面。若如這種口頭學問，則簡直是佛性論的剽竊，佛家所謂幻覺之性，一種死學，究何所益！所以學宜以實用爲旨，而教科則宜以周禮鄉三物爲歸，於是則死學庶可變爲活學。——

僕妄謂性命之理不可講也、雖講人亦不能聽也、雖聽人亦不能醒也、雖醒人亦不能行也、所可得而更講之共聽之共醒共行之者、性命之作用、如詩書六藝而已、卽詩書六藝、亦非徒列坐講聽、要惟一講卽教習、習至難處來問、方再與講、講之功有限、習之功無已、孔子惟與弟子今日習禮、明日習射、間有可與言性命、亦因其自悟已深、方與言、蓋性命非可言傳也、不特不講而已矣、（遺書「存學篇」）

又說、程朱由性氣說明善惡，要爲根於釋氏「六賊之說」，而然若孔孟之言性則爲合於身；蓋有物則有則，放形而言性，要不過自囚於抽象，陷於釋氏而止。

堯舜周孔之言性也、合身言之、故曰有物有則、堯舜性之、湯武身之、堯舜率性而出、身之所行、皆性也、湯武修身以復性、據性之形以治性也、孔門後惟孟子見及此、故曰形色天性、惟聖可以踐形、形性之形也、性形之性也、舍形則無性矣、舍性亦無形矣、（下略、遺書卷一「存人篇」）

以實用爲主義的他，這種批難，自是必然的結論，但全然缺於思辨，以上這種批難不足以破程朱，又自無疑；這個是他的長處同時當又是他的短處。年譜載他昔曾想習「程朱學」，南遊與諸學者交時，則皆和孔孟正相反對，空虛如禪子，他於是慄然悟程朱之爲非，以爲必破一分程朱，才可近一分孔孟，——認程朱和孔孟截然爲兩途。於是脫出於「心齋坐忘」之非，而以實踐事功爲學。其對於宋明性理學之反動，和先秦墨子對於當時儒者忘卻本旨，一味拘於禮儀末節之非，起而欲一洗拔其弊害者正一樣。古今來他們兩人確是一副好對照。在這意味上，所以他又確是一個革新的思想家。他說：「人之歲月精神有限，誦說中度一日，便習行中錯一日，紙墨上多一分，便身世上少一分」（存學篇）又曰「靜閑而久愛空談之學，必至厭事，厭事必至廢事，故誤人才敗天下者宋學也」（年譜下）——全然立足於 Pragmepizm（實用主義）上，論旨堂堂，尤類墨子而極痛切。因而「讀書人是學者」的俗見，他深以爲不然；他說這種見解，不是孔子的見解，讀書以解事，也不是孔子的見解，孔子是主張做事的，主張爲做事而讀書的，除卻事有甚麼學問，所以他教子弟時，也力以周禮大司徒的鄉三物——六德（知仁聖義忠和）六行（孝友睦婣任恤）六藝（禮樂射御書數）——爲中心，而尤重六藝，務使子弟熟成其一以供實用。他自己二十二歲學醫，其後學成，率子弟躬耕以爲生，這點和墨子又相同。而「一日生存，當爲生命辦一日之事」的標語，和現代

「不工作則不得吃飯」的社會主義的思想，又相一致。在這意味上，所以宋明的思辨學是死學時，他的實踐學確是活學。

第三節　政策論

吾力用農事、不遑食寢、邪妄之念、亦自不起、若用十分心力、時時往天理上做、則人欲何自生哉、信乎力行近乎仁也、（年譜上）

他重實利實行，且以勞働爲神聖，所以對於世的徒食懶惰之徒，非常惡視；社會上貧富不均的問題，現代語所謂有產階級和無產階級所以生起的問題，他像也很用力研究過；所以政策上他力主張用周朝的制度——「井田法」及「屯田法」以爲改革。他以爲社會的病源，大多數生民的塗炭，要由於「富之兼併」一點而成。現在略述其井田論屯田論如下：

他生存的時代，富的增殖不待說大部分是依於地力，經濟上的問題所以和土地問題最相關；但自井田法破壞以來，土地變成私有制，人口益繁殖，富力日壟斷，這反比例之所極，世間就只有少數的貴族和富豪，一掌遮天，社會上可憎可悲的現象和傾向，殆數不勝數；——這個要皆由於富的兼併及井田制破壞了的原故。富之不可兼併，而井田法之當不可不復活的問題，不待說在他二千餘年前的古代孟子曾主張過。土地這東西本是天與的，所謂天惠之物；本不是一人所得而私有的性質的東西；誰也是赤條條一絲不着地、從母親懷裏生出來的，爲甚麽一小部分的人，當終身榮華，而大多數的人轉要困苦呻吟至於窮死呢？這果是出於天意麽？如果一子生而富，他數子生而窮，爲父母的能視爲常情，而不之怪，而不之力圖改偏救正麽？爲君主的如此，則其治道還可說是合於王道，順於人情麽？所以土地的私有，無論如何當禁止，齊私田而一租稅，才是道理！

天地間田宜天地間人共享之。若順彼富民之心，卽盡萬人之產而給一人，所不厭也。王道之順人情，固如是乎？況一人而數十百頃，或數十百人而不一頃，爲父母者，使一子富而諸子貧，可乎？……況今荒廢至十之二三，墾而井之，移流離無告之民，給牛種而耕焉，田自更餘年，（遺書「存治篇」）

其次兵制。古時唐有「府兵」，明有「衞制」，然兵軍的實力，亦唯限於創業初時，過此則將既不將，而兵亦不兵，如鼠賊流氓一樣，遇敵先逃；蓋皆因兵農分立，兩不相關，愛國的精神，遂全失卻的原故。所以當復行古代的屯田制，寓兵於農——他說。至於其方法，則和上述的井田制密相關係，每井抽壯丁，於農閑時選適當的地點，分文武兩班訓練之，且教以節義，養以理解，則其結果，一可以富國節用，二又可以得愛國死敵的兵。——這種見解，在經濟上、國防上、兵質上，眞都可謂卓識！且他講的這些政策，又皆具體地立言，和机上空談者迴異其趣，他的實用經國之才，所以確非虛有其表者可比。此外且於教育財政等方面，亦極多卓見，本概論因爲篇幅及性質的關係上，只好割愛。

第四節　結論

顏元之學，節節都是實學，補救宋明以來學者所缺乏的有餘，而社會上、經濟上的政論，雖今日猶佔極有價值的地步。我國的經濟學者，維新以來，唯注目於泰西一面，但如回頭及此，必當大有所得，我們以爲他和墨子一樣，在個人主義萬能的時代，與社會裏，不僅學說不能見諸實行，及其高弟李塨一死，其學且至於中絕無聞。但此後想當有蘇生時。

第五章　戴震

第一節　略傳及著書

考證學的大柱石戴震，因時勢的影響，一生殆全費於這學的努力裏。但其博大徹底的精神，亦有出於其外的時候。他嫌宋人以自己的胸臆解經義，於是以「唯求之實事、不主一家」——那樣的科學精神解讀古書，所以宋儒混雜老釋，以依附孔孟及舍欲言理排情固性的見解，他全斥爲非，而著原善三篇孟子字義疏證三卷，以期揭出眞正的孔孟來。（這些書都收在戴氏遺書四帙二十四本裏，且本編第二章「考證學的內容」參照）。

第二節　人生哲學

代表戴東原的思想的著作，當爲上記二著。此二著成立的動機，和上述顏黃顧諸子相同，也是以一洗宋儒空理的謬見，而高調儒學根本精神爲實用經世一點的。

他先就宋學的根本——「理」爲說曰：程朱以理言性，其見性也，以爲人心中如有一物，這一物卽爲理；而這理又卽爲得之於天具之於內的東西；我們求理時，所以不外就是體貼天意，而體貼天意，又不可不去人欲。但理這東西，六經及孔孟裏，多不散見，要爲宋儒獨自產出的思想，與孔孟的本旨初無關係。例如宋儒辨理欲時，以爲不出於理，則必出於欲，不出於欲，則必出於理，而去欲明理，卽爲本然的性，卽爲理。但古的聖賢決沒有說過這種話，涸情涸情的這種話。古聖賢不待說，反說過當使人遂其情而得中庸，以期社會的進步。宋儒之說，要爲老釋虛無之見；情理區而爲二，決非孔孟常談。蓋「理也者、情之不爽失也、未有情不得、而理得者也」（疏證上卷。）情這東西，是自然的性的「分理；」以性的靜者爲天理時，人欲當是性的動者，絕這性的動者時，不即所以絕人理麼？這還可以說是聖人之道麼？畢竟性這東西裏面，知情欲三者都含得有，所以性這名字因得存在。換句話：性不是專指理義而言的；古人言性，雖但以氣稟爲言，亦未嘗明言唯理義爲性；這理義的高調，雖由於孟子，但孟子是因當時異說紛起，方便上取這理義爲聖人之道的。所以孟子說「養心莫善於寡欲。」但由這就可以曉得：「欲之不可無也明矣、寡之而已矣、人之生也無不病其生之不遂、欲遂其生亦遂人之生是仁也、欲遂其生而戕人之生、至於不顧、是不仁也。」「不仁」誠始於欲遂其生之心，若無此欲，必無不仁，這誠不錯；但說必求人人無欲，則天下人生之道，不會窮蹙，而且漠然視這人生麼？要之不使人遂其己之生，而使遂人之生，是不情的話；「不出於正、則出於邪、不出於邪、則出於正」的話可以說，但「不出於理、則出於欲、不出於欲、則出於理」的話不可說。爲甚麼呢？我們想物之得理時，不可不有其「則，」現在說「不出於邪而出於正，」猶往往有意見之偏，不能得理，況更說「不出於理則出於欲」麼？而事實上自宋代以來，言理欲的人徒以正邪爲辨，其不出於邪而出於正的話，要以以理應事的話，但理與事豈可分而爲二麼？分而爲二則必害事無疑了。且事至而應者心也，心有所蔽，則事情未之能得，又安能得理呢！（疏證上卷）

蓋人類生存以上，情欲制止是至難的事，飢寒愁怨、飲食男女以及一切隱情曲緒，雖都呼之爲「人欲；」然這種人欲如說都要除去，則非根本地否定人生當不可能。所謂天道者，要不外陰陽五行，人之生也這陰陽五行分而爲性，是以有血氣，有心知，因而又有情欲。這心知與情欲，是密接相關的；知情欲（意）三者要爲心的三大作用，去其

一，「人生」又怎能得而全呢」所以

記曰、飲食男女人之大欲存焉、聖人治天下、體民之情、遂人之欲、而王道修、人知老莊釋氏異於聖人、聞其無欲之說、猶未之信也、於宋儒則信以爲同於聖人、理欲之分、人人能言之、故今之治人者、視古聖賢體民之情、遂民之欲、多出於鄙細隱曲、不措諸意、不足爲怪、而及其責以理也、不難舉曠世之高節、著於義者而罪之、尊者以理責卑、長者以理責幼、貴者以理責賤、雖失謂之順、卑者幼者賤者、以理爭之、雖得之謂之逆、於是下之人不能以天下之同情天下所同欲達之於上、上以理責其下、而在下之罪人、不勝指數、人死於法、猶有憐之者、死於理其誰憐之、嗚呼、雜乎老釋之言以爲言、其禍甚於申韓如是也、六經孔孟之書、豈嘗以理爲如有物焉、外乎人之性之發爲情欲者、而強制之也哉、（疏證上卷）

——他把宋儒「理爲心宰、理爲性本」的誤謬指摘盡了。心是知情意三者的合體，去其一、心且不成其爲心，人不可不去欲情的話，孔孟六經所未曾說過；「君子之治天下也、使人各得其情、遂其欲、而不悖於道義、君子之自治也、欲使情欲道義一致也、夫遏欲之害、甚於防川、絕情去智、仁義充塞。」這要爲老釋之言，非吾儒本旨，吾儒要不過主張去其欲之私與蔽，而歸於「中庸」而止，這種無欲和絕欲的見解，是沒倡過的換句話：孟子之所謂「性」卽宋儒之所謂「才，」都是指氣稟而言的，這才不盡時，則患有二：一曰私，二曰蔽。世所謂善不善，要由於這二者，而非由於才，故學禮義可以去蔽，而知恕可以忘私，聖人的教化，要爲這樣，而四德的意義，也要爲這工夫。——戴子他蓋對於人性的本質，始終立腳於「人生自身」，自然地、生理地、下其觀察，不如宋儒本體地、論理地、作抽象論的。至於對於老佛的性理觀也一樣反對，更不待說。所以他這學說，雖和胡渭的易圖明辨，由宋儒的本體論以論宋儒者不同；然用其批判的精神及自家獨得的心理觀，以挫「宋學」，以明孟子的地方確有特色。而分心爲知情意三面用以爲心的體的見解，猶確足證其頭腦的緻密。

第三節　倫理觀

釋老混加的宋學，他既唾棄過，經世實用之學，他既主張過，那末文質彬彬的文化社會，換句話：孔孟的精神，自是他的理想了。上面說過了：他是主張不可不使民遂其情達欲而保其中庸的；但如何這情就可遂，這欲又可達其中庸呢？換句話：實踐倫理上，人生的知情意三者如何就可以保其調和呢？講到這點的時候，我們記得上面舉過他的去私去蔽兩條；這兩條正是他的教育觀倫理觀。他說：「私生於欲之失，蔽生於知之失，釋氏尙無欲，儒家尙不蔽，釋氏以爲主靜可至於君子，儒者則強恕以去私，問學以去蔽，主以忠信明其善，所以儒家這點，最爲得眞。」其言曰：

> 夫遏欲之害，甚於防川，絕情去智，仁義充塞，人之飲食也，養其血氣，而其問學也，養其心知，是以自得爲貴，血氣得其養，雖弱必強，心知得其養，雖愚必明，是以擴充爲貴，君子獨居思仁，公言言義，動止應禮，竭其所能謂之忠，明其所履謂之信，施其所平謂之恕，馴而致之謂之仁且智，仁且智者，不私不蔽者也，君子未應事也，敬而不肆，以虞其疏，至而動，正而不邪，以虞其僞，必敬必正，以致中和，以虞其偏，以虞其謬，戒疏在乎戒懼，去僞在乎慎獨，致中和在乎達禮，精義至仁，盡天下之人倫，同然歸之於善，可謂至善矣，若夫以禮爲學，以道爲統，以心爲宗者，探之茫茫，索之冥冥也，曷若反求諸六經，（原善）

——以六經匡心知，以物質養血氣，「健全的精神宿於健全的身體、健全的身體宿於健全的精神」——這道理之闡明，就是他的目的。致得了中和之德，則私蔽自去，孟子所謂「大丈夫」的境地自達。——他的思想，正是縫於近代所謂「自然主義」和「功利主義」之間的，以人之欲爲己欲之界，以人之情爲己情之界的話，尤爲極自然的見解，其中功利思想之潛伏，自不待說。

第四節　結論

痛於「宋學」的空疏，振臂而起，闡明原始儒教的眞義，言言處處，都着實剴切的點，他和顧黃顏諸子初無所異。然爲說非常內面的、心理的的點，又和這二三子不同，這正是他的異彩。在思想方面貧弱的情學裏，得他一作點綴，確放出許多光彩。使天假之年，當必更大有所見，惜哉！

第六章　理學派

第一節　孫夏峯

一　略傳及著書

這兒所說的「理學派」，是指清代宋明理學心學的流派而言的。在思想上講起來，孫奇逢、二陸、李二曲、張揚園等，都和宋明學的末輩不異其選，但清初以來，這些人都很有氣節，人格爲一世儀表，天下士風，大爲所敦厚，過稱爲命世大儒，亦不爲過。著作雖多語錄體，少新說，但句句金言，都是人格的表現。

孫奇逢字啓泰，號夏峯，又號鐘元，直隸容城人，生於明神宗萬曆十二年，歿於清聖祖康熙十四年，九十二歲的高齡。他一生屬於明朝的時候多，黃宗羲所以收之於明儒學案內，但其教化則多傳於清代，普通所以又多敍於清史內。

他既長，事父母至孝，有氣節，崇禎九年流賊圍容城時，他自示方略，和士民協力卒擊退賊，清聖祖聞其賢名，屢徵之，不應，移家於共城，開兼山堂講易，且率子孫躬耕，瓢簞時空，晏如自若。晚年講學於夏峯，學者宗之，其言曰：「七十歲的工夫，較六十歲密也，八十歲的工夫，較七十歲密也，九十歲的工夫，較八十歲密也」——可見其氣魄之壯，和體道之精。著有理學宗傳二十六卷，四書近指二十卷，理學傳心纂要八卷，讀易大指五卷，夏峯先生集六十卷，就中宗傳是漢代以來哲學家的學案，他所最用過心血的，但材料充實的點，究不如黃宗羲。

二 學說

他的特長，在攝取諸家之長，而不一偏的點上。理學宗傳一著，就是本這種意旨而編輯的。書中自漢朝董仲舒起，到明末止，所有學者的傳記，都蒐網着；宋代舉周張二程邵朱陸七家，明代則舉敬軒、陽明、念菴、憲成四家為正統；慈胡、王畿則為出入老佛，附之於後，然別無門戶偏見，所以其門人楊潛菴說：「先生眞見道之大原、無建安、無青田、惟以庸德庸言，直證天命原初之道，可謂千聖同堂，與造化遊」（徵君孫鐘元墓誌銘。）至於他的學問之要，則為在於體認天理。「聖賢為天地而立心，為生民而立命，其心及今猶為存在」——他說，且解其理曰：「人者天地之心也、人失其為人，天地何以淸寧、故為天地立心、生民立命者，聖賢之事也，明主不作，聖人已遠、堯舜孔子之心、至今在此、非人也、天也」（語錄）——意謂天地之心，雖卽人心，然作師作表，立心立命，猶為聖人的事。其說和「我心卽聖賢之心」之說多少不同，於程朱「聖人體仁爲天下儀表、是故當以聖人遺意爲標的、窮理以進」之意，則寓了幾分。換句話，夏峯之意蓋介於朱陸之間，試其調和折衷的。「渾沌之初、一氣而已、其主宰處爲理、其運旋處爲氣、指而爲二不可也、渾而爲一亦不可也」的話，及「成缺在事不在心、榮辱在心不在事」的話，都是折衷的態度，想合「實在論」、「唯心論」二者爲一的。世惟折衷者少創造，他的使命蓋全在於傳道。

第二節　李二曲

一　略傳及著書

李顒字中孚，號二曲，西安、盩厔人，依李二曲全集二十五卷家乘看起來，其父可從爲人慷慨有志略，喜談兵，且以勇力著於鄉，從汪喬年軍討賊，崇禎十五年與五千壯士共戰死於襄陽城下；其時二曲尚幼，不能從軍云。——看來他當是崇禎初年人了。家貧不能就塾讀，從母稍習字，然天稟之才，卒必脫穎，果然他少暫學，即大進；以家無藏書，借覽於親友，自經史子集以至老佛無不徧讀；康熙四年母喪，喪終後往襄陽弔父，既入道南書院爲「東林」學徒講書，聽者雲集。繼又於無錫江陰靖江等地講學，康熙十七年徵海內眞儒，諸人皆薦他，但固辭不受，徵命急時，至欲自盡，其議始止。其後鎖扉不復接人，只顧炎武來時，曾大喜款待過；聖祖西巡時，想見他，辭病不去，特賜「關中大儒」四字，以尊重之。

他的學極博，差不多無所不通，而著述則非其目的。其言曰：「著述一事，大抵古聖賢不得已而後作、非以立名也、故一言之出、炳若日星、萬世飲食之而不盡、其次雖有編纂、亦非必誇詡於時人、或只以自詒、或藏諸名山、至其德成之後而後發、或既死之日、舉世思其餘風、想其爲人、或訪諸其子孫、或求諸其門人、欲以得其平生一言爲法訓、此時也是惟不出、一出卽使洛陽紙貴」（全集十六「與友人」）——眞是有道者的話。東洋哲學多精華，其主張率爲其全人格之反映，不如西洋思想的多辯冗說，以機械的分析爲能事，這點我們是不可忘記的！著有全集二十六卷，（四書反身錄八卷亦收在內）及十三經糾謬二十一，史糾謬等。前者尤爲其精力集中之作。

二 學說

其思想亦如夏峯，取陸王程朱之長，不偏於一面。但傾向則趨於前者，唐鑑清儒學案小識中雖說過他「篤守程朱，」但清初一般學者，率以陸王爲根柢，而又讚美朱子之好學；這樣兩派折衷，所以隨從那面解釋，都可成立；且清代無論「考證派」「理學派，」都沒有樹過黨派，爭過出入，一般都是取倂他人之長，自則更立高處，想成一家。其間二曲就是一個代表。他嘗因門人問「朱陸異同」時，爲言曰：「陸之教人、一洗支離錮蔽之陋、在儒教中最爲儆切、使人言下爽暢醒豁、以自有所得、朱之教人也、循循有序、恪守洙泗家法、中正平實、極便初學、要之二先生、均於世教人心有大功、不可輕爲低昂也、中於先入之言、抑彼取此、亦未可謂爲善學也」（全集卷四「靖江要語」）——正是其不偏不倚，而又能自立的地方。又曰：「孔子以博文約禮之訓、上接虞廷精一之傳、千歲之下、淵源相承、確守不變、惟朱子爲得其宗、生平自勵勵人、一以居敬窮理爲主、窮理卽孔門之博文、居敬卽孔門之約禮、內外本末、一齊俱到、此正學也、故尊朱卽所以尊孔也、然今人亦知闢象山、尊朱子、及考其所謂尊、則不過訓詁文義而已矣、至於朱子內外本末之兼詣、主敬禔躬實修之旨、則缺如、吾不知其如何也、況下學循序之功、象山雖疏於朱子、然其爲學也、先立其大者、峻義利之防亦自不可得而掩之也、今日學朱者、能如是乎、不能如是、而徒以區區語言文字之末、闢陸尊朱、則多見其不自量也、」(全集十五「富平問答」)——明說朱子的爲學工夫實、陸子的直覺力量偉，朱子稍稍疏於心，象山則長於此。所以窮理而不居敬，則爲俗學，居敬而不窮理，則爲空學，必二面兼施，心常惺惺，庶可免爲腐儒而得入於精義，博約幷到，學德雙全，所謂知行合一，本末一齊，內外一致，才成。——兼取朱陸之長，於此明見了。

他的學說既如是，植根於陸子，而兼攝朱子，那末由是而產出的他自己的學說又如何呢？但折衷者多乏創造，(Originalisy) 他惟主張當反省事物的理，以直觀爲要；又說心當保其平靜。——和李延平一樣，他蓋以內省爲學的。他說：「學問之要全在定心，靜而安、寂而不動、感而遂通、廓然大公，物來順應，猶如照鏡，不迎不隨，此之謂能慮、此之謂得其所止、」(反身錄一) 所以心之體本於虛、本於明、本於定、本於靜。能虛明定靜，則情忘識泯，心亦不動，恰如明鏡之象，蓋靜中之靜易，動中之靜難，動時能靜，則靜時能靜了。——其言定靜工夫，可謂極爲詳密。

他既這樣以養心明德止於至善爲工夫，爲學問，換句話以致良知純天理爲工夫，爲學問，那末宇宙問題，心理問題等，自不會多談及；所以門人問易時，他說：

今且不必求易於易，而且求易於己、人當未與物接、一念不起、卽此便是無極而太極、及事至念起、惺惺處、卽此便是太極之動而陽、一念知斂處、卽此便是太極之靜而陰、無時無刻而不以去欲存理爲務、卽此便是天行健、君子以自強不息、人欲淨盡而天理流行、卽此便是乾之剛健、中正純精、(全集五「錫山語錄」)

蓋以爲理卽我們人間的心理，歛其心則易(理)的變化在我們的心中，所以我們心中不可無主宰，不可不收歛，譬如四書中的話，一看像是很容易實行，但反之於身，體現亦很難，何況易理那樣玄妙的東西呢？所以格物窮理那樣的事，亦惟在於修齊治平上有補而後可尊；苟徒博學而反身不誠，則畢竟玩物喪志，距道愈遠。——他蓋始終以實踐倫理爲重的。

第三節　陸稼書

一　略傳及著書

陸隴其字稼書，浙江平湖人，生於明毅宗崇禎三年，唐朝名相陸宣公之後，康熙九年進士及第，年四十一。授江南嘉定令，治行稱天下第一，後爲直隸靈壽令，與諸生講論，著松陽講義十二卷，在任八年，治績亦大舉，徵入京補四川道監察御史，未幾致仕，屏居於華亭、泖口，大爲風教明道，偶犯病，遂不起，年六十三（康熙三十一年）官民共悼惜之。資性篤厚，有古人風，知無不言，行清格高，所以到處有聲，於風教尤大有功。乾隆二年諡清獻公，時人稱爲「當湖先生」，「三魚堂」即其書齋名。著有三魚堂集十二卷，外集六卷，賸言十二卷（都收在全集中）松陽講義十二卷，四書講義困勉錄正續三十七卷，問學錄四卷，讀朱隨筆四卷，談禮志疑六卷等。

二　學說

陸子以前諸名家，率指摘「王學」末流的弊害，謀其刷新，而於程朱陸王則又取兼攝主義。但到他，纔粹然宗朱子，棄餘家，一以明聖學、資教化爲己任。他的學術辨三篇就是爲破陽明明程朱而作的。他說世的儒者沒有操守，信那源流不清的「王學」以爲和聖教大同小異，這種現象放任下去時，眞是將魚龍雜混，聖教且不能維持。學問中本有「立教之弊」及「末學之弊」二種，前者源清流濁，後者源流皆濁，學程朱而滯於偏執是後者，如陽明則源已濁，徒罪末輩復有何益。蓋陽明託禪於儒，其流害不可勝言，我們只要一究其和禪相表裏的地方——他的心性之辨，則一切自明。蓋人之生也氣集成形，氣的精英集而成心，所以心是神明不測變化無方的東西，而性則是這氣中內在的理。所以程子曰：「性者卽理也，」邵子曰：「心者性之郛郭也，」朱子曰：「靈所是心不是性。」都是說性是寓於心內的。但禪則不然，牠以知覺爲性，以知覺發動處爲心，其性所以卽吾儒所謂心，其心所以卽吾儒所謂意志。禪滅倫離義，詭怪張皇，自放於準繩之外，而不知這卽是性，而誤解之爲心，以爲知覺所生的一切人倫應物的道理，皆因「我」爲障界而然，遂至於把這一切盡舉而棄之。而陽明復不察，學其故轍，其無善無惡的話，蓋指知覺爲性而言的；而良知天理等，則都是指性而言的。陽明以爲釋氏的本來面目，卽我們所謂良知良能又就是天理，無善無惡又就是至善。其爲說眞是縱橫變幻，不可究詰。他主張萬物皆具於我，以束縛聖人之教，肆然決裂而不憚，又或以爲良知苟存，自能酬酢萬變，其自同於禪家，遺棄一切之見，非聖門流亞，自是明事。（全集卷二「學術辨中」）

——這樣蹴到陽明之後，他於是盡力擁護程朱，且宣傳程朱，以爲這二人是維持風教的偉人，朱子的窮理主敬，和孔子的多學下問，同爲聖門正學。必這樣二面兼施，纔可一不流於玩物喪志，二不落於猖狂恣睢；程朱的問學工夫，要之最爲安全。

此外學理的議論，還有太極理氣二論。所本雖爲周子的太極圖說，但有精密處可觀。

夫太極者，萬理之總名也，在天則爲命，在人則爲性，在天則爲元亨利貞，在人則爲仁義禮智，以其有條而不案則謂之理、以其爲人所共由、則謂之道、以其不偏不倚、無過不及、則謂之中、以其眞實無妄、則謂之誠、以其純粹而精、則謂之至善、以其至極而無以加、則謂之太極、名異而實是也、學者誠有志乎太極、惟於日用之間、時時存養、時時省察、不使一念之越乎理、不使一事之悖乎理、斯太極存焉矣、(下略全集卷一)

「太極說」自周子至於朱子已臻精密，但他現在更把這理具體地說出來，其間雖乏創見，但在太極思想的發展上，很可供參考。至於理氣，則他說：「萬殊之理氣易明、而一本之理氣難悉、一本之在人心易見、一本之在天地難知」又以朱子的「理不離氣、氣不離理」爲「其分合不可疑也」；且說：「須先說有此理、則其先後無可疑、惟有此理、則必理有所會歸、有氣則氣有所統攝、天下未有無本而能變化無方者、未有無本而能流行不歇者，而理氣之本果安在耶、今夫盈於吾身之內者皆氣也、而運於其氣之內者理也、」(全集卷一理氣論。)——意謂理氣的根原爲一本，而其本則在於心，「心者氣的精華之所集、萬理之原也。」所以以理氣爲二元、散漫無所主宰的東西，則爲妄言，主宰之所在，即一本之所在，若夫爲主宰的那東西，則一無思慮，二無營爲，能使百物自生，四時自序的。理與氣要爲不可分的，一而二，二而一，不離又不雜的東西。朱子所說的「無無氣之理、無無理之氣」之說，最爲的當。——這個就是他的主張。

他爲人爲學，皆眞實而穩健，所說皆程朱之粹，且充足朱說，以闢異歸眞爲職旨，有一貫之概，其學施用於實地，且收過很大的效果。

第四節 陸世儀

一　略傳及著書

陸世儀字道威，號桴亭，江蘇太倉人，生於明萬曆三十九年（西紀一六一一年）長於陸隴其十九歲，與顧炎武、黃宗羲等相前後。現因其思想上的關係，特附論於此。當劉蕺山在「蕺山書院講學時，他曾想去聽講，未果，一生常引爲遺恨。後來流賊橫行天下，生民塗炭，他慨然引爲痛事，上書請舉用文武幹略之士，不報，於是退而築亭自晦，隱不復出。明亡後，則於東林講學，已歸昆陵，又歸太倉，亦講學不輟。清朝屢想起用他，但他固辭不出，專修「程朱學」，終生從事於著述，和隴其及張楊園等齊名，海內仰爲眞儒，康熙十一年，六十二歲卒。

著有思辨錄二十二卷，後集十三卷，前後十二年間思考推敲而得的。其思想所以全盡於本書內。此外有論學酬答四卷、儒宗理要六十卷，性善圖說一卷。據其傳記，則未刊的還有數種。四庫全書提要評之曰：「世儀之學，以敦守禮法爲主不虛談誠敬之旨以施行實政爲主、不空爲心性之功、於近世講學諸家、最爲篤實、其言皆深切著明。」

二　學說

提要這話，當是適評，體得程朱着實之旨，不作虛談空論之言，這點正是他的特色。他說：「天下無講學之人、此世道之衰也。天下皆講學之人、亦世道之衰也。」又曰：「今之所當學者正不止六藝、天文地理河渠兵法之類皆切世用、不可不講、俗儒不知內聖外王之學、徒高談性命、無補於世、迂拙之誚、所以來也。」（思辨錄卷一）這樣貶砭俗儒空迂之外，又舉爲學五弊曰：「談經書而流於傳註者、尚經濟而趨於權譎者、務古學則爲奇博無實者、看史學入於泛濫者、攻文辭溺於辭藻者、是皆不知大道之故也。不知大道則胸無主宰、心緒常差錯、而不得步於正道。」（思辨錄。）至於大道是甚麼，則不待說就是周公孔子之道。他以這道爲天地自然之道，「學」者卽學這道。換句話：「一部中庸只說一個道字、一部大學只說一個學字、原於天的謂之道、修於人的謂之學、貫天人而一之的謂之道學。」所以道生天地，天地生人，沒有這道，則天地且不成天地，人也不會想念及牠。所以宏道的君子，不可不竭力從事於道與學。這道在天地之間，本不可見，但學道的人能見之，「鳶飛戾天、魚躍於淵」的話，就是說能深察於上下的，滿空中無不是道（同上）。意謂人物之生出本是本於天人合一而來的，能參天地的化育，全歸全受的人，則爲聖人，窮其道欲近於聖人的人，則爲學道的人。——他的學道解如是，其中以聖人爲稟天地的正氣以生的見解，則不待說是程朱的影響。

要之，他以爲道外無學，道學外無人，而聖人卽爲這天地的合一者，道這東西的具象者。所以立志而讀聖賢書的人，卽爲學者，立志而讀聖賢書的那宗事，卽爲學問。大學中庸是學者的入門書，道學的寄託者，學的基礎，當植於是；而其中居敬格致誠正修齊治平，卽爲爲學的過程，實際地有用的人材，卽出於此。——這樣一轉下來，他於是遂全脫出於從來迂儒空談的圈外了。且其言曰：「近世講學多似晉人空談，空談甚害事、孔門無不就一語之實處教人、論語曰、君子欲訥於言而敏於行、又曰敏於事而愼於言、又曰君子先行其言而後從之、又曰君子恥其言之過於行、都是恐人言之過其實也、正嘉之間、道學盛行、至隆萬而益甚、一日而天下靡然成風、惟以口舌相尙、意思索然盡矣。」——這等高調實學的點，在清代「程朱學者中」確是出人頭地。至於關於這道學的根本論，則他始終主張居敬窮理四字，以爲這是學聖人的唯一工夫。他說：「徹上徹下、徹首徹尾、只此四字。」又說：「居敬是主宰處、窮理是進步處、程子亦曰、涵養須用敬、進學則在於致知、」（思辨錄卷二）——要之這點，他和程朱殆無出入。

他的學說，一般雖無創說、但他以自說的「道生天地、天地生人、人配天地、故能盡道」四句、爲周子「太極圖說」一篇的旨義、其理氣妙合論，則又打破羅整菴的「道一元說」究明理氣的屬性的點，尤堪注目。蓋他先從太極入手，以爲這二字是基於繫辭且祖述孔子的。而主靜以立人極的見解，則爲周子獨創；周子全篇的主意，當在這一點。所以讀這書時，僅論太極，不察人極，則周子的意旨，當全失卻。「不知太極則無天地、不知人極則無人、此之謂不誠無物」（思辨錄卷四）——他這樣把太極人極合一起來，其高調兩者關係不可離的點，和中庸「道也者不可須臾離也、可離非道也」的話同其旨，離了天道則無人道，離了人道則無天道；——他對於太極圖說的觀察，蓋用這渾然一體的原理爲標準的。在這點他多少當受過劉念台幾分影響，我們回念一下念台的人極圖說及「動靜說」時，當能一思過半；但他除高調人極外，人極之本，也是認爲在於主靜的。至於其主靜的實落處，則爲中正仁義，這四者是聖人的盡性工夫。——

中正仁義而主靜者、周子立言甚周匝也、然主靜下又自註曰、無欲故靜者、無欲也、無人欲也、無人欲則天理純也、是以周子以天理爲靜、而人欲爲動、主靜者、主天理也、主天理、則靜固靜、動亦靜也、豈有偏靜之弊哉、（同上）

這中正仁義，就是聖人之道，主靜這宗事，和中正仁義，又初不可離，離則不是主靜；——和五行之外，別無陰陽，五行卽陰陽，陰陽卽太極的理一樣。

同時所以在理氣說中，他認爲理氣二者，又不可分。他說這點在先儒中，都沒有說得明白只有朱子講過「必先有是理然後有是氣、既有是氣則是理也」的話，又論萬物的一元時，說過「理同而氣異」的話，論萬物的異體時，說過「氣猶相似理絕不同」的話，而其中「必先有是理」四句尤爲卓說，論理氣的人誰也當引爲標的——他說。「學者把這四句、參伍錯綜、尋求玩味、胸中貫串通徹、務使毫無一些疑惑而後可、如是則天地萬物性命的理、當自能瞭然而無間」——他又說。又對於羅整菴「周子無極之眞、二五之精、妙合而凝三語可疑、凡物必兩而後以合、太極陰陽果爲二物、則方其未合之先、各安在耶」的疑問，論述過如次：

整菴言理氣亦固陋也、夫氣卽是理、以爲氣中則有理而非氣、是卽理也、既非氣則是理、則安得不爲二物、（思辨錄卷二）又曰整菴以爲氣集便是集之理、氣散便是散之理之謂、惟其有集有散、是乃所謂理也、是則就集散上觀理、而不知所以爲集散之理也、宜其於程朱言多有所未合、（後集卷二）

——他認整菴的理氣，墮於形器而未能體得渾然融合（理氣的一元）體現天地的妙用的理。換句話：周子并不是二元論，整菴的疑，由其自家固陋所致。

其次就是他的性說。他以爲性就是氣質，本然的性不可稱爲性，從來儒者率以孟子的性善說爲本，以爲性都是善，而形容之爲渾然至善，純粹未發，其言決不得當；爲甚麼呢？第一所謂性者，不是這種本然的性；第二孟子的性善也不是這種意思；孟子是就天命上爲說的，換句話：他這話是說命善，而不是說性善的。天命之初，我們人間尙未落於氣質，這說所以可能成立，其後朱子爲想發見至善的根據起見，也說過這性善的話，但朱子不明「繼之者善也、成之者性也」的區別之識，當也不能免。又他和伊川及後之儒者論性時，雖都曾分性爲本然氣質二種，而以爲前者卽孟子的性善；但孟子的性善乃中庸「天命之謂性」的意思，且其中後天的氣質含在着，下愚昏濁那樣的東西含在着的話細讀孟子時，當也能明白。孟子在「四端說」裏雖說過「人人有仁義禮智四質」的話，但這要不外是說人人所以有爲善的資質，有爲善的可能性的心理的說明而止，換句話決不能解之爲是說人性渾然至善，毫無惡愚，如釋氏所謂眞性的意思的。要之性這字落到後天的形質時，始爲有性可稱的。周子「惟人也得其秀而最靈」的意思。所以無論如何，有氣與質而後有性，說性便是說氣質的，（思辨錄輯要後集卷四）且讚周子曰：

諸儒中論性莫如周子、最明白、最純備、通書首章曰誠者聖人之本、大哉乾元、萬物資始、誠之源也、乾道變化、各正性命、誠斯立焉、純粹至善者也、故曰一陰一陽之謂道、繼之者善也、成之者性也、元亨誠之通、利貞誠之復、大哉易也、性命之源乎、只就元亨利貞上看出繼善誠性處、不過一誠字、能全此實理者惟聖人、故曰誠者聖人之本、（同上）

——要之他以爲惟氣質纔可稱爲性，若善惡的分歧點，則在於誠之德的成就如何。所以他又說：惟周子性者剛柔至善中而已矣一句中的「而已矣」三字，最爲盡竭無餘之辭，從來論性的人沒有比這還簡而得要的。從來論性的人，都以爲這句話是專論氣質的，而不知氣質之外，初無所謂性，程張朱諸子千言萬語，其實那能及此一句呢？——他這樣斷定，用氣質一元論充足了周子，同時用作自己的性說。理氣一元論者的他在這兒也這樣徹底過。

第七章　公羊學派

第一節　公羊學派的淵源

清末時候勃興一大思潮，和西洋思想相握手，且作過「辛亥革命」一大動力的就是這「公羊學派。」這派的思想，和現今所謂「社會哲學」初無大異，求之於中國墨法二家當有相切似處。

這學生起的動機，最初是因於「考證學派」的途窮無路。考證派把他們應做的事都做盡了，學者現在都困於發展無餘地，於是新境地徧求的結果，遂發見了西漢的「今文學。」次則轉而包收內外的民主思想，包收的結果應用於實際時，於是社會革命遂告了成功但革命成功之後，這派的學竟無人復爲顧及，其使命完全終了的樣子。——可謂珍奇的現象。

自顧炎武惠士奇等考證派大家，鑑於明學空疎，提倡考證學以來，六朝唐學的復古，漸趨成風，其間天才閻若璩著古文疏證明斷「古文尚書」爲王肅僞作，後學者遂愈疑肅以下六朝的註疏而信馬融鄭玄之學，力求復於東漢。士奇之子惠棟正是這「東漢古文學」的權威，乾隆嘉慶以來這「東漢註疏學」達於全盛期。但這學研究的結果，又發見了新事實：這古文學不是劉歆當年媚事莽朝立於官學，而自己一手校纂於其間的麼？那末自不能必斷爲足信的經典了，眞正的經典或不能不求於西漢的「今文」——於是這「今文學派」遂勃起。但是西漢十四博士的今文經傳在西漢末年已被當時所出的古文經傳所壓倒（今文學衰滅的原因，不待說決不爲現在今文學者所說，全因於東漢僞古文的出現，自不待說，漢初學者神祕迷信者多，且率爲秦時故儒，思想非常含帶方士味，所以謂爲得過經傳正統，自不可能，但這等考證現在無暇列記）。當時大儒如大師服虔、馬融、鄭玄等，都是古文學大家，其中鄭玄尤博淹無匹，董仲舒何休等主觀的理想的的今文派，到底不是敵手，後來晉代的杜預王肅等又都是古文家，現今流行的十三經註疏，且因以產出；一蹶不振的今文學派，僅何休註的公羊傳殘存世上，保其餘喘而止。何的這公羊傳，不待說唐代徐彥之加過一次疏解，但徐疏對於何義，別無發明，換句話：何的本色還全然保得存在；——所以清代公羊學派，於是遂於何的暗示的、預言的的地方，感一種趣味，加以潤色，欲更創一新生面。——這就是「公羊學派」的起源；何休的舊註作了他們唯一的根據。

元來春秋一書，是夫子當年絞心瀝血而成的，其經傳之傳於後世，本有左、公羊、穀梁三種。但在漢初時，唯後二者，前者則到西漢末時纔出，東漢朝時纔大行於世。其盛行於西漢的理由，第一因公羊傳的筆法寓尊王一統之意，且其「西狩獲麟」的解釋裏，有「制春秋之義以俟後聖」一筆，漢初這派的學者，以這聖人是指漢高祖，因而大張皇其說，所以遂大行於世。後者左傳之流行於東漢，則說者謂是因其「昭公二十九年」的記事裏，有帝堯的後裔劉累為御龍氏一節的原故。換句話：劉氏是帝堯的子孫的話，由此得了證明的原故。但這說當多少有皮相處，劉累的話，在前朝西漢時已有人奏明過，當時沒有立棄公羊而用左傳而謂東漢僅因這點故事而大變其趨，其說明當不可必。依我們看起來，這也當是學派爭持的結果，優勝劣敗，必然的淘汰——這個看法當近於穩當而自然。為甚麼呢？因為西漢末古今文之爭，初不僅限於公羊和左氏，其他五經全體，在在皆如是，那末東漢初，既古文學全盛，左傳之壓倒公羊傳，自是意中事了。——總而言之，從此以後，公羊傳束之高閣，無人顧及，直到後來唐朝啖助宋朝孫明復等出來，加過解釋而止，（春秋尊王發微明復著，十二卷，收在通志堂經解裏。）但到清朝則如前述，考證學派已泉竭路窮，惠棟戴段二王一派的「漢學者」把東漢的註疏學吸取盡淨了，所以方向一轉，武進莊存與遂注目及於公羊傳。同時他的後進裏又出了一個同縣的劉逢祿，其主張的大致亦以爲東漢古文學是鄭玄的一家言，西漢的今文學，則轉爲師傅相承，源出上古先王的眞精神，當求之於此而不可求之於彼。且從來的考證學，惟以名物訓詁爲主，其研究全爲部分的，關於一篇的大義大綱，常盲目置之，未有闡明，所以現在攻學的精神也當大大地一變，不可不於古書的微言大義處求其眞——他們說。「公羊學」所以是經義主張之學，「考證學」當是經義疏通之學。

但是這兒有一當注意的點，就是「公羊學派」的主張和公羊傳的主張幷不相同——一事。前者是孔子高弟子夏的弟子公明高的春秋傳，後者是東漢何休及莊劉等對這傳的解釋和研究。在理，後者當附承前者，但事實上則所謂「微言大義處」，兩兩殆無關係。詳言之，後者中有許多奇奇怪怪的地方，前者則一點也沒有，唯說孔子的尊王大義而止。嘗如「隱公春王正月」一條，傳文曰：「王者孰謂、謂文王也。曷爲先言王而後言正月、王正月也。曷言乎王正月、大一統也。」——明明地表出奉周王正朔以示尊王大義。但後者何休則解之爲：文王雖是新受天命而爲王，但春秋是新受命而作王法的東西，文王是假名，其實是指魯王；——和傳義殆爲別物。莊劉等又步其說，而力求新解，於是前者著春秋正辭十三卷，後者著公羊何氏釋例十卷。所謂「張三世」「通三統」「絀周王魯」「受命改制」諸義，更次第衍導了出來。不待說，這種解釋，在西漢董仲舒的春秋繁露裏已發過源，董是有名的神祕家，其說傳於何休，與公羊傳自身亦無緣，現莊劉等繼承他與休之說，和公羊傳自身無緣之點亦無異。但輓近對於

「公羊學派」給過大影響的人，又有一個龔自珍。他是段玉裁的外孫，起初在段處學過訓詁學，爲人性格不羈，不修細行，有詩人風，喜今文，引其文譏諷時政，排斥專制政治，且文辭瑰麗，一時初學者大爲所衝動（文集十卷詩詞四卷收在四部本）——這樣「今文學」遂次第達於隆盛。

一般於是知道賈誼、馬融、鄭玄、許慎等的「古文學」不足以盡「漢學」了，同時輯佚之學也盛行了，搜取古經說的片言隻字不遺餘力，又依今文派家法把範圍擴張，研究且及於他經——古今文的分野，於是遂愈明顯。馮登府的三家詩異文疏證二卷，陳壽祺的尙書大傳註，陳喬樅的今文尙書經說考三十六卷，尙書歐陽夏侯遺說考一卷，三家詩遺說考五十卷，齊詩翼氏學疏證二卷，迮鶴壽的齊詩翼氏學四卷等續出，旣究今文的遺說，復論家法的異同。道光末，魏源出來了，更於詩古微十七卷裏認「毛傳」及「大小序」爲晚出的僞作；書古微十二卷裏則贊同閻若璩之說，認古文尙書爲東晉晚出的僞作外，更斷言東漢馬融鄭玄等的古文也不是孔安國所發見的舊本；辭旣博辨，對於古文學的攻擊爲力甚大。同時邵懿辰亦著孔經通論一卷，謂「儀禮十七篇」本是足本，「古文逸禮三十九篇」乃劉歆所僞作。又魏源以前劉逢祿著過左氏春秋考證二卷，說左氏春秋和晏子春秋、呂氏春秋等同性質；所謂記事的書，幷不是解經的書。——於是其結果，凡西漢劉歆所力爭過的「古文經傳」：詩、書、左傳、逸禮等，都變成可疑的東西了。

以上是今文家用其今文派的精神研究所得的成績，其中可取可觀的點，非常的多，自不待說，到王闓運、廖平時，其勢更張，至康有爲時，且至於大成。

第二節　公羊學派的內容

依何休公羊的諡例，春秋裏有「五始」「三科」「九旨」「七等」「六輔」「二類」等條例，孔子的理想即示在這些條例裏；他們公羊家則尤重其中的「三科」「九旨」二條，奉爲金科玉律。這二條孔廣森在其所敍的公羊通義裏也解釋過，但和何休的解說則全不同。現在我們專論何說時，則其所謂「三科」「九旨」者如下：

新周、故宋、(殷微子所封的國)以春秋多新王、(魯)是一科三旨也，(通三統的意思)所見異辭、所聞異辭、所傳異辭，是二科六旨也。內其國而外諸夏，內諸夏而外夷狄，是三科九旨也。

——何說如是，其中雖實只三科八旨，何當是筆忘了，此外「內外(夷夏)合一」一科的現在就「公羊學」中諸要點，簡單說明之如次。

(一)通三統　這思想是繼承前漢董仲舒的春秋繁露而來的，謂新王受天命，行其革命時，一面改正朔，易服色，變禮樂，以一新天下的耳目，同時封前二王的子孫，存其王號，和新王爲三王——如是則謂之「通三統」。這三王更把前二代的王併合起來時則稱五帝，更溯而上時則稱九皇。但三統之義，要專指新、舊、舊舊三代而言的，換句話：惟優待和新王最相接近的前二代而言的；所以愈溯及古，則待遇當愈薄。(春秋繁露的「三代改制質文篇」、崔適、春秋復始九卷」等參考。)

(二)張三世　即所謂「所見異辭、所聞異辭、所傳異辭」三者，其記事出於「隱公元年」「桓公二年」「哀公十四年」等傳中，何休解這些傳曰：

所見者昭、定、哀、己與父時事也、所聞者謂文、宣、成、襄、王父時事也、所謂傳聞者謂隱、桓、莊、閔、僖、高祖曾祖時事也、異辭者見恩有厚薄、義有深淺、時恩衰義缺、因制治罪之法、故於所見之世、恩己與父之臣尤深、大夫卒、有罪無罪皆日錄之、丙申季孫隱如卒是也、於所聞之世王父之臣恩少殺、大夫卒、無罪者日錄、有罪者不日、略之、叔孫得臣卒是也、於所傳聞之世高祖曾祖之臣恩淺、大夫卒、有罪無罪皆不日、略之也、公子益師無駭卒是也、於所傳聞之世、見治起於衰亂之中、用心尚麤觕、故內其國而外諸夏、先詳內而後治外、錄大略小、內小惡書、外小惡不書、大國有大夫、小國略稱人、內離會書、外離會不書是也、於所聞之世、見治升平、內諸夏而外夷狄、書外離會、小國有大夫、宣十一年秋晉侯會狄於攢函、襄二十三年夏邾婁鼻我來奔是也、至所見之世、著治大平、夷狄進至於爵、天下遠近小大若一、用心尤深而詳、

——意謂公羊傳對於春秋十二公二百四十二年間的事件的書法，全以孔子見、聞、傳聞三時代爲標準，雖同一事件，其辭亦異。至於「異辭」的理由則因君臣的恩義依孔子這見、聞、傳聞三時代的關係，有厚薄深淺之分，故錄時有精有略，——異辭的意義如是。

我們現在對於何休這種解釋，到底得當與否，清代公羊學者贊成這種解釋之又得當與否，姑且不論。但「公羊學派」以這「三世異辭」之說，一轉而當作社會進步的過程看時，則誠不能不說是他們的創見！他們的根本思想既就在這點，我們尤當引爲重要。他們以爲孔子「傳聞之世」（孔子的高祖曾祖時代）是「擾亂之世」，「所聞之世」（祖父時代）是「升平之世」，「所見之世」是「太平之世」，而這所以「太平」的原故，則說是因孔子

的出現而然；此外且更想把「不異內外」之說加進來，愈發揮其大同主義的精神。蓋他們根據於上引何休之說，以為在據亂之世時，內其國而外諸夏，升平之世內諸夏而外夷狄，太平之世則夷狄進於爵，夷夏合一，天下一統，萬民平等，太平無事。——這就是孔子的社會觀、理想觀，孔子一生曾以這太平大同的精神為始終，且曾因以從事於教化。換句話：孔子的社會進步的法式，是由近而遠，由親而疏的；這遠近親疏的過程，即其社會觀所由形成的——他們說。

但是雖然如此，公羊傳裏「春秋內其國而外諸夏、內諸夏而外夷狄、」的話雖確說過，其意思不過是說孔子的春秋筆法有二種而止，初和他們「公羊學派」的這「三世說」毫無關係。這說要不免牽強附會之嫌，且多似於漢代讖緯之見。傳聞之世雖確是「據亂之世」，但出過齊桓晉文，翼戴周室，不是較後的所聞所見之世還強得多麼？何況所聞之世，又決不是「升平」，亂臣賊子愈多起來了呢！所見之世，又更不能說是「太平」，一內外統夷夏那種事實，那種社會狀態，誰也不能在昭、定、哀時發見出來呢！

(三)絀周尊魯　(見上第一節「公羊學派的淵源」內)。

(四)西狩獲麟　公羊傳說：「麟仁獸也、無王者則不至、以告者也、曰麕而有角、孔子曰、由孰來哉、由孰來哉、反袂拭面沾袍。」在公羊高的意思，孔子這話是歎周室衰微而發的；且一般也都是這樣解釋。但公羊學者不然，他們說世無王者而麟出現，是希望王者出現的意思；何休且說：「孔子預知漢之代秦、又知有六國之亂、及秦楚驅除之禍、民之罹害者久而泣也。」——其為專為漢朝立說，及迷於當時的預言思想，殆可不待煩言而解了。

(五)受命改制　這是說孔子雖不得位，但以素王自任。傳裏「隱公元年春王正月」裏面的「王」，卽文德的王，指「孔子」言的；「西狩獲麟」的記事，則爲指孔子預知後世漢朝之當興的。孔子既預知漢朝之當興，於是預爲之制法，論語「爲政篇」裏子張和孔子的問答，及「衞靈公篇」裏顏淵問爲邦二條，就是他的微言大旨之所指——他們說。但這解釋之亦爲獨特而牽強，亦自不待說。子張問孔子十世可以知否時，孔子雖答過「殷因於夏禮，知所損益也，周因於殷禮，知所損益也，其或繼周者，雖百世可知矣」的話，但孔子這話，是說易姓革命的事不可免，但小處可以損益，倫理綱常的大旨，則初不可動——的意思，幷不是卽爲認許革命及改革制度的意思。但他們不管，始終這樣把孔子言說的抽象方面捉來，認作就是孔子的微言大旨，以爲孔子是素王，是預言者，是共和革命的人。又說孔子不僅於春秋內說過改制的話，卽論語禮記裏面，他自己也改過周禮，依殷禮的地方很多；換句話：孔子不僅理論上如是，卽實際上亦如是。

(六)春秋大九世之仇　這思想在清末「革命排滿」時，作過大旆，給過大影響，其來由則出於「莊公四年齊襄公滅紀」一條。這一條在經文裏書爲：「紀侯大去其國」，對齊沒說滅，對紀沒說奔，於是左傳解之爲：「紀爲齊附庸，而奉其社稷，故不曰滅，不見迫逐，故不曰奔，大去，不返之辭也」；公羊傳則解之曰：「紀雖滅於齊，但襄公是明君，如說滅，則顯其不德，所以只從紀公方面書大去。」至於襄公爲甚麼是明君，則因襄公的九世祖哀公曾被紀公的先祖所讒，殺於周，襄公這次滅紀，正是因這九世冤仇的原故；所以孔子特不書滅，而寓讚賞襄公的意思；換句話：這種復仇，正是春秋的大義，他們說。——且這樣借題發揮的結果，與漢排滿時，遂恰好作了招牌，士氣大爲鼓舞因成了功。但實際上講起來，這思想和他們所主張的「孔子大同主義」的精神，當根本不相容；現在民國要想抱擁五族四萬萬時，這思想根本地不能適用了，他們的學說於是自然地消滅無蹤。

以上是「公羊學派」的大略，把孔子「仁」的精神推衍了一番，從來沒人注意過的漢人民主大同的精神，又盡情發揮了一下。其在學理上，理論和材料沒有十分精鍊，得主觀的獨斷和讖緯的強辨處非常之多，我們加以科學的解剖時，立刻就會站腳不住，自不待說；但其主張的結果，孔子的眞精神也確被救出了不少。數千年來，孔子完全化成了專制君主的手段了，「孔學」完全變成了帝王萬世的方便了，他們現在把面目一新起來，孔子的全體得了，孔子的世界觀的價值也體得了。這當是這派的大功。

第八章　康有爲

第一節　略傳及著書

公羊學漸次發展下來，歷王闓運、廖平至於康有爲時，其思想更漸帶實際味。有爲，他爲想把孔子大同主義的精神，精密地實證起見，於公羊傳外，更摭拾了論語、禮記、孟子等裏許多文句，以求充實。他說孔子是懷抱太平大同主義的世界的偉人，其在世時，未能行其改革，要因是個素王，手無實權所致，否則社會革命，必早斷行過無疑。繼孔子的精神的人，無過於孟子。孟子中民賊、獨夫、授田、生產諸說，都是這大同精神之所發揮；至於荀子則嚴分君臣上下，要爲小儒之魁。——他這樣地尊過孟，排過荀。不待說，孟子民主的言論，是有感於當時君主的自利主義而發的；但有爲一派，則因內以變法自強，社會革命爲理想，遂欲藉此出於直接行動；陳千秋、梁啓超等一面祕密出版頒布了許多黃宗羲的明夷待訪錄——孟子精神最表現得多的書，他面又和譚嗣同、唐才常等，大大地呼號於南方，遂爲這次革命的導火線。

諸子的目的，這樣趨於實際，其學理所以很多偏於主觀，及苟爲目的不擇手段之處，所以如求永遠的價値時，這學當還要充分整理一下。

康有爲字廣夏號長素廣東南海縣人，清文宗咸豐八年，（西紀一八五八年）生，現還生存。他生時，清室已漸陵夷了，綿綿十五年間的「長髮大亂」，雖幸借外力，得歸平定，但生靈財產的塗炭和損失，則已不可勝數。這亂平定時，南海他纔七歲；歐氛的壓迫又日漸緊急，——他在這等時代裏出世作過中國人。他的故鄉濱海，早已和外人接觸過，其民伶俐又富於進取心，——他在這環境中，出世作過代表者。

他比誰還早，就注目及於西歐的文明，那時白人宣教師所翻譯的政治法律方面的著作，他既有竊竊玩讀的機會，棹進世界潮流的漩渦裏，他又作了第一人。他又抱非凡的文才，及明快暢達的才筆，披瀝這種新思想，能使毫無遺憾，——天下人心，宜乎大爲所鼓舞。

幷且性質忠亮憂國，剔抉弊政極其痛快，所以光緒十四年（一八八八年）遂伏闕上書，聳動天下——年三十一。但那時清廷頑冥保守，誰也不睬及他的改革案，以爲不外一書生的囈語。他於是悄然歸故里，開「萬木草堂」（有人說是倣我們日本吉田松陰的「松下村」而名的）私塾，以薰陶學生爲事，弟子中如陳千秋、梁啓超等，又皆才幹，文章、見識、咸卓出，於是始漸招時人注目。不久中日戰事又發生了，當道預期，半着不中，一敗塗地，舉國失色，而南海的先見乃成事實！——他於是二次上書，有名的「變法自强策」就是這次的產物。（他前後六次上過奏，但這第二次的奏文最爲重大）

由這奏文，光緒帝及左右的進步派，始認他的策爲肯要。二十四年，又值德人占領膠州灣，支那瓜分之勢且成，於是帝召見他，詢以天下大計及變法策。他感帝的知遇恩，慷慨以天下自任；但命也如何！謀爲袁世凱所洩，入於西太后之耳，保守派復從而擠之，於是萬事變成春夢，帝幽瀛臺，他以身免，逃來我們日本。不待說他的事功雖失敗，他的愛國精神，則反因此播及全國，革新的必要，全國識者志士，且無不由此得以認識。但他雖抱太平大同的理想，同時對於現代，又認爲小康；以爲現在，大同還不可倡，倡行時，上下必至於紛亂，不可收拾。——因此於是門人對他也起了一種扞格。又他的見解既如此，同時對於「張三世」說的解釋，他和別的公羊學派也自多少不同；他說：「凡世有進化，仁有軌道，世之仁有大小，即軌道大小，未至其時，不可强爲。孔子非不欲在擾亂之世，遽行平等大同戒殺之義，而實不能強也；可行者，乃謂之道，故立此三等，以待世之進化焉。一世之中，又有三世，擾亂之中有太平，太平之中有擾亂，如僅識族制親親，擾亂之擾亂也；內其國則擾亂之太平矣；中國夷狄如一，太平之擾亂也；衆生若一，太平之太平也。一世之中有三世，故可推爲九世，又可推爲八十一世，以至無窮。」（孟子微卷一）。——由此就可見了。他蓋以爲社會進化的過程，由三世而九世，由九世而八十一世，以至於無窮的，其間時間的飛躍不可許，躐等的改革不可強的。所以這一點，他遂和急進派梁譚諸子大異其趣。但他的主張，全如梁氏所評：「性格奇矯，爲言矛盾」，所致；則亦有所不能；他的意思，要爲現代是小康之世，虛器總可委給满朝，只要能行民本的立憲政治，就彀了的。

著書有新學僞經考十四卷，孟子微二卷，春秋筆削大義微言考十六卷，孔子改制考二十一卷，其他未刊書中，尙有春秋公羊傳註，大同書，孟子大義述等。（大同書聽說曾出過版但現在則和改制考一樣，都很難得入手，我們在北京上海間都搜購過不可得，同時西京大學圖書館裏也沒有，所以本章材料擇取對於該書，只好付之缺如。）

第二節　社會進化論

聞南海初學於朱九江，好談周禮，後來看見廖平的著作，始着手研究公羊的大同學。廖平這人是四川、平研人，文人王闓運的弟子，其關於今文學方面的著述，聞亦有十餘種；但傳來我國的，則僅古今學考二卷而止，一般都不曉得這個人。又說他因爲張之洞所懷柔，遂棄其學因而遂受公羊學派所排斥，但這姑不深究，其對於南海給過影響則爲確實。

新學僞經考，春秋筆削大義微言考，孟子微等，是南海學說的基礎方面，又是其整理舊學之作。大同書則其創說建議方面的代表作，所以闡明其理想的。

他敍其僞經考的表題曰：

夫古學所以得名者、以諸經之出於孔壁、寫以古文也、夫孔壁既虛、古文亦贋僞而已矣、何古之云、後漢之時、學分古今、既託於孔壁、自以古爲尊、此新歆所以售其欺僞者也、今罪人斯得、舊案肅淸、必也正名、無使亂實、歆既飾經佐簒、身爲新臣、則經爲新學、名義之正、復何辭焉、（僞經考卷一）

他以這樣的意氣和抱負，於「秦漢六經未嘗亡缺考」以下十四篇中，張其皐皇之陣，且篇篇附以大義案語，而作評判。撮其要點，則為秦之焚書未及六經，漢十四博士之所傳，皆孔門足本，曾無殘缺；西漢經學沒有古文文學，都是秦漢通用的篆書，所以經初無古今文之別，但古文學則以蝌蚪字書之，其僞自證了。且劉歆爲彌縫這僞跡，故校祕書時，曾羼亂一切古書，欲以湮滅孔子大義微言之旨，所以絕不足取。——用該博的考證，他樹立其說。（不待說這種地方，南海怕也有穿鑿過火處，劉歆當時當是得了一種善本，因爲想取信於時人，所以這樣託名爲古學的，這種辦法，幷是漢人一般常用的。）他這樣於古文的一言一句及文章的末節，加了考證，後且對於篇篇的眞精神，與內容的大處，尤着過眼，換句話，求過根本的把握。這點的功勞，尤爲偉大。

這書著作時，不待說他的高弟陳千秋、梁啓超等，——受過考證學正統的洗禮的人，也參與過，幫過忙；他們對於書中的引例，很想把一切史實曖昧的東西盡力削除，但南海主觀甚固，不用他們的意見，引了許多讖緯學上的話；於是遂犯了考證學考證書的大忌，價値減了不少。——梁氏這樣說。

僞經考之次出版的，就是孔子改制考。——考證孔子以素王之身，改過制的事實。但關於這點，他於六經中唯尊重易經和春秋，說孔子的微言大旨，全在這二書內。換句話，前者是靈界的書，後者是人界的書，至廣大，盡精密，極高明，至中庸，後者尤爲孔子製定的憲法案，孔子蓋自立一宗，依其理想進退古人，取捨古籍的，決非如後人所想像，僅爲編述之作的。譬如堯舜的盛德大業，這是孔子依自己的理想擬造出來的，古代縱實有堯舜其人，但其人格，決不如經典載的那樣完全，其完全要爲孔子的理想化。和老子託於黃帝，墨子託於大禹，許行託於神農一樣，要不外藉一古人以自道其理想的。換句話，孔子要不外學支那古來的風氣，藉堯舜爲名，行其改制之實的。——「上古茫昧無稽考」「周末諸子幷創教考」「諸子創教改制考」等二十篇中他盡力考證過這點他證孔子爲一個改革者，爲一個改制者的議論所以較從來一般公羊學者之專從抽象方面尋線索者根據大爲確實。他認孔子改制的精神，是「上掩百世下掩百世」的社會進步的鐵則；且把「張三世」說演繹起來以爲人類的過程愈改革則愈進步。這原則證明了之後又把夏殷周三代制度不同的點，細加考證而結論其所以不同的理由，要因於「時世」這一點。換句話：一切改革在時世必然的要求上，都是不得已的。又說時世進化的過程，雖是循環的，但立於某一過程上的時世，爲進化這動機所促時改革無論如何是不可免的。——政治社會改革的必然觀，這樣地遂完全確立了。於是其結果，遂尊孔子稱之爲「素王」「教主」，且欲以其大同的精神作統一國民精神，及改革社會的導火線。同時爲確立孔子宗教上的教主的資格，故雜引了許多讖緯以作實證，以自固其說。孔子在他，於是遂更神祕化起來了。

以上是南海學說的基礎方面，至於由這基礎創造出來的他的社會觀，則爲大同書。這書前面說過了，現在絕版，從前不忍雜誌裏聞說登載過三分之一，但現在無由入手大概這書是因內容和共產主義的思想相同的緣故，發刊上受了壓迫；但總而言之，我們現在沒有法子，——雖很引爲遺恨，只好從梁氏淸代學術概論中取些材料。

大同書一著，是南海畢業於朱次琦門後，獨居西樵山兩年專研公羊，耽於思索，依其旨義而欲創一新學而成的。換句話，以春秋「三世說」嵌於禮記「禮運篇」的「天道說」裏，衍伸其義而作的。更換句話：公羊說的「升平之世」就是禮運篇的「小康」，公羊篇說的「太平之世」就是禮運篇的「大同之世」。——至於禮運篇的大道大同說如下：

大道之行也、天下爲公、選賢與能、講信修睦、故人不獨親其親、不獨子其子、使老有所終、壯有所用、幼有所長、矜寡孤獨廢疾者皆有所養、男有分、女有歸、貨惡其棄於地也、不必藏於己、力惡其不出於身也、不必爲己、是故謀閉而不興、盜竊亂賊而不作、故外戶而不閉、是謂大同、今大道旣隱、天下爲家、各親其親、各子其子、貨力爲己、大人世及以爲禮、城廓溝池以爲固、禮義以爲紀、以正君臣、以篤父子、以睦兄弟、以和夫婦、以設制度、以立田里、以賢智勇、以功爲己、故謀用是作、而兵由此起、禹湯文武成王周公由此其選也、此六君子者、未有不謹於禮者也、以著其義、以考其信、著有過、刑仁講讓、示民有常、如有不由此者、在埶者去、衆以爲殃、是謂小康、

（禮記九卷）

——讀這段文章，可以明白太古之世，別無所謂私有財產，因而無彼我區別，所以爲大同之世。到禹湯文武成王周公六君子時，始設這種差別，而制之以禮；所以刑（法的意則）仁讓義信在那時非常重要，不用這些東西的人，雖帝王也要去位，以免衆人之殃，而這時代則稱爲「小康之世」。至於孔子的理想則不待說是前者。其中現代語所謂民治主義、兒童公育、老病保險等問題，以及勞動神聖、共產主義、無政府主義等的萌芽，皆藏在內。——眞是誰也不能不感興味的一篇文章。而南海則更引公羊的「三世說」以作解釋，他以爲正君臣父子之別，嚴夫婦長幼之序的地方，是孔子的小乘方面，而大同之世，則其大乘方面，其精神、其理想、其教義，全在於此。

於是他這發揮孔子這精神，而定社會改造的方法手段的綱目如次：

一、無國家，全世界分若干區域，而置一總政府。

二、總政府區政府，皆由民選。
三、無家族，男女同棲，不得逾一年，屆期則易人。
四、婦女姙娠時，入胎教院，產兒入育嬰院。
五、按兒童的年齡，入蒙養院，以及各級學校。
六、成年後，依政府的指派，分任農工等生產事業。
七、有病則入養病院，老則入養老院。
八、各區胎教、育嬰、蒙養、養病、養老等院，設備皆期於最完全，使入其中者，皆享最高的愉樂。
九、成年男女，須若干年間服役於這諸役，恰如現在世界各國的壯丁，皆當服役於徵兵一樣。
十、設公共宿舍，公共食堂，其中又設等級，使各按勞作的所入，自由享用。
十一、以最嚴的刑罰，警惰懶。
十二、有學術上的新發明，或在上五院中有勞績的人，得受殊賞。
十三、死則火葬，火葬場的隣近則設肥料工廠。（據梁啓超著清代學術概論）

——大同書的梗概如是，全書數十萬言，人民苦樂的根源，善惡的標準等，說得至爲詳密，——梁氏又說過。由上舉各綱目看起來，此書最大關鍵處，不待說是國家制度、家族制度的毀滅，及私有財產的撤廢，而以相互扶助一視同仁爲精神的。所以說：「佛法出家，求脫苦也，然不如無家之可出」，又曰：「私有財產，爭亂之源也，無家族誰復樂於私產而國家則又必隨家族而消滅者也。」南海的主張和理想如是，內容雖和現代共產主義的所言不大相殊，但三十餘年前我們東洋還沒有輸入過這種思想，他縱爲根於漢代學者的著作，——想融合儒道墨三家的漢代學者的著作，但其創造力的豐富誰能不爲歎服！

第三節　結論

南海極端地擴張孔子的仁道，其結果使孔子的社會觀變成世界的，(Welltich) 從來小儒的偏見因而被他訂證了的地方非常不少。但是他闡明孔子的理想時，資料取捨上有「雖罹惑誤亦所不辭」之嫌，他取之於傳文、取之於後人雜纂的周易禮記，又取之於漢代特產的讖緯學，這種地方真誰也不能不怪其史眼的不明。譬如前節引用的禮記「禮運篇」，這明是漢代學者之所爲——揉合老儒墨三家而成的；我們對於先秦思想稍稍探玄過一下時，對於這大同說爲孔子的理想的話，誰也難於肯定。但他常夢想周公，夢想周公之爲人及其政事，讚爲理想的聖人，同時對於孔子亦然；孔子的思想雖明明白白全表出在論語內，但他不相信，反以爲孔子是去禮義，捨人爲、說平等愛說太平道的一個人。這些地方，說是他的創說，自是別一問題，否則史實昭然，我們將不知所以爲辭了！反復說一句，上述禮運大同篇的精神，無論如何，不是孔子的精神，當是以老子「無爲之治」及墨子「兼愛」之說，爲底稿而作成的，無疑；我們僅從墨子裏引個例，當也可以明白。——

昔文王之治西土，若日若月，乍光於四方於西土，不爲大國侮小國，不爲衆庶侮鰥寡，不爲暴勢奪穡人黍稷狗彘。天屑臨文王慈，是以老而無子者有所得終其壽，連獨無兄弟者有所雜於生人之間，少失其父母者有

所放依而長、……（兼愛中篇）

墨子借文王爲題，述其兼愛思想如是，禮運一篇不是同一系統的思想麼？以此爲孔子的本來面目，南海的強辯亦云甚矣了！要之南海富於獨創，但於立言流於獨斷與附會處，則不無缺點。

第九章　譚嗣同

第一節　略傳及著書

和康梁諸子一路，以變法改制爲說，勇往邁進，聳動天下，且以身殉其主義的人，最後就是我們的譚瀏陽。半生如流星，一死幾壯！烈志士的熱血，被他沸騰了多少！革命的大業，被他播種了多少：、哦譚瀏陽！

譚嗣同字復生，號壯飛，湖南瀏陽人，生於清穆宗同治四年（西紀一八六五）。父繼洵，湖北巡撫，母徐夫人，歿於他十二歲時，父妾苦他，他幼時即備嘗艱辛。然又幼時即倜儻有大志，徧涉羣籍，又有文才，且好任俠，喜劍術。弱冠從軍新疆，參巡撫劉錦棠幕府，劉大奇其才。其後十年間，往來於直隸、甘肅、新疆、陝西、河南、湖南、江蘇、安徽、浙江、臺灣諸省，徧交名士，見聞益廣。光緒二十一年，三十一歲，訪康南海於北京，不遇，因見梁啓超，得聞南海講學宗旨及經世條理，大爲傾倒，於是遂受南海學說的洗禮。翌年依父命就候補知府職，利其閑暇，學佛學於金陵居士楊文會，更大有所得。已則應湖南巡撫陳寶箴招，來長沙，設時務學校，以梁氏主其講席，且和同志黃宗憲、熊希齡、唐才常等，設「南學會」，講習之餘，論究新政，且遠及世界各國大勢；三湘士風，爲之一變，洞庭湖畔，湧起一種極澎湃的愛國精神。同時，時務學校高才之中，如李柄寰、林圭、蔡鍔等，又皆錚錚者。光緒二十四年，帝有革新意，召他，他扶病入覲，遂參新政。

然事謀不成，袁世凱外和內叛，帝因瀛臺，南海逃於日本，他則慷慨決心以爲無流血之慘，古今改革無成，遂從容就死，神色自若，烈壯如此。著有仁學二卷，文集三卷，詩集一卷，爭議二卷，都收在全集中。此外聽說還有幾種未刊稿。其中仁學尤其主著，思想盡於此中。

第二節 學說

從年譜及其他的記事推察起來，他的仁學當是三十三歲到三十四歲初頭，在長沙時候著的。仁學內容，則在卷頭仁學界說二十七則內說得明白：仁是心之體，其本質至善而不動，感則通於天下；仁就是良心，其所本爲天理天道，所以生滅俱爲平等。

他以這仁心爲根據，一切社會、人類、政治、道德、宗教等問題，想概擁抱於其下；而於孔子的大同精神，佛耶的慈悲仁愛，孟子的君民對立，莊子的絕對自由，乃至法蘭西的大革命精神，——他概認爲是這仁心的體現，而和這精神相背的，卽爲異端，爲邪說，——過激之筆，一呵而成。

其論政治則說：「君統盛，唐虞之後無可觀之政，孔教亡，三代之後無可讀之書」（仁學下）。但於黃宗羲的明夷待訪錄及王船山遺書，則以爲近於孔意，因爲黃的思想來自陸王，王的思想引自周張，而陸王周張皆出於孟子。至於程朱顧炎武之流，則出自荀子，唯知以君權爲重的俗儒，鄙不足道。論及君主問題時則曰：

生民之初，本無所謂君臣，則皆民也。民不能相治，亦不暇治，於是共舉一人爲君。夫曰共舉之，則非君擇民，而民擇君也。夫曰共舉之，則其分際又非甚遠於民，而不下儕於民也。夫曰共舉之，則因有民而後有君，君末也，民本也天下無有因末而累及本者、亦豈可因君而累及民哉、夫曰共舉之則且必可共廢之、君也者為民辦事者也臣也者助辦民事者也、（仁學下）

他用這樣的民主思想，把古來君民關係顛倒的原因，說的非常詳細；認君權的擴張，全由於歷史的因襲，及邪學小儒阿君附上的結果。歷代的君主，都是絞民膏血，竭民財物，淫人妻女的獨夫；而所謂忠臣者，則為助這種桀紂為虐的鼠輩，世人猶引為尊貴，引作名教的龜鑑，眞是愚不可及！——他說更筆鋒觸及滿朝時，則說：其土穢土，其人羶種，其俗毳俗，除以武力蹂躪過我中原的文華外，毫無何等能力的蠻民；而我華人對這種蠻人君主，猶跪拜叩頭，盡天下之產以供其用，而使淫殺美女，果為何事！——筆端吐火，字字出血。這樣把君臣關係否定之後，更斷言曰：民主共和的政治，就是天意民心之所存處，政治的原理和精神，要當立腳於萬人的相互平等之上，以圖其相互的共榮共存的。——這就是他的社會觀，又其學說的根本。

其次他用這人類平等愛的精神，又批判過五倫的內容。他認義、親、別、序、四倫，和這平等愛的精神相違背；他說這四道德之發生，是強者長者，為自己的利益，捏造出來，用以壓迫弱者幼者的。所以想立眞合天意的純粹道德時，當出於無自私自利的動機而後可。換句話，利害關係這東西，是相對的（relasiv）的東西，徒以君父長貴去壓迫臣子幼賤，以遂其非的道德，最不是道德；所以孔子也說：「君君臣臣、父父子子、」正是相對主義上的倫道。佛耶兩聖，也在其成道的第一步上，把這自利的四倫破棄過了。三聖所共尊重過的倫道，止有朋友間的友道而止，這一倫是萬人共通不可不行的大道。（仁學篇）

——這是他的道德論的根本，從他以人心爲仁，人性爲善的思想，派生出來的，自不待說。

這樣更一轉而及於人種國際的問題時，則說歐西白人僅以科學之長，對於異人種，逞其鴟梟之欲，以爲當然；但這要不過立於個人的差別觀上的利我心之所致，不知人類平等愛的眞理的原故而然的。我們在思想方面，素來純直優於他們的東洋人，在這點所以不可不力闢他們的物質的迷妄；而併採東西文化之長，致萬國於平等的太平，當爲必要。——偉大的理想，披瀝在這仁學中，作其根本精神。

第三節　結論

劉陽的本領本在政治思索方面，不過是他的餘瀝，但這是時勢使然的結果，至於他自身，則確是內具思索家的才能的。其初他好物理學、數學等，繼則種種方面受了影響，雖尙未達渾然純熟之域，但在他的時代，他的年齡，卽能直觀東西人種的長短，且圖這東西思想的融合，其慧眼卓識，及直覺力之強，眞可驚歎！使他得保天壽，其發展當非我們所能量限，可惜！

国家出版基金项目
NATIONAL PUBLICATION FOUNDATION

中國哲學史概論（中）

[日]渡邊秀方◎著
劉侃元◎譯

山西出版傳媒集團
山西人民出版社

中世哲學

序論

「中世哲學」是從秦漢至五代，約千二百年間的思想的總稱。這時代雖上繼萬花撩亂的先秦時代，但一遭秦火之厄，再逢楚漢之爭，一時轉變成了暗黑時代。漢興之後，雖解挾書之禁，努力於文化的復興，但先秦時代的面影，到底不可復見。這個不待說因秦火關係，古書散失也是一大原因，但最大的，還是時相變化的關係。何以見得呢？封建制度破壞了，現在變成了郡縣制度；王者的權力加增了，現在思想不能不仰其鼻息；前朝諸侯競立，各致異能之士，學說相磨，能才相角的氣風，現在不可復見了；一切思想都成了單調；學者也沒有氣力了，都專以迎合拍馬屁爲能事。惟其如此，所以帝王如秦皇漢武所喜歡過的神仙方士之術，遂大影響於這時代的學風上——「陰陽」「讖緯」「神仙」「黃老」及其他神秘不可知的迷信，遂作這時代思想的根柢，牢不可拔。

不待說這些思潮的勃興，初不專依一時帝王的奬勵嗜好而然；其源泉遠可求之於戰國中葉齊魯間的方士，如騶衍等一派之中，近亦可求之於長年戰亂之後，人心疲倦，忻求這種神秘思想，又勢所必然之內；但雖然如此，如果沒有政治上的關係，封建制度還存在時，這種現象之及於一般，當不會有。惟其如此，所以儒教在這時代，雖被漢武選成國教，大大地加過奬勵，但狂瀾之下，萎飄如秋葉，——唯流於訓詁的末節。反之而黃老術轉大發展，示其宗教的展開，後漢時且組成了「道教，」作一般民衆信仰的中心基礎確乎不可拔且不久「佛教」又傳來了，和這時代精神亦相投合，漸次隆昌越六朝至隋唐，雖帝王傑士亦歸依之保護之，支那固有的思想，轉衰熄不振。

——這所以一般史家都呼這中世時代爲暗黑時代。儒教在漢代雖尙還多少保着生命，但到六朝則不過存於公私儀禮的末節，到隋唐則完全成了老佛的天下。

第一編　漢代哲學

第一章　兩漢思想概論

第一節　古書整理與訓詁學

秦始皇席祖宗餘業併諸侯，一天下布完全的郡縣制度。但最好橫議的漢人，反對他，羣起囂然，批難他的獨裁政治爲非。這眞糟了！爲甚麽呢？秦素和「諸夏」不同，自商君以來，卽以「愚黔首」爲政策，那許黔首猥議國事！何況天惠素薄嗇的秦國得有今日富強甲天下，一統盡八荒，要因於這愚民政策的結果呢！那末在這種傳統的國策和空氣之中生長出來的大帝王——始皇，又怎能默許這些書生的囂囂？他現在是支那空前的大英雄了，他所想的甚麽也可以幹，所幹的甚麽也可以成了，同時這等自信和勇氣、尊大和威嚴、他一個人又都兼備着了，李斯縱不上書請願，這些處士的橫議，他早晚會看過下去麽？——果然其怒一發，書也燔起來了，儒也坑起來了，誦詩書的有罪，持書物的也有罪了，「挾書令」一設，天下的學者盡被趕入山間，懷書遠竄去了。

始皇這種行爲，不待說是一種暴舉；但從他面觀察時，全認爲沒有道理，當也不能。爲甚麽呢？蓋當時那些諸生，如許他們以言論自由，則純樸頑健的國民，且會變成無秩序，如目前支那及俄國的現象一樣；併且處士的橫議，常惹起國家的分裂；——始皇蓋有鑑於此，而下這鐵鎚的，所以當不是全然沒有理由的破壞。并且他并未曾把諸子百家的書一齊燒盡，他所燒的是當時民間的書，怕那些無賜輕薄的諸生，持作亂本，以惑良民的；至如阿房宮裏，則且大集天下的書，而保存着，史記、「始皇本紀」裏明載有「非博士官所職、天下敢有藏詩書百家語者、雜燒之」的話（康有爲新學僞經考卷一參照。）又阿房宮的圖書，鴻門宴後，像亦盡被項羽燒盡，但史記、「蕭相國世家」裏，又有沛公先入關，諸將皆爭掠珍寶美女，「獨蕭何先入、收秦丞相御史律令圖書藏之」的話，是則宮裏圖書全遭一炬的事，當又不能信了。其次珍寶亦然，其大多數當爲諸將瓜分，散到四方去了——項羽這次大燒，爲支那文化上一大打擊，自不待說，但如後世史家所說這是支那文化的絕滅，則我們以爲不如是之甚。

但是雖然如此，當時圖書都是竹簡木片，容積旣大，收藏不便，保存亦不便，這一點我們是不可不留意的。所以其後，楚漢分爭時，輾轉流徙，其間受了很大的損害，有的或且失了原形的事實，當是的確。

漢惠帝四年，「挾書之禁」解了。——這時候距始皇焚書已二十二年了，高皇帝滅楚霸，一統天下，也許久了。帝乃招天下求遺書，招秦博士，大努力於文化的復興。那時候把複壁內埋藏的竹簡，取出來的人也有，搜着斷片，獻給朝廷的人也有，遺經由此始漸漸集了攏來。但是雖然如此，如上所述，時間已經二十多年了，這些竹皮木片的文字，大概都受了大損傷，完全的東西差不多沒有一種；——於是天下的學者，遂都苦苦辛辛，注其心血於「整理」上。

文帝景帝時，「一經專門」之學又興了，武帝更置「五經博士，」使各講專門。又聽董仲舒、丞相公孫弘的意見，設大學，聘名師，竭力於文教的發展。同時河間獻王德、淮南王安等，又好文求書，不惜金資，古書的復興，於是始漸就緒。且二王所搜得的，又初不僅限於經書，諸子之作，也搜得了不少。現在如列舉西漢「今文」的專門家時，則易有施讎、孟喜、梁丘賀三家，共出於田何。書有歐陽生、大夏侯、小夏侯三家，共出於伏勝。詩有齊、魯、韓三家，齊詩出於轅固，魯詩出於申公，韓詩出於韓嬰。春秋則爲公羊傳一種，分嚴彭祖、顏安樂二家，同出於胡母生、董仲舒。禮則僅儀禮，分大戴德、小戴聖、慶普三家，同出於高堂生。——以上都是用秦漢時通行的篆書寫成的，所以稱之爲「西漢今文家」；史記、「儒林傳」裏所述的「十四博士」，及其經學的傳授，卽是指這些人而言的。

但到西漢末所謂「古文經傳」，那東西出世了。易則東萊、黃直所傳，書則孔子的裔孫孔安國發其壁藏所獻，周官則河間獻王所得，詩則獻王手下的博士毛公所傳；春秋則左氏傳出來了，從前張蒼所教授過的；禮則逸禮三十九篇出來了，魯共王得之於孔子故宅的。——都是用古時科斗文字寫成的，所以總稱之曰「古文經傳」。但兩漢的經師，多不信任這個，劉歆曾屢請立之於官學中，皆不見容，歆於是意爲不平。王莽篡位時，遂仕莽朝，借其力立於官學內。然光武復興後，又廢之，專用今文，古文在東漢初時，遂非常寥寂。但到東漢末時，大儒大師服虔、馬融、鄭玄等，又皆一變時風，尊習古文，其中鄭玄，尤以淹博的學識，編註羣經。後來晉朝杜預、王肅等出世時，又大大地爲古文宣傳，今文於是遂一蹶不振。——以上是漢代古今文消長的大概；至於二派的長短如何，則在今文學消滅了的今日，評論其當否，自不妥切；但由今文派唯一的傳統物——「公羊傳」，推而論及其一般時，則當時今文學乃所謂「官學派」，由秦代的博士輩傳下來的，其中多帶秦代特色——齊魯方士輩的思想，是不錯的；同時漢初的博士，如伏生、轅固生、胡母生、董仲舒等，又多是齊人，所以他們以秦漢共通的神祕思想，化入當時的經傳裏的事，當是蓋然的(probable)事實。我們如一讀現尙殘存的何休、公羊傳註時，當立可證明。

至於古文派的經傳，則本是民間的殘簡，使用純粹科學的態度整理得法時，本應較今文確實一着；但當時的整理者，是上述的劉歆；他挾自己的私意任意增益過好些，所以轉弄出了許多毛病來。譬如他為神聖古文的傳統起見，或說孔子故宅所得，或說魯共王、河間獻王所獻，又如因原物為斷片不全的原故，則任意補綴些，或則任意增加些。——諸如此類，都是毛病，所以後世今文家遂藉口於這點，認一切古文皆為他所偽作。但這說法，亦未免太矯激，豈有這般多的經文，都是一人偽作的道理！至如多少補綴過的話，則誠屬事實；但亦有不得已處；為甚麼呢？在那種時代的校書，我們能要求十分的完全麼？要求者自己，亦可謂不明了！——總而言之，古文也好，今文也好，本來幷不是全然別物，要在其解釋如何而止。我們如睜開自己的活眼，又用相當的研究法去綜合六經時，由古文以測漢族的古文明，及尋夫子的本來面目，當決不是很難的事。（康有為偽經考參照）

要之，西漢的今文學，如是如是亡了，所存的唯古文學，獨霸學術界，其中大師服虔、孔融、鄭玄、三子尤首預其功，而後者鄭玄以淹博的知識，把諸經都註釋一遍，尤堪特筆，古書的整理，由他於是遂告了成功。——東西漢四百餘年間的儒業，結論起來，遂亦全萃在這「古書整理」及「古經訓詁」兩點上，亦一代碩儒，皆傾注於是，一經專門，受於是，傳於是，終身以之。且其事業範圍，又不僅限於經書，其他老莊以下諸子百家，無不涉及，諸子百家之得傳及今日，也是他們的偉功。

第二節　黃老學的流行

秦代以申商法術為傳統，法尚刑名，政尚專制，絕對的桎梏壓制之下，當時人民沒一個不苦痛，不憤懣，自不待說。這種政體的國中，如主權者能長生不死，永保嚴存時，一切問題自可不起；但一旦主權者倒地時，則領土七分八裂，不可收拾的現象，又必如歷史之所明示。現在秦國就是一個好榜樣了。始皇之統一宇內，幾曾不是權力意志的極端發揮！我們謂爲興國的統一，不如謂爲壓服的統一。難怪漢初的張良、蕭何等就以此爲鑑，一切施設，概異其趨了。他們初入關時，即對秦父老約法三章，以蘇民困，以收民望，且以示其與民共天下的精神。這政策不待說大收其效，高帝一統天下之基，且築於此；巴蜀崎嶇之地，弱少數萬之兵，破強勇無雙的項羽，要不外善用這張子房之言。子房又善體得老子的柔道，換句話，善能以柔制剛的結果。那時人心眞是被苛法苦透了，這黃老式的消極政策，無爲之治，幾多愜乎人意！并且主張這無爲之治的人，初不僅一子房，蓋公「淸靜以治天下」的話，曹參一聽就喜歡，千古的才人陳平也「好讀書、修黃老之言」（史記「陳丞相世家」）其他汲黯、田叔，亦無不以黃老柔道爲政旨。廟堂上，竇太后又亦如是；學者間，陸賈、司馬談又亦如是，尤其司馬談論「先秦六家要旨」時，各舉其長短優劣，獨於道家則說「無爲無不爲、其實易行、無成勢、無常行、故能究萬物之情、」——甚讚其旨簡而功多。這種流風，且及於六朝之末而猶不衰。其間雖武安侯田蚡爲丞相時，「絀黃老刑名百家之言、延文學儒者數百人、而公孫弘以春秋白衣爲天子三公、」（史記「儒林傳」）——有這樣一回事；但對於上下浸潤透了的黃老學，亦卒無如之何。時代蓋已非先秦了，國民競爭間所生的經世心、緊張情，現在減了許多了，人心漸傾於精神的內面的了，戰國時最有價值的學相，現在已不感其必要了，換句話，宜乎墨、法、名、那等經世致用之學，都告了終熄；僅這神祕的宗教思潮高蹈濶步了。於是秦皇也好神仙，漢武也好神仙，都招齊魯間方士，樂聞其怪術了。武帝晚年雖亦悟其非，但一論到如何就可以得心的安慰的問題時，則又不知不覺地向這方面共鳴起來；爲甚麼呢？除了這方面的老莊哲學，對這問題曾下過許多解釋外，何處可求答復呢？不待說當時之喜歡「老莊學」幷不是喜歡老莊的學理，從而想加一番研究；換句話：時人的目的，要不外在於求心的平安及身的長生而止；至若老莊那種思辨的思想內容，則不是他們所愛關顧的。這種現象正和後來後漢順帝年間，張道陵組織的道教的精神一樣，換句話：道陵的道教精神，在這秦漢交替的時代，已成了上下一般的心理對象，道陵蓋不過利用這現象從而組成了漢族唯一的大宗教而止；他於是遂佔據了羣衆信仰的天國，同時利用這羣衆信仰的人，還有後漢末年的「黃巾賊」張角及三國時代蟠踞西蜀的張魯。張魯是道陵的孫，張衡的子，在蜀時如羅馬法皇（Pope）一樣大張其權勢。曹操後來把他滅了，他的子張盛攜其曾祖父傳來的印、及雌雄劍二口，遷居於江西、龍虎山，置「天師道」的總本山於此。其子孫從唐以後，代代受朝廷「天師」的尊號，位與王侯相埒；直到民國成立後，這特權才被剝消。但雖被剝消，事實上還是民間信仰的中心；實踐道德上，文藝思想上，還示其影響如故。——惟其如此，所以在武帝時雖用董仲舒的獻策，絀過諸子，定過儒教爲國教，但事實上儒教未曾作國民思想的中堅，儒徒中也沒一個人學理地研究過儒教，樹立過學說，都僅僅守着訓詁學，作登龍的資料而止。

第三節　陰陽讖緯學

漢代思想的特色，一言以蔽之，曰：就是其色彩一般地都帶神祕味的點。而其中如「陰陽五行說」及「讖緯學」二者，則尤爲專以羣衆心理爲對象而倡的言；既神祕想像者多，論理復明析確實者少，簡言一句：都是迷信——一讀漢魏叢書裏的穆天子傳、海內十洲記、神異記、洞冥記等，當立能明白。

但其內容究爲怎樣一種東西呢？先從「陰陽五行說」講起時，則「陰陽」是易的二原理，古時應用其原理的消長而辨吉凶禍福的。但漢代則更配以尙書洪範的五行說，及曆法分一年爲四時、八位、十二度、二十四節，以月令定月月的行事及日日的吉凶而說「順之者昌逆之者亡」，唯於吉日定事、做事、冠婚、祝祭等，概選吉日，避厄日，以免災祈福。

「五行」則是水、火、木、金、土五物，其名見於洪範，但倡這「五行說」的人，則像是戰國中葉齊國騶衍騶奭等。史記「孟荀列傳」說：騶衍深察陰陽消息，著「性遷之變、終始、大聖篇、十餘萬言」，上自天文，下至地理，極其博洽辨該，爲斯界大家，王公大人一接其術，無不「懼然順化」，所以諸侯遇之極厚，適梁時「惠王郊迎執賓主禮」、適趙時「平原君側行襒席」，適燕時「昭王擁篲先驅」云。——騶子的書湮滅不傳的今日，其詳細我們自無從知道，但所謂「五德終始之說」，要爲講五行相尅的道理的。換句話就是：金尅木、火尅金、水尅火、土尅水、木尅土之謂，施之於人事時，則歷代王朝的隆替皆以此爲法，可測一是：譬如虞以土德王，夏以木德代之，秦以水德興，漢以土德代之之謂。（史記「封禪書」裏也採用這說）但到漢朝，這五行說更次第進展了，依男女的生年月，抽象其五行之性而配之以九星，此其一；依人的生年月而配其性（五行）此其二；再依這性的性質，演繹到於人性與方性的相尅，此其三。譬如火性的男和水性的女，則不可結婚；犯星位運行的方向，則不可動土等等人事的儀禮及事業的行止，都不可不擇吉日良時，而避這陰陽相尅的方位。——以漢族古代「天人合一」的觀念產出來的這陰陽五行現在覺煩雜達於這極點，人間日常百般行事，亦不能不袖手仰其指揮，迷信之力，眞可怕了！且其結果，社會上又產出許多「陰陽先生」來愚民惑衆，無所不至；其中如三國時的管輅，晉時的郭樸，且爲斯道大家，其直覺力差不多言無不中，測無不知，眞又是咄咄怪事！且其影響的範圍，意外廣汎，支那如是，朝鮮日本亦如是，中世如是，近世現世猶如是！——那末宜乎漢代有名的學者，如董仲舒、劉向、夏侯昌、京房等，都爲其信徒，而仲舒且幾以此買奇禍，險險兒身首異處了。

讖緯學　讖緯和經書有密切關係。讖和緯本是別物，但後者中亦有卜筮預言的話，所以一般遂合名稱之。讖者預言未來的事的，漢人富於迷信和雷同性，以爲由這種圖讖可決國家興廢，且利用之於戰爭時，可鼓三軍勇氣；（不待說有時反於自國生大不利的事也有）歷代帝王所以都怕牠，留意牠。譬如周太史儋對秦獻公說的那圖讖，就是一例：「秦初合周，合而離，五百歲復合，合十七年而霸王出。」果然秦昭王滅周那年起，到始皇元年恰十七年！又始皇本紀裏盧生入海歸時奏的圖讖裏有「亡秦者胡也」的話，這話尤爲代表的好例，始皇傾一代精力，增築萬里長城的動機，也是因這理由。又後漢光武未達時，有人獻赤符，其中有「劉秀作天子」一句，他於是就奮起轉戰，卒登大寶。因此他後來遂率先信讖緯，政治上學問上都應用之不遑；即鄭玄賈逵那些大儒，亦往往借爲解釋經書之用，天下於是更靡然從風。

其次緯書，古來對這書沒有人論及過，劉歆七略裏，也沒有載過，其名始於漢代，但詳目則到隋書經籍志裏，始現；所以古來到底有這書與否，學者間常引爲疑問，但我們現在關於這種考證從略，一述其內容而止。據隋書這書是孔子編纂六經時，怕後人暗於大義因而作以明經意的，所以許多人遂認爲可作經書的羽翼看；但其思想明是陰陽家的思想，明含着漢代思潮的特徵，其神祕的預言在在和今文相比附。譬如「考靈曜」說的靈曜是天，所以考察天文的話；「帝命驗」說的帝王興時，必有運命的先驗的話，就是左證；孔子那曾有這種思想要爲古來漢人認人事界和自然界有密切關係的傳統思想，被先秦騶衍等發揮了一下，漢代更大爲之究明而成的罷了；呼爲孔子所著自是僞托，無須深究。但董仲舒因此就著了春秋繁露推論五行災異的原理，劉歆則更以河圖爲易的根原，洛書爲洪範的藍本其他孟喜、京房等的易學，揚雄的太玄，何休的公羊傳註等，無不幽玄其說，神祕其辭，——要皆從這緯書出來的。

以上陰陽、讖緯等學，其性質雖多少相異，但其神祕的、象徵的的點，則皆爲一邱之貉。都是秦漢時代發生的思想，當可無疑。他們漢代人挪這等思想去解古書，亂今文，遂至古義不明古書厖雜，眞是不法之極，但後世今文學者，不辨其意義，更常引之以解經文，這又是甚麽居心呢？

第四節　結論

漢代思想的特色，概如前述，儒教承始皇焚書之後，學者多埋頭於整理及訓詁，因此一時第一流的學者，如劉向父子、馬融、鄭玄等也都沒有甚麽可研究處，四百年間僅前漢董仲舒、揚雄，後漢王充等三人思想上差有可觀而止。道教方面則老莊哲學的中心思想「無名」「齊物」等亦被擱置，時人所玩弄的唯「養生論」而止，且這個他們亦雜以陰陽五行讖緯等樹一種怪說，卽當時唯一的道門哲學家淮南子，其思想也沒有別的新奇處，不外是照這種辦法，把老莊哲學如法泡製一遍而止。至如佛教，則雖於明帝時已經渡來，但尚無搖動思想界的勢力，經文也不過僅僅那四十二章的小篇而止，同時後漢末年靈帝獻帝時，雖出過一個牢子，他表現過三教（儒道佛）調和的議論！但這也還不能附以思想上的價值，不過在測知當時佛教的趨勢上，可作一史料看罷了。

第二章　淮南子

第一節　略傳及著書

淮南王安、高祖少子，淮南厲王長的長子。厲王得罪遷蜀，沒於途，文帝憫之，乃封其四子，且以長子安——他繼其父封。他爲人好琴書，博洽能文，穎脫不羣，武帝甚愛重之，同時武帝沒有兒子，大臣中傾向於他的也不少。但他一面又好虛譽，致賓客數千人，其中好事者復激之以厲王死事，他於是遂起野心，致不得全其終。

淮南子原名鴻烈，有二十一篇，乃和賓客蘇飛李尚等講論道德時所編述的；惟其爲編述，所以內容非常駁雜，首尾缺一貫之旨，又多前後矛盾處。但其文辭絢爛，下筆時像很用過心，由此又可以想見其爲人。

第二節　本體論

淮南子的本體論，在「原道訓」「俶眞訓」諸篇中，爲說頗詳密，蓋取之於老莊，加之以周易，更附之以漢代幽玄神秘的思想而成的。所以一目之下，想下瞭然的研究，極爲困難，又因紙幅的關係，我們現在只能記其大要。「原道訓」：

夫道者、覆天載地、廓四方、折八極、高不可際、深不可測、包裹天地、稟授無形、源流泉浡、沖而徐盈、混混汩汩、濁而徐清、故植之而塞於天地、横之而彌於四海、施之無窮、而無所朝夕、舒之幎於六合、卷之不盈於一握、約而能張、幽而能明、弱而能強、柔而能剛、横四維而含陰陽、紘宇宙而章三光、

——這是淮南子本體觀的一部分，其以實在爲普遍的、永遠的、無窮的、超越了時間空間的絕對者的點，和老莊全然一樣。牠始終以道的本體爲精神的、靈的、超絕一切特殊的經驗的東西，換句話：先驗的 (transcendental) 的東西。但牠說到這實在現出 (appear) 於吾人心理時，則又依陰陽二元生生發展至於萬化的原理以爲說——和老子及周易的現象發展式又一樣。他說萬象分出的原理曰：

古未有天地之時、惟像無形、窈窈冥冥、芒芠漠閔、澒濛鴻洞、莫知其門、二神(陰陽)混生、經天營地、孔乎莫知其所終極、滔乎莫知其所止息、於是乃別爲陰陽、離爲八極、剛柔相成、萬物乃形、煩氣爲蟲、精氣爲人、是故精神天之有也、骨骸地之有也、精神入其門、而骨骸反其根、(「精神訓」)

——看來牠的本體，具動靜二面：動的是現象，靜的是實在，實在爲無爲自然，不能知其體。同時其體又現出在宇宙間，宇宙間一切現象，換句話：卽就是實在。——牠的這種見解，和世間一般的實在絕對論者的見解，不待說初無違異。但牠有牠的特出處：天地陰陽合而形成萬物時，精氣是人，煩氣是蟲，——稱氣有精粗之別的地方，當可注目。後世宋儒說的氣有精粗，因而人的氣禀有別異的話，當是受牠這影響而來的。牠又說重濁爲地，輕清爲天，所以靈魂屬天，形體屬地；——認人間的精神，和宇宙的本體一樣。「神托於秋毫之末、大於宇宙之總、其德優天地、調陰陽、」(原道訓)——純是唯心觀念論者的話，把精神當作支配形、氣、志三者的東西看的。其在漢代道家之言中，多

少可以說有點特色。

氣有精粗，所以人蟲有差別。但凡生物都是稟氣於天，其本質初無違異，換句話：其精皆同根於「太清」，本無彼我的分別。世的愚昧之徒，因不明這個道理，囚於差別相，迷於善惡美醜是非之見；但其實造化之攫援（生成）萬物，初如陶人之埏埴，取之於土，而作種種器具的；而既成的種種器具，雖各具特色，各有美醜，但一旦破壞時，則仍歸於土，復其本性。（精神訓）所以世間的差別相，是假相，不是眞相。悟此理，則「珍寶珠玉」亦如「瓦礫」，「至尊窮寵」亦如「行客」，「毛嬙西施」亦如「欺醜」。換句話，萬物的本相本爲一體，其所以成萬物萬象，要不外實在的分化而止，所以生死畢竟是造化的消長，生不足悅，死不足悲，寂然而來，寂然而去，生畢則反本未生之時，化爲一體。（精神訓）——完全是生死一如論。

這些萬物一體、生死一如的見解，雖全和莊列的人生觀相同，但淮南子的特色，則在其說天人合一的觀念時，認天地和人體相類似的點上。詳細言之，就是：頭圓象天，足方象地，天有四時、五行、九解、三百六十日，人有四肢、五藏、九竅、三百六十節；天有風雨寒暑，人亦有取與喜怒；膽如雲，肺如氣，肝如風，腎如雨，脾如雷，與天地相參，而心爲之主（「精神訓」）——的點上。牠的這種具體地對照人體天象二者的言論和思想，雖是漢代一般的流行，但牠又把天道公平無私、及不增不減的性質，抽象起來，形成過牠自己的人生觀，這點又不能不說是牠的特色。

第四節　倫理觀

淮南子以道家爲本，雜以儒、法、兵、諸家，述其修爲工夫，及治國要道。但其倫道，則完全出自老莊，儒教不過作牠的方便而止。譬如：「修務訓」那篇，就眞是戴着道教的假面說儒行的。要之淮南子的倫道目的，是在於合於無爲自然的道的；牠呼體得了這絕對道的人爲「眞人」、「至人」、「聖人」、「大丈夫」。牠說這種人是淸淨恬淡，不累於物欲，法天順情，不拘於俗念不知毀譽得失的人。

牠又說明這種「眞人」的心理狀態曰，「眞人者、性合於道也、故有而若無、實而若虛、處其一不知其二、治其內不識其外、明白太素、無爲復樸、體本抱神、以游於天地之樊、……形若槁木、心若死灰、忘其五藏、損其形骸、不學而知、不視而見、不爲而成、不治而辨、感而應、迫而動、……大澤焚而不能熱、河漢涸（二水）而不能寒、大雷毀山而不能驚、大風晦日而不能傷、」（「精神訓」）——全是莊子「逍遙遊」「大宗師」諸篇的套襲。

牠幷且信無論甚麼人，都依修養如何，可以達到這「眞人」的域境。牠說要做「眞人」的人，第一不可不捨去欲望而率天性——「率性而行之謂道、得其天性之謂德、失性然後貴仁、失道然後貴義、是故仁義立而道德遷、禮義飾則純樸散，」（「齊俗訓」）做眞人的工夫，第一就是淸淨無欲；仁義道德之興，要因背反了自然之道的原故。所以道德那種東西，從自然道上看的時候，正是一種墮落。苟捨欲望，則無論甚麼美人珍寶，都同瓦礫，至尊窮寵，都如行客，所以對於他人爲利害生扞格的事，決不會有；從而所謂道德者，既可不必要，又可以不發生。——淮南子說這些理，眞是至矣盡矣，但究沒有出乎老莊倫道的範圍外。

第五節　結論

淮南子這册書，乃一種 Encyclopædia（百科辭書），其思想的雜駁，比一切爲甚。這個殆因成於許多賓客的手，未曾想過思想地當如何求統一的原故。其中天文、曆數、神話、傳說等，不待說，他如宇宙的發展，萬物的生成，乃至人道王道方面的儒家法家兵家的議論，亦無不博採，所以其思想想一一秩序地闡明，是很難事。但其根本思想之未出過老莊哲學以上一步，則又可斷言：

第三章　陸賈

陸賈楚人，有口辯，以說客從高祖，屢有功，其才能圓轉滑脫，不如同僚儒者酈生的辛辣，所以酈生死於烹，而他則悠悠自適，終其天年。他屢以詩書說高祖，高祖罵之曰：「迺公居馬上得天下、安事詩書。」但他對之曰：「居馬上得之、寧可以馬上治之乎、且湯武逆取而以順守之、文武幷用、長久之術也」帝有慙色，乃命他著「秦所以失天下、吾所以得之者何、及古成敗之國。」他於是遂麤述古今存亡之徵，凡十二篇，奏於上，這就是現今所傳的陸生新語。百子全書本分這爲上下兩卷，共六編，其編和漢魏叢書本相同。但宋朝王應麟在他的玉海裏說「今世所存者爲道基、術事、輔政、無爲、資賢、至德、懷慮七篇。」看來後五篇在宋末已佚忘了，但唐馬總意林裏所說的和今本又大致相似，所以二者孰是孰非，很難決定；明錢福說的「其篇次迄今無訛妄如此者鮮矣」的話，或爲實評。

學說　陸賈的根本思想，和易的繫辭傳裏所說的一樣：道術乃由天地人三功德而生的，天人的關係，自然的妙合，皆相互地有關係，體這天地的德而全道術的人，就是世的聖人。爲人君的，須要體得這聖人的言論，以道術經營天下。「道基篇」說：

天生萬物、地以養之、聖人成之、功德參合、而生道術、故張日月、列星辰、序四時、調陰陽、布氣治性、次置五行、春生夏長、秋收冬藏、陽生雷電、陰成雪霜、養育羣生、一茂一亡、潤之以風雨、曝之以日光……於茲先聖乃仰觀天事、俯察地理、圖畫乾坤、以定人道、民始開悟、知有父子之親、君臣之義、夫婦之道、長幼之序、於是百官立、王道乃生、……

——宇宙一切現象，概依天地陰陽二氣的消長而生生發展的；以這二原理為本體，而體其理，以立人生的法則的人，即是聖人。所以聖人這東西，不僅世的倫道，即其他一切文化，也都依他而後進步；所以他的遺訓——仁義之道，不可不講究明白——他說。幷且這仁義乃和宇宙的本體——陰陽相該當的，所以能究明這道以治世時，世的泰平自可期而待。齊桓尙德而霸，秦二世尙刑而亡。故行虐則怨積，布德則功興，百姓以德附，骨肉以仁親，夫婦以義合，朋友以信全，君臣以義序（「道基篇」）——完全儒者的話。但是他一面他又繼承老子及周易的思想，以宇宙的根本原理為陰陽二氣的消長，準此二氣的消長，準此自然現象以定人生的法則的，就是聖人之道——他說。所以法於先王以興事功，居仁由義以行政治時，則理想的社會可以出現——他又說。看來把道德的根據，當作由陰陽二原理分出來的東西看的論法，乃漢代儒者的最擅場處。惟其如此，所以他又說明其理想的社會曰：

君子之為治也、塊然若無事、寂然若無聲、官府若無吏、亭落若無民、閭里不訴於巷、老幼不愁於庭、近者無所議、遠者無所聽、郵驛無夜行之吏、鄉閭無夜名之征、犬夜不吠、烏夜不鳴、老者息於堂、丁壯者耕耘於田、在朝者忠於君、在家者孝於親、如是賞善罰惡而潤色之、興辟雍庠序而教誨之、然後賢愚異議、廉鄙異科、長幼異節、上下有差、強弱相扶、小大相懷、尊卑相承、雁行相隨、不言而信、不怒而威、豈恃堅甲利兵、深刑刻法、朝夕威感、而後行哉。(「至德」)

由這些話，一面看得出他也受過時代思潮——黃老術的影響，同時又可見他對於秦政苛酷的反動了。他本是蘇張等縱橫家派的流亞，其根本學統雖受之於儒，但述治道要旨時，又比比夾着黃老無爲的調子。但他高倡仁義至上主義的德政，使箕踞傲罵的高祖，亦爲屈膝，其開拓草創時代的文運功績，當不可沒。

第四章　賈誼

第一節　略傳及著書

賈生洛陽人，弱冠能詩文，秀才之譽滿鄉里；孝文帝召爲博士，年纔二十餘，「每詔令議下、諸老先生不能言、賈生盡爲之對、人人各如其意所欲出」；孝文帝非常喜歡他，一歲中超遷至大中大夫——他是這樣一個早熟的天才。他以爲「漢興至孝文二十餘年、天下和洽、正宜改正朔、易服色、改制度、定官名、與禮樂」；他於是就草具各事的儀法，欲悉易秦制。但誰知當時漢室的元勳周勃、馮敬等都排擠他，說他年少初學，專欲擅權，紛亂諸事，孝文帝又聽這些老頭子的話，疎遠他，出爲長沙王太傅。歲餘之後，雖復召還，拜爲梁懷王的太傅，但懷王不幸墮馬死，他自傷爲傅無狀，哭泣歲餘，三十三歲竟逐王後而歿。他爲人忠直，徒以太早熟，好急進，故轉遭妬忌，致早死，眞是可惜。

著書新書十卷五十六篇，收在百子及漢魏叢書中。漢志說本來七十二篇，爲劉向删定，纔變成五十六篇云。這書在研究漢初的社會情形上，是很重要的一册書。

第二節　學說

賈誼的文章——尤其過秦論，由此可以窺知其才學。秦代所以滅亡的理由，差不多誰人也不能比他更闡明得精透。但其說義理，則還有許多駁雜處，所以後來招朱晦菴的指摘；但這個本來是漢代學者一般的通病，把老、儒、法、諸家雜糅混取之點，初非他一人如是。惟其如此，所以他也以爲道德的根原在清虛而靜，如鏡之應物；爲人主的，不可不以這虛靜道去南面作君——他說。但他面他又說過「術之六行，」以防流於道家的空寂，看來他的本領也是儒家。

其術一面爲主觀地自己修養自己的儀法，他面爲客觀地駕御人民的方則，所謂「仁義禮智聖樂六行」就是。他說能彀得到這種道術以行政事時，則天下之可治，平當如道之虛靜而化育萬物。（「道術」）

此外又說道德的「六理」——用「六」的數以說明一切法理的地方是他的創見。其言曰：

德有六理、何謂六理、道德信神明命、此六者德之理也、六理無不生也、已生而六理存乎所生之內、是以陰陽天地人、盡以六理爲內度、內度成業、故謂之六法、六法藏內、變流而外遂、外遂六術、故謂之六行、是以陰陽各有六月之節、而天地有六合之事、人有仁義禮智聖之行、行和則樂、與樂則六、此之謂六行。（「六術」）

換句話：「六理」乃宇宙萬物的規範，於陰陽則爲六合之和，於人則爲良知良能，爲「內度」，爲仁義禮智聖樂。但這原理不是人人都能認識的，所以先王設教，製出倫理道德來。我們若能研磨這「道德性神明命」的「六法」（良知）修得這「仁義禮智聖樂」的「六行」時，則自能合於「六理」。至於儀法則又當求之於聖人——六法六行的修得者——所作的「六藝」。蓋六法乃內面的理法，六行乃外面的修養，二者得全，始可入於聖域賢境的。賈子他這兒所說的，不待說是如何而後可以體得六法的方法，但此外他還說過許多這六理現出的具體的方面：上自陰陽六合下至人道物理，他都一一用這六理演繹過說明過。——這是他的特色。(「六術」「道德」)

第三節 政策

但賈子最得意的地方，還是政策方面。現在抽出二三來看時，第一、他鑑於亡秦的前轍，在過秦論中，高調過爲國者之當尙德毋尙刑，毋以權勢威壓其民；他在這論文內述其意旨很詳，且力言政治當復於古道。第二、他又鑑於高祖當時的強臣都爲叛作亂，其原因又要在於封太廣，權太大，驕態爲生，邪心易起的原故，所以他說諸侯的土地當設一定的制限，以弱其權勢。這政策他認爲可以固朝廷，又可以保諸侯，更可以增加國家的福利，所以他當時力主張諸侯的土地之當削，及制限之當設。後來景帝三年，用鼂錯的話，對吳楚七國，果實行過，蓋踏襲他這政策而來的。(「藩傷」「藩彊」「權重」「五美」諸篇)

以上是他的政策的一端，此外、他又是漢代法制的改革者，因此他且受過排妬，亡其身命，不可忘記的。漢代政策法制的基礎，要皆他一人所設計的，其中重要的如「改正朔」「定服色」二者，他應用當時流行的五行相尅的原理，定漢爲「土德之王」，而尊服色爲「黃」色。這蓋因秦以火德王天下，尅之者非土不可，而土又爲黃色的原故。其次建築及衣服日用品等，他又以爲平等無區別時，將有以亂上下尊卑，如是遂主張加五等於天子之下，及加五等於臣之下，使一見尊卑可分，上下可別，不至相犯。(「服疑」)除這些以外，關於其他各方面的獻策還不少，當時朝廷雖排斥沒有實行，但後來又竊擇用過；——從這些地方看起來，他是超出當時當道者以上的王佐才，可證明了。

第四節　結論

賈誼以儒術應用於政事，他面又以六法爲萬有的實在，演繹之以作倫理道德的基礎，是其特色。天若假以年，當還有可觀處，惜哉！但雖然如此，他的本領又無論如何，不在思索的方面，而在時務政策的方面，我們不能不說。

第五章　董仲舒

第一節　略傳及著書

以陵夷了的儒教爲國教，以一世的儒宗名高當代，其人格又高邁可風的人，當是這章的董子。幼治春秋，「公羊學者」的名藉盛於時，孝景帝時爲博士，下帷講習，弟子次第相傳，末弟子至有不能見其面者，且三年不窺園——他這樣地發過憤，讀過書。武帝舉賢良文學之士數百人，他以對策被舉，仕其帝兄易王爲江都相。王素好勇而驕，他專以禮誼匡正之，說仁道之要曰：「夫仁人正其誼、不謀其利、明其道不計其功」——專以仁道爲治國要務。

後來家居，究天人之故，以爲天災地變，皆出天意，欲以警醒當朝，幾遭死刑。詔赦免後，遂不復談災異，且復起作過膠西王相，不久謝官家居，專從事於著述，全天壽以歿。

武帝時朝廷多儒臣，武安侯、魏其宰相、公孫弘、汲黯等，都獎勵過儒學；但其中他的功最多，庠序之教，普及於國內，周末以來頹廢了的學制，又至於確立，都是他獻策的功。著述有疏奏百二十三篇，關於春秋的有數十篇——漢書本紀這樣說；但現存的只文集一卷，春秋繁露十七卷。

第二節　天人合一論

董子的學說，以天爲根據爲原理，人生百般的事象，他以爲都是從天理演出來的。「策三」中，「道之大原出於天」的話，就是他的命題——不僅不和古時天人合一的觀念不相出入，并且純是從儒教道德思想的根本觀念——「天道」演出來的，但同時他也受了漢代思潮的影響，說明人天的關係時，他形式地類推天體和人事，盡力把天人的合一具體化起來過——這是他的特色。譬如春秋繁露裏面：「天以終歲之數成人之身，故小節三百六十六，副日數也，大節十二分，副月數也，內有五臟，副五行之數也，外有四肢，副四時之數也，乍視乍瞑，副晝夜也，乍剛乍柔，副冬夏也，乍哀乍樂，副陰陽也」——的話就是明例。又人事法制方面的組織，他也如是應用過天象爲儀表。譬如取天地人三才，日月星三光的「三」數，定官名，春夏秋冬四時的「四」數，定公卿大夫士四階級，十二個月的「十二」數，象三公三卿三大夫三士等十二臣，「十」數象天地人陰陽水火木金土等之類。這等地方，不待說是他強爲其辭，別沒甚麼價值；但同時這又不僅是他一個人獨有的思想。譬如他的天不能以言語戒告人，賞罰人，故依天象以爲諷示之說，在淮南子裏也可以發見同樣的論調。淮南子曰「人主之情，上通於天，故誅暴則飄風，多枉法令則蟲螟，多殺不辜則國赤地，令不收則淫雨，多四時天之吏也，日月天之使也，星辰天之則也，虹蜺彗星天之忌也。」——意見全然一致。此外他以人體象於天形的思想，亦和淮南子「精神訓」裏的思想相共通；不過他以道的根元基於天，和淮南子之以爲基於抽象的陰陽二氣者，少有差異罷了。——要之，都是漢代時代精神的產物。

第三節　倫理說

上面說過了天道是人類唯一的儀表，所以能全天道卽能全人道。他以這理爲本定倫理道德的基礎曰：「道之大原出於天，天不變，道亦不變，是以禹繼舜，舜繼堯，三聖相受而守一道，無救弊之政，故不云其所損益也。」（「對策」）其意蓋以爲無論政治，無論道德，從天道而公平無私，則無論世事怎樣推移，其理決不會有變化。他更具體地說明其理曰：

善言天者必有驗於人，善言古者必有驗於今，臣聞天者羣物之祖也，故徧覆包函無所殊，建日月風雨以和之，經陰陽寒暑以成之，故聖人法天立道，亦溥愛無私，布德施行以厚之，設誼立禮以導之。（「對策」）

——看來演繹天意天道的東西，畢竟就是仁義之道。所以能全仁義，則自然合於天意。他的嚴守天則的態度如是，宜乎後人呼爲漢代的儒宗。他的仁義觀，和孟子從心性上立說的兩樣，他帶幾分直覺的、宗教的的傾向，但同時又說「仁以安人，義以正己」，對於儒道的精髓——「仁道」把捉上也決沒錯誤過。幷且對於古來仁義禮智的四倫，更加過「信」的一倫，做成五倫，且以五常爲國民道德的教科，以庠序爲一般當普及的教育，獻言於天子；這點在一個儒家的功績上也可謂多而且大。不過他這五常是以當時流行的五行，配於五倫而立案的；但他更曾推廣其意，配之於五行的方位上。這點差不多毫無意義，當是被時代思潮所迷的僻見了。

第四節　性說

董子的性說，是以孔子「惟上智與下愚不移」之說爲基礎，駁孟荀二子的性論，以闢他自己的「性三品說」的。其言曰：

聖人之性、不可以名性、斗筲之性、亦不可以名性、性者中民之性也、米出禾中、而禾未可全爲美也、善出性中、而性未可全爲善也、繭有絲而繭非絲也、卵有雛而卵非雛也、故謂性未盡善、（深察名號篇）

——性和禾繭卵等一樣，必待人工精鍊而後可得爲善的。他所謂性，乃指生的自然的資相而言的，這個一不能斷爲善，二不能判爲惡的。他是春秋正名主義的學者，所以關於「善」的名號，很看得重；他駁孟子，他以爲善字當含至善的意味，和聖人所稱的善相同。其性「循三綱五紀、通八端之理、忠信而博愛、敦厚而好禮」時，才可以叫做善；而孟子說人性比禽獸多含些善分子，所以性是善。這個當很不得當。孟子對於善的眞義及名號，當還沒有徹底——他說。

他以爲人性之中，包含着性與情；他說身之有性情，如天之有陰陽。人性無情，猶天有陽無陰，仁貪兩者，皆出於性，不可必以一名。——看來他和孟子相遠，和告子則相近的。換句話：孟子性自身是善的那種見解，他反對，而「生之謂性」性就是生，生就是性，其中善性也有，貪性也有，——的那種告子的見解，他反多有同感的。他說禾麥依耕作者如何，有結實與不結實之別，有結實而質惡質善之別，決不一樣；所以同樣人性也不可不施教育和訓練。孟子之說，是把本質的性和加人爲而後可得全的善相混同而說的，但性是生之質，有善性，有貪性，恰如天之有二元——陰陽。所以想抑制貪心，增其善性時，不可不大大地振興教育——他又說。但依我們看起來，孟子并未曾因爲人性是善，就輕視過教育，同時不過認性惡的分子爲後天的，也并沒說過世人一般的「性」都和聖人的「善」相當。力學不休，以聖人爲標的，而勇猛精進，才可以全自己先天的良質——孟子的眞意，不待說是在這點。董子像還沒有十分通徹孟子的意思，我們以為。

第五節　結論

劉向評「董子有王佐才、雖伊呂無以加、管晏之屬則伯者之佐耳、殆不及也。」（漢書「董仲舒傳」）劉子這話，到底是挪董子的甚麼功業為對象，我們雖不明白，但想不外因他自己是一個儒者，又看見董子曾以儒學作過國學，并且普及過教育而然的。但是這種稱讚法，無論如何，當是劉子個人的私言，不是天下的公言，董子要不過一個純然的儒者，一生事業，要在其擁護儒學，為儒家張軍勢的點而止，所以後來班固評之為「純儒」，朱晦菴也左袒此說。（朱子語類百三十七卷）這說當為確當。換句話：他并不是事功上的人，比之於伊呂，無論如何，當為比非其倫，且說他是純儒的時候，也還有研究，他受過當時陰陽讖緯的影響，用這種影響作過春秋繁露，又以五常的倫道，配過五行五位；所以「純字」亦當尙有難說處。

第六章　司馬遷父子

第一節　略傳及著書

司馬父子，祖先以來世世作史官；在這種史家之中，產出司馬遷那樣的人物，本來不是偶然。不待說：我們現在不是評論歷史的(historische)的史記，又不是歎賞文章家的(rhethorikerliche)的史記作者，我們是說：在二千餘年前的當時，能有這種著作，把現在所謂「文化史」「經濟史」(八書)等都網羅殆盡；且能彀除去儒家的偏見，把社會方面的情實也網羅無遺；其識見的遠大，規模的宏廣，眞是在泰西的史家中，我們也還沒有發見過敵手！

且同時生出這樣偉人的司馬談，也是一個超羣的學者。依太史公自序我們固可以想見其爲人及其思想的概略，然依其臨死時執遷手揮淚而傳的遺訓，則更使人想見其情志：「余先周室之太史也、自上世常顯功名於虞夏、典天官事、後世中衰、絕於余矣、汝復爲太史、則續吾祖矣、今天子接千歲之統、封泰山、而余不得從行、是命也夫、命也夫、余死、汝必爲太史、爲太史、無忘吾所欲論著矣、」——那時父子當都感慨無量！我們由此更可以發見其抱負之大及知子之明了。他學天官於唐都，受易於楊何，習道論於黃子，且憫當時學者之拘泥於師法，雖一家的要領也不能通達，於是又論六家的要旨爲「支那哲學史」着先鞭。

第二節　六家的要旨

六家是陰陽、儒、墨、名、法、道德、等；他說這雖都是治世的要道，但皆多少有長短，遂總括其要領而評論之曰：「儒者博而寡要、勞而少功、是以事難盡從、然其序君臣父子之禮、列夫婦長幼之別、不可易也、墨家儉而難遵、是以其事不可徧循、然其強本節用、不可廢也、……」——這樣地評論過。他以爲六家之中，最易學而又功多的，就是老子：

道家使人精神專一、動合無形、贍足萬物、其爲術也、依陰陽之大順、采儒墨之善、撮名法之要、與時遷移、應物變化、立俗施事、無所不宜、指約而易操、事少而功多、儒者則不然、以爲人主天下之儀表也、主倡而臣和、主先而臣隨、如此則主勞而臣逸、至於大道之要、去健羨、絀聰明、釋此而任術、夫神大用則竭、形大勞則敝、形神騷動、欲與天地長久、非所聞也、

——儒教要爲外面的徒勞精神，道教則不然，其道無爲自然，簡單易行，勞心的地方少，所以能得精神的安定，

究萬物的情實，而其結果勞形的地方也自不多。大凡人間都是一樣，神定然後能作事的，「神生之本也、形生之具也」——體這意以虛靜其心，潛其思於丹田，冷靜以臨事時，則物事的眞相當可把握；由這些方面上看起來，所以老子的道，當眞是處世上最有益有利的道——他說。

他的這種評論大概是得正鵠的；其對儒道二家特重後者、薄前者的點，當也是當時黃老學的影響；他自己也說過學道論於黃子，看來他的學說，與其說是儒家，不如說是道家。

至於其子司馬遷，則青年承父命，成其絕代的功業，全孝道爲全父志爲遂。但他的學風則稍異於父，他專崇儒教，以這爲人世上唯一的教學——他本是武帝時代的人，那時候儒風大熾，儒學已成國學，宜乎他也受其感化。傳者并且說他曾學「古文春秋」於當時的碩學孔安國、董仲舒，眞僞雖不明，但他對於六經造詣之深，則在史記中隨處都可以發見。難怪他尊孔子，列「世家」，作「七十子列傳」，評孔子爲至聖，并且自己亦抱大望作史記——想繼春秋。他說：

自周公卒五百歲而有孔子、孔子卒後至於今五百歲、有能紹明世、正易傳、繼春秋、本詩書禮樂之際、意在斯乎、意在斯乎、小子何敢讓焉、

——他抱着這樣上繼周公孔子正統的大信念，而班固在漢書本紀裏說他論大道時，「先黃老、後六經」、眞是無理取鬧！不足以輕重他尊儒的精神的。

至於史記，則其中當作「思想史」看的時候，可研究的地方非常的多，但我們現在割愛，僅就其伯夷傳內的

「天道因果論」一言以完本章。

第三節　天道是非論

「天道是耶非耶」——他在史記伯夷列傳裏提出了這一個論理上的大公案。他這篇列傳，比其他各篇文章，又特爲明快暢達非常象徵的暗示的所以有人且以爲他是倫理上的一個懷疑論者。但究其實他并未曾否定過天道的是非，未曾是非過天道。他不過咏嘆過善人如伯夷賢人如顏回，何故生前那樣物質的苦痛多，肉體的恩寵薄，罷了。

「天法」本來是漢族古來的信仰的鐵則，誰也沒有疑過其因果關係的；換句話：善因善果，惡因惡果，他們唯對於這個戰慄過而止。湯王遭大旱數十事自罪，以謝於天——這當就是明證；同時這種事例在歷史上還可數見不鮮。當時上下一般，蓋皆以爲行善政卽可免於天異地妖的；所以一有天異或地妖，他的卽戒愼恐懼自謹自責之不遑。同時個人間亦如是，古籍中亦復如是，惡因惡果的法則，現代的東洋人猶引爲信仰中心因果律在道經中乃唯一教理。所以在漢代當時，對於古代以來純正的一神教的信念雖或薄弱了好些，但於天人關係及天則觀念則較前朝當有過之無不及處，爲甚麼呢？當時「五行災異說」之爲生自人天關係密接不可離的迷信，卽其實例。所以疑及天道是非及道德上的因果法則的事，在當時是絕不會有的。

但是現在伯夷叔齊顏子那些義人賢人一則至於餓死，一則至於夭折了，而反之盜跖那樣「日殺不辜、肝人之肉、暴戾恣睢、橫行天下」的惡人又轉得壽終了，這又是甚麼道理呢？這還可以說天道的因果是公平麼！——司馬遷這樣疑起來了。不待說孔子說過「伯夷叔齊求仁而得仁又何怨」的話，但我讀其軼詩又又無疑處。然則到底是怎麽一回事呢？呀！是了，他們得夫子而名益彰，顏子附夫子的驥尾，其行益顯，善因善果不是在這兒麽？——他於是又這樣地肯定過大悟過了。最後則多少帶點傷感的語調，而結論之曰「然巖穴之士、閭巷之人、砥行全義、人不之知、其名湮沒不稱、悲夫。」

——這樣看起來，那末他所謂「天道是耶非耶」的話，自不是否定因果律的成立和存在的了；其間雖多少尙有點曖昧處，但大體上他承認過因果律是不可否定的。盜跖對伯夷、顏子的現象，他不待說引爲最矛盾、最傷心的現象；但同時這現象不是現世的麽？不是現世的意味而止麽？「現世」的彼岸，不可不有「永遠」！永遠的淸純和英名，比這現世的痛苦怎麽樣？現世肉體的快樂，比那永遠的墮落和穢行又怎麽樣？——「求仁而得仁又何怨」的精髓，他於是在懷疑最烈的一瞬間，忽然大地光明地、直覺着、捕捉着、反省着了。「一簞食、一瓢飲、在陋巷、人不堪其憂，回也不改其樂。賢哉回也。」（論語「雍也篇」）——孔子也曾這樣稱歎過顏子，現在伯夷、叔齊不也是一樣麽？文、武的霸業算甚麽東西！一義貫徹，他們的首陽可以千古！這才眞是善因善報呢！——史遷眞意要爲如此。依貧富修短那種皮相事他幾曾疑及過因果律！

他不僅沒有疑及過，并且這列傳中他還暗示地把因果的法則，制限過於肉體的苦樂及貧富的小範圍內。這種地方，我們也不可錯過。

第七章　劉向父子

第一節　略傳及著書

劉向字子政，漢的宗室。性格恪謹忠直，在大夫之官三十餘年，歷仕宣帝、元帝、成帝三朝，痛外戚王鳳等專權，曾撰過「洪範五行說」諷示當朝，但不見用，王氏的權卒不可奪；哀帝建平元年七十二歲歿。

劉歆是向的季子，和父向同校祕書，博學多聞，通諸子百家，分別羣書為「七略」——定文獻學的基礎。父向是修今文春秋穀梁傳的，他則好古文春秋左氏傳，他說左邱明和夫子同好惡，又同時代，公羊穀梁則在七十子之後，所以左氏傳最近於古。他於是就想把左傳、及毛詩、逸禮、古文尚書、等那些西漢未出世的所謂「古文經傳」立於官學內，但當時的博士都不贊成，沒有成功，所以後來王莽篡漢時，他就借莽力一時實行了他的主張。他的才智超羣，但人格則不如乃父，佞事王莽，傷乃父的素志當不少；而其所立的古文，又多帶他任意改竄過的痕跡，決不能說比今文還多傳了孔子削定的眞義。

他的著書，有新序十卷，說苑二十卷，列女傳敍錄等。（新序說苑二者收在漢魏叢書及百子內。）這些書是集古聖賢的嘉言諫策而成的，在實踐道德上非常有益，并且很可作當時的「帝王學」看。他仕君忠誠，由此亦可看出。

第二節　性說

他的性說，王充在論衡「本性篇」裏，荀悅在申鑑「雜言下篇」裏，都評論過。他所說的「性情相應，性不獨善、情不獨惡」的話，荀悅很贊成過，但悅對於其餘諸家的性說，評論過於簡單，對他也不能說十分徹了底。王充則從孔子以後的性說論起，最後對於他評曰：

劉子政曰、性生而然者也、在於身而不發、情接於物而然者也、形出於外、形外則謂之陽、不發者則謂之陰、夫如子政言、乃謂情爲陽性爲陰也、不據本所生起、苟以形出與不發見定陰陽也、必以形出爲陽、性亦與物接、造次必於是、顛沛必於是、惻隱不忍、仁之氣也、卑謙辭讓、性之發也、有與接會、故惻隱卑謙、形出於外、謂性在內、不與物接、恐非其實、不論性善惡、徒議外內陰陽、理難以知、

王充蓋以爲他不分性的善惡，僅分性情爲內外陰陽，是很籠統而且漠然。但他的性說散佚了的今日，我們不能僅據王評以作論斷，自不待說。他之以性情配於陰陽，要爲當時時勢的影響，性情分內外，則因性情二者相俟始能生善惡的原故，僅就性而呼之爲善惡，是很難的的原故。換句話，他是想依陰陽相生的原理說明人性的。

第三節　結論

漢代史學界有司馬父子，校書界有劉向父子，其功績之大，都是不可忘卻的。尤其後者，校合纂訂當時散亂佚失的文獻傳於後世，其努力之大及困難之多，當非現代人所能想像。我們僅就其校文字的差異及編述的體裁二者想一想時，也能容易想見其事業的麻煩及困難。何況此外，向有別錄，歆有七略，都是後世所謂書籍解題的嚆矢，講文獻的人皆當以此爲權輿呢！——他們的功業，眞可與司馬父子相伯仲。

第八章　揚雄

第一節　略傳及著書

揚雄字子雲，蜀的成都人。幼好學，不以訓詁章句爲事，博覽多識，尤好潛心於思索，作玄想。其爲人又簡易清淨，不汲汲於富貴，年四十餘，大司馬王音始召爲郎，至哀帝時作黃門侍郎，以病致仕。王莽時復被召爲大夫，天鳳五年(西曆前十八年)卽光武舉兵的前四年，七十一歲卒。——西漢學者的殿將。

著書　他常治文字言語學，又作詞賦、方言、訓纂等。尤其擬司馬相如，作過許多賦，傳於世；但晚年以這爲雕蟲小技，棄不顧，專耽心於思索，仿易經著太玄十卷，仿論語著法言十卷。前者是他的實在論，關於宇宙現象的原理及宇宙發展的方式諸方面的。後者則實際方面，如道德、政治、學術以及人物品騭諸方面的。

第二節　本體論

他是繼承儒道二家思想的人，所謂折衷學派的學者。換句話：其本體論把周易老子雜糅而成，倫理道德，則大率根據於儒教。再換句話：他所擬作的太玄——用以形成其哲學的本體的太玄，是取自老子的根本思想——道體「玄」而來的，而這本體的實在顯 (appear) 而化成一切現象的理由，則他又借易陰陽生生進展的原理以作說明，且以推究各象公動的方式。

他自己也明說過他的思索的淵源：「老子之言德道也、吾有取焉、其槌提仁義、絕滅禮樂、吾無取焉。」——其本體論之來自老子，倫理觀之來自儒教，由此更可證明。但他決不帶當時陰陽讖緯等的臭味，他一往直前，肉薄老易，欲以自創其哲理，這正是他凌駕當時羣小的地方，亦卽其爲當時唯一思想家的地方。

他的本體，然則有甚麼內容呢？他說宇宙的本體——「玄」的性質，是普遍的，是萬物的根原，是人的感覺能力所不能看到的東西，所以名之曰玄。換句話，卽和老子第三章「玄之又玄、衆妙之門」的話相同，乃幽玄美妙的原動力，超絕於言語視聽以外的。他說明這玄曰：

玄者、幽攡萬類而不見形者也、資陶虛無而生乎規、攔神明而定摹、通同古今以開類、攡措陰陽而發氣、一判、一合而天地備矣、天日回行而剛柔接矣、還復其所而始終定矣、一生一死性命瑩矣、（太玄七）又曰、夫玄、晦其位而冥其畛、深其阜而眇其根、攘其功而幽其所以然者也、故玄卓然示人遠矣、曠然廓人大矣、淵然引人深矣、渺然絕人眇矣、嘿而該之者玄也、（太玄七）

但玄的本體雖是這樣虛靜而幽冥，其裏面又自有活動在，自有動而不失其規律的本性在。這一消一長的二力，卽形成萬有的原動力。所以說：

日月往來、一寒一暑、律則成物、歷則編時、律歷交道、聖人以謀、晝以好之、夜以醜之、一晝一夜、陰陽分索、夜道極陰、晝道極陽、牝牡羣貞、以攡吉凶、則君臣父子夫婦之道辨、是故日動而東、天動而西、天日錯行、陰陽更巡、死生相樛、萬物乃纏、故玄聘取天下之合而連之者也、綴之以其類、占之以其觚、曉天下之瞶瞶、瑩天下之晦晦者、其唯玄乎、（同上）

所以這玄體用於現象界時，則日月的運行，人間的倫理道德，生死得失，乃至一切的東西，都受其支配，且惟依牠而後能轂明瞭。所以這太玄，一面是明這一切現象的東西，他面又是生這一切現象的東西。其發展過程則如下。

老子以「一生二、二生三、三生萬物」爲過程，他則取一、三、九、二十七、的形式——作三元發展論。他的組織，雖擬於易，但易爲二元論，他爲三元論，根本地相違異。現在挪他的組織和易對較時，易的大成卦成於六爻，太玄則成於方州部家四重。易八卦相重，成六十四卦，太玄則以一二三雜於方州部家四重內，成八十一首。易每卦合六爻，成三百八十四爻；太玄則每首合九贊，成七百二十九贊；其外又附二贊，這二贊附加的理由，則是認二贊爲一日，所以合於三百六十五日半的數的。其他易有元亨利貞，牠（太玄）則有罔、直、蒙、酋、冥五德。易大衍的數五十，其用四十九，牠則天地的策各十八，合爲三十六，而牠虛其三，因爲三十三策。易揲之以四，牠揲之以三。易有七九八六，呼爲四象，牠則有一二三，稱爲三摹。易有彖，牠有首。易有爻，牠有贊。易有象，牠有測。易有文言，牠有文。易有繫辭，牠有攡、瑩、掜、圖、告五辭。易有說卦，牠有數。易有序卦，牠有衝。易有雜卦，牠有錯。——諸如此類，兩兩相對，摸合而成的。而對於易的二元，用始中終三元以作說明的點，則爲其組織的中心。所以會得周易的理以臨牠時，當別無難解處。

第三節　倫理說

揚子倫理說內關於德論，別無創見，於性論則有之。這性論是他由其本體論所不能不演繹出來的；蓋我們人類既是發生於這宇宙內的東西以上，自然是這宇宙本體的小玄體，各人都含有這玄在內，換句話，和玄依陰陽二動力互相攝引而保其靜一一樣，性也自有善惡之分子相互混同於中的。所以他說「修善則爲善人、修惡則成惡人、氣者通善惡之馬也」（法言修身篇）——在這兒他於人性善惡之外，創出了一個「氣字」，對這字他雖沒有特別說明過，但從其以氣比馬的地方看起來，這氣當是指慾情或心猿意馬而言的——我們以爲所以他對於人性的善不善，全以修養如何爲歸，他力述教養的必要的理由也在此。至於其修養方法，則他又專說無過不及的「中庸道」又說當以五倫的教爲標的；當都是爲制御這氣而說的話。但他這樣地於性的善惡（陰陽）外，分出這氣的一元來，三元地論述人性的地方，要爲其本體觀的演繹無疑。

第四節　結論

他的學說根底取於老孔周易，樹立本體論的地方，可謂較從來的儒家進了一籌。但他網羅諸家的學說太過，摘易取老，附以歷法而作的「太玄」，既乏統一，又很晦澀，——折衷學者一般的通弊，他也不能免。但雖然如此，能彀樹成這樣一種本體觀，也足以證其思想的博大。劉歆評之爲「無用」，當是過言。其他性論亦頗當理，暗示孟荀以外的新路；且實踐工夫上主張「取四重去四輕」，（修身篇）爲說也不是淺於體驗的人所能認識得到的。

第九章　王充（後漢）

第一節　略傳及著書

時代一轉，變成後漢了。學者中如荀悅徐幹仲長統等，述作都不愧儒者一家之言。但其思想，則所謂強弩之末，不足以穿魯縞，都成了末梢的了。在這裏面，一掃時代思想的迷妄，持革新的學說，爲一般思想界力擊陰陽災異神仙等說，不遺餘力的人，當是會稽的王充。

王充字仲任，上虞人，幼有出羣之譽，巨人之志。弱冠出鄉，到洛陽——當時的帝都，師事班彪，因家貧無資，在洛陽書店頭竊窺強記，遂通諸子百家，——這雖是傳說，然由此亦可想見其頭腦了。不僅此也，他幷且不學當時學究者流，專埋頭於訓詁，他修得的學問是活的，——更可以證其資質之非凡。後歸鄉里，閉門潛思，絕慶弔禮，著論衡八十五篇。年七十，氣力漸衰時，又著性書十六篇以自守（但此書不傳）。他終身不仕，生時雖極不遇，但由其遺著看起來，博學多識，精通諸子百家，且旁徵博引，巧爲歸納，以傾倒其蘊蓄，其爲一時超羣的學者，可以察得。宜乎才人蔡邕得此書，愛爲帳中祕籍，王朗讀之，亦且遽增其才智。

第二節　宇宙論

王子以打破當時的社會迷信爲第一要件，所以深遠的學裏討究，在他是第二次的（secondary），宇宙論本體論那種問題，他都沒有特別討論過。現在把他各篇論文內的主張總合起來時，他第一不把宇宙當作有意志的東西看，他說宇宙自然地生，自然地滅，全是無意志的；并且關於其生滅的所以，也說別沒有甚麼原理或甚麼神或甚麼道。他說如果宇宙中有意志存在時，則當不可無慾，但天理地理代表這慾的口眼等，一點也沒有。天的體只是雲霧，地的體只是土。（「自然論」）

天地雖只是這樣無意志的存在，但萬物的產生，則因有一渾然的氣。這氣無意識地蠢動時，則變成陰陽二氣，二氣相交時，則天地萬物遂自然生成。（「齊世篇」）「天之動行也，施氣也，體動氣乃出，物卽生焉。」——他在「自然篇」裏也這樣說過。這個并且在人也是一樣，人是受這氣自然地生出來的，智力的高低，形體的大小，都是這氣的關係，他說。——他是完全倡氣一元論的，但他的這種學說之中，不待說，前者宇宙本體無意志的話，是從老子的自然觀來的，後者二氣相交而生萬物的話，是從周易來的。

第三節　性論

論衡「本性篇」裏，他先論評了古今許多性說，而後述他自己的意見。他先說「周人、世碩、宓子賤、漆雕開、公孫尼子之徒，謂性有善有惡、舉人之善性養而致之則善長、舉惡性養而致之則惡長、性各有陰陽、善惡在所養也、」的話為是，次之則以孟子的性善說為中人以上的人性，荀子的性惡說為中人以下的人性，揚子善惡交混說為中人之性——三者各偏一方。他自己的見解，於是說明之如下：

性誠有善惡，但說單依修養可達於彼岸，則不無漠然處。人本是依天地二氣之合成而生的，那時候稟氣既難免厚薄多少之殊，成人後自不無善惡賢不肖之別。人智之有高下，如同播一種依九州田土的肥瘠而有高下一樣。幷且下者不能使之高，高者不能使之下的。所以說人性無善惡，當如和說人智無高下的話一樣。（「本性篇」）

他是倡氣一元論的本體觀的人，這種性說，所以是當然的產出。他於宋儒的氣稟說，作了先驅了，同時揚子氣馬的意義，也被他說明許多了。

第四節 倫理說

「率性篇」說「人性有善有惡、其善者固自善也、其惡者故可教告率勉而使之為善、為人君父者審觀臣子之性、善者則養育勸率毋使近於惡、近惡則輔保禁防使漸於善、善亦漸惡、惡亦化善、成而為性行」——這兒又明明說天成的氣質，亦可依教育修養而變化，同時幷且引了許多事例作證明：如揚子哭於歧途，墨子見練絲而歎的故事，都引了進來，力說稟善性而生的人，亦不可染惡習，染則難改，所以練絲時代（少年）不可不大加訓練。但是雖然如此，翻看他的運命論時，則所謂氣稟的厚薄，又差不多是絕對的（absolute）天命的（fatal），譬如「骨相篇」

裏說的人的一生，依其骨相而運命定的見解，和這兒所說的話明相扞格。

第五節　運命論

稟氣有厚薄的思想，是他性說的根本但同時又是他運命論的中心。他說凡人的運命，有遇有不遇，壽有長有短，祿有貴有賤，都是在父母施氣時已經定了的，人力莫可如何。他的這種宿命論，在論衡裏差不多占了五分之二，「逢遇」、「命祿」、「氣壽」、「吉驗」、「命義」、「骨相」、等篇都是連續地論這運命的。「逢遇篇」裏說了「操行有常賢，仕宦無常遇賢不肖才也遇不遇時也」之餘，且把不遇之例引了無數，無論甚麽持非命論的人，差不多也不能不屈服於他的這種意氣和材料之下。我們現在爲闡煩起見，雖不照樣記載，但其論述的精細，史料的豐富，眞可說是古今獨步。

他先攻究運命自身的性質，把牠分類起來，以作論據，然後進一步把古來非命論者之說，拉來解剖。古來非命論者中的驍將就是墨子和荀子，墨子說過「桀之所亂、湯受而治之、紂之所亂、武王受而治之、此世未渝、在桀紂則天下亂、在湯武則天下治、豈得謂有命乎」（非命論）的話，且出過古代歷陽城一夜沉爲湖，長平趙卒四十萬，一夜盡坑爲鬼，這些人都是短命麽？——的難問。這難問雖是不容易答覆的，但他解論之曰本來運命這東西，不止一種，有種種分類起來，譬如

一曰　所當觸値之命。

二曰　彊弱壽夭之命（氣壽篇）。

二者就是。前者如殺燒壓溺等，後者則稟氣之薄者。長平坑死的，及歷陽溺死的人都是前者，顏淵的夭死，盜跖的壽終都是後者；桀紂是稟凶暴的氣而生的，湯武則是稟福祿平和的氣而生的；稟氣厚的體强命壽，稟氣薄的體弱命夭；（「氣壽篇」「命義篇」）——都和德的大小，性的善惡，沒有關係。所以由他這樣說起來，司馬遷歎嗟的伯夷、叔齊的問題也解決了，墨子所發的難問，也解釋了。

其次他又說三命：正命、隨命、遭命，其說如下：

正命是得「本稟之自吉」的，其性也吉，其骨也善，所以不假操行以求吉福，吉福也自然會來。隨命則勠力於操行，可以到吉福，縱情欲則必至於凶禍。遭命則和二者不同，作善事也得惡報，毫無冀望，隨意都是偏遭禍凶的。并且說「凡人之受命，父母施氣時已得吉凶。夫性與命異，或有性善而命凶，或有性惡而命吉。性自有善惡，命自有吉凶。命吉之人，雖不行善未必非無福；凶命之人，雖勉操行，未必非無禍」。（「命義篇」）

這三命說，要即上述觸值之命，及強弱夭壽之命（祿命）的解說，但他又引長平坑殺的例，說國禍的「國命」，勝於「人命」，「壽命」勝於「祿命」。又說人命定於父母的施氣時，所以壽夭自備於骨相，所以察人骨體的表徵，命的修短貧富貴賤都可曉得。（「骨相篇」）又說稟貴命於天的人，必有吉驗，這等人降臨，非有天命不能，而其驗見又不一，或以人物，或以禎祥，或以光氣。他列舉了許多古今聖主名王降誕時的奇蹟，徹底地主張這點。但這種運命觀，要不外他個人獨得的人生觀而止，本來以命世之才，不遇而終的他，體此理以作自慰的資料，當或其然，但以之施於人間一般，都以此作處世指南時，則社會人生，可眞休了。他這種議論，不待說可傾聽的地方不少，但倘有知其一不知其二之嫌。世上挽回惡命的人，不是很多的麼？回天的事業，要在於人力一點。

第六節　結論

王子思想的特色，是其主張自然的氣一元論的點。他由這稟氣厚薄如何的問題，把他的性說宿命說等都說盡了。他的自然觀是從老子借來的，所以他時時推戴老子。并且由這種自然觀，他把從來倫理唯一的標的——人天關係及鬼神存在等也都否定了。（「禍虛」、「變虛」、「譴告」、「訂鬼」諸篇）他的自然觀如此，實在觀又如上述，也是取自老易，所以得這種結論，自是當然。同時讀論衡的人於這種思想上的徑路，當也不可不特別留意一下。至於其書的論述法，則帶近代式，古今史料都被他的博學縱橫地安排着，癢處痛處，無不搔到，使讀者首肯之餘，且為所魅。尤其論破漢代諸迷信時，一一引證，穿微入細，使人感一種痛快味（「九虛」、「奇怪」、「四諱」、「辨崇」、「解除」、「卜筮」、「三增」、「論死」、諸篇）所以本書不僅是「漢代宗教史」上的好史料，在邪教橫行的今日，猶有精讀的必要；誠不愧「論衡」二字。

第十章　馬融　鄭玄

後漢訓詁學者的逸才中，有許慎、賈逵、服虔、馬融、鄭玄等。後二者尤負盛名，後世儒者率盤旋於其腋下——他們給過後儒這般大的影響，所以在思想史上雖不是當記載的人，這兒猶為一作小傳。一般地講起來，前漢今文家的訓詁學，是義理訓詁二者兼為，且重家法師傳的；所以他們很重口授，其結果和時代思想也間生交涉。但到後漢古文家，則專詳於章句訓詁；純持客觀的態度，欲由文理把捉古書的精神；所以如今文家何休著公羊墨守，左氏膏肓等批難古書時，遇着古文家的鄭玄嚴密地一批判時立遭慘敗。——當時的學風和西漢是大異其趣的。

馬融字季長扶風茂陵人，生於後漢章帝建初三年，卒於桓帝延熹九年，八十八歲。盧植鄭玄等高才，都是他的門下，其爲人又好音色，悅華麗，常前室講書，後堂設女樂，意豁達不拘小節；著有馬季長集（合文賦）及忠經。但後者當是後人的僞著。註釋則三禮、易、尙書、論語、老子、淮南子、其他數種，都是他心血所鍾的。

鄭玄　鄭御聚字康成，尙書僕射鄭崇的八世孫，北海高密人，順帝永建二年生，獻帝建安四年歿，行年七十四。少時作過官，但他厭其業，入大學，師事京兆第五元先，始通京氏易、公羊春秋、三統曆、九章算術等，又從東都張恭祖學周官、禮記、左氏春秋、漢詩、古文尙書等，至於山東無可問的人，於是西入關投馬融門下。但融如上述，驕貴自恃，除高弟子十數人外，不親授學，餘弟子則依次相傳，末弟子至於不能見其面，他居門下三年，亦如之。後，偶逢融集弟子等考究圖緯，因聞他善算術，召見之於樓上，他於是趁這機會遂舉其平日所疑惑者盡質疑之，既即辭而東歸；融至此始知他的大才，喟然歎曰「吾道東歸矣」——傳說如是。

那時候西漢的今文家何休作公羊墨守、左氏膏肓、穀梁廢疾等批難古文。他於是作發墨守、鍼膏肓、起廢疾以駁之。何休見而歎曰，「康成入吾室，操吾戈以伐我」——其造詣之深，研究之確如此。

弟子趙方等從遠方來者數千人；所註的書則有周易、尙書、毛詩、儀禮、禮記、論語、孝經、尙書大傳、仲候、乾象曆等；著述則有天文七政論、魯禮禘祫義、六藝論、毛詩譜、駁許愼五經異議、答臨孝存周禮難等百餘萬言。訓詁上的功績，除南宋朱晦庵外，無人可爲匹敵。

第十一章　王符　仲長統

王符字節信，安定臨涇人，與馬融、張衡等爲友，王充、仲長統和他稱爲「後漢三賢。」性耿介，不同於流俗，所以在官不得志，退作潛夫論三十餘卷，（漢魏叢書及百子）卒於家。

潛夫論的中心思想，和儒家一樣，講人君當布仁政利天下的，但其說本體，則執氣一元論，氣的發展形式，則採易理。他說：「上古之世，太素之時，元氣窈冥，未有形兆，萬精合併，混而爲一，莫制莫御，如斯久之，翻然自化，清濁分別，變成陰陽，陰陽有體，實生兩儀，天地絪縕，萬物化淳，和氣生人，以統理之，是故天本諸陽，地本諸陰，人本中和，三才異務，相持而成。」（「本訓篇。」）又以這理爲基礎，論道德及齊民的要旨：「人君之治，莫大於道，莫美於教，莫神於化，道者所以持之也，德者所以苞之也，教者所以知之也，化者所以致之也。」（「德化篇」）

他的意思，氣是變化的象，道是自然的理，所以行道則氣自平靜，人民也得享福樂。反此理而不行德政，則氣必決裂，上生天妖，地變，下則人民多病夭。（「德化」）他這兒所說的氣和道區別，雖還不明瞭，但道恐怕是指自然的理法，指本體而言；氣則是指所以生變化的東西自身而言的；——漸和宋儒理氣說接近起來了。

至於其實踐方面，則如上述，他以自然的本體作德，以氣作化，所以和揚雄、王充等多少不同。以「正心」爲全德的第一要件。他說「情性，心也，本也，化俗，行也，末也，」——他這種先正心而後及於修身齊家治國的話，都是儒者的話。他的理想所以也是在於依明主以求治國平天下的，而方法則又亦爲任德求賢。這些方面的說明，在「賢難、」「明闇、」「考績、」「思賢」諸篇裏反覆過很多；但他又怕人君如僅僅以求賢爲能事，則其意當尚有所不徹底，於是進一步又說見賢之明，和任賢的雅量二者也不可少，這二者且必待於學問而後可得，人君所以不可不學。且博引了許多古聖賢的事蹟，以作論證，但其言皆沒有出於儒教範圍之外，所以現在從略。此外他還信過天人的感應及鬼神的存在等：「命者天之制也」的話他說過；但大要亦和儒家沒有出入。然同時他又不和俗人一樣，他不信淫祀邪巫，他說「天不勝德、天之助者順也、人之助者信也、」（「正列篇」）——毅然示其所主張之道，亦可徵其人格之高。四庫全書提要裏比較「後漢三賢」時，有「符書似洞悉政體之昌言、而明切過之、辨別是非似論衡、而醇正過之、」幾句話，多少是可首肯的。

仲長統　仲長統字公理，山陽高平人，幼少好學，博涉書記，文辭豐贍。年二十餘，遊行於青徐幷冀諸州，交友皆推服其才識。後作尙書郞，參曹操軍事，性俶儻，好直言，不拘小節，有脫俗風。常說「凡遊於帝王者、欲以立身揚名也、然名常不存、人生易滅、當優遊偃仰以自娛、」——讀其「樂志篇」的人，必能窺知其風懷。呼爲哲學家，不如呼爲哲人，和晉代陶淵明當是同一流派。四十一歲卒。著書有昌言三十四篇十餘萬言，但散佚，今僅存二篇。清馬國翰曾收之於玉函山房輯佚書的子編儒家類中，內容是「政治哲學」論古今成敗得失興亡，而究其因果關係的，——屬於現今的法理學；散佚了，眞是可惜。

第十二章　荀悅

第一節　略傳及著書

荀悅字仲豫，潁川人，荀淑的孫，荀儉的子，和族弟彧同仕於獻帝朝，作宮中侍講，時曹操專權，有簒奪意，彧和孔融都因忤了操意不得其死，但他獨善處其身，得全天壽。因此後人多責難他仕逆臣不去，本非儒家正道。

著書有申鑒七卷，漢紀三十卷，崇德正論及其他數十篇，但現傳的只申鑒漢書二者。申鑒爲「政體」、「時事」、「俗嫌」、「雜言上下」五編，「政體篇」和現代的政治哲學相類，「時事篇」則其註脚，「俗嫌篇」是對於當時的信仰的見解，「雜言」則爲倫理道德論。他的學問本源於儒，所以義理醇正得正鵠，尤其力求組織地論述的地方，更示其頭腦之異於凡俗。

第二節　性說

他論政治的要旨，也力求組織地下筆，譬如「政體篇」裏說不可離於五德，（仁、義、禮、智、信、）不可悖於六節，（好、惡、喜、怒、哀、樂、）又不可不具備六事，（承天、正身、任賢、恤民、明制、立業、）政術則說當屏四患，（僞、私、放、奢、）立五政，旨要極明簡；對於俗間信仰及性論等的言論，也極妥當；而其中性說尤出色。

「雜言下」裏他簡單地批評了古來的性說後，述其自說，且左袒劉向曰：

或問天命人事、曰有三品焉、上下不移、其中則人事存焉、命相近也、事相遠也、則吉凶殊矣、故曰窮理盡性以至於命、（即說中庸之才隨修養如何上下都可爲的意思，且解釋孔子「性相近習相遠」的話的）孟子稱性善、荀卿稱性惡、公孫子曰性無善惡、揚雄曰人之性善惡渾、劉向曰性情相應、性不獨善、情不獨惡、曰問其理、曰性善則無四凶、性惡則無三仁、人無善惡、則文王之敎一也、則無周公管蔡、性善情惡、是桀紂無性、堯舜無情也、性善惡皆渾、是上智懷惡而下愚挾善也、理也未究矣、惟向言爲然、

——看來他是贊成孔子唯上智與下愚不移，中人則依教養如何而移之說的；性情二者的關係如何，則他以劉向性情相應說爲近理，而對於一般的性善情惡說，則持反對態度的。他以性情二者爲一元，不過體用上，性爲體，情爲用而止。「好惡者性之取舍也，實見於外，故謂之情爾，必本於性矣。」——他說；好惡不是善惡之所分，善惡之生，乃因「神」生好惡喜怒的感情的原故，——他又說，善惡他以爲不可直以情定善惡好惡之生乃神所爲。

性與情的關係如上，性的三品分類說，他贊同孔子亦如上，教育方面，認上智下愚之間的中人有必要的見解也和孔子一樣，不過對於上中下三品他更詳細地說過罷了。他把性的三品分爲九品，他說從教者半，畏刑者四分之三，不移者大數九分之一，一分之中，又有微移的。同時，「性雖善待教而成，性雖惡待法而消，唯上智與下愚不移，其次善惡交爭，是以教扶其善，法抑其惡，」的話也說過。所以看起來，他蓋以爲雖上智亦不能說是生知安行，亦不可缺少教育的。換句話，他是認全部都有施教育的必要的，要之性三品說，始於孔子，經過子思，至他而體具，至韓愈而體成的——當是定說。

第十三章　徐幹

第一節　略傳及著書

徐幹字偉長，北海劇人，建安中爲五官中郎將，長於文學，魏曹植稱之曰「懷文抱質，恬澹寡欲，有箕山之志，」先賢行狀裏說他篤行體道，不耽世榮，魏太祖曾特旌命起用他，但他亦辭不就，（魏志王粲傳）足見其人格之高。建安二十三年卒，行年四十八。著有中論二卷二十編，（漢魏叢書及百子中）

第二節　德藝合一論

他的學說大部分是儒家語，沒有甚麼出色處。但他主張過明智重於德性，藝術道德當相待爲用的話；——這話當是他的特別處。他說德藝之於人如根葉之於植物，換句話德是根本，藝是枝葉，二者必相待而後能全其用。後來曾鞏評中論時有「時有小失」一語，當就是指他這種地方。「智行篇」裏，對於「使志行純篤二者不可兼，則聖人又何取焉」的質問，他答以「取明哲」；而其內容則非常功利的。他說凡聖人非只空行，都是用智圖民利民福的，伏羲作八卦，文王從而增之，都不是僅以行善，且以期效用的。堯的盛德，亦在其任才去凶的明哲點，顏子之強於子貢，亦在其「聞一以知十」的才智點，孔子當年稱顏子，要亦稱其才甚於稱其德的。——他說。本來孔門之教，是以智仁勇三才連帶地發達爲理想、爲教育的，其根本精神，是以造出學德兼備的實才，用於社會爲標的的。但後儒不察，專重德行，僅以道德爲對象，說政治，育人才，生出一種非實際的傾向，致實用的智識，次第缺乏，而末輩且專以學究爲能事，沒頭於訓詁學中，毫與世用無關，變成腐儒。所以在這時候，徐子高唱明哲的必要，求復於古時活儒的精神，眞是確中時弊的明論。

德自身甚麼功效也沒有，必待明哲而後有功，所以事功上講起來，他認明哲較篤行還要緊。無論無明知的德行沒有，縱有其德，也必至小，決不能大至於公利一國——他說。

本此理由，所以他對於依智力作成的藝術，特別地注意，以爲和德行當並重。他先論藝術的起源：「藝之興也、其由民心之有智乎、造藝者將以有理乎、民生而心知物、知物而欲作、欲作而事繁、事繁而莫之能理、故聖人因智以造藝因藝以立事二者近在乎身而遠在乎物藝者所以旌智飾能統事御羣也聖人之所不能已也藝者所以事成德者也德者所以道率身者也藝者德之枝葉也德者人之根幹也斯二物者不偏行不獨立木無枝葉則不能豐其根幹故謂之瘣人無藝則不能成其德故謂之野」（「藝紀」）

——他以藝術的起源，一爲應精神教養的必要而生，一爲應效用的必要而出。但他所說的藝術，是五禮、六樂、五射、五御、六書、九數、六儀、（祭祀之容、賓客之容、朝廷之容、喪紀之容、軍旅之容、車馬之容）等的藝術專爲精神的，實利的，純工藝美術的方面則尙沒說及過（「同上」）。

要之「君子非仁不立、非義不行、非藝不治、非容不莊、四者無愆、則聖賢之器就矣、」——他所指的藝術，純是治國方面的東西。以上是他學說的大概；大體雖沒出於儒教範圍以外但其重明智甚於重篤行，倡德藝合一的地方，對於從來德治萬能的學風的缺陷，當大有所補足無疑。

第二編　六朝哲學

第一章　總論

從魏蜀吳三國鼎立（後漢靈帝十三年赤壁之戰——西曆二〇八年）到隋末，凡四百年間，謂之六朝。「六朝」的名義是由於以江南建業爲國都的吳、晉、宋、齊、梁、陳六國的興亡而來的，現代在便宜上襲用。

這時代之爲支那思想界上的暗黑時代，誰也是沒有異議的；但從他面看起來，當時儒教雖極沉滯，佛教則大輸入；外來文化的吸收，大有爲日不足之勢，一時思想界的豪傑，羣趨於這新佛教，漢族固有的思想，差不多無人顧及。此其原因，不待說就是秦漢以來神祕思想裏培養下來的人心，禁不住這夢樣的、廣大幽玄的、汎神的的新宗教風潮所激盪，因而都與之陶然響應而然的。所以實際上，印度佛教這時候的移來，眞是正投着漢族人心的渴餓，素地上、背景上，都是毫無遺憾的時代。宜乎躬行實踐的儒教思想，對此唯有啞然不知所措了。論者或以爲儒教獎勵，是歷代帝王的一般政策，其中如劉淵、苻堅、後魏道武帝等，尤其熱心，且學者中亦出過王弼、王肅、杜預、范寧等，其傳註（經書諸子）亦可稱儒教當尚不能稱爲衰微；但這些東西，和思想的活躍，有甚麼關係？思想之進展和更新，限於爲政者的獎勵而發展的麽？何況當時的儒家，全遯於傳註的陰影裏，朝廷之獎勵，又初不過單爲朝廷的典禮上及貴族子弟作官吏上求實務上的學術而然呢！那末其與當時思想界之沒交涉，自是蓋然的事實了。

儒教雖如是，但老莊學則不然，這學的內容，和佛教的內容相類似，比儒教易於與之相接近，所以在這時期也大發展起來，對於佛教，兩不相讓，始終如一敵國，迄於近世。所以六朝時代，二分思想界的，就是這道佛二教，儒家則唯隋代出過一個王通，稍具體系而止。

道教得佛教而更增其宗教的內容，且網羅了其他一切的思想：如陰陽、五行、讖緯、符咒、神仙、道、因果報應等，無不收入。且倣佛教的藏經，組織過道藏經，梁的陶玄景、後魏的寇謙之，學德兼備，卽其大祖師，而葛洪則尤爲組織道學的名學者。至於竹林七賢，則和道教殊途，其放達之中，帶一種哀愁味，當是由世相及政治上的關係而來的。

第二章　老莊思想（竹林七賢）

竹林七賢，本來受了老莊（尤其莊子）的影響；但其任達不拘於物事的獨善主義，至於流行於當時的士大夫間的理由，則我們以爲別有所在。蓋這思想本是亂世的處世術之一，不能說是純從思想上產出來的。漢末以來，世亂極了！士大夫最直接地受過影響的，尤爲當時的黨錮禍。這禍起於桓靈時代，桓靈暗愚，政事全爲宦官所左右，陳蕃、李膺等率書生多人橫議之，則一網打盡地概遭殺戮。後來曹操當國時也一樣，嫌儒者議論政治，孔融、荀彧、楊修、禰衡等，都死於非命。——惟其如此，所以一時高節之士，皆取超然主義，隱跡於山林，不好與政治相接近。雖名士如諸葛亮，其最初也以「苟全性命於亂世，不求聞達於當時」（出師表）爲希望，爲理想。

直接的原因如是，至於間接的原因，則爲西晉初年以來，北方胡人漸次南下，二三十年間，大移動起來，把中國的漢人驅逐走了的那樁事。不待說，五胡雖是蠻族，其中也出過劉淵、石勒、苻堅等名將，他們的侵據中國，并不能說是意味中國文化的絕滅；但大體上漢人被他們所壓迫，大大地遭了悲苦，是不錯的；——所以人心遂漸流於「厭世的，」而產出他們這一派來。但他們的厭世，和佛教的厭世思想決不[illegible]，人間生死問題裏湧出的因果關係，他們是還沒有思考過的。

他們的思想，還沒有出乎老、莊、列、楊的範圍外。其中莊子尤為他們所喜歡，所精通；——看向秀、嵇康、山濤等的傳記，就可曉得；而向秀註的莊子，尤精該，後來被郭象所剽竊，還是古來有名的笑話。但是他們的耽好老莊，幷不是對於老莊的思想有所探求，他們的主旨不過是想體現老莊的處世法而止；所以其結果國家的氣風流於懦弱，無用的飯桶日事增加，且延而至於西晉的滅亡。

晉書「嵇康傳」說：「所共神交者、惟陳留阮籍、河內山濤、預其流者、河內向秀、沛國劉伶、籍兄子阮咸、瑯琊王戎、遂為竹林之遊、世所謂竹林七賢也、」——「竹林七賢」的來由如是。但此外同流派的人還有許多，七賢不過是便宜上做了代表而止。七賢的奇行逸事，如一一縷述時，差不多都可以作一篇好戲劇，但現在僅舉其共通點而止：

第一　他們都一樣好酒，解音樂，翫琴。

第二　蔑視俗間的禮節，罵倒好禮的俗士，以自己的行為為高超。

第三　飲酒，鼓琴，醉裏忘其形骸。（如莊子的「坐忘」。）

——關於這幾點，最描出得妙的就是阮籍的大人先生傳。其辭曰：

世所謂君子者、唯法是治、惟禮是克、手執圭璧、足履繩墨、行欲為目前之檢、言欲為無窮之則、少稱鄉黨、長聞鄰國、上圖三公下欲無失於九州之牧、獨不見羣蝨之處褌中乎、逃於深縫、匿於壞絮、自以爲吉宅也、行不敢離於縫際、動不敢出於褌襠、自以爲得繩墨也、然丘炎火流、邑焦都滅、則羣蝨處褌中不能出也、處君子之域內、何異夫蝨之處褌中乎、

——他以禮俗之士爲褌中之蝨，白眼傲世的態度，依依地描寫出來了。更有劉伶的酒德頌曰：

有大人先生、以天地爲一朝、萬期爲須臾、日月爲扃牖、八荒爲庭衢、行無轍跡、居無室廬、幕天席地、縱意所如、止則操巵執觚、動則挈榼提壺、唯酒是務、焉知其餘、

——都是楊子「爲我」莊子「任達」的派頭。而同時體現這種哲學的所以，又決不如楊莊之根於內面思想的衝動；他們多是上流子弟出身貴族，其清談風尙，太過於末世的皮相的，淺薄的思索上、實際上，他們的苦悶都還不足。所以莊子的「坐忘」出於「齊物論」的哲理，他們的坐忘和放心，則必藉酒精的作用。因而醒時所以他們還不能免世俗的悲哀，其放達要不外一時的鬼混主義、便利主義、及功利主義。幷且世人稱之爲賢人時，他們很引爲得意，一種可卑可恥的名譽心也夾混在內。舉一例如七人中的首領阮籍，司馬昭爲其子炎（晉武帝）曾向他求過他的女爲婚，但他怕和權門交結，前途有禍，於是特酣醉六十餘日，以不答卻之，其脫俗放達之不自然且不忠實於此。模倣主義的哲學，必作成模倣主義的人格，眞是沒有法子。——這消息我們於王戎尤易看得出來。

這種假放達主義思想蔓延時，於是又出了王戎的弟王衍和其四友王澄、王敦（後謀反爲亂）庾亮、胡毋輔之及兗州八伯阮放、郗鑒、胡毋輔之、卞壼、蔡謨、阮孚、劉綏、羊曼等。其中王衍尤盛才美貌，爲時人所欽仰；但終日和同

志作清談，身任一國之重時丁多難之秋，毫無半點經綸卒一戰爲石勒所擒，誤晉國大事的人，也就是他！石勒還說過這人雖不忍加刃，但天下比這還沒用的人當沒有因卽夜命部下戮之西晉於是就告了終局。——看來這都是竹林七賢輕佻浮薄的結果，對於他們的人物思想，我們眞不能發見一點好處。

第三章　道教的發展

道教的起源我們在「兩漢思想概說」裏說過了：是後漢張道陵以黃老思想爲基礎，做成宗教的形式的教理。然雖基於老莊，和老莊的哲學究沒交涉，不過單取其可爲「眞人」「至人」的「養生論」而止且因純以民衆爲對象的原故，其中含包的思想千差萬態，幷不專是一種。

教祖張道陵自稱是漢名臣張良的八世孫。得鍊丹術，隱於蜀的雞鳴山，又自稱從老子受過符法，施於民衆有靈效，於是就得一般的尊信，握教權，子孫且世襲地稱「天師」地位和「羅馬法皇」。依據的聖典不待說是道家的書，但其最大特色還是利用支那民族的迷信，收一切信仰的對象於自己藥籠中作自家的教理的點。秦皇漢武時隆盛極了的神仙說，因其思想和老莊養生說同類，牠不待說早就收取着了；——方士李少君之術：祀竈神祈福德，絕穀道，輕身卻老，（不老）以成仙之說，卽是次之陰陽道，——陰符經、參同契（後漢魏伯陽著）等內所說的從陰陽的自然以修養身心之說，牠也收進來了。其他如「水火匡廓」之說，「金鼎玉爐」之用，則取之於易學，「預言」借之於讖緯，「符籙」（卽後漢末張角「太平道」的「符水」，及三國時張魯的咀咒術，）則用作脅制。——一切左道旁門，凡可以愚民惑衆的東西，牠一網打盡地概收取無遺了。此外且把儒家的孝經如式收作道書，「三世因果」的佛說，照樣飾爲教理，毫不怪恥。——惟其如此，所以我們只要仔細把牠研究一下時，支那民族的信仰，當可全悉；而其教理之多歧多端爲說之荒唐無稽，當尤可說遙出於耶佛二教典以上。這教又最能理解支那人的國民性，牠乘着支那人的利己心，「點金術」「不老術」「長生術」乃至「房中術」等都發明出來了，且用作道士的專賣品了。所以其及於信仰上的效果的偉大，由此當更不難推察。

到晉朝時，葛洪著過抱朴子，多少觸着了老莊的眞理。但其旨意也還是在於闡明通俗的宗教而止，且他自己入羅浮鍊丹，拚命修仙，書中荒誕之處亦不少。他歿後約百年，北魏又出過一個人才寇謙之。他把天師道更發揚了一下，道教自身依他才變成了有組織的宗教。北魏太武帝深信任他，其宰相崔浩也是以張良自任的人，所以道教受這君臣的保護增了許多勢力。武帝受符籙，起壇宇，親自巡視工程，——這樣熱心地信仰過。

南朝則梁武帝、陳武帝，都尊信道教，前者對於道士陶弘景且屢問過政治上的事情。弘景幼隱於句容，學識淵博，陰陽、五行、風角、星算等都通曉，作登眞隱訣，立證過神仙的存在，要之順風揚帆，道教在南朝是沒有受過甚麼法難的。

至於道藏經典的編纂，則宋眞宗時，張君房奉勅命編纂的雲笈七籤，當爲嚆矢。全書百二十卷，是君房把四千五百六十卷的道書整理作成的。但六朝時道教文籍當已非常浩瀚，抱朴子「遐覽卷第十九」裏載有道士鄭君的道書千餘卷的話——由此當可知道。現代道經的聖典爲太上感應篇，（始見於宋書藝文志）陰隲文、文帝全書五十卷、（乾隆年間校定）呂祖全書六十卷（唐呂洞賓著）等，都是儒佛道三教合揉而成，唐代以後編纂的東西。而三元三官經、北斗延命經、等尤流行，其中元始天尊以下的仙名，較晉時變改了許多。

這教要爲因佛教的興隆，謀反抗起見而大張其勢的，其思想的價值之不及佛教，自不待說。但牠善利用支那人的國民性，巧事迷布教理，又總合一切，也可以說是一種特色。所以學理上的精操，不是牠的能事，通俗的感化纔是牠的重點，實際地吃入民俗的心理，是其強味。

第四章　抱朴子

第一節　略傳及著書

抱朴子是六朝道家唯一的著述家，和參同契的著者魏伯陽，都是道教中的碩士，對於這教的弘布上，非常有功，自不待說。但說他是探究道家的哲學，不如說他是謀使道教變成一宗教使一般人體得神仙味的；他的意志如此，所以其辭流於荒唐，超出於老莊學範圍之外。宗教家的他，這或是當然的結果。

葛洪字稚川，抱朴子其號，丹陽、句容人。依他自敍：他的遠祖是葛天氏，其祖則作過荊州刺史，後因兵禍，雖中衰，但他還是清門之出。幼少喪父，家貧，他於耕作之暇，親書史，精究不虧，卒成一流學者。其初像習過儒業，晚年好神仙道術，得其祕奧。咸和初被任爲散騎常侍，大著作，不就，聞交阯出丹砂，乃請爲句漏令，攜子姪俱往，至廣州，爲刺史鄧嶽所留，不聽去，遂止於羅浮山鍊丹。在山七年，成此著，成帝咸和八年成仙，年八十一。（晉書本傳）

著書：神仙傳十卷，抱朴子七十二卷，（內篇二十篇、外篇五十二篇）收在百子全書內。內篇是論神仙、吐納、符錄、劾治之術的，純道家語。外篇則論道德政治等，多取儒理，參以虛靜，示其前半生學儒的影響。

第二節　本體論

抱朴子的本體觀，是依據老子第六章「谷神不死、是謂玄牝、玄牝之門、是謂天地根、」及第一章「玄之又玄、衆妙之門、」等而來的他以「玄」爲宇宙的實在其本體化爲現象而分出時，則又和老子「一生二、二生三、三生萬物」的過程說一樣。他說：「道起於一、其貴無偶、各居一處、以象天地人、故曰三一也、天得一以淸、地得一以寧、人得一以生、神得一以靈」（「地眞篇」）萬物是三、三是一、一是玄、而由玄這本體產出萬物的理由，則又如老子「惚兮恍兮、其中有象、恍兮惚兮、其中有物、」的理相同。至於玄這本體又是怎樣一個東西時，則他費了數百言極其悠邈地形容過如下，由此當可以曉得他不是哲學家，乃生於神祕力的宗教家。

玄者自然之始祖、而萬殊之大宗也、眇眇乎其深也、故稱微焉、綿邈乎其遠也、故稱妙焉、其高則冠蓋乎九霄、而曠則籠罩乎八隅、光乎日月、迅乎電馳、或倏爍而景逝、或飄澤而星流、或滉漾而淵澄、或雰霏而雲浮、因兆類而爲有、託潛寂而爲無、淪大幽而下沉、凌辰極而上遊、金石不能比其剛、湛露不能等其柔、方而不矩、圓而不規、來焉莫見、往焉莫追、乾之以高、坤之以卑、雲以之行、雨以之施、胞胎元一、範疇兩儀、吐納大始、鼓冶億類、

（「暢玄篇」）

——形容玄這本體之爲至妙幽玄的神力的話。體得這至妙幽玄的玄道眞髓時，則自能合致於玄理，他說。至於如何就能體得這玄道的修養法，則他又說「夫玄道得之者內、失之者外、用之者神、荒之者器、此玄道之要言也。」（同上）「外」和「器」是指肉體的欲望而言的，意謂當去此而求精神修養的。

第三節　修養法

他先說明神仙異於凡人的理。神仙的生活，第一異於凡人：「若夫仙人以藥物養身、以術數延命、內不生疾、外不入患、雖久不死而舊身不改。」（「論僊篇」）凡人如果也身心都用修仙法去努力精進時，做得神仙，決非難事。且駁倒世人的無仙論，引了許多史實，實證其存在。

至於說當修到甚麼東西纔可以成仙的話時，則他說第一當服用「鍊丹」。此法生知的人絕無，都是要經師傳的；僊經說「服丹守一、與天相畢、還息精胎、延壽無極。」（「對俗」）（「金丹」）第二「龜息法」即現代所謂深呼吸法。蓋從莊子「大宗師篇」裏「眞人之息以踵、其息深深」的話脫化出來的，他幷引了許多有興趣的事例，證實過。（「對俗篇」）第三則「服藥法。」服上藥的人不僅安身延命，幷且可以昇天登仙，遨遊上下。且他說依所服仙藥的種類，成的仙也有等差；其他「採藥法」、「合劑法」、「服藥法」等，也都在這條下詳說過。（「僊藥」「金丹篇」）其他還有「房中術」、「養性法」等許多修養法，都是說如能捨去俗欲，歸於虛無恬淡，忘去形骸的心境，以修仙法時，則神仙可成的話的。但這兒有一例外：元來人命受於天上的星宿，受生星的好仙，受死星的則不好仙，孔子大聖人，初見老子呼之為「龍」——非常推服他，但卒不能學他、信他以成仙的理由，就因這個道理。他說仙術修得到和修不到的關鍵，就是這點，他說。（「塞難篇」）

若夫已經成了仙，則「吞刀、吐火、坐在立亡、興雲、起霧、召至龜蛇、合聚魚鼈、三十六石立化成水、玉消為䊢、金漬為醬、入淵不沒、就刀不傷」——眞是了不得！和莊子「逍遙遊」的「至人」「眞人」之「大浸稽而不溺、大旱金石流、土山焦而不熱」之說相當；而神仙羽翼昇天的話，則又和莊子「列子御風而行」相應。不過在莊子爲寓言，——象徵地（Symbolich）說明體得了其哲學的人的必然狀態的寓言，抱朴子則不然，牠斷言這些現象都可現實，所以較莊子更神祕了。又神仙依修仙的高下如何亦分種類，和天上自元始天尊以下有許多的神一樣，神仙裏也有天仙地仙下仙等的差別，他說。

第四節　結論

抱朴子一書，神祕荒唐的話很多，同時鍊丹的製法，符籙的書法，以及道家必要的事項，細大不漏，都說明過，在研究道教上是最當留意的一書。幷且文辭辯博，和記事相輔，很放精彩。他在自敍傳裏說他菲才不獲用於世；但實際上不僅晉代，卽全道教界，講到才學，也當以他爲冠冕。

第五章　佛教的興隆

佛教入支那，歷史上是後漢明帝永平年間的事。初來時帶來過些甚麼經典，不明，幷且勢力很微小，非儒道二教之比，自不待說。但到三國時康居國的沙門康僧會來了，他到建康說伏孫權，使他歸依，且立建初寺——爲江南佛教的濫觴。同時尙書令闞澤亦於自宅立寺，魏陳思王曹植也早就好其說——強有力者日歸依，次第遂漸於隆盛。

三國末至兩晉時康僧鎧譯無量壽經、大集經、正法華經——等「大乘教典」，接着竺法護又譯了些「密教」的經典；——譯經之業於是始漸就緒。西晉以後，是五胡十六國的時代，天下紛紛，但佛經的輸入毫無障礙，當時當西域要衝的長安佛教且極隆盛，在這兒立過國都的苻秦姚秦二代，翻譯事業皆極隆昌。姚秦時代因當時空前的大翻譯家鳩摩羅什、佛陀耶舍卑摩羅叉（羅什的師）等名僧來朝，譯出了許多重要的經典；其中尤其羅什和其門人盡力譯了法華、般若、仁王、維摩、首楞嚴等經及成實、中、百、十二門、智度諸論三百餘卷。耶舍譯了四分律，羅叉譯了十誦律，同時曇無讖三藏從于闐來止於北涼，譯了大般涅槃經，秦王姚興還幫扶過他，尤爲可特書大書的事。

南方則高僧竺佛圖澄到後趙來了，其弟子道安雖爲苻堅所留，未曾南下，但其高弟子惠遠則渡江入廬山，作南方佛教學者的首座，接着竺僧佛陀跋陀羅也來了，入廬山，後於建業翻出了六十華嚴，而幫助他的法顯三藏，尤爲支那人初入印度的名僧，聲名赫赫。

南北朝時，則北朝後魏第三世太武帝因素好道教，大大地迫害過他們，但到四世文帝時，又再興起來，堂塔遍國內；那時候菩提流支來了，翻了往生十地論及其他。南朝則本來甚麼障礙也沒有，更譯出了許多經籍。梁武帝時且出了僧旻、法雲、智藏等名僧，菩提達磨入國也是這時候。梁陳之間，大翻譯家眞諦又來了，攝大乘論、俱舍論、大乘起信論等都是他譯的。全體上講起來，不待說翻譯事業還沒有完成，但佛教思想漸浸潤及於一般，漢人中也出了許多名僧，恰爲唐代佛教的盛況作先聲。

現在把六朝時代開宗的高僧列舉一下時，則（一）「成實宗」及（二）「三論宗」爲前秦鳩摩羅什把這些經典譯出來後，使弟子弘布過而成的。（三）「地論宗」則爲後魏竺僧摩提流支及光統律師所弘布的。（四）「淨土宗」的開祖爲曇鸞，經典則爲無量壽經、阿彌陀經。（五）「禪宗」則梁武帝時西天二十八祖菩提摩達渡來時所傳的，但到五祖弘忍時，分成二派：慧能繼法統，爲六祖，作南宗之祖，神秀作北宗之祖，而南宗後更分爲五家七宗。北宗主張「直視人心、不立文字、教外別傳、」一種心理的直覺說，所以所依的經典不定。(七)「攝論宗」(八)「倶捨宗」都是這二經論的譯者眞諦所創。(九)「天台宗」則北齊慧文、南岳慧思所首創，智顗所大成，其教綱之大，組織之密，大足以證實漢人頭腦之綿密及博大；——六朝佛教界掉尾的偉觀。弟子章安、荆谿等又輔翼弘通之，成了佛敎界唯一的教宗。

除後魏太武、及周武帝外，如上所述，佛教沒有受過排斥，順風揚帆地發展下來，上自王侯，下至庶民，信奉教義，喜捨僧侶，建佛寺佛塔，數多學僧，又藉這種保護，譯出了幾千經論，樹立了許多宗派；——當時這新宗教幾多活躍，一般上下對這新思想又幾多渴仰，由此皆可以曉得了。所以我們說六朝四百年間，支那固有思想的貧弱，眞不足責備。爲甚麼呢？這固有思想中無論儒教，無論道教，這時候都是積血要成瘤的時候了，得這淸新而思辨的佛教一傳來，注入了許多新血，活路不卽就在這兒麼？所以一時思想界的人物，都流入這新教裏，助其大業，守殘壘的反不過一些固陋者流；我們如以漢魏爲老莊思想的天下，這六朝當正是佛教獨步的世界。

第六章　六朝儒教的狀況

這四百年間儒學者在思想上裝飾過的人，僅一傅子，此外可以說絕無一人。陶淵明不能說是那一派的，他是一個哲人，獨自開闢其詩境，必列於儒家，當無必要。并且從他思想的分量上看的時候，老莊的比儒學的還多些。所以現在先把當代儒家狀況槪說一下，然後挪二三子登場。

六朝儒家的經典最初是漢末鄭玄的訓詁但不久出了一個學敵王肅肅雖和玄一樣，也是古文學派，但他竭反對玄他僞著了「前漢孔安國注釋」的尚書傳、論語、孝經的傳文外，又僞作了孔子家語、孔叢子等——以爲家學說的根據他是晉武帝的外祖所以在晉代他的學說漸得勢，把鄭玄壓倒了，鄭學於是受了一大挫折。并且五胡十六國的戰亂，儒者多竄遁於山間，書籍也失亡了不少，西漢的今文學，於是遂蕩然喪地。其中有名的研究，有王弼的易經，何晏的論語，杜預的左氏春秋傳集解等而止。

南北朝（宋元嘉十六年北魏滅北涼統一了江北，從西紀四三九年，到隋開皇九年、南北一統時，共百五十年謂之南北朝）併立時，經學也生「南學」「北學」之別，和佛教一樣。北學用鄭玄註的易、書、禮、毛公的詩，服虔的春南學則用王弼的易，王肅僞作的孔安國書經傳。這學分南北的原因，大概是因南北人的性質關係而然的：南人明敏，俗浮華，好思辨的玄理，老莊學及文辭巧妙的東西，他們都喜歡用。北人則反之，質實剛健，經學正統所以保在他們手裏。但南方學者的註釋文辭流暢理義明快，北方學者反不能及，後來反爲南學所統合，呈出一種奇現自六朝初，支那的文明本漸移到了南方；以後無論那一朝，政治上雖都是北征服南，但思想上則反是南壓服北，元清諸代都如是：三朝皆起於北方，政治上統一宇內，但思想上則隋屈於南方的「經學」，元屈於南方的「朱學」「陽明學」，清屈於南方的「考證學」。

這樣一種狀態，所以到唐朝、太宗謀統一經學上諸異說，曾命孔穎達撰述過五經正義。這書把鄭玄以下六朝者的註釋取進來再加以「疏」詳言之；詩及三禮用鄭註，公羊傳用何休註，穀梁傳取范寧註，左傳用杜預，易用王弼，書經用王肅，（的僞古文尚書）等。

第七章 傅子

第一節 略傳及著書

傅玄，字休奕，號鶉觚子，北地泥陽人。少孤貧，博學能文，且性剛直亮達，仕晉作侍中，不廢著述，富於文辭，和張華左思相馳騁，善作樂府歌章，晉代朝廷宗廟的樂章，說是多成於他的手。晉的「太康體」也卽是指他們的詩體而言的。生於後漢獻帝建安二十二年，歿於晉武帝咸寧四年。傅子本來有百二十卷，數十萬言，斷經國九流及三史故事，詳評其得失，（隋書經籍志唐書藝文志）但宋史藝文志裏僅有五卷，到元明不傳，至於無所著錄。今本是清朝紀昀從永樂大典裏採掇編次的，僅二十四篇和附錄四十八條的短文而止。百子全書裏面收的就是這個。

上面說過了六朝思想上的儒家，非常寥寥，爲名教持高節倡儒家主義的政治道德論的人，除他外差不多一個也沒有。他老死於西晉武帝時，壯年時則正三國爭霸，道佛二教的隆昌，又是他歿後的事，所以他還沒有被六朝時代思潮所風化，比較地得爲一個純儒。

第二節 社會經濟說

他說立德的根本，不可不在於正心誠意，把大學開章的文句解釋了一遍。（「正心篇」）「仁論」裏則倡尚德主義，「義信篇」裏則說信義之道和天道的自然同一理，「舉賢篇」裏則說一國施善政時，不可不任賢舉能。而得賢之道，則以爲當重爵厚祿，以授賢能，而匡其分限，若反之授於不賢不能的人，則其政令必不能行——和墨子的尚賢論甚相酷似。其他尚禮樂、重教育等，都是儒家的常言，無特別引論的必要。但他還有關於社會經濟方面的議論，當注意一下。當時的社會及文化雖非常進了步，但上下階級的差別及懸隔如何著甚，由他這議論當可窺得，他眞是對我們提供了很貴重的史料。

古者民樸而化淳、上少欲而下尠僞、衣足以暖身、食足以充口、器足以給用、居足以避風雨、養以大道、而民樂其生。……君臣相與一體、上下譬之形影、官恕民忠、而恩侔父子、上不徵非常之物、下不供非常之求、君不索無用之寶、民不鬻無用之貨、自公侯至於皁隸僕妾、尊卑殊禮、貴賤異等、萬機運於上、百事動於下、而六合晏如者、分數定也。夫神農正其綱、先之以無欲、而咸安其道、周綜其目、壹之以中正、而民不越分、及秦亂四民、而棄本業、苟且一切之風起矣、於是士樹姦於朝、賈窮僞於市、臣挾邪以罔其君、子懷利以詐其父、一人唱欲、而億兆和、上逞無厭之欲、下充無極之求、都有專市之賈、邑有傾世之商、商賈富乎公室、農夫伏隴畝而墜溝壑、上愈增無常之好、以徵於下、下窮死而不知歸、於農末流濫溢、而本源竭、纖靡盈市、而穀帛罄、其勢然也、（「檢商賈篇」）

——這就是說現代所謂資本家階級對勞動者（Proletarian）階級、生起的由來的。他說這種現象始於秦朝，但這姑不論，唯當時貴族富豪如何奢侈、農民如何多從事於這奢侈品的製造及販賣、又農民之數如何銳減，生產必需品如何缺乏且價昂，及一般生活如何逼迫的情景，則瞭然如畫。他更例證這事實曰、「嘗見漢末一筆之柙、雕以黃金、飾以和璧、綴以隨珠、發以翠羽、此筆非文犀之植、則必象齒之管、豐狐之柱、秋兔之翰、用之者必衣珠繡之衣、踐雕玉之履，依是推之，無極不至。」（「校工篇」）——支那眞是古國，一千七八百年前，現代社會經濟學者絞頭瀝血的問題，那時已提出來了。不待說這書散佚，其詳不可得而知，但認社會的弊病在於經濟組織之不備之點，和現代Marx一派社會主義的經濟觀，初無差異。換句話：即國民大多數的病苦和貧乏要因少數的貴族富豪耽於奢侈，致把一般必要的生活品製出的勞力也掠奪了。不待說他是古代人，其社會觀、經濟觀自不能如現代人那般精密，又不如現代人那樣過激；但其以經國致治的道，爲在抑制資本階級的私欲，及在於增加保護生活必需品的生產者——農民（現在的勞動者）的主張，眞可說是拔時流的卓見。

第八章 陶淵明

六朝四百餘年間，幾多興亡接續着，幾多思想縱走着，但其中出了一個大人物，又是詩人，又是哲人。他的思想似老莊，他的行爲則儒者，出處進退，不屈其節，高風永照於千古，是誰呢？就是陶潛其人。字元亮，潯陽、柴桑人，曾祖陶侃曾作過晉朝的大司馬，都督八州，以安晉祚，——是這樣一個豪傑，幷且和名將祖逖共作中流砥柱，一挽頹俗……是這樣一個偉人。宜乎其孫出個淵明，事非偶然了。但淵明出世的時候，晉室已經凌夷了，劉裕方日示其移祚禪命之勢，事實上且在淵明在世中成了實現，（距他死四百年前）——宜乎少有高趣，博學能文，穎脫不羣的他，從此以後，更不肯出山了。不待說因一時爲家計關係，國祚未亡時，他也做過一次縣令，但郡守的督郵來縣，縣吏請他束帶出見時，他說「我豈爲五斗米折腰見鄉里小兒耶」，即日解印綬而去。這間消息，他在名文「歸去來」裏描寫得很幽詳，我們一讀，當能彷彿其高風於眼下。他的高尙風節，此外還有一個名例：當時廬山垂戒的慧遠法師，人格的高，戒律的堅；都是江南第一師，集同志結「白蓮社，」一時傑士如劉遺民，張詮等，都是社友，號稱「十八賢。」但一生蜜汁不入口的慧師對他尤特別，爲他特置酒歡待，請其入社，但他卒不應，慧師亦卒不能屈，又慧師曾送他過虎溪，有名的「虎溪三笑，」還是當時及後世膾炙人口的佳話。蓋猩猩識猩猩，二人本是伯仲之間；至於淵明人格的高，自然的性，及天眞爛熳的風貌，則自敍傳五柳先生傳中，尤說得盡致。

著書有陶淵明八卷，盡詩文全集本，則卷尾附有聖賢羣輔錄一篇，在思想史的研究上，也可用作參考。

思想　淵明生於東晉哀帝興寧三年，苻堅大舉犯晉，有名的「淝水之戰，」就是他十九歲時候的事。歿則爲劉宋文帝四年、北魏三世太武帝即位的翌年，世運這時候已到了五胡末期了。他晚年遇着社稷傾覆的事變，又以祖先是晉功臣，所以高蹈勇退，不復出仕。但他雖高蹈，又決不如竹林七賢之流於放達，七賢衒己背世，且陰懷自利心行，爲很多可卑可恥處，他則眞是點滴也沒有。樂而不淫、哀而不傷、雅量與修養，皆臻其極，內面生活(inner life)極豐富。學問則取儒道之長，渾然融合，無稍痕跡，施之於人格，詩趣上，都不假斧斤，作骨作血，所以其詩「盛年不重來」那種「勸學詩」也有，「人生如浮雲」那種「感懷詩」也有，隨與揮毫，自然的妙諦盡歌出來，和英國詩人 Wordsworth 一樣，平淡之中有不可言傳的深味。而其胸臆又較 Wordsworth 尤爲剛烈，讀「詠荊軻篇，」當力可察得。至於其思想之如實地表出過的出品，則爲桃花源及歸去來二篇，前者是他的 Utopia（理想鄉）後者是他的人生觀，脫盡人爲一切的桎梏，以自然爲友，以平和爲生，以人類愛爲標榜——這就是他的思想。

桃花源記是說晉太元中，武陵漁人打魚，溯溪至於桃花林，遇秦時避亂的遺民的一段故事。村人避亂以來與世隔絕，不知歷史的推移，不知禍福的來往，從容平樂度其生，——他活活地描出了亂世人心中所渴想的理想鄉。有人說這思想不是出於老莊，當的確，爲甚麽呢？老莊的理想鄉，是絕對個人主義的，——民至老死不相往來的；換句話：甚麽束縛也不受，非社會性的。但桃花源記則不含這種意味，其自然主義而又人間主義的地方，我們當一讀即能認識得到的。至於歸去來辭則因屈膝有感高士心懷，自不無厭世遁俗的個人思想流露着，但同時又不如道家佛家全然入山唯恐不深，和人類沒交涉者可比，聽親戚的情話，樂琴書以消憂，或嘯東皐，或臨清流，聊乘化以歸盡，樂乎天命復奚疑，他說。——這種愛平和、樂閒靜、好琴書、棹清流、如閑雲野鶴、生於自然、化於自然的心情和境地，眞是無論那一個詩人墨客、或學徒，也沒有不憬憧不已志望不休的眞是理想鄉！

陶子思想的本體，要爲哲人，運用處則爲詩人；他的博學，把當時思想的全野，都熔冶於自己的懷抱中，人格中，陶冶了的醇酒，湧而出之，卽爲詩文。我們把他的思想，個個地分析評論時，當如把渾然一個藝術品搥碎鑑賞一樣。他是天衣無縫的詩人；不這樣去看他，誰也不能捕着他的眞味。

第九章　三教合一論

由上述諸章，我們曉得晉代思想爲儒、道、佛、三教鼎足發展的思想了；其中儒教雖衰微，但漢武以來歷朝獎勵，其思想在上流社會，還佔勢力，儀禮典章方面尙存基礎。幷且其教理因純爲倫理的，內容和佛道二教不同，自然超立於這二教之外，少爭端。而反之這二教則因都是求仙求佛，唱二世因果、三世因果的宗教性質酷相似，所以遂互相排斥，互相詆罵，其結果佛教且因而遭過「二武的法難」。但雖然如此，到南北朝時，南齊出過張融顧歡等，忽倡出儒道佛三教一致的學說。張融比較周公孔子釋迦而論之曰，周公爲王治萬民，與佛爲救主教衆生，要爲同一；於是遂倡「百聖同投本來無異」的議論。顧歡則說道佛二者本同體，不過不同用，且說孔老就是佛——「本地垂跡說」於是也倡出來了！佛的涅槃、道的仙化，都是始於無端、終於無始的法輪，其極致乃同一，不過名義上佛號「涅槃」「正眞」道號「正一」——多少有違異而止，其教相之不同，亦不外因國土風習懸異而來的，不足輕重。二人之外，宋的周顒、北齊的顏之推，大同小異地也倡過這樣的學說；但要皆不外一時的妥協案，苟安策，這樣粗笨的概論，也可通用時，世界上當無論那種宗教，都可搿成一致了；其皮相淺薄，自不待說。他們之後，又出過文中子、柳宗元等，亦倡過一種「三教合一論」，但其實也相距不遠，說是合一，無寧說是混一。眞正有理解的合一，是到近世纔出現的。不待說近世以前，雖形式和他們不同，內面地把這兩者的契機 motiv 作成過的人，確有幾個。譬如和羅什同時代的道安，用老子解般若經，就是一例。本來道教雖排擠佛教，但他面又好倣模佛教，受佛教的影響非常大，同時佛教也是一樣，尤其「禪宗」——產於支那自國的原故——更露骨地把老莊思想取進來過。禪的「公案」「坐禪」等裏面所用的老莊的否定、止揚的論理法，及精神修養法等，即其顯例。

——這樣一個道理，所以直到隋唐以後，佛道二教還是相爭擠不休，但到宋時，儒教——六朝以來常爲這二教作和事老的儒教，爲韓愈的排佛論所覺醒後，忽勃立組織三教融合的新學起來了。其眞有理解的三教合一論，我們到「近世哲學」編裏當能發見。

第十章　文中子

第一節 略傳及著書

爭亂不休的南北朝統一下來的就是隋的文帝（楊堅）帝以英邁之資，成其大業，又銳意於振興文教，但在位僅十四年，爲其子煬帝（廣）所弑。煬帝遠慕秦皇漢武之業，詔天下大興土木，遊幸四方，無寧歲，尤驕奢荒淫，極其放縱。天下於是復亂，羣雄四起，在位十二年，亦爲人所弑。所以思想界在這兒亦還沒遇着休養生息的機會，走馬燈一樣，就轉入唐代去了；其中僅出過一個王通。

王通字仲淹，私謚文中子。河東、隴門人，生於陳後主至德元年，歿於煬年大業十三年，僅三十四歲。古來認他爲「烏有子」的人有宋的宋咸，其說出於晁公武的郡齋讀書志。讀書志說：中說載的王通師傅李德林關朗薛道衡等，都不與王同時，且唐初名臣房杜以下，都是他的弟子的話，魏徵撰隋書時，也沒一言述及過，所以當都是假托；即王通這人也不過是一烏有子，實際上當並沒有這樣一個人。此外洪邁且還確認過這中說全是阮逸所僞作的。

但新舊唐書「王績王勃傳」裏都簡單地附過通的傳記及著書，全認爲烏有子，當有難通處。以我們的所見，他當一不是中說裏所稱的那樣的大人物，二又不是甚麼大思想家，不過是一個儒林隱逸中的尤者而止。至其著作則當是其門人及後世阮逸等雜以種種想像誇張而成的，其中幾多分是他的學說，不待說不易明白；四庫全書總目提要左祖司馬光之說，認爲是通的弟凝及其子福時附會其遺言而作的，這說我們以爲當極妥當。

依唐書中的「王通傳」及杜淹的中說序文，則通父曾仕過隋文帝。通幼即明敏好學，於當時諸名士處，都讀過書，弱冠西上入長安，獻太平策十二章，爲公卿所阻，不得用，罷而歸，後煬帝召之、不應，專著書講學，子弟聞名來遊的極多，唐的元勳多出其門。

新唐書「隱逸王績傳」說他倣六經體裁，作過六經。但依中說序，則只稱他作過禮記十卷、樂論十卷、續書二十卷、續詩十卷、元經十五卷、贊易十卷。門人等蓋以這些著作爲他的「六經」，而以中說爲他的「論語」的。這「六經」在唐初已亡佚了——他之非唐諸元勳的師傅，由此即可明證。至於現在流行的文中子，則史的價值非常薄弱，多後人筆，自不待說。

第二節　王道論

中說的內容如何呢？其文體不僅擬論語的篇次體裁，并且模孔子的口吻容儀，且自擬於夫子，言論純是儒家派。他先擬夫子的歎辭曰：「甚矣哉王道之難行也」以作卷頭語，次即把能行周公孔子的道的社會爲王道，不能行的社會爲亂國的所以然，說明周公孔子那種聖人在位，則賞罰自明，否則天下自亂——。他說他又竊以孔夫子自任，其門弟子都稱他爲「夫子，」他說「聖人窮而褒貶作、皇極所以復建，而斯文不喪也……董生曰，仲尼歿而文在茲乎、文中子曰，卓哉周孔之道、其神之所爲乎，順之則吉，逆之則凶也。子述元經皇始之事而歎焉，門人未達、叔恬曰、夫子之歎，蓋歎命矣，書云、天命不于常，惟歸乃有德」（「王道篇」）。——由這些話看起來，他的學說之爲周公孔子之道，及政治之爲德治主義，當可想見。但他太私淑夫子過了，太模倣夫子過了，時時有使人噴飯處。譬如夫子當年說：「如有用我者，吾其爲東周乎，」他於今也說：「如有用我者，吾其爲周公所爲乎；」（「天地篇」）又夫子當年曾以六經的傳統者自任，說過「天之未喪斯文也、匡人其如予何」的話，他則又學其口吻曰：「千歲而下，有紹仲尼之業者、吾不得而讓也」(同上)。又夫子說過王道之不行，在於禮樂之不正，他又引而伸之曰：「王道之駁久矣、禮樂可以不正乎、大義之蕪甚矣、詩書可以不續乎」(同上)——他這樣以斯文自任。又論語「先進篇」裏，夫子曾使子路曾晳等各言其志，中說裏他也依法泡製。門人董常死時，他哭說的話，也和夫子當年哭顏回說的一樣。「魏相篇」裏形容他的風采舉動時語氣，也一如形容夫子：「口敦如也、鳳頸龜背、鬚垂至膝、參如也」——模倣到這種地步，眞是誰也不能不爲之辟易了！這種模倣與議論，如果眞是出於他自己的口，我們當立可曉得他是怎樣一個「僞君子」，怎樣一個「鄉愿」；但我們現在善意地解釋，認爲是後人的僞托，因而再一顧及其學說時，則他又確是一個周公孔子所首倡的「王道」的讚美者：興禮樂、擴教育、成就人才，他以爲是第一要件。政治方面則說當舉賢任能，信賞必罰，以重名分——儒家要說的話，他都說盡了。但「立命篇」裏則又以「潛五典、措五禮、不章五服、人知飲食而不知蓋藏、知羣居而不知愛敬」——那樣無爲自然的社會狀態，爲極致，爲治世，這當是取得於老子的，文質彬彬的周孔思想中沒有這套見解——看來他暗暗裏也受過了許多時代思潮的洗禮。

第三節　倫理觀

王通高弟董常說：「夫子以續詩續書爲朝廷、以禮論樂論爲政化、贊易爲司命、元經爲賞罰、此夫子之所以生也」(「魏相篇」)——通之以修齊治平爲學理的根據，由此當可明白。所以在倫道方面，他也是以三綱五常爲根柢，別無出色處。但他的人物評則很的確，道的確點，當就是他眞把握了儒教的點，亦即其倫道的根原點。他以儒家倫道的標準——「中庸」作基礎，房玄齡問「事君之道」，他說「無私」，問「使人之道」，他說「無偏」，問「化人之道，」他曰：「正其心」（「事君篇」）換句話：中庸之道、正心誠意、不偏不黨、以處事臨人，這就是他的倫理觀。「關朗篇」說「執其中者惟聖人乎」、中者所以使人走正路的行還道時不可不先正其心，天下事雖千變萬化，無所底止，但常守中不動，感無不通，則謂之「帝制」（「周公篇」）——他這樣用「中」字作過實踐倫道的大本立於這見地上，他於是洞察人事百般的眞相，且以爲批判的指南；所以對於儒佛道三教及性說常能持中正的態度，調和而不偏。曰「詩書盛而秦世滅、非仲尼之罪也、虛玄長而晉室亂、非老莊之罪也、齋戒修而梁國亡、非釋迦之罪也、易不云乎、苟非其人、道不虛行、或問佛子曰、聖人也、曰、其教如何、曰、西方之教也、中國則泥、軒車不可以適越、冠冕不可以之胡、古之道也。」（「周公篇」）——觀察可謂公正。他的意思，蓋以爲外國的教化，直譯地取進來，是不行的，拘泥於其原型，是不行的，必適合於其國風而後可。他在「問易篇」裏又說過「讀洪範讜議、三教於是可一、」的話，對於「問人」的質問時，則答之曰「使民無倦；」——看來他是想借三教以應用於政治上的。他的議論，都是以實際的政治道德爲標準，一面說道，一面加以短評，但對於道佛二者究竟有多少造詣，則不可知。

第四節　結論

王通在諸種思想糾紛的六朝末期，模學夫子當時作六經，欲以純粹的儒教行政治、立道德、而解決時潮的混亂。這誠是一種革新的事業，他是一個人傑，自不待說。但中說裏所表出的思想不深刻，其言論亦沒連絡統一，不過是些短評的集合而止。這短評中，不待說有時非常犀利，很可見其才氣，但其思想究還是斷片，沒有完成。我們評之爲一個未熟早逝的才人，當很適當；一般早熟的人多早逝，他不是徒抱大望，才盡力竭了的麼——總而言之，自比於夫子是不倫得很的。陳龍川稱之爲孟子以後第一人；對於親友朱子的哲學，全然如風馬牛不相契合的陳子，敬服這種時事短評，或是常情，但我們以爲朱子的評言當最適妥。朱子曰：「文中子論治體處高似仲舒、然本領不及、爽似仲舒、然純不及。」

第三編　唐代哲學

第一章　總論

第一節　當時的宗教

六朝時鬱然勃興的佛教，到隋唐時，面目愈一新了，從來西土的東西，現在完全變成中土的了，組織成了，大乘佛教的眞髓，永遠在這兒樹立起來了。陳隋間把「三論宗」大成過的嘉祥大師，把「天台宗」大成過的智者大師，都是支那僧，都是實證支那人思想何等豐富的大人物，自不待說；到唐代其活躍更達於極點了，組織「華嚴宗」——和「天台」正相伯仲的「華嚴宗」的賢首大師，組織「四分律宗」的南山律師道宜，大成「唐代新譯佛典」的玄奘三藏，且組織「法相宗」「俱舍宗」的玄奘三藏，大成「淨土宗」的善導大師，初將「密教」傳來的善無畏三藏（「卽事而眞，卽事成佛」之說）——等前後輩出，偉觀空前，尤其其中一代立宗者，除「密教」外都是支那人，與六朝時之全爲外國人絕異其趣，眞是猗歟盛哉，可堪特書大書！

「禪宗」則六祖慧能配下的「南禪」非常隆盛，連出了許多學匠，「天台」「華嚴」二教，雖其間稍示衰頹，但中葉時，荆溪大師（湛然），清涼大師（澄觀）等出世了，都著過大部的書，於挽回二教頹勢之餘，且大放過光芒。——這樣，唐代佛教，遂完全被漢人所咀嚼，所組織，且表出其特色了。

「道教」則因李唐和老子同姓的原故，非常受了尊敬，高祖時道士某在羊角山中會見老子，老子說：「唐天子是我子孫，汝宜奏之天子」道士於是遂馳奏於朝，高祖大喜，立定老子爲皇室的祖先；——事之荒唐，屬於道士假托，自不待說；但從此以後老子被贈爲「太上玄玄皇帝」諸處設道觀，施保護，勢力大增，加且準佛教的經典編作了道藏經，益和佛教爭衡，屢開論鬭；且僞托書如老子化胡經等也是這時代的產物。叡宗朝道觀之數有一千六百八十七個，玄宗朝則因玄宗好道教更異於常，至於命家家備道德經一卷，官吏登庸試驗時也從這書內出題；詩人李白、宰相李泌等亦都是這道家哲學裏養成出來的人物。帝王中則代宗、憲宗、武宗三人都同其信仰，尤其武宗且信道士的話，把佛教大大地摧殘過，佛教所謂「三武一宗的法難」中他就是「一武」。

於是至於五代，魏野、林逋、張正隨等隱士出世了，隱默之間，更謀過新思想的展開，尤其道士陳希夷傳過「太極圖」，對於宋學的先進——周、邵諸子，給過大影響；所以對宋學的功績比新佛教的性說還多得多。其他西域交通也漸頻繁了，基督教一派的「景教」及其他「摩尼教」「猶太教」「祆教」（波斯的「拜火教」）等也都傳來了。（陳垣氏火祆教入中國考——國學季刊第一號摩尼教入中國考——同上第二號）

第二節　儒學的統一

「太宗十八舉義兵，白旄黃鉞立兩京，二十有四成功業，二十有九卽帝位」——詩人白樂天所讚美過的太宗，確是俯瞰秦皇、漢武於眼下的大英傑，其鴻業眞是支那中古史上最大的偉觀。帝以武將弱冠戡定四百餘州，同時文事、政事方面亦具超人之資。爲秦王時和杜如晦、房玄齡、虞世南等十八學士議商天下事；卽位後置「弘文館」使這些內學士更番宿直，於政事暇時討論古今得失，明徹地下其批判。帝見當時學者，拘泥於訓詁學，異說紛紛，無所底止，於是命顏師古補正五經的誤脫，頒布天下，又命孔穎達作五經疏——有名的「五經正義」就是這個。此「疏」出後，於是經說始有一定，後來且以這書作官吏登庸的科目，訓詁界於是始爲澗淸，無復立異說的人了。儒生從此以後，皆蹐跼於這正義的範圍內，不敢越雷池一步，現出一種奇觀，結果且爲阻止儒教進展的一動力。但同時儒教的衰微，決不全依這影響，其他還可數出二三來。譬如上述過的當時已爲佛教的大組織時期了，佛教思想已浸潤及於一般了，思想界的雄豪，一時都去儒歸佛，儒界因而人物空虛了——這是其一。第二，唐代重詩文，書以這爲科舉的要目，天才又皆萃出於這方面：文有韓、柳，詩有「初唐四傑」及王維、孟浩然、岑參、杜甫、李白、白居易、元稹、杜牧等；光輝燦爛，百花撩亂，較英國 Elizabethan Age 還高出萬萬，其量、其體律、其價值，無論如何，非一兩國所能與之幷敵。——這樣，天下的英才，不流於新佛教，即聚於文藝界，儒學之衰微，自是當然的事了。所以數百年間，僅出過一個韓文公和一個李翺，儒教界的寂寞，可以想像。但這二人同時又爲「近世哲學」最初的曉鐘，當也是一段奇因緣。

第二章　韓愈

第一節　略傳及著書

韓愈字退之，鄧州、南陽人，世居昌黎，所以又稱「韓昌黎」。生於代宗大曆三年，三歲失父母，十一歲愛他的兄會又死，於是遂全養成於賢嫂鄭氏之手——此間消息，讀其祭十二郎文，當能明白，以天眞稚子，少時就這樣零丁孤苦，具嘗艱難，但他的冰雪之操，愈困愈厲，刻苦讀書，六經百子，無所不賅。貞元八年登進士第，三度以博學宏詞試於吏部，皆爲中書所黜，不中，後爲節度推官，調四門博士；貞元十九年（年三十六）遷監察御史，爲國學博士，太子右庶子，後值憲宗迎佛骨於宮中，他草有名的佛骨表，進諫，不聽，且幾遭死刑，邀赦免，作潮州刺史，後復召爲國子祭酒，轉吏郎侍郎，長慶四年卒，年五十七，贈禮部尚書，謚曰文。

著書有詩文集四十卷，外集十卷。他是一個純粹的六經輔翼者，且以孟子以後的道統者自任，所以其出處進退，極堂皇，爲漢人意志力方面的代表；其文又稱爲司馬遷以後第一人，詩亦上追李杜，下瞰元白，眞稀見的大文豪。

第二節　原道論

原道一篇，是他哲學的全部，其排佛論及性論等，也都是由這論旨導引出來的，所以這是研究他學說上唯一的資料。他把儒道和老莊道比較起來，欲藉以明其道，但不幸質是文人，老子的眞骨頭，他把捉不到，讀來當不少空虛之憾。他說：老子之道，是一人之私言，不是天下的公言；他專從常識上、下批判，和其排佛論同一筆法，內容空疏，殆無的放矢，眞是可惜。但這篇文章，本來不是從內容方面攻擊老莊思想而作的，是從老莊教之及於社會人心的影響的結果如何而立論的；——固是一種常識論，但從這點觀察時，也相當地有別種意味的價值。他說：原來儒家之所謂道，乃太古蠻民處木居土，骨肉相屠，行同禽獸時，聖人懼而爲之作一定的法則，換句話作一種社會的契約，欲以爲其救濟的，而這契約就正是道的根原。所以如老子那樣捨人道，棄文明，復歸於太古蒙昧的世相，則人類且必復逆落於野蠻狀態，這還是天下的公論麼？正是老子個人的私見——他說。由此他於是就進而解釋儒教的根本——仁、義、道德、等如下：「博愛謂之仁，由是而之焉之謂道，足於己無待於外之謂德，其文詩書易春秋，其法禮樂刑政，其民士農工商，其位君臣父子師友賓主昆弟夫婦，其服麻絲，其居宮室，其食粟米果蔬魚肉，其道易明，其敎易行、是故以之爲己則順而祥、以之爲人則愛而公、以之爲天下國家則無所處而不當。」——他所謂道，換句話，就是儒教的道德人倫，而文質彬彬的文化社會，則其理想。所以老子那樣從天地萬物的本體分出來的出世道，在他是一種幻影，甚麼價值也沒有的。他和孟子排楊墨一樣，力排老佛，以道統的嫡傳自任，欲一洗當時的浮華世相。本來六朝以後的漢民族，在思想方面雖深刻了許多，但物質方面不復如古時頑健，非常地流於文弱了，所以以道統者自任的他，同時又是一個經世家的他，這種現象自不能輕輕看過，他的號呼當非無謂。何況他重視大學的綱領，痛罵老莊「聖人不死、大盜不止、剖斗折衡、而民不爭」的學說之爲反乎常識的見解，在實際的道德和政治上又正是確切的公論呢！

第三節　排佛論

他的思想既如上述，專以儒教的彝倫道德爲根本，視老佛的思辨哲學，不僅無益，而且有害以上，那末望着憲宗遙迎佛骨，百官上下皆叩頭跪拜的那種樣子，他自不能禁其憤火之中燒了。果然他不顧一切利害休戚，一紙諫章，聳動天下。論旨純是實用的，實利的，固無關於對手的內面價值，但他筆力有秋霜之概，對於民衆一般給了至大的效果。他先從事佛有何利益方面着筆，他說古時自黃帝以迄三代，其帝王如禹湯文武等，都是長壽且善治其國；佛則自漢明帝時始入中國，然明帝在位僅十八年，且其後喪亂相繼，都運祚不長；元魏以下，事之愈謹，年代乃愈促，這不是奇怪之至麼？此其一。梁武帝事佛至深，先後捨身佛寺者三次，在位也很長，有四十八年，但侯景之亂，臺城之圍，他怎麼樣？不是餓死之餘，且至於國亡宗覆麼？事佛得禍，至於如是，那末以視我先王之道之一可經綸天下，二可使萬民樂生者相距何如呢？此其二。蓋佛本夷狄之人，不通中國言語，不曉中國風習，更不辨君臣父子等五常之數，所以在我們生過文武周孔的中華國民，對這種蠻族的教理，蠻族的朽骨，要叩頭跪跣，迎於宮中，頒於上下，這是何等怪事呢？此其三。尙望陛下天資英武，洞悉個中道理，快把這數千年前的死骨頭，付於有司，投於水火，以永絕禍根，以昌明我聖道。如果這東西有靈驗，有降禍祟的能力，則臣愈願尸其咎！——以作結。

——全篇都是以一般民衆爲對象，考察支那國民性的要所而立說的，策略上決沒有失着；幷且在當時上下迷信最深的時代，醉佛最烈的朝野，敢奮不顧身，爲斯道決死戰，其態度也堪十分崇敬。

第四節　性論

他的德論，純是儒家思想，不過對其細目略加過些增補。譬如從來的五倫，他把牠變成六倫，就是一例。其性論，也是一樣，多少把古來的加了整理而止。其說曰：

性也者、與生俱生也接於物而生也、性之品有三、而其所以爲性者五、情之品有三、而其所以爲情者七、曰何也曰性之品有上中下三上者善焉而已矣、中焉者可導而上下也、下焉者惡焉而已矣、其所以爲性者五、曰仁、曰禮、曰信、曰義、曰智、上焉者之於五也主於一而行之四、中焉者之於五也、一不少有焉、則少反焉、其於四也混、下焉者之於五也、反於一而悖於四、性之於情視其品、情之品有上中下三、其所以爲情者七、曰喜、曰怒、曰哀、曰懼、曰愛、曰惡、曰欲、上焉者之於七也、動而處中、中焉者之於七也、有所甚、有所亡、然而求合其中也、下焉者之於七也、亡與甚、直情而行者也、情之於性視其品、（原性）

他把性情當作一元看，以爲性善情善，性惡情惡。「三品說」則基於孔子，且以劉向荀悅的性情相應說爲根底；不過比荀劉說明爲分析的多少緻密些罷了。

性情的品類，則看上文就知道是非常煩瑣的，但要爲上性就學愈明，下性畏威寡罪，中性則隨教育可以上下的意思。他把古來孟子的「動機論，」荀子的「結果論，」揚子的「性惡混淆說」都略加過短評，說他們都是專就中性立說，遺了上下二品，自己的主張，則爲最善。但我們如果問及依甚麽論理把性分成三品，更且數量地配之以仁義禮智信的時候，則其說當極漠然，不能明答，所以根本地講起來，他的性說，純是常識論，不如孟荀之有哲學的根據。所以其說一見甚整齊，內容則很空疏。

第五節　結論

韓愈一生的志望，是想做一個政治家，發展其經綸的，但事與志違，終生轗軻不遇。這轗軻不遇，雖沒有使他作一時的宰相，但使他作了支那第一流的文豪。人生的幸不幸，看來是很不容易定的。哲學家的他，雖不及文學家的他，但爲當時秋風落寞，全沉壓於道佛二教之下的儒教，吐萬丈氣燄，揮赤手空拳，不顧一身，呼號排佛的誠情與熱意，眞非大丈夫莫能。謫處潮州時，路出秦嶺，時値嚴冬，藍關雪滿，他對其姪湘詠詩曰：「雲橫秦嶺家何在、雪擁藍關馬不前、知汝遠來應有意、好收吾骨瘴江邊。」——眞有國士風！他是氣的人，情的人，不是理智的人。但冷酷的理智，有時依熱烈的情血也能復活，看宋儒的復興，有負於他的呼號處，我們就能彀曉得了。

第三章　李翺

第一節　略傳及著書

李翺字習之，涼武昭王的後裔。貞元中舉進士，元和初爲國子博士史館修撰，上正本六事於憲宗，論紀綱之當肅正，深爲嘉納。資性剛直，議論無所回避，在官清廉，雖豪貴無假借。太和初入作諫議大夫，知制誥，坐事左遷，後復被徵爲刑部侍郎，檢校及戶部尚書，又出爲山南東道節度使，卒於官。他是韓愈的姪壻，所以文章學問都受過愈的影響，但又不專踳踽於愈的學說，是其不羣處。著書有李文公集，其中「復性書」三篇，猶可窺其思想。

第二節　性說

韓愈的性說，沒有學理的根據，譬喻地說起來，像沒有魂魄的人。但他則立腳於中庸「天命之謂性，率性之謂道」上，同時又帶幾分佛性論的色彩。所以韓愈原性篇末尾「今之言性者，雜佛老而言也」的話，是暗指他這一派的人，也未可知。他作朗州刺史時，曾問道於藥山禪師，（居士分燈錄）當時僧道中多高才逸士，儒徒與之交際，成了風氣，（這風氣到宋代尤盛）所以他和這些人來往，通其教理，當是事實；同時其性說中有這種痕跡，也不可否定；但決不是他的毀處。他比其師其友的韓愈，還能學理地立說的地方，反可以證明他的哲學的考察過於韓愈。

他第一不把性情當作一元看，他取「一元的二元論」的形式，所以比劉向荀悅等也大異其趣，這是他最著的特長。他說：

> 人之所以爲聖人者，性也；人之所以惑其性者，情也。喜怒哀懼愛惡欲七者，皆情之所爲也。情既昏矣，性斯匿焉，非性之過也。七者循環交來，故性不能充也。（復性書）

蓋他以爲性自身初無善惡高下的差別，雖聖人的性，亦如凡夫；聖人之所以善，因不動於情，善保其本性，凡夫之所以惡，則因任七情之來去，喪失了性的本質。但聖人初不是無情的，不過其情寂然不動，不往而至，不言而神，不耀而光，不制作而合陰陽，參天地的變化，——簡言一句：情而不爲情所制罷了。而反之凡夫的性，則爲情所昏，交相攻伐，未始有窮，所以終身不能覩其性。所以本性不爲情所惑的是聖人，被惑的或愈惑愈多的則愈成凡夫。——這種說明，較韓愈眞自然得多了。至於其認性本無惡，唯情爲惡，情掩性，致眞性昏冥——全然以情代表惡的地方，說者雖認爲是他從佛教滅情主義假借得來，但其實他幷未曾倡滅情主義，「聖人豈無情哉、情有善有不善」（復性書）——由這話就可以知道了。不過時時和古人一樣，有一種不徹底處，如說「情者性之欲也」的話，就是一例。但大體上他的本旨是以性爲超越了善惡的東西，純粹的東西，情則善惡交混的氣，其氣又有清的濁的及清濁交混的三種，因而性於是就生善不善的殊異——他確是這樣思考過。至於如何就可以得清氣復於眞性，則他說：

不慮不思則情不生、情既不生、乃爲正思、正思者無思無慮之謂也、蓋齋戒其心者也、猶如離靜者也、有靜必動、動靜不息則情也、吉凶悔吝生而動、能復其性乎、惟方靜時、知心之無思、是齋戒也、知本而無所思、則動靜皆離、寂然不動、是至誠也、

這種心的「齋戒說」，從來的儒者是沒說過的，他的老佛思想就是這種地方。蓋他以爲性的本體是至善至靜，而合這至靜的本體，卽是復其本性；——所以他就倡「復性說」。性的本體，他以爲是超越了相對的動靜，乃絕對的「至靜，」所以合這至靜的道，卽中庸的「誠之道，」卽聖人的性；「寂然不動、廣大清明、照天地而感之、遂盡天

下之故」——他說這就是性的本質。而中庸說的「唯天下之至誠、爲能盡其性、能盡其性、則能盡人之性、能盡人之性、則能盡物之性、能盡物之性、則能贊天地之化育」的說他說就是復歸本性的意思。——他蓋用中庸「誠之道」辨證其「復性說」的。但其實中庸的「誠之道」決不是以「寂然不動」爲「體」的，乃活動的、積極的的東西。子思子曰「誠者天之道也」又曰、「誠者非自成己而已也、所以成物也、成己仁也、成物知也、性之德也、合外內之道也」——都不是老佛那樣復歸於「本來無一物」的寂然不動的本性的意思。儒教的誠道，雖是從天道演繹至於人道，其本體是積極的，活動的，不是靜止的，換句話：其性是正心誠意之謂，智慮充實的心理狀態之謂。決不能如他——李翺，取禪家所謂「見性」的意義可以附會的。儒家的性說，要之不是復於性的本質的意思，乃是「盡性」(卽至善)的意思，根本地是意味「活動」的。

第三節 結論

李翺的性說，根據取於儒教的誠道，不如韓愈之爲常識論，所以這地方，可證明他是一個思索者。但說明則流於佛教的消極主義，多少和儒教本來的誠道生了違異。但是取老佛的思想加味於當時沈滯極了的儒教上，使儒教生一種新活力新生面的地方，又不能不說是他的創造。宋儒「理氣說」的新哲學的產出，正是和他一樣取這種研學的方法的。所以在這意味上，他當是「近世哲學」的誕生上呱呱舉第一聲的人。

[日]渡邊秀方◎著
劉侃元◎譯

中國哲學史概論

（上）

山西人民出版社
山西出版傳媒集團

国家出版基金项目
NATIONAL PUBLICATION FOUNDATION

圖書在版編目(CIP)數據

中國哲學史概論 / [日] 渡邊秀方著；劉侃元譯. —太原：山西人民出版社，2015.12
(近代海外漢學名著叢刊 / 鄭培凱主編)
ISBN 978-7-203-09295-7

Ⅰ. ①中… Ⅱ. ①渡… ②劉… Ⅲ. ①哲學史－中國 Ⅳ. ①B2

中國版本圖書館 CIP 數據核字(2015)第 225905 號

中國哲學史概論

叢刊主編　鄭培凱
著　　者　[日]渡邊秀方
譯　　者　劉侃元
責任編輯　梁晉華
助理編輯　賈登紅

出 版 者　山西出版傳媒集團·山西人民出版社
地　　址　太原市建設南路 21 號
郵　　編　030012
發行營銷　0351－4922220　4955996　4956039
　　　　　0351－4922127(傳真)
天猫官網　http://sxrmcbs.tmall.com　0351－4922159(電話)
E－mail　sxskcb@163.com　發行部
　　　　　sxskcb@126.com　總編室
網　　址　www.sxskcb.com

經 銷 者　山西出版傳媒集團·山西人民出版社
承 印 廠　山西出版傳媒集團·山西人民印刷有限責任公司

開　　本　700mm×970mm　1/16
印　　張　33.75
字　　數　366千字
印　　數　1—2000冊
版　　次　2015年12月　第1版
印　　次　2015年12月　第1次印刷
書　　號　ISBN 978-7-203-09295-7
定　　價　102.00圓(上、中、下)

近代海外漢學名著叢刊編委會名單

出版説明

近代海外漢學名著叢刊選取一九四九年以後未再刊行之近代海外漢學作品，編例如次：

一、本叢書遴選之作品在相關學術領域具有一定的代表性，在學術研究方嚮、方法上獨具特色。

二、爲避免重新排印時出錯，本叢書原本原貌影印出版。影印之底本皆經專家組審定，原書字體大小、排版格式均未做大的改變。

三、爲使叢書體例一致，本叢書前言後記均采用繁體字排版。

四、個別頁碼較少的版本，爲方便裝幀和閱讀，進行了合訂。

五、少數作品有個別破損之處，編者以不改變版本内容爲前提，部分進行修補，難以修復之處保留缺損原狀。

六、原版書中個別錯訛之處，皆照原樣影印，未做修改。

由於叢書規模較大，不足之處，在所難免，殷切期待方家指正。

總序／温故而知新

晚清以來，西力東漸，西方文化思想的著作也大量譯成中文，最著名的如嚴復與林紓的譯著，影響了整個二十世紀中國的知識界與文學界，使得中國文化的思維脈絡爲之丕變。除了西方思想經典、文學與實證科學著作的翻譯，以實證方法系統化探討中國文史的域外漢學，也對中國學術思想界産生了莫大衝擊，改變了中國學術的著述方法與取嚮。

中國傳統的知識結構，是按經史子集四庫分類的，以儒家意識形態的經學爲文化知識的砥柱，以史學爲貫串歷史經驗的殷鑒，至於子部與集部，則是作爲保存文獻、擴大知識面的附帶知識，可以耽情冥想，可以悠遊玩賞，却都是邊緣化的知識，無關聖教的弘揚，無關文化精髓的宏旨。西方文藝復興之後的現代學術體系，在知識分類上，與中國傳統大相逕庭，講究系統分科，不同知識領域各有其客觀存在的價值，有其相對獨立的目的與標準。日本知識界在明治維新以來，鑒於東方文明落後於西方的船堅炮利，率先效法西方，在追求「文明開化」、「脱亞入歐」的過程中，爲日本學術發展循着現代西方的體例，建立了哲學、文學、歷史學、經濟學、法學、商學、物理學、化學、地質學、醫學、農學、工程學、植物學、動物學等等新型學科，企圖與西方學術齊頭並進，從而影響了中國近代學術體系的發展。

本叢刊選印二十世紀上半葉出版的漢學譯著近百冊，分爲三大類：「歷史文化與社會經濟」、「古典文獻與語言文字」、「中外交通與邊疆史」，反映民國時期學術界重視西方及日本漢學研究的成果，藉助他山之石，重新審視中國傳統歷史文化的意義，特别是開拓了傳統學術忽略的領域。五四新文化運動以來，中國學者如蔡元培、胡適都提倡「整理國故」，以理性實證的方法，對中國文化傳統做出系統化的研究，是與這些漢學譯著相輔相成的。這些譯著除了介紹域外漢學的成果，還引進了嶄新的學術研究方法與視角，有助於梳理中國文化傳統的脈絡，重新整合知識結構與學術體系。雖然這些學術著作不是中國學者的成就，無法納入二十世紀中國文史學術的主脈，但是從中文譯本的影響而言，起碼也應當視爲中國近代學術發展的支脈或潛流，不容忽視。可惜的是，到了二十世紀下半葉，因爲兩岸政治形勢的變化，這些漢學譯著，除了部分因王雲五重新入主臺灣商務印書館，而得以在臺灣做了少量的重印，在大陸的出版界，則完全受到遺忘，甚至在許多新成立的大學圖書館中也不見踪影。我們搜集了近百册塵封的漢學譯著，呈現給二十一世紀的中國學術界，一方面是爲了銘記前人爲推展學術而做出的努力，另一方面也是爲了提醒新常態時期的學人，學術發展有其歷史累積的脈絡，可以從中汲取歷史經驗，温故而知新。

説到「温故知新」與這批早期漢學譯著的關係，可以從兩個方面來思考，以見翻譯域外漢學如何反映了時代精神，爲融匯東西方學術思維，重新闡釋中國文化傳承，做出不可磨滅的貢獻。一是域外漢學的研究對象，以中國歷史文化典籍爲主，屬於中西文化碰撞期間興起的「國學」範疇，與五四新文化人物提倡的「整理國故」運動若合符節。研究中國歷史文化，並賦予新的學術意義，是清末民初知識精英念兹在兹的心結。歷史發展走到一個環節，時代的狂風揚起了批判傳統的大旗，風中的英雄幫着推波助瀾，却又無時或忘自己民族文化主體的未來，糾纏於「傳統」能否「現代」的困境。域外漢學的出現，以西方實證方法研究中國歷史文化傳統，綜合東西方各種語言文字材料，擴大了研究國學的眼界，即使無法打開中國文化傳統是否走到盡頭的心結，至少是提供了一個解惑的方嚮，在大霧彌漫的夜晚，看到了依稀渺茫的星光。

二是翻譯域外漢學，有一種以子之矛攻子之盾的吊詭作用，逐漸化解了中國文化思維中的自大心理與封閉心態，讓唯我獨尊的國粹基本教義派解除武裝到牙齒的盔甲，轉而吸收並接受西方實證研究的學風。民國期間新式教育制度的推行、學術體系的變化、大學學術專業的創建，具體到北京大學國學門的成立，中央研究院規劃歷史、語言、考古的研究領域，都與翻譯域外漢學背後的旨意是息息相關的。因此，重新閱覽這批民國期間的漢學譯著，對二十一世紀的現代學人來説，温故而知新，不但可以窺知民國學人追求新知的心理狀態，也會刺激吾人反思，認真思考學術研究方法與中國學術發展的前景，更進一步，探索文化傳統的重新闡釋與新知介入的關係。知識體系的變化當然與傳統的重新闡釋有關，是外爍的影響大呢，還是內因變化的成分居多？

論語·爲政記載孔子説：「温故而知新，可以爲師矣。」歷代解經，對這個「爲師」的道理，有兩種相近似但又取嚮不同的解釋。朱熹四書集注説：「故者，舊所聞。新者，今所得。言學能時習舊聞而每有新得，則所學在我而其應不窮，故可以爲人師。若夫記問之學，則無得於心而所知有限，故學記譏其不足以爲人師，正與此意互相發也。」雖然朱熹把知識分爲「舊所聞」與「新所得」，强調的却是「學而時習之」，從中生發新的心得，也就是從詮釋舊典中得到新知。這個説法與朱熹在鵝湖之會以後，作詩唱和，寫給陸九淵的詩句，「舊學商量加邃密，新知涵養轉深沉」，异曲同工，是一個意思，萬變不離其宗，舊學與新知是同一個脈絡的知識學理。

然而，有些朱熹之前的經學家，解釋「温故知新」，却有不同的取嚮。皇侃論語義疏就説：「故，謂所學已得之事也。所學已得者則温尋之不使忘失，此是月無忘其所能也。新，謂即時所學新得者也。知新，謂日知其所亡也。若學能日知所亡，月無忘所能，此乃可爲人師也。」皇侃明確説到，「故」指的是過去所學的知識，而「新」則指的是新近學到的知識，新舊結合，相互發明，就可以「爲人師」了。邢昺論語注疏循着皇侃的思路，也説：「言舊所學得者，温尋使不忘，是温故也。素所未知，學使知之，是知新也。既温尋故者，又知新者，則可以爲人師也。」這裏講的「素所未知」，就不衹是研讀舊學，有了新的體會，從過去的傳統中發展出的「新知」，而是從來没聽過、没想過的新學問了。這種「素所未知」的新學問，結合「舊所聞」，對習以爲常的知識框架，就會産生巨大的衝擊，而出現飛躍性的結構變化。知識内容或許大體沿襲傳統，知識結構却得以重新整合，出現嶄新的認知系統，重新審視自己文化傳統的意義，打開文化傳承的新局面。二十世紀上半葉的漢學譯作，就發揮了這樣的作用，促使中國學者放棄自我中心的文化態度，從各種不同側面，探知中國歷史文化的光譜，以域外（或是全球）的角度觀測中國傳統，摇動了文化的萬花筒，看到七彩繽紛的中國。

嚴復在甲午戰争之後，改良變法思想風起雲涌之時，開始大量翻譯西方思想經典著作，是有感於國人（特别是傳統文化孕育的知識精英）思維系統封閉，企圖介紹實證新知，引進邏輯思維的方法，以破除儒學之道「一以貫之」與「放之四海而皆準」的虚妄。他翻譯天演論，在序文中提到，有人歸納東西方學術思想，認爲中國文化重精神，是形而上之學，立意高超，而西方文化重物質，是形而下之學，衹追求功利的回報。他認爲，這種自以爲是的蒙昧態度，陷入傳統舊學的框囿而不自知，没有自我反思的能力，無法吸收「素所未知」的新知識，也就無法開展並弘揚自己的文化傳統。嚴復非常清楚他翻譯西方經典的目的，是爲了介紹新知，打破中國傳統思維的封閉性，但是，作爲披荆斬棘的拓荒人，他深知思想封閉者的頑固心理，必須因勢利導，以免遭到盲目衛道之士的攻訐。嚴復有其防身的策略，不會像許褚戰馬超那樣赤膊上陣，而是以桐城文章譯述赫胥黎、斯賓塞、穆勒、亞當·斯密、孟德斯鳩，博得晚清知識精英的贊許，文章深閎而傳入了新知義理。從文化變遷的角度而言，通過翻譯，以迂迴戰術來介紹西方思想，得到巨大的成功，産生了改變傳統思維體系的實效，是中國近代思想史上影響深遠的大事。以此類推，民國時期大量翻譯域外漢學的影響，也是不容忽視的思想史課題。

關於清末民初西方學術思維衝擊中國知識精英，顛覆傳統文化的知識結構，錢穆在現代中國學術論衡的序言中，從中國文化本位的立場，發出深刻的感慨，做了籠統的批評：「文化异，斯學術亦异。中國重和合，西方重分別。民國以來，中國學術界分門別類，務爲專家，與中國傳統通人通儒之學大相違异。循至返讀古籍，格不相入。此其影響將來學術之發展實大，不可不加以討論。」錢穆所指出的問題，是傳統知識體系强調「通」，文史哲不分家，最崇尚通儒，而現代學術講究專業分科，各司其職，以至於讀不通古籍呈現的整體性知識思維。姚名達在撰寫中國目録學史的時候，對西力東漸，西潮帶來的翻譯著作及新知新學，也有類似的感慨：「四部分類法，不合時代也，不僅現代爲然。自道光、咸豐允許西人入國通商傳教以來，繼以派生留學外國，於是東西洋洋籍逐年增多。學問翻新，迥出舊學之外。目録學界之思想不免爲之震蕩。」這種對學術體系發生重大變化的觀察，反映了中國學人從晚清一直到民國，夾在東西方兩種不同思維體系的衝突中，身歷其境的切身感受，因此感觸良多。

二十世紀上半葉最能代表中國學術的通儒是王國維與陳寅恪，他們浸潤了經史子集的四部知識傳統，承繼乾嘉篤實的考據學風，却都經過西洋邏輯思維與實證科學的洗禮，參與中國知識結構的轉型。對西方現代知識結構如何在中國生根發芽，不但再三致意，并且以自己的學術實踐來努力促成。王國維早在一九〇二年就寫信給張之洞，反對把經學列爲大學分科之首，而主張效法西方與日本的大學，設立哲學科，明確指出知識結構的分類不可因循傳統，而必須另起爐竈。陳寅恪在一九二五年就清華大學建制的問題，寫了吾國學術之現狀及清華之職責，指出大學的職責在於學術之獨立，而中國學術界的情況令人十分不滿，必須認真效法西方學術的體制及實踐。他説：「蓋今世治學以世界爲範圍，重在知彼，絕非閉門造車者比。」這兩位國學大師，對西方與日本的漢學研究十分注意，都是以開放態度對待域外漢學研究，集思廣益，以成其大家。

再回到「温故知新」的歷代經解，説説文化傳承的闡釋學意義。劉寶楠在論語正義中指出，上古之時，文化知識是上層統治精英的家學，不再治理實際政事的長者可以傳遞德行的知識，可以爲人師。「温故而知新」，就顯示長者不忘舊時所學，且能吸收新知，繼承并發揚這種學術與政治合一的傳統。到了孔子之時，時代出現了變化，士大夫不見得能夠謹守家法，弘揚德行，也不一定能夠「爲師」了。孔子之後，世變日亟，「道術爲天下裂」，文化知識不再爲少數統治精英所壟斷，也不必然與治理政事有關，學術在民間百花齊放，百家争鳴。但是，學術知識發展的脈絡基本未變，仍然是要温故知新，進德修業。從劉寶楠不經意的闡釋中，可以看到時代變遷影響了學術文化的内容，改變了知識結構的體系，但其内在發展的理路仍舊，還是需要舊學與新知的融合，才能有所發展。

劉寶楠還引述了劉逢禄的解釋：「故，古也。六經皆述古昔、稱先王者也。知新，謂通其大義，以斟酌後世之製作，漢初經師皆是也。」劉寶楠贊成這個説法，並指出，漢唐人解釋「知新」，大多數都沿用此意。也就是説，舊學是傳統的知識結構體系，新知是時代變化出現的新知識，必須相互斟酌，才能發揮得宜。至於如何對舊學「通其大義」，就見仁見智，各有説法了。從這個通達的詮釋來討論近代西學東漸的情況，我們可以看到，「温故而知新」在民國學人的心底，是產生「傳統」與「現代」糾葛的心理陷阱，不易跨越。若依照朱熹的説法，「學能時習舊聞而每有新得，則所學在我而其應不窮」，雖然在哲理上可以模模糊糊説通，但在清末民初的具體歷史環節，西學的新知屬於完全不同的知識體系，在原有的舊學脈絡中，根本無從立足，如何「其應不窮」？所以，真要放之四海而皆準，提升「温故而知新」的普世意義，以理解域外漢學譯著與近代學術知識體系變遷的文化史意義，我們認爲，皇侃、邢昺，一直到劉寶楠的闡釋，是比較合適，並與現代文化闡釋學的説法相近。

伽達默爾（Hans-Georg Gadamer）在他的名著真理與方法中，説到認知理性與文化傳統的關係，特别指出，人們通過理性，來判斷歷史文化中事實的真相，但是人的理性與生存環境息息相關，與傳統所衍生的豐富文化底藴有關，不可能完全超越文化傳統的思維脈絡。他認爲，人生活在文化傳統之中，就不可能「遺世獨立」，以全能超越的抽象思辨來認識傳統，甚至是批判或顛覆傳統。傳統是歷史文化延續與傳承的表徵，不會一成不變，而我們的認知理性也會因時代變遷，而不斷重新詮釋傳統。伽達默爾的闡釋學以西方文化傳統爲例，説明新知如何納入傳統，而使文化傳統生機不斷，生生不息，與中國歷代經學家的説法（朱熹除外），有异曲同工之效。以此觀照民國時期的漢學譯著，我們認爲，這批學術新知傳入中國，對中國文化傳統的繁衍與發展，實有承先啓後之功。

近代海外漢學名著叢刊的出版，最值得感謝的是南兆旭先生二十多年來搜羅的執着與努力。雖然這套叢刊不能窮盡民國時期的漢學譯著，但是，能滙集上百冊自一九四九年以來在國内不曾重印的學術著作，再度公之於世，總是功不唐捐的大功德。忝爲本叢刊的主編，我面對這批民國學術材料，先是感到紛雜無章，有些原作者的學術素養也難副當前的學術標準，甚爲猶豫。後轉念一想，這是上個世紀中國最紛亂時期的學術記録，也是民生凋敝，國勢隤危，内亂外患交加之際，仍有許多學者孜孜矻矻，戮力翻譯域外漢學，爲中國學術的傳承拓展新知的坦途，不禁肅然起敬，開始用心整理分類。掛一漏萬，在所難免，好在有學殖豐贍的諍友擔任分卷主編，並撰寫各分卷前言，實在是衷心銘感。有傅杰教授負責「歷史文化與社會經濟」、戴燕教授負責「古典文獻與語言文字」、霍巍教授負責「中外交通與邊疆史」，吾道不孤矣。在整理編輯過程中，周威先生費心最多，也是我要衷心感謝的。

道術之存亡，全在人心之嚮背。這批民國漢學譯著重新問世，對我們生長在承平之世的學人，應當有激勵的作用，爲學術研究多盡份力，讓中國學術發展更上一層樓。

鄭培凱

二〇一五年七月

前言／

一九四九年，身在美國的鄧嗣禹在遠東季刊發表近五十年中國歷史編纂學，總結半個世紀以來中國歷史編纂學從保守走嚮開放，「先是受日本，然後是英國、美國、法國，最後是蘇聯等影響」，既擴大了史料的範圍，又應用了科學的方法，把重點從帝國的政治事件轉移到社會經濟方面，終於「取得了巨大的進步」。鄭培凱教授主編的近代海外漢學名著叢刊，正是鄧氏提及的各國影響中的一部分——甚至堪稱是主要的部分。

本分卷主要包括兩大類：一是歷史文化，包括渡邊秀方中國哲學史概論、三浦藤作中國倫理學史、津田左右吉儒道兩家關係論、服部宇之吉儒教與現代思潮、五來欣造儒教政治哲學、濱田耕作東亞文化之黎明、梅原末治中國青銅器時代考、新城新藏中國上古天文、卡特中國印刷術源流史等；二是社會經濟，包括沙發諾夫中國社會發展史、駒井和愛等中國歷代社會研究、柯金中國古代社會、森谷克己中國社會經濟史、田崎仁義中國古代經濟思想及制度、卜凱中國農家經濟、馬札亞爾中國農村經濟研究、克拉米息夫中國西北部之經濟狀況、高林士中國礦業論、長野朗中國資本主義發達史等（以上作者譯名一仍所收各譯本）。這些著作引入中國的背景與影響，培凱教授的總序已經作了高屋建瓴、提綱挈領的論述。這裏衹就著作、作者、譯者三端分別舉例，略作一些補充説明。

先説著作。包括本輯在内，本叢書所選入的日本學者論著佔據了多數。曾有西方的東方學家概括日本學術實爲三餘：文學竊中國之緒餘、佛學竊印度之緒餘、各科學竊歐洲之緒餘。其言雖刻薄，却一針見血。但也正因善於嫁接，所以在用西方研究模式梳理中國歷史傳統方面，日本學者往往最具搶佔先機的便利，他們的著作也成爲當時的中國最多引進與借鑒的對象。例如梅原末治藉助於西方科學方法來分析中國青銅器的器形、成分，進而推論其時代的中國青銅器時代考在半個世紀中産生了廣泛的影響，如歷史學家吕思勉在先秦史中就引用過他對殷商時代青銅器的分析，考古學家黄展岳在關於中國開始冶鐵和使用鐵器的問題中則對他殷代已知用鐵的觀點提出駁正。卡特的名著出版至今九十年，仍然是時常被引用的經典，除早期的節譯本，一九五七年北京出版了吴澤炎譯的中國印刷術的發明和它的西傳，一九六八年臺北出版了胡克希譯的經傅路德修訂的卡德著作新版中國印刷術的發明及其西傳。其書既出，哲學大師杜威也給以好評，桑原騭藏、鄧嗣禹發表了長篇書評。直至本世紀芮哲非的新著谷騰堡在上海：中國印刷資本業的發展（一八七六—一九三七），還指出正是卡特著作的出版，因其表彰中國印刷術的悠久歷史和對世界印刷史的巨大貢獻，迅速影響了一批中國學者，進而影響了近代以來的中國印刷史書寫。其實，受影響的還不止是印刷術與中西交流史的學者。以夢溪筆談校證而蜚聲中外的當代夢溪筆談研究第一人胡道静回憶，正是從卡德的書中，他才知道夢溪筆談：

> 卡特的書説明了史料的來源，還特别夸譽了夢溪筆談這部著作，説它這好那好。於是我這個當時對古籍衹讀先秦、兩漢之書的小伙子就迫不及待地去找這本沈括的名著來閲讀了。（夢溪筆談校證五十年）

至於沙發諾夫、柯金、馬札亞爾等用唯物史觀來研究中國社會經濟史的論著，在蘇聯和中國都引發過爭議，而在當時就有學者指出，陶希聖等人對魏晉時期中國社會性質的看法，即深受沙發諾夫中國社會發展史的影響。

次說作者。各書作者背景各異，身份不一，研究中國的目的也頗有差距。其中既有津田左右吉這樣的學術大師，更不乏各學科中的權威名家，而且不少跟中國還有密切的聯繫。如濱田耕作與梅原末治師徒都在中國從事考古多年，不僅以自己寫下的著作、也以自己參與的活動，影響了中國考古學的發展，甚至用自己的工作給中國考古學家樹立了榜樣。早在一九二六年，北京大學國學門的考古協會與日本東亞考古協會成立東方考古協會，被譽爲日本考古學之父的濱田耕作就參與其事，一九二九年他又與高足梅原末治再赴北京演講，爲正起步的中國現代考古學注入了新的信息。其後梅原又在上海、天津、河南等地調查文物古迹。撰中國上古天文的天文學家新城新藏在二十世紀三十年代出任過上海自然科學研究所所長。撰中國農家經濟的美國學者卜凱從康奈爾大學農學院畢業後，次年即來安徽宿州，以傳教士的身份從事農村的改良試驗與推廣，在中國致力農業經濟學的教學與調查幾三十年。同樣是以傳教士身份在安徽宿州從事教育與宗教活動長達十二年的還有美國學者卡德——而他一生祇活了四十三歲。在離開中國後他一直從事中國學術的研究，在伯希和指導下研究中國印刷術的發明與西傳，傾注了滿腔的熱情，用盡了全部的心力，終以勤勞過度，在該書出版的當年與世長辭。

末說譯者。當年就有學者感慨，外國的漢學著作可資參證者甚夥，但譯著的數量與質量總體而言殊不令人樂觀，通西文者多鄙棄漢學，治國學者又忽視西文。從事者的學養並不都足以勝任這類專門著作的翻譯，因此有的譯文比較粗糙，但就已有的成績來看，仍有可稱道者。一是有的著作不止出版了一個譯本，如濱田耕作東亞文化之黎明、馬札亞爾中國農村經濟研究等時隔不久就出版了不同的譯本；有的甚至同一年中就出版了兩個譯本，如森谷克己中國社會經濟史在一九三六年既由中華書局出版了孫懷仁的譯本，又由商務印書館出版了陳昌蔚的譯本。二是譯者之中不乏後來的著名學者。如高林士中國礦業論的譯者是曾擔任北京水利水電學院院長多年、爲中國水利事業做出了卓越貢獻的中國科學院院士汪胡楨。在年過九旬之後寫的自述中，他還憶及當年由丁文江介紹認識了中國礦業論的作者、並受作者之托翻譯該書的經過。而梅原末治中國青銅器時代考的譯者則是舉世公認的甲骨學與殷商史權威胡厚宣，身爲中央研究院歷史語言研究所的研究人員，他正是在參與殷墟發掘之際譯出梅原末治的著作的。

世事沉浮，風雲變幻，這些昔日的譯著有的還在被學者屢屢提及，有的則塵封甚久，不再被人記得。如今輯而再印，使之重見天日，是既富於現實意義，也富於歷史意義的。現實意義在於這些譯著中的若干材料仍可供今天的讀者取資，若干見解仍可給今天的讀者啓示；歷史意義在於這些譯著中的部分雖然陳舊過時，無論材料還是觀點都被證明千瘡百孔，但它們在中國現代學術史的建立與發展進程中都曾經多多少少起過作用——因此它們不再僅僅是外國漢學史的組成部分，實際上也已經成爲中國學術史的組成部分，是我們不能輕忽，更不能遺忘的。

傅杰

二〇一五年七月

作者簡介

著者

渡邊秀方，資料不詳。

譯者

劉侃元（一八九四年—一九八九年），別字濟閎，湖南醴陵人。一九一三年留學日本東京帝國大學，不久就和同年留學早稻田大學的李大釗相識。四年後又考入帝大研究生院，主修資本論。一九一七年蘇聯革命成功，他寫了不少宣傳馬列主義的文章在國內外發表，後來又首譯了英文版卡爾·馬克思傳。其主要譯著有：馬克思與恩格斯、中國哲學史概論、社會政策原理、消費合作論等。曾任黃埔軍校政治教官，後任北平大學教授等。

序

予退庠之後，以無意於仕途，一面與自然相親，一面又如我國現在多數學子一樣，日追求於白人的文學和思想，陶然於其皮相的文化之中者正已十年。然一朝悟其非，翻然脫去從前把玩的一切迷想，復歸於我們固有的思想，而志於東洋學問之闡明的時候，則年已及而立。邇來幾星霜，予的精力多費於古書的蒐集及研讀。這兒公表的中國哲學史概論，要卽予事業研究所得的一種序論。

由來把支那哲學系統地付過基礎（Grundlagen）的人，大概是日歐的學者。但這些學者的研究，率爲皮相的，對於史料的選擇，及先秦諸子的學的根據的把握上，尤多缺點。爲充實這種缺點起見，努過力的人有民國的新人梁啓超胡適諸氏。他們在支那思想史上的功績確是很大。但是這些民國學者的所說，又率爲主觀的，急於自立異說，這個恐怕就是他們缺於妥當的理由。

本書先就諸子的資料，加以十分的注意；參考書則取諸淸代學者的名著，務力摑得其中心思想。詳言之，就是於先秦時代則明示孔子刪定的經典，及莊列墨等的著書與其性質——以窮思想的淵源；對於諸子的論理的思想，自以爲尤盡力記述得簡明。而他一方面匡正胡適氏的別墨論，明示名家與別墨的關係的點，又自覺得尤爲重要。至於立論的資料，則一取諸先秦諸子的言說，其方法則專使這諸子的言說自相互證。

中世則以當時神祕的時代思潮爲背景，「陰陽」「五行」「讖緯」及道佛的宗教思想等，皆取分析的記述法，以求明示其時代精神。近世則對於周邵張二程的思想，取詳述主義；而於張與二程的關係，尤期明析，且評定其哲學上的地位，因以及於朱子。至於朱子論述，則自以爲對於宋學當更有多使之明瞭處。其他唯心的思想，基於大程，著於陸子，而大成於陽明；陽明以後，思想界恰成朱王二大學派的對立，所以本書於朱陸的相異處，特反復詳論之。降及清代，則於「考證學」「公羊學」的淵源、內容、性質等，務期明瞭，性理學的餘燼的「理學派」，則唯括述於一章，而於其外，新加以黃宗羲顏元戴震等的哲學，似乎面目多少可以一新。此外至於古來姓名傳而學說不彰，其思想又特含異色的學者——如宋牼尹文許行鄧析惠施公孫龍慎到商鞅等，則務期簡明地疏述其思想的根本。

主旨與方法如是，做成的就是這部書。但是性魯才菲如予，其中自尚多誤謬，幸世之賢者有以正之！

大正十三年五月　著者

譯文凡例

(1)取言文一致體，務期明達且不失原意。

(2)一切符號，都依現在國內流行的歐文式。

(3)哲學、心理學、論理學、上的術語，概襲用日譯；唯擇其難解或國內似尚未通行無定譯的，附以德文，括於弧內。附德文不附英文的理由，是因原著內英文很多，而德文則絕少，如此則一可以免混淆，二可以明責任的意思。

(4)原著除正文內時引用英文外，并且還有一種日文式的英文——如"vision""active"等，原著因爲都已成了日本的流行語，或則譯語難期精到的原故，這種字大概都是用日文的平假名拼書而不書原文。這種地方，譯文則除明書英文外，且於括弧內附以漢譯。這種漢譯，不待說也是很難精當，不容易盡原語的微意；讀者幸自參原字的多義，不以譯文的漢譯爲 typical 纔好。

(5)句段本擬依原著樣式，但如此則於我國文文脈上多有難疏順處，不得已遂自由變通，專以文脈爲重；但於原文意旨，不待說還是力求忠實。

(6)最後是口語體上「的」字、「之」字及「牠」字、「地」字、等的用法。這等問題，不待說我們也常研究過，但其 typical 的解決，我們還是不能不期望於國內國文學方面的專門學者。這個本來在作很平常的說說，或文藝上，或不是很大不了的問題；但在翻譯界上，——無論歐文日文，爲求精當及一致起見時，眞是非常感着苦痛。無論在文化程度的意味上，或文化促進的意味上，我們的國家既還不能忽視翻譯事業，那末我們眞不能不希望大家努力，及早產出一確切無疵的定論來！

至於本譯文，則因一般混沌尚無歸宿點的原故只好自行其是。

「的」　凡形容詞概用之如「活動的」「概念的」等；

二名詞間的「之」，概易用之如「老子的道」「陰陽相生的原理」等；

二三形容詞的下面緊接名詞時，則爲避誤解起見特於該名詞上格外加一「的」字如「暗示的，象徵的，微妙的，的文章。」

「之」　凡代名詞且爲慣用語時用之如「反之」「要之」「傳之於後世」等；

名詞和動詞間的「之」字，如舊文體襲用如「其本體論之取自老子，倫理觀之來自儒教……」

又雖不合於文例，但一般熟用的「之」如「孔子之後」「孔子之前」「天地之間」等的「之」，則亦襲用不改。

牠　譯者以爲這新字必不可少；本文內用作人以外的代名詞，如英文的「It」。

地　副詞。如「先天地」「概念地」「人爲地」等。有些地方雖特爲防誤解起見做第(3)條的辦法，特附過德文於下，但還望讀者注意一下！

（——方針如是，其間或因習慣的關係，有筆誤時，則望讀者諒之。）

譯者識

此外、爲實傳他國人對我國的觀察及感情起見一切稱呼（如呼我國爲支那及我國人爲支那人等）及言論，概如其舊，不加絲毫更改及省略。

中國哲學史概論目次

第三編 道家……一〇一

中世哲學

近世哲學

中國哲學史概論

序論

一國民的特質與其文化，是密接不離的。所以我們想研究一民族的思想或文藝，預先理會該民族的國民的特質，是很必要的事。現在我們想論述漢民族的思想史，關於他們的特性，不待說在這兒祇能簡單一言。但我們如果說西洋文化的開拓者——希臘民族是理智的，且富於美的思想的民族，印度亞利安民族，爲冥想的，且富於宗教的特性的民族，那末斷定漢民族爲意志的，倫理的民族，當非過言。不待說這種斷定是很概念的 (begrifflich)，但這民族所創作的文化之中，其意志的強靱性最表現得多；並且歷史上證明這種特質的事蹟，尤其不少。所以他們確是先天意志很强且富於彈性的國民。而他方面所以鍛鍊他們的心身，助成他們的大發展，又還有自然的環境，及家族的社會組織二者，爲之影響。

這種問題論及起來，勢必不能不想到漢民族的起源。但一般歷史家，關於這點的推測，漢民的搖籃地，是現在支那的西北的學說，在一切考證的史料，咸歸湮滅的今日，自無從確證。從前法國的 Terrien de Lacoupere 說黃帝是巴比倫文化的輸入者，De Guègnes 又說漢族起於埃及一殖民地，——他們都引證了許多史蹟。但是德國學者 Friedrich Hirth 在他所著的支那古代史內，痛論法國學者的無稽。他說支那古代的傳說裏，沒有傳及過他們是從他國移來的話，支那國內也沒有人說過他們是從西方移來的，這種一點證據也沒有，貿貿然說漢民族來自西方的學說要不外僅根據後世很遲很遲的記錄而止。——法國學者之說於是遂破。

以我們之所知漢民族太古的傳說裏確說過庖犧氏——給過他們重大的影響的庖犧氏是現在西安附近藍田的人，又神農都河南(陳)黃帝都山東，帝堯都山西，也是事實。——從這些點上看起來，這民族之來自西北，開闢黃河流域漸而東進的事，當可想像。(現在河南省地方所發掘的獸骨瓦片等上面的文字，羅振玉氏著的殷墟書契考釋及其他的著作，與最近美國人 Dr. J. G. Anderson 等發掘研究中的古器物等要皆以殷周為極限。殷周以前的東西還沒有出世。)

漢民族既如是認為出自支那大陸的西北部，那末其風土在古代文化的創造者諸民族之中，如尼羅河畔的埃及，信度恆河二流域間的印度 Tigris, Eupharates 二河間的巴比倫等之半近熱帶天惠豐饒兩兩相較時，土地有雲泥之差，而氣候寒熱皆臻其極，視南國之不勞而食者，又迥非其比。並且他們背後還有黃雲漠漠的戈壁，朔風捲地時，愁雲蔽天，襲他們的部落，奪他們的生命財產，殆同茶飯事。——歷千辛萬苦，他們乃輾轉而之東，達於黃河。但這黃河又為世界有數的荒流，他們汗血之所積，且時不免有轉眼瓦礫的憂懼。不僅此也，他們的周圍，那時還有許多慓悍的蠻民存在，終始相接，他們且不能不日尋干戈以圖生存。——這樣的天然，這樣的環境，漢民族的境遇，眞是不能不刻苦，不能不勉力的境遇了！這個若是普通意志懦弱的民族，恐怕一點史蹟也不留，早已歸於湮滅；但在他們漢民族，在他們有鋼性的意志力的漢民族，這等天然的暴威，這等蠻民的襲擊算什麼事！他們的生的執着力猛進力——冲破一切堤防和障礙，他們祇是猛進。不絕的奮鬬和努力，他們於是遂積時間至五千年，積子孫至四萬萬構成人類獨步的文化，雖今日猶爲世界一大勢力。

這種境遇之下發展來的民族，所以他們自然而然地產成一種風俗：敬天，信鬼，謀子孫的繁榮，重實地實利的功效，其結果，於是他們的哲學，遂渾然融合政治宗教道德經濟等爲一爐，——蓋完全由實際的體驗產出來的。這一點正是支那哲學最著的特色。

其次、所以使漢族純爲意志的、實行家的第二要素，就是他們的社會組織，家族的社會組織。——這民族生命的悠久及其蒼生的繁衍，他方面上講起來，無論如何，不能不歸之於這一點。他們的祖先中，所謂聖賢，所謂明君，差不多沒一個不是以堯典所說的「克明俊德，以親九族，九族旣睦，平章百姓，百姓昭明，協和萬邦，黎民於變時雍」爲格言的。這種家族親睦主義的風尙，和上面說的他們的意志的實利性，又適相合致，所以勤勉的他們爲子孫繁榮起見，遂更生一種努力不惜的美風。這美風遂又發生世界無比支那獨步的家族倫道。祀祖先，敎孝道，續後嗣，（一夫多妻的風俗於是乎生）——這種親子間的關係，他們遂以作百行之基倫道之本；其結果，家族間的關係，愈趨於複雜，愈趨於複雜，於是無偶有獨的煩儀瑣禮，又因之而生起。——詩經中詠家庭團圞，夫婦和合的章什極多，大學（儒教的入門書）且謂無治家的人格的人，不可以託國事，他們家族見解的強烈，由此可想見了。是這樣一種民族，抱這樣一種思想爲根柢的民族，所以君臣的關係，在他們不以爲絕對的——如親子，而以爲相對的——如泰西的社會民主看來，當是必然的結果了。這種相對的見解，到後來不待說很多人努過力，想把牠變成絕對的，但這民族建國的精神，確與神權的共和主義相近，——在這意味上所以孟子這個人，才眞可說是傳述過他們的思想的正脈的人。

這樣、漢族的意志的特性，於是遂衍而爲實利的，中庸的，倫理的，諸特質。家族制度，又復形成其孝道，形式主義，及保守的，打算的，諸特性。崇祀祖先這宗事情，一方面使他們的君臣關係變成相對的，他方面又使他們養成一種自私自利的根性，——其結果國家的分裂，且因之而生。這個講起來本很可慨嘆的，但同時他們國民個個的性質中，又有一種頑健很不容易破碎的强處，這也是很當注意的。

哲學史的區分

漢族抱以上所述的各種特色，越夏經殷而至於周的時候，其民族獨有的文華，發達臻於極頂，現出了封建制度的黃金時代；對於這點，所以雖孔子也說「周監於二代，郁郁乎文哉，吾從周、」（論語八佾）。孔子心理殆以周公旦——建築周室基礎的大英傑，爲其理想的人物。但是周公歿後五百年而生孔子的時候，那時候周室已漸陵夷，諸侯方割據四方，改制度，致賢才，以各自圖其霸業。這兒於是忽然演出了千古未有的國民競爭。這競爭的激烈，和無數人物的活躍，眞可以說是漢人最發揮其國民銳氣的時代。在當時他們文化獨創的點上講起來，求諸東西思想史上，殆遠可與印度的無著、天親時代，希臘的 Platon, Aristotles 時代相比，近又可與德國的 Kant, Hezel 時代相較，而其色彩的多歧多樣，且遙過之。但是到秦始皇平六國，愚黔首，布郡縣制度，焚書坑儒的時候，這活潑潑地的思想，遂爲窒塞；上代哲學，遂全告終局。現在我們想區分哲學史時，所以也就只好做一般史家的說法，自三代至六國，呼爲「上世哲學。」至於「中世哲學，」則爲自兩漢歷六朝而終於唐代——約千一百餘年的思想；「近世哲學，」則爲自宋朝以迄清朝退位——約九百五十年間的思想。——概括地定名的。

以上三大時代的哲學之中，上面也說過了，先秦思想的特色，是在其獨創的，且富於學相多歧的點；中古則劈頭就遇着始皇焚書，與楚漢爭霸之故，古代文化，殆全灰燼，所以兩漢四百年間，概費於古籍的整理中，其結果訓詁學興，一時碩儒，皆甘老於此。但是封建制度的廢止，同時國民的競爭也就被阻撓，人心漸流於媮安，上下一般，遂起一種神祕冥想的風氣。至後漢則道教的組織完成了，佛教也傳來了，二教都很適合於當時的時代思潮，所以到魏晉益發達，到隋唐則極其旺盛；其中尤以佛教，在這時期內，成就了偉大的組織，產出幾多高宗和碩學。英傑之士，由是皆皈依於佛，本來有的支那思想，遂萎靡不振，全雌伏於這二教之下，而形成世所謂漢族思想的黑暗時代。這時代的特色，全是神祕的；宗教思想，殆風靡天下。

近世哲學，正是受這二教的刺激，隱約之間，醞釀於中世末期的唐末，一步一步，漸示其思想回轉的機運。這時代正是大文豪韓愈呼號的時代，沉眠的儒教徒，因而覺醒，因而遂組織其清新的性理哲學的時代。在這裏面，尤其朱晦菴的大綜合，殆可比諸近世 Kant 的功績。但是他的學畝之中，雖陸王輩出，以迄清代，然自兩宋至明朝，思想已成單調；數百年間，率盤旋於程朱陸王的胋下，不能出一步。

但是晚清時候，在思想上捲起一波瀾的，有一「公羊學派。」這派出現的由來，殆不外因清學主潮的「考證學」已途窮無路，想別開一新徑而然；但其學說根據，因在乎探究孔子大同共和的精神之故，所以遂一變而爲排斥專制政治的基礎學，轉而且被應用於社會革命的事功上。但是雖然如此，這派的主倡者，大概以社會革命爲主眼，其學說中多不免苟爲目的、不辭曲解之嫌，所以謂爲確立的思想，尚不可能。

上世哲學

第一編　老孔以前的哲學

第一章　詩書小論

想研究唐虞至周代的思想，現在只有詩書二經典。這二經相倚相接，老孔以前的思想，多少是可以據而考察的。但這兩部書在歷史的價值上那些點可供信證？——論到這問題的時候，答復就很不容易了。但本哲學史概論的性質，不是記述這種考證的所以這兒我們只能當作一種思想的發展史看簡單地概述其性質而止。（至於這二書的訓詁及關於其古今文的異同諸點，則研究之精考據之博至清朝的「考證學」已臻其極章末附記其名著一二）

詩言志，其體有風、雅、頌、興、賦、比等類——古人都這般說。但詩要爲當時人們率直地歌出自己內面的感情的東西，自其聲調上，可分爲風、雅、頌、三大種而止。頌用於宗廟的祭式，雅用於儀式的宴會，風則用於一般的宴會，本來都是和樂相輔倚而達其用的。在太古時代，詩只有書經內所載的舜皐陶唱和詩擊壤康衢歌等數篇。但到商朝就多了，到周朝更多了，書經至於記載不了。孔子出世的時候，則不合於雅樂的詩，與內容形式都很拙劣的詩，又更多了，孔子於是刪定之傳於後世（史記孔子世家）。（又對於孔子刪詩這宗事古今來懷疑過的學者有唐的孔穎達，宋的歐陽修，清的朱竹垞等；這等考證現在一概從略。）——看來詩到周朝始登載籍，和書、禮、樂一樣，始爲士君子必修的科目。又其性質乃當時上下貴賤男女，或歌祖德，或詠風俗，或諷政治，或吟家事，——一點誇飾也沒有，簡簡明明，率率直直，唱出來的東西；所以在考察支那古代思想上，眞是無類的好參考書。并且這書本來是古來民衆耳聞口誦傳下來的，比那曖昧的傳說和記載，當更可徵信萬萬。所以我們不能不說詩是五經之中史的價值最多的一經。譬如禹治洪水的偉業，很多人以爲是神話，但詩經卷二十商頌玄鳥之詩，則明謌其祖契在堯時，助禹有功的事。古代的漢人敬神觀念是很旺盛的，他們會說假話，以事上帝祖先麼！所以這種記載，一定是歷史上的確的事實，保證尙書記事之非虛僞，眞是強有力的資料。不待說三百篇中，周代的作品最多；但由其所歌所記，以察古代思想，當然是一種方法，而於其中和書經相表裏的作品，我們又當認爲有重大的價值。清代魏源在其所著的詩古微裏，論毛詩一家的見解之非外且說讀詩當以美爲標準。其說在詩的本質上講起來，自是當然的議論，但古代的詩——無論那一國的，有不可當爲歷史而考究的麼？譬如希臘 Homer 的詩，可作希臘宗教史的資料，即是明例。在這意味上，所謂王陽明（全集卷一）章學誠（文史通義一）等以六經作史看的見識，眞是卓出。

（參考書：陳奐毛詩傳疏三十卷、馬瑞辰毛詩傳箋通釋三十二卷、胡承珙毛詩後箋三十卷、以上續皇清經解。）

書經是古代帝王的政蹟，政教一致的訓言，彝倫道德的根原，又是研究支那古代思想上捨此不可再得——那樣貴重的資料。但這部書因爲是典籍的冠冕，後世論政治得失的人，又率以爲標準，所以因政策的關係上，及道德進步的趨勢上，後人多少加了改竄和修訂，是不可諱爭的事。但最初修訂的人，就是孔子。若孔子不加一番刪定，這種古代雜然的記錄，恐怕不會傳到後世——我們想這書和詩禮春秋一樣，都遭過秦火，到漢朝始施整理；但同時漢朝的學者，把他們當時最特別的時代思潮——「陰陽說」加飾於春秋外，又加飾過這書，事實上是不可諱言的。譬如洪範裏面的「五行，」這個在古代本不過當作人生日常生活上必須的物料看的；但漢儒不單這樣解，他們進一步把這五行的性質抽象起來，說些甚麽「水潤下火炎上」——這正是他們加味於五行的地方，很容易明瞭的。并且這書的外形，本來并不如現在這樣尙書二十八篇、二十九篇、——那樣齊整；先秦諸子所引用的書經內的文句，在現在的尙書裏面，很多沒有的點上看起來，當時的篇帙，比較現在當爲多。難怪孟子說「盡信書不如無書，吾於武成，唯取二三焉」這眞是一言道破了書經性質的話。看來像現在尙書那樣有聯絡、有系統，恐怕都是漢初學者所幹的。所以我們當把先秦諸子所引用的文句，與其對於人物事蹟所下的論斷，兩兩參照，而究尙書的內容才好。——把書經這樣看的時候，那末所謂古文今文之爭，那種問題，在思想史上當不是一宗大不了的事，同時康有爲氏所主張的尙書是孔子創作的——的那種學說，也自是別種學問上的問題；二者殆都不足以動尙書的史的價值了。

我們若是認定現存的周易裏面的思想，和老子哲學有關係的時候，那末尙書是儒墨兩教的淵源的話，在思想發展的見地上想誰也不敢否定。所以蔑視詩書而直論孔子哲學的人，那種人正如切斷 Socrates 以前的思想，而直論 Platon, Aristotles 或忘卻波羅門的宗教，而直談佛教的教理的人一樣——都是無頭的蛇。舉凡一國思想的組織，和集成，其先必要經過很久的磨鍊，老子孔子的哲學，決不是從天上落下來的。

（參考書孫星衍尚書今古文注疏三十九卷王鳴盛尚書後案三十卷以上皇清經解）

第二章　宗教及政治

Auguste Comte 在他的實證哲學 Philosophie Positive 裏面，把人間知識的過程，分作三大階段；這個分法，證諸支那古代思想的發展，我們以為當很適合。Comte 說：第一階段是神學的階段，在這時期裏，一切自然的說明，大率受一種人格存在的干涉。那時候的人間，唯依神及精靈等觀念而理解這世界，——而後能理解這世界；他們自以為得之矣，而下的解釋，要不能出乎這神或精靈以上。——他們的解釋，是絕對的。這大階段裏，又還包括着許多小階段，譬如由拜神教而多神教，由多神教而一神教，——最後由這一神教，遂和第二階段——形而上學的階段相接。在這第二階段的時候，絕對的解釋，不復求之於神性的人格者，而求之於抽象的形而上學的原理內。——這時候各種現象，他們皆務歸之於一個原理而說明之，換句話說，他們務把一個根本原理，歸之於自然 (nater) 而說明之。

這兩階段，雖都是求絕對的解釋的時期，但到第三階段——實證主義的階段的時期，則想像也好，論證也好，概使之從屬於觀察，而謀學理實際二者的融合。「為預備將來而看現在」Voir pour prevoir ——就是這實證哲學的標語；在這時期，一切皆以事實爲基礎，事實才是他們考察的對象，——經驗的觀念非常顯著；所以前二階段的絕對的說明，至此遂變成相對的了。所謂絕對的目的，我們不復認識了。我們認識的範圍，唯限於現象界個個的事相，和事實間的恆常關係了。換句話我們一切的認識，單爲相對的關係的認識了。——這就是第三階段的要旨。

拉這三個階段現在嵌諸支那上世思想及人智發展的過程時，那夏商周三代的思想正是這第一神學的階段。詩和書二者裏面所表現的，正是由多神教進於一神教的證據。第二的形而上學的階段，則春秋時代的思想恰與之相當。老子以無名的哲理爲萬有的原理，孔子不談古來主宰天地者的人格，而把天道抽象化起來，創出仁道，以爲原理，及於思孟。至於戰國末，荀子及法家一流的學派，則確和第三階段實證哲學的精神相符合——韓非子尤其能代表。韓非子看實證（即他的參驗）最重，他說「苟無參驗而必者愚也、不能必而據之者誣也、」（韓非子顯學篇）由此就可以證明他的學說是如何實證的了。（這精神在清朝「考證學」裏尤其顯著。）

但是這個姑暫置不論，我們還是回頭看詩書裏面的政教思想罷。上面說過了：詩書正是第一階段的思想，其原理是以絕對統一者爲基礎的，就是「天」「帝」「皇」等。這些字現在拉來考察時，在考證的分類上，或者意義很多，但我們深信大哲朱晦菴的分類法最爲適當。朱子語類卷一說：「問經卷中天字，曰要人自看得分曉，也有說蒼蒼者，也有說主宰者，也有單訓理時。」朱子所謂「說蒼蒼者」，要即和近代史家所指的形質的天，形體的天一樣。所謂「說主宰者」，則基督教所說的神正相當，指那攝理萬理主宰萬有——廣大無邊的人格而言的。至於說「有單訓理時」的話，就是說理性的天了。這種天在詩書裏面極少，到後世經過中庸直到宋儒的時候才始闡明。

以上朱子的解，不待說大體是很中肯綮；但此外還有添加運命的天——一條的學者。但這種運命的天的觀念，是孔子時代才出現的，古代像只有上述三種而止。現在再把這三種天具體地說明一下：第一種「形體的天」乃我們人類對於天體的自然觀——很單純的，差不多別無論述的必要。舉例則詩的「悠悠昊天」（小雅）「悠悠蒼天」（王風）書的「洪水滔天、浩浩彌天」（堯典）等都是。第二「主宰的天」則反是，這是把天當作偉大的主宰者思考的時候，及當作有意志的「人格」「神的東西」觀察的時候而起的。完全是由我們人間主觀的衝動，迸出來的純粹美妙的感情，正與一神教的本質相該當。詩書裏面指這種天的地方非常的多。所謂「帝」，所謂「上帝」，所謂「皇帝」等都是同義異名——說這種天的皐陶謨說「天敍有典、敕我五典五惇哉、天秩有禮、自我五禮有庸哉、天命有德、五服五章哉、天討有罪、五刑五用哉」甘誓「有扈氏威侮五行、怠棄三正、天用勦絕其命、今予恭行天之罰」湯誓「夏氏有罪、予畏上帝、不敢不正」詩經說「皇矣上帝、臨下有赫、監觀四方、求民之莫」（大雅文王）「昊天不傭、降此鞠訩、昊天不惠、降此大戾」（小雅南山）——等都是把天當作一個主宰的「人格」「神」而說的話，這種例證非常的多，兩經裏差不多在在皆是。

至於「理性的天」乃是把天僅當作無意志的主宰的「勢力」看的時候的話。例如「天生蒸民、有物有則、民之秉彝、好是懿德」（詩大雅蒸民）「大哉乾元、萬物資始、乃統天」（易上彖傳）等正是好例。前者的「物」「則」，是指人倫的法則；顧使順天應民的有德者出而治世之謂——這種地方的天，明明白白是指天理。

詩書裏面的宗教思想，大概就是上述三種。內中內容最豐富，且遙及後世，生過很大的影響，使漢民族都起過一種天命不可動的觀念的，就是第二種主宰的天。堯舜時代主宰天地的上帝，很含着嚴肅的意味，那時代的宗教，就是政治的原理人倫的根源。那時代的政教，是渾然一致的，書經載的堯舜禪讓的精神，是非常公平無私，體現了天心人心的完全一致的——天人合一的觀念，那時已經十分認識下來了。皐陶謨說「天聰明，自我民聰明，天明畏，自我民明畏。」這就是天命即人心的意思。換句話就是天不僅是人的儀表，併且無論賢愚，人民都是天的兒子；天子是天帝之所選，天的選民，衆望之所歸者——的意思。所以負這衆望而爲天子的人，比甚麼還要緊的事，第一就是爲人民謀福利，布善政，否則即爲違背天意，因此、所以同胞間的和親與一致，是所最重，反之相呑相噬，則所最忌——「克明俊德，以親九族，」這句話，要之是當時爲政者的第一要件，第一標語。

爲政者的第二要件就是——因爲他們是以農業爲本位的民族——順四時，正曆令。舜典說「在璿璣玉衡，以齊七政，」他們那時的天文知識，已經能推定一年爲三百六十日了。（關於這曆令的發達，歐洲學者中，有贊否兩派，但是這種考證從略，）他們已經正式設官，專當此任了。蓋不如是，則鳥獸孳息不易，百穀豐熟不能，而大災且隨其後，在農業本位的國民，這種知識是很必要的；所以我們信他們當時觀察天象的能力，已經發達到了這種地步。

以上要爲當時爲民生謀福利起見所施的政治——的一端，以下再略述其祭祀和教育能——這二者正是當時指導一般國民精神的糧食。本來太古純樸之世，無論那種文化民族，沒有不重祭祀的；漢民族不待說，也是一樣。舜典說「肆類于上帝，禋于六宗，望于山川，徧于羣神，」——那時的帝王，看來都是親自巡幸，以祀天地神祇的。他們祭祀的對象，雖然名山大川，宗廟的神，賢臣的靈，等都包括在內——宛如多神教，但是要爲因信靈魂存在而起的風習，其中爲主或爲統率的人，還是天帝。而這種以天帝爲主，或以天帝統之之處，則又恰似基督教的 God（神）。要之在當時王者是天帝的正脈，是天下的選民，祀天是他們的特權，所以國內有不測的災害發生時，他們就皆臨之以「以身殉難」的精神——堯舜禹三朝間的治水，卽其明例。治水這種不世出的事業，若不是當時爲之上者，依宗教的熱情當其局，當萬不容易竟事，——難怪西洋學者常以這宗事情——尙書的這種記事爲傳說，爲神話。但我們如承認埃及的金字塔，是當時帝王信仰上的產物——建築物的時候，則同一理由之下，大禹這種鴻業，當無法否認。何況孔子也讚美過他說過「禹吾無間然矣、菲飲食而致孝乎鬼神、惡衣服而致美乎黻冕、卑宮室而盡力乎溝洫、禹吾無間然矣、」（論語泰伯篇）呢。——事實如此，所以在當時作帝作王這宗事情，幷不一定是一般都認爲榮譽，因爲責任太重，討厭過的人也有，逃避過的人也有，看來當是事實。總之在當時「天之子」的責任，及他所以仕上帝的理由，就是爲國民全體獻身地努力這宗事。所以其結果，把天下讓諸有德的人，或有能的人，同時又是很要緊的事。——堯不讓位於丹朱，遍詢民意，舉大舜於民間，就是這個道理。這種禪讓精神，較之近世歐美的民主思想，雖理論上有曲折，不能說是一致，但前者可以說是把後者更淨化過一下的東西。那時候他們君臣間幾多謹嚴，幾多莊重哦！——一種神聖不可侵犯的氣概，在堯帝物色禪讓時，我們看得出來。

但是這種神聖的政教一致的精神，時變代更，漸漸遂爲私心所掩蔽；禪讓的善風，忽一轉而爲放伐的思想了。夏啓他不讓給別的賢人，自攝帝位，於是君主世襲之制生。皐陶謨「天命有德」的話，遂成糟粕。但雖然如此，這話既是古來的訓言，不容易消滅，漢民族腦裏，決不會忘卻的。所以一旦無德的君主登位，有德者起而代之，行其放伐的時候，在法理上，他們是不認爲謬誤的。——所以湯放桀而武王伐紂。不過殷周時代的這種放伐，卻萬不可和後世幾多梟悍之徒只顧自己的野心發揮其權力意志而藉口於天心天道者，所可同日而語罷了。文王三分天下有其二，猶服事商，必紂惡貫滿盈，民心全去，武王始受諸侯的推戴起而伐紂，就是明例。後世竟有些史家將這個比諸王莽曹操的篡奪，眞是不當之甚。商書湯誓說：

非台小子、敢行稱亂、有夏多罪、天命殛之、今爾有衆、汝曰、我后不恤我衆、舍我穡事、而割正夏、予惟聞汝衆言、夏氏有罪、予畏上帝、不敢不正、

詩大雅文王大明篇

有命自天、命此文王、于周于京、纘女維莘、長子維行、篤生武王、保右命爾、燮伐大商、殷商之旅、其會如林、矢于牧野、維予侯興、上帝臨女、毋貳爾心、

——這種歌詞，一面使我們想起太古時代性質的純樸，及崇拜天帝的純眞，一面又所以明示其政教一致的政體。

要之老孔以前的支那思想，是信天帝爲唯一絕對的主宰的；依天意以理政治和道德，圖民利民福，以求合乎公平無私的天慮的；——簡言之，正是一種神權的輿論政治。這個政體，到殷周變成世襲，多少起了一點專制的傾向；但距古不遠，輿論政治的精神猶存，所以輿論所趨，不德的帝王可以放伐。幷且這種尊重輿論的民本主義的精神，雖到現在猶未消亡，爲漢人政治思想之一。

第三章　倫理觀

漢民族以族爲單位，個個族的發展，形成鄉里，許多大族的集合組織社會，而爲國家建設的基源。所以在他們倫道之中，家族道德——因爲在整頓一家一族上非常重要的原故——比社會道德尤爲發達。大學一句喝破；不能治家的人，不可以託天下。要不外因家族是國家的基礎的原因。

他們的族如何起源的呢？講到這兒，——講到他們的姓氏族及其起源的問題，問題內容是很複雜的；并且這是屬於社會學範圍內的問題，這兒只能簡單地述一述。白虎通裏面說。「人所以有姓的何、所以崇恩愛、厚親親、遠禽獸、別婚姻也、故禮別類、使生相愛、死相哀、同姓不得相娶、皆爲重人倫也、……所以有氏者何、所以貴功德、賤伎力、或氏其官、或氏其事、聞其氏卽可知、」(卷三)。又他們的姓氏，取之於其族的起源地的也有，如黃帝本姓公孫因生長於姬水遂以姬爲姓，國於有熊則稱有熊氏之類。取之於自然界的也有，如風姓的諸侯，伏羲氏，中共氏，大庭氏之類。取之於祥瑞者也有，如禹姓姒，祖昌意以薏苡之瑞生；湯姓子，以玄鳥之子生；周姓姬，以履大人的跡生(卷三)等之類。——總之他們姓的起源很複雜，沒有一定的法則。宋呂祖謙說：「三代時之姓、乃其祖考之所出、雖百世不變、氏則子孫之所自分、數氏一變。」這話雖稍近理，但也不能說是定論。要之漢族是家族主義的國民，盡力想審明其祖先之所自出，在他們自是很當然。後世因爲種種關係，這姓氏雖紊亂了不少，但爲一家一族求繁榮起見，同姓不娶，血族不婚的鐵則，還是嚴嚴地守着。所以其結果，家長的命令，在他們是絕對的。盛祀祖先，以期榮繁，又是他們一生最重大的事。因此孝道這東西，早早地就深印在他們腦裏。——他們把孝道當作絕對唯一的倫道大本。

孝道爲基礎的家族道德，與乎民本的功利思想，二者在太古時代，唯一的碩學皐陶已經秩序地記述過了。周初又被箕子在洪範裏完成過了。這些內容的論述讓諸次章現在先把當時功利主義的政策的佈置法，與乎以家庭倫理作一族的秩序的方法——二者概觀一下罷。舜典裏載有以禹爲司空平水土，棄爲后稷的官播百穀，契爲司徒布五穀，皐陶爲士官施五刑，垂爲共工，益爲虞官，伯夷爲秩宗，夔爲典樂，使各自發揮其材能——的話。其中所謂五教就是五常五倫——父子、君臣、夫婦、長幼、朋友。詳言之，就是「父子有親、君臣有義、夫婦有別、長幼有序、朋友有信」——那五倫。又夔雖典樂，同時又以四德司冑子（卿大夫的弟子）的教導。四德就是「直而溫、寬而柔、剛而無虐、簡而無傲」之謂。又當時貴族子弟的教育項下，特有音樂一門——視五教的教育似稍高等，蓋所以養成其優美高尙的人格的。

這五教四德後來皐陶又多少增加了一下，稱之爲九德：「寬而栗、柔而立、愿而恭、亂而敬、擾而毅、直而溫、簡而廉、剛而塞、彊而義。」——句句都道着諸德的中庸點，很當注意的。皐陶他說日宣三德，夙夜浚明者有家，日祗六德，治政有倍者有邦，有九德而戰戰兢兢，無曠庶官者，可以託天下。皐陶是歷仕堯舜禹三代的名臣，專任司法之職的碩學。陸象山說「唐虞之際，道在皐陶」（全集卷三十四）眞是確評。

上面說的五教，乃以家庭道德爲主的倫道，一般人民的倫道，四德則士卿大夫的倫道，九德則帝王之教。——士君子當以中庸之德教庶民，帝王則更當爲兼修九德的賢聖的意思。要之，都是論示一般人民當應用於家庭的倫理，及爲政者當以人格爲中心的倫理的。

第四章　洪範論

洪範是三代思想的總括帝王學的精萃;依書經講起來,這是周武王平殷之後,以天道問於殷賢公子箕子的時候,箕子授給武王的。箕子說「我聞在昔鯀陻洪水、汨陳其五行、帝乃震怒、不畀洪範九疇、彝倫攸斁、鯀則殛死、禹乃嗣興、天乃錫禹洪範九疇、」——這段話就是洪範的由來。

九疇

一、五行　水、火、木、金、土、
二、五事　貌、言、視、聽、思、
三、八政　食、貨、祀、司空、司徒、司寇、賓、師、
四、五紀　歲、月、日、星辰、曆數、
五、皇極
六、三德　正直、剛克、柔克、
七、稽疑　卜筮
八、庶徵　雨、暘、燠、寒、風、時、
九、五福　壽、富、康寧、攸好德、考終命、
　　六極　凶短折、疾、憂、貧、惡、弱、

箕子說這九疇是天帝賜給禹皇的，後來孔子又說「鳳鳥不至、河不出圖、吾已矣夫、」（論語子罕）——這些話非常影響了漢初的學者，他們如是就拉當時的時代思潮——神怪不可思議時「陰陽五行說，」解釋過洪範。董仲舒的春秋繁露，班固的漢書五行志等，即其代表。劉歆則更說河圖是易的八卦，洛書是洪範九疇——這種學說，後世信的人更非常之多，但要不外是漢儒對於洪範的附會。箕子說洪範授自天帝的話，要爲一種假托，所以神聖其辭的。精讀過尙書一篇的人，對於洪範——在三代時候思想的發展上，想誰也不會認爲神祕的，神啓的的東西，而一定會認爲思想上必然的發展，必然的歸着，我們以爲。

洪範中非常影響過漢儒的東西，尤以五行爲最。他們把五行的性質，抽象起來，說甚麼「水潤下、火炎上、」且應用之於人事、天文、災異等，以大惑後之學者；致後之學者，且有疑到洪範五行自身的事情。幷且五行這個名稱，在孔孟以前先秦儒家的書內，差不多沒有現過，釋明其意義的著作，更一點兒也沒有——僅僅後來荀子之前，有個齊國的騶衍，他說過甚麼天地剖判以來，有五德移轉的各種符應的話。但騶子不是儒家系統的學者，他的所說，是然和洪範思想沒有交關。在我們看起來，洪範的五行，要亦不外和左傳襄公二十七年的條下，所述的「五材」相當。——水、火、木、金、土之外，加「穀」一材，稱爲「六府」的意味。所以我們認五行是指人生日常必須的生活材料而言的，毫無疑處。夏書甘誓裏有扈氏威侮五行怠棄三正的話，正是說的這個。——說侮亂人生必須的生產法，蔑視人民一般的福利；決不是說甚麼威侮了陰陽五行的意思的。

次之就是九疇的範疇（Category）問題。這個本來別無必分爲九的必要，箕子傳來時就是九呢？還是後世史官或漢初學者整理按排的時候成的九呢？現在不待說不易明言，但事實上多少經過後儒的改訂，是可推察得到的。爲甚麼呢？這九範疇的順序和概念多有重複處，其性質又決不是不可交混，各具有一定不變的獨立性的。譬如五事、三德、五福、六極、這三範疇，在古人是所以演繹人道的，五紀和庶徵二範疇又是古人指自然的天道——指自然的現象和現今的現象學正相當的，此外稽疑自成一疇，五行八政可括於政教之道（卽地道）之下，全體上再冠以皇極一疇以統一之的時候，則所謂九疇要不過五疇的演繹。其根本義要爲與古代傳來的思想合「天道地道人道爲一、而聖人則之」的精萃相當，別沒有甚麼超越處。

——內容大概如此；爲帝王者當體得這九範疇，以謀天下太平。詳言之，就是爲人君者，先就要拉第二範疇的貌言視聽思五事高其品格，再以第五皇極——大中之德作民儀表，再次則留意第四的五紀，整飾第一的五行，以圖民利，持第六的三德以爲教化，使民各自展其才能，遇疑難則用第七的稽疑，察得失則驗第八的庶徵，有善行則五福將之，天道幸之，有惡行則六極臨之，天道罰之——如是如是的意味。至於五福六極的賞罰，純爲天意的，他動的，而非人爲的，自動的，——的點，則正所以示古代人心純樸及宗教心的純眞的。皇極之德是帝王自居的，顯其大中至誠的德位居九疇的中央而統轄其餘的八者。——全體上洪範的原理，是把漢族古來的思想集成而加以組織的；政治道德的精粹，皆括於此，宜乎後世儒家都重視之。

第五章　周公旦

武王以哲人及經世家的文王爲父，循天命之所歸，滅紂而開有周八百年的基礎，又從賢人箕子得了帝王學洪範的傳授。但經綸不及完成，早世以歿。他的兄弟周公旦英傑的資，較父兄有過無不及，其才氣之所煥發，周代文質彬彬的文化基礎，遂以成就。

周公所組織的文化，當然是三代文明的集成，但其集成，不是思索的內面的，是制度的，外面的。——在這制度文物完成的方面上，其組織眞是前古未有。現在流傳的禮記（周禮、儀禮）一般說是周公經過手的。其中周禮一書，差不多把現代法律的全部，都包含在內。諸官的組織權限，及其相互的關係，王室和諸侯，及諸侯的權限，——無大細都包括着。後世的官制，都是以這部書爲基礎，加以增減。所以在東洋法制史上，其價値眞是絕大。書中網羅唐虞以下的禮制，後來雖受了許多增益，但大體的骨子和基礎，是他築的——當不可否定。儀則是制定公私一般的禮節的，正屬於現今世上流行的禮。此書後世的竄入很少，周代的古色最帶的多。——要之周公的精力全集在文物制度的整備上，形式文明上，所組織的文化，其特色決不是思索的；禮記之中，雖多少也有點倫理思想，但這個比之三代以前，別無出色處。他於後世思想界特有貢獻的地方，乃是他曾確立過教育制度的方面。這教育制度確立的結果，學問於是一般化普遍化，作後來先秦文明展開的因素。他的教育制度，小學收容平民，大學則收門閥（貴族的小學）出身的子弟，授以士君子必須的學問。而大司徒教的鄉三物，卽爲當時最高的教育。三物者，

六德　知、仁、聖、義、忠、和、

六行　孝、友、睦、姻、任、恤、

六藝　禮、樂、射、御、書、數、

在大學裏實際地教授的，是這最後的六藝。所以看起來當時的教育，并不僅專以實踐的道德爲對象，此外實際社會上有用的人材如何養成法的點，也沒有怠忽過。

（參考書：孫詒讓周禮正義八十三卷，江永周禮疑義擧要七卷，胡培翬儀禮正義四十卷，胡承珙儀禮古今文疏義二卷，鄭注孔疏禮記正義六十三卷。）

第六章　周易論

第一節　史的價值

易經的年代考，這個在思想史的研究上，是最當重視的問題。對於這書的性質不加一點批判，僅以古來的傳說爲基礎——如胡適氏，全然當作孔子的著作的那種觀察法，眞是奇怪之極！周易這種典籍，——經過多數人多數年代而後成的典籍，縱其中有多少和孔子思想相共通的地方，但直以這種地方爲根據，斷爲孔子的思想，眞不能不說是極輕率的態度，爲甚麽呢？周易的主要思想之中，老莊的思想，比孔子還多幾倍混在裏面的事情，我們是很容易看得出來的。

現在先把這書的由來，尋究一下，就其性質考究一下罷。書經洪範裏面有稽疑卜筮一疇，周禮春官宗伯裏載有大卜之官司之的話。易繫辭傳裏說庖犧氏初作八卦，又說其起源在殷的末世，或周的盛德，或文王紂王之間；但其爲臆說，自無待申論。司馬遷史記孔子世家篇說「孔子晚而喜易作十翼韋編三絕」，又遷的父談，曾受易於菑川楊何，仲尼弟子列傳中則又載了孔子傳易於商瞿子木，及由商瞿至於楊何的系譜。後漢大儒鄭玄說伏羲作八卦，文王作卦爻辭，孔子作十翼——唱「作易三聖」之說。但是孔穎達否定文王之說，（正義）歐陽修又否定孔子之說，——其論證殆皆確立，葉水心的所見也相同（學習記言）且卜筮二者在古代僅行前者，——古人蓋以為比後者尤為神聖。近年殷墟的發掘物也證明如是。書經金縢雒誥等篇內也只有卜法——由此更可想到筮法是卜法廢棄之後始漸次盛行於世的東西。幷且卜筮這種事情古來乃大卜之官所專司，幷不是一般士君子必須的學問——周代大司徒的教科裏沒有這套東西。換句話，所謂卜筮者在古代和士君子的學問，是毫無因緣的。「連山」、「歸藏」、「周易」這種名稱的出現，既以周禮春官宗伯為最初，而春官宗伯之為孔孟以後的著作，學者間又已大有定論，那末用筮竹的易當然是周代以後，才漸次發達的東西了。

其次就是孔子對於這個易有甚麼關係？那些點孔子曾染指過？——的問題。對於這問題，史籍上只有前記史記上幾句話及論語述而篇內「假我數年、五十以學易、可以無大過矣、」——三句而止。但這句話內的「易」字在魯論裏又寫成「亦」字——更覺得難為史料了。尤不僅此，孔門第一的史料的論語中，關於易的質問應答的話，一句也沒有；由子夏至子思至孟子乃至荀子——這些儒家裏面也尋不着；就是墨子之徒也一沒有研究過易，二沒有受過易的影響，（列子是漢後的偽著，有沒有是別一問題。）是則易在古代僅於極簡單的形式之下用為直覺地（anschauenlich）決疑的書，決不如後世的流行本網羅了種種思想——的思辨的（spekulativ）書。所以我們現在斷為未曾作過先秦諸子的學的對象（Wissenschaftlich Gegenstand），當沒有大違誤了——我們以為。

這樣從先秦時代儒家諸子的遺著觀察下來，斷到周易給過他們以影響的徵證，一點也沒有的時候，那末只要稍稍內面地考察一下，那以周易爲孔子著的周易的思想爲孔子的思想——的那種議論之爲滅卻歷史的價值，我們當可以曉得了。宋代文豪歐陽修在他的易童子問的著中，斷十易非聖人之作，驅周易於孔學之外；且說這部書是古的學者雜取衆說以資講論，衆說淆亂，非一人的作——其見識眞可謂卓出千古。

周易和儒家的關係既如此，那末和老子的學理又有甚麼交涉呢？講到這兒，我們就可以說老子哲學和易的宇宙觀，殆出於同樣的思想。老子四十二章說「道生一、一生二、二生三、三生萬物、萬物負陰而抱陽、沖氣以爲和、」——這本體發生萬物的過程論，殆和易的「有太極是生兩儀、兩儀生四象、四象生八卦」的思考極相類。其說陰陽的點亦相同。又老子二十一章所說的「道之爲物、爲恍爲惚、惚兮恍兮、其中有象、恍兮惚兮、其中有物、」的話，和易的觀天象而察地變、人異見物象而判個人吉凶者，其象理亦相似。不待說老子和易的觀象在其致用的點上，意味有多少不同處，但在其以本體的「太極」或「道」爲現象界內存的「實在」的點，與以「象」爲該實在的現象(appearance)的點上看起來，則說兩者之間沒有交涉是不可能的。并且老子說萬物的性質時，常取相對的對照法——譬如說有就說無，說剛就說柔，說善就說惡，說動就說靜——而於其中特取消極方面的「陰」以作本體，而這點在周易，其方法也是一樣。又易雖陰陽兩面皆用，有異於老，但在其生生發展的原理上，老易的違異，要不外一爲奇數的消極的，一爲偶數的積極的——一點而止。然則猶可以爲二者單爲偶然的暗合麼？

要之，老子哲學和易的原理，在其根本的本體觀上，二者殆皆根於同一觀念而出發。所以只要究明其孰兄孰弟的關係，周易這書的正體，自可判明無疑。但是雖然如此，本概論的性質不能詳述這種考證，所以現在只能由其全體的構成上概觀二者的組織而止。老子這部書確是有組織的，首尾一貫，思想古樸純粹，文章也是有韻的大文字，到底非後人所能追從。而周易雖亦具著作的形體，但思想各傳異趣，思維的形式支離散合，缺一貫之旨。譬如象象傳和繫辭傳思想全然不同，文體亦有隔世之感。——是則周易引用老子，而非老子引用周易，殆可斷言了！并且史記所說的商瞿子木馯臂子弘以下那些人，差不多都是齊魯之士，其姓氏率不慣聞於中國（諸夏）；孔子傳易於商瞿子木的話，論語裏沒半點徵證，其他更無絲毫史料，所以看來說易是孔子著的話，絕不足信；要不外為神聖其傳統起見，後人托名於孔子的——我們以為。并且由孔子到司馬談，其間四百餘年，師稟相承者僅八世，這也不無疑點；何況所謂師稟相承者，又皆齊楚燕人而止呢！畢竟這書是周末時候，齊楚某地方的人，把古來簡單的筮書，配以老子的本體觀，及孔子的道德說，而故意偽托孔子，神聖其說而成的。（在我們以為這作者當是齊國稷下之士，其中騶衍尤為可疑。）要之是文王老孔漢儒各種思想雜處的書，其中老子思想最多，儒家陰陽家次之，所以敢斷言這不是一人一家的作品。

第二節　周易的原理

古來易字的解釋，或取說文之說：蜥易、蝘蜓、守宮、等動物，依地變色，易是占測變化的，所以取以為名。或謂易字上从日——象陽，下从月——象陰，所以寓變化的。總之這個字含有變化的意思，是不錯的。鄭玄說「易含三意，易簡一也、變易二也、不易三也。」換句話易的本體是千變萬化，無所底止的。本來宇宙間一切現象，人間百般事情，沒有不變化的，然其中卻又有一定不變化的理法在，所以名之曰不易。但其理法又本簡明，所以又名之曰簡易。——鄭氏這個解釋，恐怕是很確切的。

次之易的哲學中最重要的就是「象」字。古人蓋取天地間的現象，以察人事，象物形以拓文明。易的作者留意於此，又欲於其中求一貫的法理，所以遂藉筮法發明判斷(辭)的方法。這方法就是周易全書的根本原理。但是由自然現象去考察人事的那種思考，決不是突如其來，到易而始發見的。太古時代，這種現象已很多，作者要不外以漢族古來天人合一的思想及功利的農本主義為根據，從而發明其判斷方法的。

周易的原理，既如是根據存於象理，那末所謂象者，其本體是甚麼？其本體又如何地生生萬物呢？這點我們在前節已經說過了：其思想殆和老子相類。詳言之，就是易的本體太極，乃一元氣，這一元氣包容陰陽二元，這二元遂說明萬般現象的發展。一元氣——太極自身，乃生生不息，活動的東西。繫辭傳說「生生之謂易」，乃生天地大德的根原。(這太極的本體觀，後來變為宋儒學說的根本原理，給過重大的影響於他們的本體上，但詳細讓諸宋儒條下。)

不易的原理，就是指這陰陽二原理而言的。以這原理為標準，相對地去類推宇宙間森羅萬象的時候，自然又可以用這原理去統轄萬象。譬如把宇宙間一切現象分為陰陽二元而觀察時，則天、日、明、等為陽，地、月、暗、等為陰；時間地春、夏、晝、為陽，秋、冬、夜、為陰；空間地上、前、高、為陽，下、後、低、為陰；人事地貴、尊、吉、為陽，賤、卑、凶、為陰；人倫地父、君、夫、男、為陽，子、臣、婦、女、為陰——諸如此類，天地間一切現象都可以用這為表為裏，為消極為積極的二元去統攝。這二原理，遂爲區分萬象的標準。這種思考法，純是以漢族固有的實際經驗爲基礎的，很有趣味。

現在把易的發展次序表示起來即如下：

太極——二儀（陰陽）——四象（太陽（夏）少陰（春）少陽（秋）太陰（冬））——八卦〔乾（西北）離（南）震（東）巽（東南）坎（北）坤（西南）艮（東北）兌（西）〕——六十四卦——三百八十四爻。

把這八卦合於自然界時，則爲

天、澤、火、雷、風、水、山、地。

合諸家族時，則爲

父、少女、中女、長男、長女、中男、少男、母。

——如此如此作成自然界和人事界的對立，這正是漢族本來固有的思想——天地人合一的觀念，次第發展出來的。現在把八卦的意義更具體地說述一下時，在筮法則表陰陽的卦用⚊⚋符號，而呼之爲爻，爻（算木）的一，爲奇爲陽，稱之爲九，（初九、九二、九三之類）；--爲偶爲陰，稱之爲六（初六、六二、六三之類）。一卦各生八卦，變成六十四卦，每八卦則一完結。這八卦謂之小成卦，六十四卦謂之大成卦。小成卦三爻，象天地人三才，大成卦六爻，象天有陰陽，地有剛柔，人有仁義。大成卦的上二爻合天，中二爻合地，下二爻合人。占者合其位則吉，不合其位則凶。——這判斷吉凶的地方，即爲占筮法。

（參考書：象彖以下十翼的通釋，請看伊藤東涯周易經翼通解的釋例。古筮法則請看海保元備周易古筮法。）

第三節　周易的思想

這部書專爲決疑而作，本來不是教法的典籍，後世諸家之說附加起來，所以就變成了一册很複雜的書。其根本思想概畧地可分爲三：用天地人的和合，以全福利，順天命，是其一；用數理類彙萬象使各得定位，是其二；再用這種定位於家族主義的制度上，使家族的定位明，而倫理立，是其三。

（一）天人合一、繫辭下說、「易之爲書也、廣大悉備、有天道焉、有人道焉、有地道焉、兼三才而兩之、故六、六者非他也、三才之道也。」是知這思想，乃胚胎於古代的根本思想——天人感應的觀念——而成的了。上經乾裏有「象曰、大哉乾元、萬物資始、乃統天、」數語，這正是喝破天是統萬物生生不息的根本原理的話。「大明終始、六位時成、時乘六龍以御天、」——又正是說天的一元氣遍於天地間的話。其餘，所謂「天德」，所謂「乾元之用九、乃見天則」，所謂「象曰至哉坤元、萬物資生、乃順承天」（上經坤）等，要都是說萬物皆基於天的意思。不過這個天，比詩書裏面的天不同，詩書的天是神宰的，有意志的，這兒的天是自然的，無意志的，這兒天生萬物，化成萬象的思想，和老子的自然觀一樣。所以只能自然地，無意識地，筮測三才的妙合，當其道者吉，失其道者凶，其間不能容絲毫人工的意識的斷定。筮竹這東西，是神物，是天地人的表象（Vorstelling），用之者不可自挾私意，苟弄智術，——用程明道的話說的時候，就是要去私心、冥合天理，而後天地人的和合始可得而全的。——筮者要爲用純眞的直覺，去定其位之當與不當的。

（二）數理　尙書內已有三府、三事、五教、五典、三德、九德等，以數爲冠的倫道。但這個要不外便宜上的分類，和六府九疇等一樣的。但易則不然，易的數理，是用以說明自然現象且探天地的祕奧的，在世界思想史上，眞可說是獨一無二的方法和術數。這術數不待說是獨斷的方法亦直覺的神祕的，愈獨特愈難解。牠說由一個太極生兩儀，生四象生八卦，由八卦更生六十四卦，六十四卦更生三百八十四爻——至於無限大。而其占筮法，則更全爲數理的應用（繫辭傳參照）。此應用的理，又爲神祕的，出乎言說之外。和齊國騶衍所說的「推小驗大至於無限」（史記孟子荀卿列傳）的說相似；殆理外的理，除全依直覺力外，沒有法子。後世推衍這數理，組織過廣大的世界觀的人，有邵康節，推衍太極的理，組織過宇宙觀的人，有周朱諸子。——周易思想的雜多及其抱擁力的強大，由此可以概見。

（三）倫理　繫辭上「明於天之道，而察於民之故，是興神物以前民用，」又說「八卦定吉凶，吉凶生大業，」「易與天地準，故能彌綸天地之道。」——所謂「民用，」所謂「大業，」所謂「天地之道」等，要皆求用世的標準的意思。「民用」「大業」即以功利爲目的的，「天地之道，」則指君臣父子的道德而言的。序卦傳裏說「有天地然後有萬物，有萬物然後有男女，有男女然後有夫婦，有夫婦然後有父子，有父子然後有君臣，有君臣然後有上下，有上下然後禮義有所錯。」——易的作者，蓋觀天道以察人道，推而及於君臣父子夫婦的關係上的。蓋應用這陰陽二元的原理於家庭倫道上時，其性質爲相對的，自然可以得運用之妙。而以八卦嵌於家族，定男女長幼的地位，使男子優於女子的地方，更得齊家之要，爲東洋道德的精華。蓋男女平權，則家不得齊治者被治者同權，則國不得治，——

這正是明示這個道理。下經彖傳家人卦裏所說的「彖曰、家人女正位乎內、男正位乎外、男女正天地之大義也、家人有嚴君焉、父母之謂也父父子子、兄兄弟弟、夫夫婦婦、而家道正、正家而天下定矣」——的話，也正是說各自的分限不可踰越的意思。孔子論語裏「君君臣臣父父子子」的話（顏淵篇）全被牠套襲着了。

第四節　結論

上面各節說過了：周易本來并不是一人一代的著作，乃漢民族思想的傳統的產物。其原理論是後人所添加，老子的影響極大。至於彖象二傳，則遙成於古代，思想亦和古代詩書裏宗教的功利思想，及儒教的道德觀，全相同。但其中那一傳是周公作的，那一傳是孔子作的，不可輕易武斷自很明白。

第二編　儒家

第一章　周末思想概論

「文質彬彬」的周朝，到春秋時代，（魯隱公以後約二四〇年間）就政令不行，綱紀廢弛，齊桓晉文秦穆楚莊越句踐等前後輩出會諸侯司盟約各稱王霸。其間小國併合紛紛，春秋之末僅存十二，入戰國則餘七雄。史家稱這個爲周末先秦時代，亦正漢民族最發揮其銳氣的時代。

前漢司馬談把這先秦思想的系統彙成陰陽家、儒家、墨家、名家、法家、道家、六種，各論其要旨；漢志則分爲十四家，於六家之外，更加縱橫家、雜家、農家、小說家、詩賦家、兵家、數術家、方技家等。但漢志（班固）這個分法，是把周末一切學術都網羅收入而然的。小說詩賦屬於文學，縱橫屬於名家，農是墨家的支流，天算方技等括於陰陽家內，則司馬六家之外所餘者僅折衷派的一雜家而止。

關於這六家的起源，（又九流亦然）漢的劉歆曾倡諸子出於王官之說（七略）。爾後班固等諸學者，皆套襲之而不怪。其說就是(一)儒家者流，蓋出於司徒之官。(二)道家者流，蓋出於史官。(三)陰陽家者流，蓋出於義和之官。(四)法家者流，蓋出於理官。(五)名家者流，蓋出於禮官。(六)縱橫家者流，蓋出於行人之官。(七)雜家者流，蓋出於議官。(八)農家者流，蓋出於農稷之官。(九)小說家者流，蓋出於稗官。——云云、

劉歆這說，以爲周室衰微的時候，文化移於諸侯之邦，所以諸子起源皆從周官，而同時家家之下，附一疑辭的

「蓋」字，又自示其有幾分是他自己的管見處。在現在看起來，這種解釋之爲蔑視當時的時代思想及社會狀態，一味注目於前代文化的推移，其中很有流於牽強附會的地方，自不待說。但是亦不能如胡適氏那樣，全謂爲無根無據的空言，多少點其說是可以證實的。但雖可證實，要不外起源上的一個原因，像諸子那種大思想的勃興，社會上當有必然不能不如是的原因存在，是可斷言的。

那末，當時的社會狀態是怎樣一種情勢呢？第一當時四方的諸侯，方角立圖霸，盛用權謀術數，以圖强己弱人，大大地留意於政治經濟諸方面，於是這諸方面的學術，就非常進步——的時代。第二就是內政外交方面，概用智謀機變之士，不問其人的人格如何，姦狡之材，於是在社會上漸佔優勢，從而所謂道德，遂掃地無餘的時代。

對這社會狀態，想圖革新的，就是先秦諸子。他們興起的理由，正是這個。其中儒道墨三家，是想從思想上謀改良的，手段趨於消極；法家縱橫家，則主張於經濟上，政策上，謀物質的富強，以圖霸業，其手段目的概爲積極。

積極派的管仲——古來皆認爲法家的鼻祖——他因想把貧乏的齊國致於強盛，於是大殖產業，發金鑛於山，採魚鹽於海，不朞年遂使齊國霸於天下。聞他的遺風而起的人，有魏國的李悝和衞國的公子商鞅。悝倡盡地力之教，以強魏，商則入秦，以重農政策，致秦於强盛。此外申不害，韓非等，也是謀以刑名致富之說，圖國力君權的強大的。但這些名家，兵家，縱橫家，都是各執法家的一面而立說的；譬如兵家起於軍國主義的國家，名家縱橫家則起於法家思想的發達，及外交術上的必要而然的。

消極派　問到這派出現的徑路，我們不可不先把春秋戰國的時代的社會，和人心的內面，略瞥一下。在文教尙未墮地的意味上，春秋較戰國自是有差。但二百四十餘年間臣弒其君者三十有六，族臣竊國者則魯有三家，齊有田氏，晉有六卿。淫樂如獸者，則魯的文姜，陳的夏姬，衞的南子，都大名鼎鼎。孔子惡鄭聲，退齊樂，去魯國——的事，要皆爲想肅正這廢弛極了的紀綱，遂和公族强臣間生了扞格，因憤而出此的。論語裏面的「放鄭聲、遠佞人」的話，就是明說這個的。而這時候，他方面乘這種紀綱的廢弛，逞詭辯以危國基的姦徒，又接踵而起，魯的少正卯，鄭的鄧析等即其代表。列子力命篇說「鄧析弄兩可之說、無窮之辭，」以是爲非，以非爲是，致使是非無可度量，雖賢如子產，亦爲辟易云。（名家條參照。）孔子於是誅少正卯，及說「利口之覆邦家，」蓋深有懼乎其惑民亂政，且危及國基之故。他當這種時候，高倡紀綱之當肅正，明禮義，正道德，以仁義至上的王道，圖復於文武周公之治。他是儒家之祖，儒家的學說由他而生。

至於道家，則反對儒家這種積極地以禮道正天下的態度。在他們以爲社會這樣變亂，人心這樣巧詐的原因，要皆本於周代文化弊害，周代那種煩瑣禮節的桎梏，正使人間生這種虛僞；去這種禮，捨這種人爲的道德，人人回復到人間固有的自然，以嬰兒那樣純眞的心爲心時，堯舜之治，當可期而待——他們以爲本來社會的更生，在一個意味上，就是歸於原始；就是返乎自然，以自由平等博愛爲本，滌盡一切末世的桎梏——惡德，惡法，惡禮，等的。所以在這個意味上，老子——道家之祖——心裏眞抱着滿腔熱烈的情火，和法國的 Rousseau 俄國的 Kropotkin 當是同一系統的革命家。但是到後來莊列之徒，捕捉他的這種眞骨頭不到，他們僅繼承他個人思想的方面，忘卻了他這種社會革命的精神，各自甘於自己獨善的小主觀內，眞是可惜的事。

墨家和農家屬於同一系統的學派；他們以爲當時社會人心的毛病，在於宗教心的缺乏，換句話是由於不敬天，不畏天罰的原故。所以墨子就敬天談鬼以天志爲其思想的根本，且進而說兼愛，倡平和，謳歌勞動的神聖。但當時的社會，事實上決不容易這樣做到，諸侯爭地稱兵，頻年不解，軍餉之餘，食客無職之徒且充斥，皆以重稅課於人民，人民單爲他們慾望上的手段和物品。墨子一派，蓋有見於此，惻怛之情不堪，因憤而起的。他們粗衣粗食，集同志結社，以人類愛宣於天下；其思想和現代的社會主義一般。

以上三家的主張，雖種樣很多，然其想救社會，正人心的精神則一。蓋皆出於熱望天下太平的結果。又其思潮——前述的積極派，也是一樣、——之爲非常多角的、豐富的的原因，亦根於周末社會狀態非常複雜和滅裂的原故，——這又是我們所可斷言的。

第二章　孔子

第一節　略傳及著書

世界三聖之中，釋迦耶穌都是大宗教的祖師。他們的格言金句，和世界思想家之窮理源、究價値者絕不同。他們的本旨是在於現出絕對的淨土，於人生的彼岸的。「吾神子也、吾佛也、一切之智、一切之識、於吾何有、天地之間、唯一者、絕對者、舍我其誰、」——這就是他們思想的中心。所以如果說者自身的人格不如耶佛，而故好爲其言行時，則實所以自證其爲愚民惑衆的大騙子。——耶佛之後，續起無人，就是這個道理。

但他方面孔子則甚麼權道也不用，一味地卽着於現實想建設「文質彬彬」的社會於地上，使萬民同享太平的樂。——他以是遂樹立其萬古不磨的人道教。他曾說「十室之邑、必有忠信如丘者、不如丘之好學也」(公治長。)他的言忠信他的行篤敬,不作半點籠絡愚惑的詭辭,永爲東洋五億民族的木鐸。在這點講起來,夫子人格之有人間味及其能作儀表的偉大處,殆遠出耶佛二聖之上。他的高弟子顏淵喟然嘆其師的人格的崇高曰,「仰之彌高、鑽之彌堅、瞻之在前、忽焉在後、夫子循循然善誘人、博我以文、約我以禮、欲罷不能、既竭吾才、如有所立卓爾、雖欲從之、末由也已、」(子罕)孔門唯一的才人子貢也有這樣的嘆聲。宜乎三千子弟之中,無基督教裏 Judas 那樣的人,又無佛門背去其師那樣的人;他們都信賴其師,悅服其師,終身不渝。

西曆前五五一年——周靈王二十一年十一月,孔子生於魯的昌平鄉陬邑。魯是現在山東省曲阜縣。周公旦的兒子伯禽所封的國。孔子生時,周的文化還有許多存在這國內——有人說。他的祖先,是宋公子微子的後裔,這家系裏,在他之前,說還出過有德的人物。他的父叔梁紇娶施氏無出,晚年娶顏氏生他。他字仲尼,幼時即異於常兒,常陳俎豆,設禮容以爲遊戲。長作司職之吏,畜殖爲蕃,作委吏,料量爲平——足見其性質的忠實。他的一生,雖無一定的師表,但遇疑即問,——不論對手爲甚麽人,——以磨礪其知識。看他「三人行、必有我師焉」的話,就可想見其學問慾的熾烈,及經驗力的卓拔了。宜乎弱冠即名聞四方,弟子雲集。但在這種青年時代,有一對他人格劃明期(epoch-making)的一宗故事,就是他在當時的都城——洛陽遊過學的那宗事。清朝閻若璩在他的四書釋地續裏面,引禮記曾子問「孔子曰、昔吾從老聃、助葬於巷黨、及堩、日有食之、」的話,證之於春秋昭公「二十四年夏四月乙未朔已時日食」的經文,說二書的內容相合致,孔子訪周當在其三十四歲的時候。(但日食昭公三十一年也有一次）大體上閻的這個推定，當是的確的。當時老子到底比孔子大多少歲，雖不可知，但如挪着史記老莊列傳及孔子世家篇的話，當爲老子教訓忠告孔子的話看的時候，當時老子的人格和學識，當已達於圓熟老成之年；那時候孔子還是青年，銳氣未除，心裏滿懷着任事當國的抱負，所以老子的話，正深挫其驕氣的。老子說：「子所言者、其人與骨皆已朽矣、獨其言在耳、且君子得其時則駕、不得其時則蓬累而行、吾聞之良賈深藏若虛、君子盛德容貌若愚、去子之驕氣與多欲、態色與淫志、是皆無益於子之身」（史記老莊列傳）——全文上看起來，正是戒飭孔子的話。盛氣的孔子，那末聽了之後，當時起過甚麼衝動呢？看他退而對門弟子所說的：「吾今日見老子，其猶龍乎」的話，像也深味乎老子的言了。老子這段話，對於當時他的人格上，確加了一方面重要的補足，是不錯的。但他又決不是依這樣一段話，就捨去自己本來的面目——救世的使命的人。他後來回了魯國，弟子益多，人望益增，三十四歲的時候，因魯亂適齊，齊景公問政於他的時候，他的答復還是那：「君君臣臣」——素來主張的正名主義的倫道，由此就可以曉得了。景公喜歡他，想封他以尼谿的田，大用他，但因晏子進言，遂中止，他於是自齊返魯。返魯之後，經了許久，被任爲中都宰，由中都宰復任爲司空，爲大司寇，攝行相事。——青年時代的理想和抱負，至此遂得應用實現的機會了。在位雖僅三個月，但誅詭辯的少正卯，夾谷之會，又以弱魯懾強齊，發揮其非凡的手腕——時年五十六歲。從此以後，他的周遊時代就開幕了；適衞，過陳匡人之圍，桓魋之亂，門弟子顏路以下，概共苦辛。然所謀終不就，可行其經綸的諸侯，終尋不着，大聲不入俚耳，六十八歲，遂復返魯；作春秋，理詩書，於此定萬世不易的倫道，事竟而歿。——周敬王四十一年（西曆前四七九年）卒，享年七十三歲。葬於魯的城北泗上，現今聖林中的土饅頭就是周圍約一里，廟貌雄大莊嚴，和其教化的餘澤，共傳榮光於後世。司馬遷作孔子世家，末尾附以短評曰，「天下君王、至於賢人衆矣、當時則榮、歿後已焉、孔子布衣、傳十餘世、學者宗之、自天子王侯、中國言六藝者、折衷於夫子、可謂至聖矣、」——當爲確評。

著書、「孔子曰、述而不作、信而好古、竊比於我老彭、」（述而篇）他自己的思想，看來直接著述過的事，是沒有的。但他歿後，有門人弟子等集成的言行錄——論語，由此我們可以窺其思想的一般。這部書和耶教的 Bible，佛教的經典，同其尊貴；而在其史的正確的點上，則較後二者之爲奇傳怪談所圍附，有言行依依撥雲見日的特色。爲孔子研究上第一種資料。

（參考書：何晏集解十卷，朱子集註十卷，劉寶楠正義二十四卷。）

其次就是他所編述整理的古書文等。這個正是他心血凝聚的地方；使無他，漢族古代竹皮木片的記錄，當早已散佚無復存在。雜駁多量的這種古代記錄，得系統地編成，傳於後世，這無論如何不能不說是他一個人的偉功。當匡人圍着他，身臨危地的時候，他泰然自若，聲色不動，還說「天之未喪斯文也、匡人其如予何」——由此可以曉得天下的斯文，當時都歸在他的手裏。但是他依一種甚麽抱負，把六經整理下來的呢？論語裏他說「夏禮吾能言之、杞不足徵也、殷禮吾能言之、宋不足徵也、文獻不足故也、足則吾能徵之矣。」現代的康有爲氏在他的孔子改制考裏，說六經是孔子託古的書，孔子隨意創作的書，但我們以爲要究孔子對於古書的態度，看上面幾句話，當可瞭然。換句話，他的態度是文獻不足徵的，他不說；有徵而不確的，他不信；明明地抱着一種科學精神在他腦裏，可證明的。他以這樣謹嚴確實的研究精神，去批判，去修定古書文的原故，所以其人格的忠信氣象，也自然表現於其學風方面。現代「公羊學派」者流，僅摭拾古書內竄入的片言隻字，以厚誣古人，那種態度，我們是斷然不敢贊同的。

再次、就是他刪定的經典的內容問題。詩書二典，在前第一編第一章內，我們已經說過了；禮記在同編第五章，易經在第六章內也說過了，賸的就只春秋，現在把這書的性質論述一下罷。

春秋成於魯的史官，孔子從而筆削修成的。他修春秋的動機，恐怕下面孟子所說的話，最的確，而又最可憑信。「世衰道微、邪說暴行又作、臣弒其君者有之、子弒其父者有之、孔子懼而作春秋。」——由此可以曉得孔子他是深慨乎世道人倫的衰微，傾一世的心血，批判史實以匡正名分的。動機既如此，所以他的意之所在，尤足窺測。在我們研究他的著作時，這部書的重要，當次於論語。

再其次、孔子他用一種甚麼觀念作修定這書的論理基礎呢？論語裏「子路曰、衛君待子而爲政、子將奚先、子曰、必也正名乎、子路曰、有是哉、子之迂也、奚其正、子曰、野哉由也、君子於其所不知、蓋闕如也、夫名不正則言不順、言不順則事不成、事不成則禮樂不興、禮樂不興則刑罰不中、刑罰不中則民無所措手足、故君子名之必可言也、言之必可行也、君子於其言無所苟而已矣」（子路篇）這段話當和顏淵篇「齊景公問政於孔子」一段對看，他的政教原理要不外這正名主義。換句話他以大義名分這東西作他自己論理的根據，而揮春秋的筆的。所以亂臣賊子，無不慄懼。

但是其文辭簡潔而古樸，所謂「一字寓褒貶，」意味極爲深長。研究春秋的人，所以不先通其文法，想理解經義，是很難的。換句話，就是經文裏面使用的品詞，一個一個不可不先曉得其用法的獨特處。——宜乎後世，得其傳的僅有五人。五人之中，鄒夾二氏的傳不傳，現在存的只有左丘明的左氏傳，公羊高的公羊傳，穀梁俶的穀梁傳——三者各具特色。左傳當和同作者的國語幷讀，說者謂最能傳孔子的意旨。但韓退之評其文辭爲浮誇，而其中漢代學者的思想——陰陽神祕的言語，可確不少；易經裏面「精氣爲物、遊魂爲變、」那種同系統的思想和言說，這兒確實也夾混着和夫子平日「不語怪力亂神」的精神，很相矛盾。這大概是傳授之際，後世的思想，亂七八糟地混進去的。

公羊傳是齊人公明高受業於子夏，由子夏傳授得來的。同國的胡母生又受傳於高的子孫壽，這人漢景帝時被選爲博士，才以之傳於公孫弘。此傳和穀梁一樣，文辭比之左傳更爲精深，包含諸家，尤其特色，傳文亦稱明快。譬如「隱公元年春王正月」的解釋，「稱春者歲也、稱王者謂文王也、稱王正月者大一統也、」——標明大義的地方，比他傳更明顯一着。

但這傳於其文辭簡潔多餘韻外，有時又帶幾分暗示的色彩。譬如「西狩獲麟」的記事，牠解之爲「制春秋之義、以俟後聖」這種地方存多少自由解釋的餘地。漢代的「公羊學者」——董仲舒等，於是遂以這後聖爲指漢高祖，說孔子是容認易世革命的人，豫爲漢朝作春秋傳治道，——大發揮其曲解和拍馬屁的地方。到後漢何休更把「張三世」「通三統」的說，演繹起來，且以當時盛行的「讖緯學」解釋孔子的大同主義。但是事實上，漢代學者與乎清朝「公羊派」學者的所說，比之公羊傳自身，自是別物；他們不過是借着公羊傳作傀儡，談他們自己的思想的。

（清代公羊學派參照）

穀梁傳　其學不振，但其辭精嚴，三傳對照研究，是很必要的。

（參考書：竹添井井左氏會箋三十卷，孔廣森公羊通義十三卷，陳立公羊義疏七十六卷。）

第二節　孔子思想概說

孔子的倫理及政教思想，讓諸後節，現在單就其形而上學(Metaphysik)方面概說一下：

孔子對於本體論(Ontologie)觀念論(Idealismus)那種形而上學的哲理到底有過多少造詣？要答復這個問題的時候，我們對於他的遺著的性質，當先有明確的批判。上來我們關於這點，已經略說過，且略定明其要領了。現在雖不再反覆，但如果我們的定明不謬時，說孔子是一個倫理學者——倫理學者裏面無比無類的大宗師，當爲千古不磨的定論。但若說他是組織周易學理的人，「依法象以察人事、斷吉凶」那樣的人，那就恐怕無論如何，都是不能信的了。縱退一步，我們也信他是這樣一個人，但事實上他的著作裏面尋不出一點可以實證這種學說的資料的時候，我們又怎麼樣呢？我們信孔子的學的根據，是以漢族古來宗教的對象——天的至誠、至純、公平無私的觀念爲本的，爲自家倫理學說的根原的，決不是借卜筮的象理立其言說的。近來民國的新人胡適氏在他所著的中國哲學史大綱上卷裏，取易理爲夫子的觀念論，博徵資料，辯證甚力。但胡氏關於這種思想到底是孔子的與否的根本問題，一點也沒有注意過，眞是我們所很引爲遺憾的事。易經裏面說的「象」，說的「辭」——這些字，挪着現今哲學上的知識去解釋時，前者是 appearance 的意味（論理學上所謂概念 concept），後者是判

斷 (Judgment) 的意味。這易象辭三者相倚恃而後易的思想始可得而應用的話，固誠如胡氏所說，但這種辭是孔子的創見麼？抑古代筮人一派的創案麼？抑或出於老子一派的思想麼？——疑問眞不一而足。而胡氏僅引論語「逝者如斯、不舍晝夜」一句，苦苦辛辛想借以作易的變化原理的基礎，我們眞不能不說這太靠不住了！幷且所謂「彖」，所謂「象」都含南方動物表象的意義，在孔門一家的著作裏，那一個也差不多沒有使用過，這又是何道理呢？——要之，易的思想在其陰陽發展的原理上，在其把現象觀念化 (Idealisieren) 而思考的方法上，和孔門一家的思想是截然異其性質的。這等地方記得牢時，這問題自然可以解答。傳統的主觀見解，是史家的禁物，切不可忘記！(第一編第六章周易論參照)

以上我們因爲想究明孔子的思想裏面觀念論、宇宙論 (Kosmologie) 那種思辨的 (Spekulativ) 形而上學，全然沒有的原故，所以勢之所必，遂不能不再觸及一下周易的史的價値的問題。以下我們轉到孔子學說的根據到底是以甚麼爲基礎的問題去罷。

要解釋這個問題時，我們以爲把論語裏面表出了的他的思想和信念，加以考察時，當自能明白。論語是孔子史料上唯一無二的東西，在這裏面把他的信念的對象——「天」的觀念抽出來一看時，他在敬畏天道的點上，決不弱讓於古的聖賢，是很明白的；幷且從遺著上看起來，他的天字含二重觀念：一卽主宰的天道，二則人力莫能如何的時候使用的字——多少帶點運命的傾向。

後者的例譬如「道之將行也與命也、道之將廢也與命也」、「五十而知天命」、「商聞之死生有命、富貴在天」、

——等就是。但是雖然如此形成夫子中樞的信念的天，決不是這種運命的天。他被桓魋圍在宋國的時候，事態急迫，弟子皆驚怖失色，但他泰然自若，且曰「天生德於予、桓魋其如予何。」——示其凜然的氣概。又在匡時，以貌似陽虎，爲匡人所圍時，他也聲色不動，且說「文王旣歿、文不在玆乎、天之將喪斯文也、後死者不得與於斯文也、天之未喪斯文也、匡人其如予何」（子罕篇）——毫無懼容。古今聖者臨死嚴肅皆然，夫子亦如是，生死超越，內懷偉大的宗教信念。又在衞國時，因謁見過無操行的南子，子路不懌，但夫子誓之曰「予所否者、天厭之、天厭之、」（雍也篇）又曰「不怨天、不尤人、下學而上達、知我者其天乎、」（憲問篇）又曰「獲罪於天、無所禱也、」——都是信天爲主宰的，有斷罪的能力的話。

但同時他又決不如別的宗教家一樣——以爲依祈禱哀願或靈的感應等，就可以變天命，轉禍爲福，轉凶爲吉。他病的時候，子路請禱，但他說「丘之禱久矣」（述而篇）——拒斥這種狂信的行爲，幷且不喜歡那種曲全自利的貪緣主義。他信一切行爲，都是依道德的判斷而決，人爲不能左右天意。

他祭泰山不反對，但陪臣的季子祭泰山則反對；祭祖時，他說「祭神如神在」——處處都是倫理的 Ethisch 正名的。「生事之以禮、死葬之以禮、祭之以禮，」（爲政篇）這就是他的本領。所以其結果他的思想上最大的產物——「仁」的範疇，也是以這莊嚴的天道爲基礎而建設的。仁是人天貫通的大倫道大道德；講到這兒，使人想起近世大哲人 Kant 的名句：「有二物思之彌久彌長、則感嘆尊崇之念愈新愈增、——二物以此念充滿於吾心、其一即吾頭上星辰輝耀的蒼空、其二即吾心內的道德律。」

要之孔子思想的根據，亦和詩書裏面所表出的相同——都是以主宰的天爲信念的，中庸說的「誠者天之道也、誠之者人之道也」眞是能傳夫子道統的話。

第三節　仁的本體

孔子的倫道本於三代思想的根原——天的信念。其本體莊嚴微妙，至善而公平無私，善因善果，惡因惡果，正義誠道的天則，構成不文律的成章，而仁道卽以此爲基礎，建築於其上。

這仁道廣義地解釋的時候，宇宙政教的千類萬彙，皆可入其範疇；其本體多角的，政治宗教等，離此都失其存在。廣大如此，所以後儒所下的解釋，率如羣盲之撫巨象，都不過捉得其一部分而止。此其原因：第一是因爲論語裏面所記載的仁的意義，千差萬態；——夫子他應時與地，依人與物，對症發藥地說述的時候很多，所以皆不能體到這仁的眞髓。其次，就因爲這部書是語錄樣的文體，其自身也多含缺點。現在我們把後儒對這仁字所下的定義，集成一看時，孟子說：「惻隱之心，仁之端也」、——以仁解作良心看；韓文公說：「博愛之謂仁」、程明道識仁篇裏說：「仁者以天地萬物爲一體」、——以仁解作至善看；程子且因以樹其天地同根、萬物一體的原理，而以「主客相沒、物我相忘，唯有天地唯一實在的活動」——的境地爲善行的極致，其極致卽爲仁道。明道這個解釋，非常哲學的(philosophisch) 但在廣義的解法上，明道當爲最臻其妙。其後朱子以仁爲「仁者愛之理，只是愛之道理，猶言生之性、愛則是理之見於用者也」(語錄卷二)。又文集六十七的仁說裏，以生天地萬物的心，比於仁心；要之朱子他是以他的理氣說爲根據，力求體系地 (Systhematisch) 解釋這仁道的。

此外關於仁的解說，還有許多，都是紛紛其說的。蓋夫子自身的仁說，本很復雜，不易摸捉，初不僅因於後儒註腳的多端；所以求一貫的定義，本是難事。何況這本是指宇宙萬物間滿遍了的莊嚴玄妙的道德律而言，即夫子自身也只說過「吾道一以貫之」，曾未嘗總括地說明過牠的本體。

現在就夫子的言說，一考仁的內容時，他曾對冉有「伯夷叔齊何人也」的質問，答過「古之賢人也、曰怨乎、曰求仁而得仁，又何怨」（述而篇）又曰，「微子去之、箕子爲之奴、比干諫而死、孔子曰、殷有三仁焉」（微子篇）。由是看起來，他的仁乃是指崇高的道德觀念的存在而言的。——博愛之外，更求義勇兼備的意志力之附加的，是則和程子「仁者以天地萬物爲一體」之說，及朱子「仁者去私心合天理」——博愛爲仁說，皆多少趨旨不同了。夫子這仁道，誠哉是東洋節義的仁道，其體的莊嚴，誠可比諸星辰輝耀的天界。

此外實踐的狹義的仁道，則論語全書，殆皆爲其解釋。「顏淵問仁、子曰、克己復禮爲仁、一日克己復禮、天下歸仁焉、爲仁由己、而由人乎哉、顏淵曰、請問其目、子曰、非禮勿視、非禮勿聽、非禮勿言、非禮勿動」（顏淵篇）——這是對門下第一人格者顏淵所答的仁，唯顏淵方能全之——那般程度的仁。蓋克己的德，本古來聖賢之所難，茫茫衆生，更不待說。能此者，固可以托家國，無穢行而合致於天理；但一到實行時，則私心又生，而天道反，而人事亂；所以夫子足之以復禮，以爲禮者，乃天理的節文，持此可以時時自拭其私心的曇晦，不則仁且不可得而全，爲人君者，一日能實行其克己復禮的德，則一日能使天下蒼生歸於仁道，所以修仁道者，一面當自謹其視聽言動，毋接非禮，他面尤當保其「心如明鏡裏，不使着塵埃」，以竟其克己的功。——他這段答辭的意思，當爲如是。里仁篇說的「子曰、君子去仁、惡乎成名、君子無終食之間違仁、造次必於是、顛沛必於是」——也就是這個意思。

其次子貢問仁——問徂徠所謂「安民長人之德」那樣的仁。（譯者註，徂徠是日本德川時代的大儒。）「子貢曰、如有博施於民、而能濟衆、何如、斯可謂仁乎、子曰、何事於仁、必也聖乎、堯舜其猶病諸、夫仁者己欲立而立人、己欲達而達人、能近取譬、可謂仁之方也已」（雍也篇）。蓋子貢德雖不如顏淵，而才幹過之，夫子這段解釋，當正是對症發藥。救世濟民那種事業，堯舜大聖猶難之，這是能言而難行的；凡人當先修自己的德，安民那種事，還不是你們所能講的——他這樣諷示子貢。又雍也篇樊遲問仁的時候，他答以「仁者先難後獲」。這句話可以說是對於子貢的質問，更加一層註釋的。

他對曾子又曾講過「一貫之道。」「子曰、參乎、吾道一以貫之、曾子曰、唯、子出、門人問曰、何謂也、曾子曰、夫子之道、忠恕而已矣」（里仁篇）。這兒曾子把夫子一貫之道解作忠恕；但忠恕乃仁道修身的一面。衞靈公篇「子貢問曰、有一言而可以終身行之者乎、子曰、其恕乎、己所不欲、勿施諸人」。中庸裏「子曰、忠恕違道不遠、施諸己而不願、亦勿施於人」——這個恕字拉現代語翻譯起來的時候，當就是「同情」；本是仁的一面。但這同情，如僅爲表面的口頭禪，那也就甚麼功效也沒有了，所以又說「巧言令色鮮矣仁」——力斥飾己讒人的同情爲非，而反之「剛毅木訥近乎仁」——又加證誠心和仁道的親子關係。要之夫子他說的仁，大概是應諸弟子的才能德行而異其方的；至於仁的本體，則誠如飛龍片影，倏現雲間，不可端倪的。而他方面則這仁道比之古時的倫理——家庭倫理範圍，非常擴大又自不待說。——他以仁的根原的正義正道爲社會道德，且以這正義正道適用於政治上人倫上，這是他的仁道，比古來道德最著特色的地方。

惟其如此，所以古來的道德——五教五倫等，都含在這仁道之中，作牠一個小節目。時代進化的結果，這種小倫道，本自不能敷用他的仁，正是包含這些東西，且更示其範圍的新且偉的。所以他說仁而後其君者無之，背其友者無之；蓋苟有仁心，對於家庭道德那套東西，本不成問題。

以上關於仁道的意義，多少具體地說過了；但仁道實行的時候，我們心裏又不可不預具一種怎樣的用意，以作準備呢？關於這點，夫子他說了不可不有知力和意志。換句話，要行仁道的時候，意志的勇氣和知力的判斷，是必要的，沒有這二者，仁的德就不能實行；——無論如何，克己和勇氣二者，是非常必要。所以說仁者「己欲立而立人、己欲達而達人」、「己所不欲者、勿施諸人」、「志士仁人，無求生以害仁、有殺生以成仁」(衞靈公篇)。又其對殷的三仁，及伯夷叔齊的評語，和「仁者必有勇，勇者不必有仁」(憲問篇)的說法，——等，都是極力主張行仁的時候，理性的知力和意志的勇氣，不可缺少的意思。但是單有勇則易流於暴(故曰仁者不必有勇)，知識也不是機智、才智之謂，乃能判斷善惡是非的能力之謂。而根本地講起來，要行仁的時候，意志作用比知力作用還重要些，還必要些的話，又更不待說。

所以惟其如此，孔子他的仁道，決不如耶佛二教的博愛——以消極的無抵抗爲主義，乃依時與地，殺身以成仁也不辭——的那種積極的行動爲主眼的。在耶佛二教，本來擯斥生的意志，超越於善惡是非之外，而行其愛的，但我儒則決不說意志之當擯斥，——雖亦主張意志之當節御。所以我儒的仁道，是把事理的善惡是非批評之後，而後行的，——完全是現實的，(realistisch) 人道的 meuschlich。所以又說「仁者能好人亦能惡人。」又曾對於「以德報怨則如何」的質問時，答以「以直報怨，以德報德。」由此看起來，夫子的仁道比之耶佛二教的滅情的，死灰的，是絕異其趣的。——完完全全立足於人間的正義而標榜其「人道教，」這正是仁道優於耶佛二教的重點。

第四節　政教觀

孔子以堯舜之治為理想，以文武周公的政治為標的，因欲布善政於當時，使萬民皆享鼓腹擊壤的樂——這是他當時所抱的希望。這廣大的希望正是從他的仁道迸發出來的，較之後世的法家者流，僅為一諸侯而荼毒生靈，蠢動於富國強兵的外道者，其動機殆根本懸殊，不可同日語。他夢寐不忘，研鑽其德行，循循不倦，教育其子弟，屢遭危難，而周行天下，以求行其志，——蓋皆不外為想行這仁道。

他常歎賞過周公的文化政治為「文質彬彬，」——看來他的理想之所指，和後世儒家專高倡乾燥無味的德治政治者，絕不同。實際上他又距生周公五百年後，周代文化的餘薰，他還領略過多少，所以文武周公那種文德之餘，尚大展其治國經天下的經綸——譬如周公輔成王，造兩京，出鎮東都，受朝賀，執政事，入守鎬京，扼險要，定國基，再則制周禮，立國法，——其謀其慮，其手段，其經綸，這正是他所夢寐不能忘的。

這種文化燦然的政治，那末如何就可以期諸實現呢？在他則以為第一政治當局者，不可不為有德的君子；——人格本位，是他政治觀上的根本要件。大學開卷就把這種意志闡明了：力言正心、誠意、修身三者，和治國平天下的內面關係。這思想不待說，不是他所首倡，三代以來政治的傳統，皆如是；但到他這思想才明晰，正義正道為基礎的正名主義的政治學到他才鮮明，是不錯的。他以爲「政者正也，」爲政者不可不先正其身，自貪賄賂，亂風紀，法律雖嚴，又有何益；所以他說爲政者不可不先正己而後正人，又說「其身正、不令而行、其身不正、雖令不從。」

以上是他的政治道德觀，至於其政策，則他自己具體地表示過的地方也很少，他的政治的中心問題，殆沒有離出過他的政治道德以外。這個要因他實際上掌握政權的機會太少的原故。

季康子問政於孔子、孔子對曰、政者正也、子帥以正、孰敢不正、（顏淵篇）

子曰、苟正其身矣、於從政乎何有、不能正其身、如正人何、（子路篇）

子貢問政、子曰、足食足兵、民信之矣、子貢曰、必不得已而去、於斯三者何先、曰去兵、子貢曰、必不得已而去、於斯二者何先、曰去食、自古皆有死、民無信不立、（顏淵篇）

上三節正他力論爲政者不可不爲「人格者」的言證，子貢條下尤於爲政者和被政者的關係——二者的一致膠着，乃爲政者第一要件的點，說得明徹。

仲弓爲季氏宰、問政、子曰、先有司、赦小過、舉賢才、曰焉知賢才而舉之、曰舉爾所知、爾所不知、人其舍諸、（子路篇）

他在別處，又說過衞靈公無道而不失國，要因能用人才的原故；蓋有司雖有小過，赦而用其才智，則政績可舉而國不亡。——這些地方，我們可概見他的政策的一端。要之有德者居其上，再用多才多藝之士董其務，是他的本旨。「爲政以德、譬如北辰、居其所而衆星拱之；」——也是這個意思。而「道之以政、齊之以刑、民免而無恥」的話，則又是說若不以德政爲主而專尙法治，則民且偸趨於法的詭途，長悍智而亡禮節；所以又當教導之以德，齊整之以禮，使明上下的分義，禮的徹則一般的品格高而秩序生，民易治而政易理。夫子蓋處處指明重法律不如重行法者的精神，重政治毋寧重行政者的人格的。

但對於法的精神，他同時又決不是不關心的；上下尊卑的別，他是極嚴厲的；下剋上那種事情，他是絕端反對的；他始終主張大義名分，他求這正名主義之實現，他以這主義爲法律。

齊景公問政於孔子、孔子對曰、君君、臣臣、父父、子子、公曰、善哉、信如君不君、臣不臣、父不父、子不子、雖有粟吾得而食諸、(顏淵篇)

蓋各自守人倫上的分限，則政治可不言而舉，否則國泰民康，其何可期呢？大凡組織社會，形成國家以上，其間主權者之產出，是必然的，因而生出上下的差別，也是社會上不得已的現象。蔑視這現象，政治當不能行，所以爲政者，關於這一點，對於社會一般不可不給以十分的訓練。此禮儀節度之所以必先，而他又必以這禮爲爲政者必須的教科的所以。他當年去魯捐國，也因爲季氏以陪臣亂禮，有僭王之行，痛國政之不能匡，憤而出此的。(八佾篇)他說季氏「八佾舞於庭、是可忍也、孰不可忍也」就是痛慨乎這名分不立的憤辭。他對於衞靈公的質問，答以不知兵事的話，也是對於失了大義的人，想毅然討伐之的意思。

陳成子弒簡公、孔子沐浴而朝、告於哀公曰、陳恆弒其君、請討之、(憲問篇)

也是爲這政治實施上的名分主義。

——他的政教大概如上所述；但這兒有一問題當附加的，就是他的大義名分主義，和君臣關係到底如何？從來我國（日本）學者率以孔子的大義尊王為和我國體的精華——「忠君」的觀念相合致，而以孟子的君臣相對主義為相反對；但這種觀察，我們以為是很皮相的。為甚麼呢？孔子他所說的忠字是很有融通性的一個原則，他在春秋裏說的「尊王」，是深有慨乎當時倫道的衰微而然的，決不是甚麼「君臣之義無所逃於天地之間」的那種絕對的意味。精讀過論語一卷的人，當誰也能知道他所說的君臣關係是很漠然——和孟子的相對主義當相距不遠。但世的曲學阿附之徒，動不動以他為一個不論善惡是非如何，一味盲目地持忠君之說的人，我們眞不曉得他到底何時何地說過這種忠道來！不待說在仁義的君主之下，殺身以成仁那樣的事，他也是力主張的；但君主沒有這資格的時候，又怎麼樣呢？這時候在他不待說，反有「那末就可以不必勾是罷」的意見。舉個例，他自己不是去過禮義不行的故國，去過名分不立的衞國，流離一生，尋過仁君於天下麼？「道不行乘桴浮於海，」——日本那種君臣關係，在他學說裏是發見不着的。再看看春秋「趙盾弒其君」條下的評語，他的忠道是怎樣一種內容，當更可以明白；盾當出奔而故遲延，致趙穿弒靈公，而盾尸其咎，蒙其名，——他蓋深為趙盾歎息的。

這種例證，要引還可以引出許多；總而言之，他的忠君思想，之為相對的而非絕對的，殆無庸多贅；所以以我國國體附會於他的學說，是非常不當的；歷史只可作歷史看，詭辯、臆測、附會，都是禁物。使他的君臣觀，誠如說者所云，則他棄魯而求用於他國的行為，當理不可解。他雖曾為魯受齊兵，遣過子貢游說列國，救魯以弱齊；但這在他決不是為魯君一人而出，「夫魯墳墓所處，父母之邦，國危如此，」（史記仲尼弟子列傳）——他的話如是而止。是則他的忠義，決不是爲一人一君所私的狹義的東西了，和堯舜般周的禪讓精神當無出入了；那末時勢之所趨，由他更產出孟子的民主論來，又有何稀奇呢？不過孟子比他的渾厚溫容多少帶些圭角罷了。

教育

孔子曰，「吾十有五而志於學、三十而立、四十而不惑、五十而知天命、六十而耳順、七十而從心所欲、不踰矩」(爲政篇)——修養繼修養，他是這樣地成大聖人的。這個比佛耶二聖一朝憬悟翻然作一世的祖師，起濟度的大願者，全異其趣。孔子他是「偉大的凡人」、他在這偉大處，這凡人處，正顯其特色。他曾說過「二三子以我爲隱乎、吾無隱乎爾、吾無行而不與二三子者、是丘也」這正是他的眞情流露處，以全人格率誘其子弟處。比佛耶門徒之視其師爲有靡迦不可思議的威力，且各欲競得其師的秘傳者，又全異其趣。所以他和他的弟子間沒有絲毫間隙，關係極爲親密。顏子說：

夫子循循然善誘人、博我以文、約我以禮、欲罷不能、既竭吾才、如有所立卓爾、雖欲從之、末由也已、(子罕篇)

這又適足以證明他的教育手腕的絕大。教人不倦，使人欲罷不能，這是何等熱誠和態度！——教育家最不可缺的要件他都兼備着。不僅此也，他的教法，又極巧妙；勘破對手的人格弱點性癖等，增長補短，一以人格本位爲方針，而不以強授囫圇吞爲能事。舉個例：

子夏問孝、子曰、色難、有事弟子服其勞、有酒食先生饌、曾是以爲孝乎、(爲政篇)

孟懿子問孝、子曰、無違、樊遲曰、何謂也、子曰、生事之以禮、死葬之以禮、祭之以禮、(同上)

孟武伯問孝子曰父母惟其疾之憂、(同上)

看來子夏的性格像帶幾分嚴厲處，孟懿則正相反，武伯則蒲柳的資，多病的身。

子路問、聞斯行諸、子曰、有父兄在、如之何其聞斯行之、冉有問、聞斯行諸、子曰、聞斯行之、公西華曰、由也問聞斯行諸、子曰、有父兄在、求也問聞斯行諸、子曰、聞斯行之、赤也惑、敢問、子曰、求也退、故進之、由也兼人、故退之、(先進篇)

——這雖不過一個例，但論語裏面的教育大概都是這樣「自發的」。所以把這樣問答，一一都詳細分類一下的時候；孔門諸子的學風和性格，當可以十分明瞭；又子路好勇，他常面折之，說

閔子侍側、誾誾如也、子路、行行如也、冉有子貢、侃侃如也、子樂、若由也、不得其死然、(同上)

後來子路果死於衞難，「君子死不免冠、遂結纓而死」的地方，尤足見他的莊嚴，及孔門的餘風。夫子有時又好集各高弟子使各自言其希望，而批評之，以爲樂，先進裏面載的子路曾皙冉有公西華四人的言志，最是有名的話。他對於他們的志，決不妄參自己的主觀，務使各伸其志，各長其才，各得期其知識的博洽。然他方面，則又教之以要約的道；對顏回說的博文約禮，就是不可多多學些東西，變成一個活古董，一本死字典的意思；而

柴也愚、參也魯、師也辟、由也喭、子曰、回也、其庶乎、屢空、

的話，又是他嚴嚴地指摘諸弟子的弱點的明證。

要之他的教育方針，是使弟子個個發揮其先天的長所，而玉成其人格的；強授的，劃一的的教育方法，造成一

種同型同樣的「人形」這決不是他的目的。

第五節　結論

古來論孔子的人，多有以他爲一個「祖述者」的傾向。論語裏面不待說有「述而不作」的話，同時整理六經，發揮其古今無類的手腕和努力，也確是事實。但他方面他的建設——「倫道完成」的方面同時也是決不可閑卻的。他的最偉大最不磨的價值，無論如何是在他把古來的家庭倫理抱擁下來，挪着仁的範疇更組成一大倫道的點上。這個正是「東洋道」的權化 (authority) 含着教化世界人類的大使命的東西。自古以來，講到善惡義信愛慈悲——那些個個問題的分野上，不待說東西洋的學者中，研究過的人也有，組織過的人也有；但都沒有孔子他的仁的意義那般廣大。泰西倫理學者的學說，比諸他的倫道，眞是小巫見大巫，偏小不足道。他眞是生民以來唯一無二的「人道教」的建設者——我們不能不說。

成就過這樣大道的他，其人格又知、情、意三方面發達得極圓滿，——呼之爲「人類的標本」，「天下無倫」，亦無溢美處。人間裏面，大凡智識發達的人，率缺於情；情太濃的人，率缺於意志；而意志強固的人，又比比缺於情。但夫子獨三面發達皆無少瑕疵：十五志學以來，終生不倦，以硏其知，臨難不變，神色自若，示其意志的強，而於情則尤濃厚，讀論語鄉黨篇的行狀，其情緒的流動，如映目前，且哭顏子的死，悲伯牛的病，傷子路的殺——師弟間流出一種極濃切的人間味。論語一讀再讀，愈覺興味津津不竭者，要皆他的這種人間味，及其包含這人間味的仁道，有以迫二千數百年後吾人的心臆的原故。——無論如何，夫子比諸耶佛兩聖，不能不說是遙可親依的聖人。

第三章　孔門諸子

第一節　概說

孔子門人三千，身通六藝者七十二，其傳皆詳於史記仲尼弟子列傳內；但其各個人的學說，則極寂寞。所以現在想研究孔門弟子的性格、學風等，也還是除以論語爲主，及禮記，先秦諸子的斷片爲副外，沒有權威的史料。韓非子說他生存的當時的「顯學」，是「儒墨」，又說孔門學派，裂成八家：子張子思顏氏孟氏漆雕氏仲良氏孫氏樂正氏等(顯學篇)。但這些派別，是後來——孔子死後很久很久，才成立的；幷且顯學篇這種記載很簡單，不過名目的列舉；所以孔門直傳的高弟，仍當以論語所記的「四科十哲」爲允當。「十哲」就是「德行顏淵、閔子騫、冉伯牛、仲弓，言語宰我、子貢，政治冉有、季路，文學子游、子夏」(先進篇) 等十子，如釋迦的十大弟子，基督的十二使徒。後世或以此篇無「子曰」二字，以爲是論語的筆者，依私意添書的；但綜合論語的內容，及諸子的記載，加以考察時，這十哲當爲受過孔子認可過的異能之士無疑。

其中顏淵季路先孔子而死，別未遺過甚麼學說。子貢冉有是政事家，亦無學說之可云。守着孔子遺風，教過子弟的人，十哲之中，像只有子游子夏二人；而子游的學風不明，子夏則居西河授徒，後且爲魏文侯的師，其學派內出過荀子，孔子經傳的正統，率在這一脈內；所以在學業上的功績講起來，子夏當是孔門第一人。

十哲之外，有名者有曾參有若子張等，皆一時之選；其中曾有二人，育徒於魯國，恰如夫子當時；謹直的曾子門下，更出過子思孟軻等，大爲孔教宣揚過精義。

要之孔子沒後，三千弟子，率離散於四方，爲孔門宣教理，在諸夏播文化，使天下氓氓，皆蒙聖人餘澤，其功績確是甚大。所謂墨子莊子韓非子等儒家以外的學者，殆皆無不一度受過孔教的洗禮；他們思想的根柢，概皆蒙過儒教的影響。這個要因，孔門諸子，被聘任於諸侯，散居各地，爲儒學努力宣播過的原故。但到後來——末流時代，則變成非常保守的，常戰戰兢兢，唯跼蹐於夫子的教義內，不能以獨創之學呼號天下，所以他們所傳的夫子的教義，也就只仁道的一小部分；他們固守於仁義孝悌的一隅，非常萎縮。其原因或者是因夫子的門牆太高，後之人望塵不及所致，也未可知。

第二節　曾子

論語裏子路曾皙冉有公西華四人侍坐時，夫子曾使他們各言過其志。那時曾皙以外的三人，各述其政治上的希望，唯曾一人，獨白其超羣脫俗之思，深爲夫子所感嘆。他說「莫春者、春服既成，冠者五六人、童子六七人、浴乎沂、風乎舞雩、詠而歸。」這曾皙就是曾子（參）的父親，父子同受業於孔門的。夫子曾以參爲「魯」，但這不過是評其性質的木訥處，其實參何曾魯鈍，聞「一貫之道」，立刻就能體到「忠恕」，這個恐怕三千雖多，唯他獨能。而心理地講起來，其所以能如是——體到仁的一方面，爲一世的師表，恐怕也就是其性格木訥，強忍精進不輟之所賜。

曾子著述，僅孝經及禮記內曾子問一篇，是他和夫子儀禮問答的記錄。其他禮記裏面還有多少他關於「禮」「孝」等的言說，論語裏的「曾子曰」，則學而篇內有二，泰伯篇內五，子張篇裏四，顏淵憲問篇各一——依此可以窺知其思想與爲人。

曾子有疾、召門弟子曰、啓予足、啓予手、詩云、戰戰兢兢、如臨深淵、如履薄冰、而今而後、吾知免夫、小子、(泰伯)

由來以孝道名世的他、這些說話、正是述其一生身體無恙、今而後得免於不孝的罪的意思，和孝經裏面說的：

「身體髮膚受之父母、不敢毀傷」正相符合。

曾子有疾、孟敬子問之、曾子言曰、鳥之將死、其鳴也哀、人之將死、其言也善、君子所貴乎道者三、動容貌、斯遠暴慢矣、正顏色、斯近信矣、出辭氣、斯遠鄙倍矣、籩豆之事、則有司存、(泰伯篇)

這個正恪守孔子身匡而後心正的意義的話。

曾子曰、可以託六尺之孤、可以寄百里之命、臨大節而不可奪也、君子人與、君子人也、(同上)

以謹直的曾子，他方面有這樣毅然的人格，不可奪志的節操，使人想起當年的夫子。「任重道遠、仁爲己任」的話，尤非深體乎道的人不可得而言。

第三節　孝經

孝經本是記孔子和曾子二人的問答的書，但事實上，後來曾門之士，更雜糅起來，秩序地編纂了一遍。蓋孝道之於漢民族本不是到孔曾而後創出的；家族本位的他們，在太古時代已經認孝道爲人倫中最重要素之一，古禮中所記載的「孝」義比這孝經幷沒有許多差異；不過時代推移的結果，遂使孝道在這兒變爲「天之經也、地之義也、民之行也、」(孝經) 罷了。天地之間，人倫之內，孝道爲最有權威的一現象，附之以宗教的意味，神化其意義，——這就是本書的特色。

開卷第一就說「身體髮膚、受之父母、不敢毀傷、孝之始也、立身行道、揚名於後世、以顯父母、孝之終也、夫孝始於事親、中於事君、終於立身」其次於天子、諸侯、卿大夫、士、庶人五章內，又將孝道詳述一遍，如何行孝就可以整家治國保身的法，亦縷述無遺，而其實行方法則大概可分爲下列三種。

第一種孝是講奉養與服從——給父母以口腹的滿足，毋使多憂多念，絕對地服從其命令的。第二種孝，則含有愛敬諍諫在內，較諸第一種肉體的孝，可以說是精神的；一面奉養之一面尊敬之，安慰之的意思。孔子所倡的孝道，本來多屬此種。其中所謂諍諫者，乃求父母毋陷於不義的意思。論語「事父母幾諫、見志不從、又敬不違、勞而不怨」的話，就是這個。孝經(十五)

昔者天子有爭臣七人、雖無道不失其天下、諸侯有爭臣五人、雖無道不失其國、大夫有爭臣三人、雖無道不失其家、士有爭友、則身不離於令名、父有爭子、則身不陷於不義、

也就是敷衍這個。

第三種孝乃一種理想的孝道，孝道的極致。漢族之祭祖先，憂後嗣，以無後爲人生最大的不幸，這是我們屢屢說過的了；後嗣絕，血祀斷，則祖靈爲「不祀之鬼」，永刧地沉淪餓鬼道上不得翻身——這是他們的信仰。所以這第三種孝道比前二種更有深宏的意義。要之在漢民族，孝是百行的基，「五刑之屬三千、罪莫大於不孝」，人君行之則治國平天下，庶人行之則保身與家，以之仕君則忠，交友則信的。明朝呂忠節序其所著孝經本義說「孝經繼春秋而作、蓋堯舜以來、帝王相傳之心法、治天下之大經大本也、此義不明、則天下無學術、學術荒、則天下無德教」——

可謂至言。

第四節　大學

大學中庸都編在禮記裏面，但這二篇和禮記中別的諸篇論儀禮制度的，全異其性質和內容，所以古來具眼之士，早已看到引爲疑團。劉向在別錄裏面呼之曰「通論」，謂爲概論儒學的著作，韓愈則在原道裏面引大學的文句論儒道，司馬光則著大學廣義一卷。歷二程至朱子，則更爲作補傳名之曰「大學章句」，爲儒教的入門書。

至於本書的作者，程子則認爲孔子，朱子則以爲經文作於曾子，傳則曾門諸子的述作，不待說都沒有確定的證據；朱子特博識精究之餘，如是推定下來的而止。又朱子曾以大學的「致知格物」爲與中庸的「明善」及孟子的「知性盡心」相當，「誠意正心」則與中庸的「誠心」、孟子的「存心養性」相當，從思想的脈絡上，因欲證此書中孔曾孟等思想上的連絡。看來此書的作者，是欲使孔子思想的概念一讀即能明白而著的；這個在孔子言行整理時代，恐怕爲着時勢的要求，必然不得不如此。何以叫做時勢的要求呢？就是當時諸子學的勃興。七十子之後，老墨等的有組織的理論書方風行於世，他們的學理，都一讀其書，即可得明白的概念；那末縱當時諸子學的爭論，或不如孟子時代的劇甚，但爲孔門之徒者，又安能默爾而息呢？此本書及中庸二者，於比較地有組織之下，一貫地說述儒教精神的原因。

本書的思想，大別之可分爲二。其一即大學中的「三綱領」「八條目」——自格物致知，至於治國平天下的過程；乃把孔子的仁道，使之從個人的內面性出發，再加過幾分心理的傾向的。其二即仁心的根本當如何修養的修爲工夫。

「三綱領」即「明明德、親民、止於至善」——三者，「八條目」則格物、致知、誠意、正心、修身、齊家、治國、平天下——八者。

「古之欲明明德於天下者、先治其國、欲治其國者、先齊其家、欲齊其家者、先修其身、欲修其身者、先正其心、欲正其心者、先誠其意、欲誠其意者、先致其知、致知在格物、物格而後知致、知致而後意誠、意誠而後心正、心正而後身修、身修而後家齊、家齊而後國治、國治而後天下平」——（大學章句）就是這個。要想實現治國平天下的理想，各人當先以修身爲事，這是第一要諦，然修身的時候，首先就要正其精神——這精神正是身的根本，而正精神的法則在於致知格物——那種修鍊工夫上。

這格物這宗事，乃是指當時的學問；物者六藝也，如周禮的「鄉三物」（見於周禮大司徒之職，即六德、六行、六藝）。其意蓋謂當實習當時所行的這等高等教科，以養人格，廣知識，而使心法乎正道。但到後世，因「誠意正心」以下六條，都有注解，獨這「格物致知」沒有，於是關於這格物的解釋，遂生出種種議論，其中朱王二子尤其代表。

晦菴說致知格物之沒有解釋，乃因其傳亡了的原故，他如是就自作補傳，以明其意。傳曰：

所謂致知在格物者、言欲致吾之知、在即物而窮其理也。

蓋格物者、窮理也、欲致吾知、當就事事物物窮其理、今日窮一事、明日又窮一件、盡力研磨、則一旦豁然有所貫通、衆物之表裏精粗、無所不至、我心之全體大用、無所不明。（朱子語錄卷十五）

理會一重又一重、只管理會、須有極盡時、博學之、審問之、愼思之、明辨之、成四節次第、凭地方是。（同上）

蓋朱子乃立足於經驗主義上而下其解釋的。其「知」是後天的知「格」是窮事物的眞相之謂意謂無怠於此，自有時可以豁然貫通的。

王陽明則從自己的「先天的良心論」上駁朱子這個「經驗說」他解格物的時候，不認爲是窮事事物物的理，以爲我意志之所在即爲物。在朱子所謂物者乃如事親的道，仕君的道凡百自己對於一物所體驗（Erleben）的東西方謂之物。但在陽明，則事親這宗事情仕君這宗事情，也是物，依時與地自己心理所反映的東西都是物。所以在陽明格物畢竟就是「誠意正心」正自己的良心時，格物那樣的事情，自可得而全而致知則要爲致吾先天的良心。陽明說：

若鄙人所謂格物致知者、致吾心之良知於事事物物也、吾心之良知即所謂天理也、致吾心良知之天理於事事物物、則事事物物皆得其理矣、致吾心於良知者、致知也、事事物物皆得其理者、格物也、是合心與理爲一者也。（全書卷二與顧東橋書）

朱王二子之說都是以自己的學說爲根據的；朱子從經驗主義的立場上說窮理實踐，王子從唯心論上說致良知，要皆非大學的本義；格物二字之爲指六藝是很明白的。我國的石徂徠關於這點眞可謂達識。但論朱王二子之說，孰近於大學的本質時，則當然不待說是朱子。如王子那種唯心論的見解，自然和孔門的本質相遠。蓋大學之道，乃教人學習六藝，格物以研其知，先治身而後及於天下的，所以稱其道爲「絜矩之道」。矩絜之道者，不外就是「幼吾幼以及人之幼、老吾老以及人之老」——的仁道。

第四章　子思

第一節　畧傳及著書

孔子生鯉，字伯魚，年五十，先孔子而死，伯魚生伋——這就是古來傳說作中庸的子思。史記孔子世家，禮記檀弓篇，漢書藝文志，孔叢子，劉向說苑——等都簡單地載過他的事蹟。把這些記載綜合考察起來，像他也和他的祖父孔子一樣，流寓諸國，說過道，傳過教。傳說中庸這書，是他圍在宋國時發憤作的；漢書藝文志說「子思子二十三、篇中庸二篇」，孔子家語後序說「四十七篇」，孔叢子居衛篇又說是「四十九篇」，沒有一定，大概後世散佚了好些。

關於子思的學統，唐的韓愈，宋的程伊川，朱子等，都主張是來自曾子；但這幷不是有甚麼確證的判斷，不過就其書的內容，及曾子曾在鄉國——魯教過徒的關係上，確定下來的。他因為流寓過諸國，看起來多少和儒家以外的思想也接觸過，所以比孔子還深刻些。

關於此書的史的價值問題，則近古以來，甲論乙駁，迄無定所。主張這書不是子思作的人，就說這書的性質，不和古來的儒者一樣專說人道，其思想是辯駁的，說甚麼「顯微體用」，論甚麼「性情之已發未發」，取天人合一的信念，去作人性的基礎，論難不一而足，要皆以為這書是為對付老莊思想而作的。蓋老莊小仁義，蔑禮儀，倡宇宙的大道，欲吞儒教，儒教為自衛起見，僅以孔子的人間道思想上不足以相頡頏，所以倡如上之說以示深嚴，然決不能說是孟子以前的思想。

說者這種論難，誠哉也有至理，但僅以這個理由，就說中庸不是子思著的，這恐怕未免過早。

不待說中庸之中後人沒有竄入過的話，是難斷言的；但從孔子至子思，其間思想上有流動和發展，也是當然可推想得到的事實。并且本書從天道演繹至於人道，又及於「誠道」、「獨愼」，因以組織其天人合一的理之處，正是把古來一貫的思想更進一層發揮下來的結束。其說道的顯微一體，也是根於古代道書裏面的「人心惟危、道心惟微」（荀子解蔽篇）而來的，決不能說就是把老莊思想易皮換毛的竊用。不過事實上經過漢代學者一次編訂，照着原文的形式被加過多少改竄，當是有的。但其以「誠之道」爲天道，以天爲人道的根源，由此及於人性的那些地方，正是其眞正地把握着了儒教教理的根本的地方。所以孟子說的「誠者天之道也、思誠者人之道也」的話，及因「四端」而及於良心起源的議論，和這中庸全無關係，又怎能說呢？

第二節　誠之道

中庸的思想，因爲文章爲論理的的原故，比論語多少是要晦澀一點。宜乎朱子說「須是且着力去看大學、又着力去看論語、又着力去看孟子、看得三書了，這中庸半截都了」（語錄六十二卷）。本來以大學爲儒教的入門書，以論語孟子爲實用書的時候，說中庸是代表論理方面的著述，當沒有甚麽不可以的地方。朱子說熟讀諸書而後熟讀中庸的話，正是對於儒學深有體驗的名言。

中庸一篇的綱領，盡在卷頭第一章。文辭雄渾，思想一貫，決非後儒所能容易追從，眞是一篇金石的大文字。其辭曰：

天命之謂性、率性之謂道、修道之謂教、道也者不可須臾離也、可離非道也、是故君子戒愼乎其所不睹、恐懼乎其所不聞、莫見乎隱、莫顯乎微、故君子愼其獨也、喜怒哀樂之未發、謂之中、發而皆中節、謂之和、中也者、天下之大本也、和也者、天下之達道也、致中和、天地位焉、萬物育焉、

——後節爲中庸的解釋；但其顯著的特色，就是其思想非常心理的內面的，生來許多深味的地方。從來的倫道，率是說甚麽三德九德，其議論是講從外面對道德加修爲的。但中庸則稱喜怒哀樂等未發的心的寂然不動的狀態，爲中和之德，主張自律地修爲之，而稱這德爲誠之道。

這種人心內面的考察，正是否定中庸的人所最引爲疑問的。但我們如把古代道經內說的「人心」「道心」等字樣，細味一下的時候，說從來儒書裏面沒有這種人心內面的考察，當是很武斷的話。何況孟子「四端感情說」之演出於中庸，也是不可疑的事實呢。要之天人合一的信念，到中庸更增了一層深味，變成了心理的內面的，不久且至於帶形而上的意義，是的確的。

然則如何就可以得到誠道且致中和的德呢？這個第一就是當如上述心理地「戒愼其所不睹、恐懼其所不聞」，以臻「克己復禮」的「愼獨」；第二就是當積極地求博學、審問、愼思、明辨四者的修養。

誠者天之道也、誠之者人之道也、誠者不勉而中、不思而得、從容中道、聖人也、誠之者擇善而固執之者也、博學之、審問之、愼思之、明辨之、篤行之、（二十章）

牠分人心爲上中下三階段：「或生而知之、或學而知之、或困而知之、及其知之者一也、或安而行之、或利而行之、或勉强而行之、及其成功者一也、」——生知安行是聖人，屬於上部；學知利行者中人，困知勉行而得中和的德

者，中人以下。——因以示其達於誠之道的過程，雖尚未明說性的三品，但已爲韓愈「性三品說」作先驅。

要之，誠之道畢竟就是中庸中和的道；二者名雖異而實一的。不過中和和中庸之間，有心機和行動之別，所謂「致中和」者，乃指心性的安定而言的，不待說是中庸的根柢。但同時又是專指心的德，專指無論心性已發未發的無過不及的心的德而言的。而反之中庸則雖以中和爲基柢，但其實現多在於行爲方面，「實行上得了物的中庸與否？」我們大概都是這樣用的。要之認中和爲中庸的原理，中庸爲中和的應用，當沒有甚麽大差誤。

仲尼曰、君子中庸、小人反中庸、君子之中庸也、君子而時中、小人之中庸也、小人而無忌憚也、（二章）

子曰、道之不行也、我知之矣、知者過之、愚者不及也、道之不明也、我知之矣、賢者過之、不肖者不及也、（四章）

「君子而時中」者，乃說君子處時處物，必取適宜的行動的意思。蓋得中庸而取適宜的行動，是很難的事，知者賢者趨中庸以上的極端，愚者不肖者則淪於中庸以下的劣等；古今來能此者——得此中庸的德者，唯大舜一人。他「好問察邇言、隱惡揚善、執其兩端、用其中於民、其斯以爲舜乎、」（六章）是知中庸者正過不及的反對，專指處事臨時的行動之謂。例如怯懦與粗暴之間的勇，吝嗇與奢侈之間的儉，這種德就正是中庸。

誠之道是總合這等中庸中和的。這個道本體地講起來，正是天地的正位，萬物化育的根源。人道地應用起來，正不僅保身齊家治國，且可以至誠通神，參達天人合一的境地。換句話說，且可以與宇宙的實在相冥合。察子思之意，蓋以此誠之德爲貫通人天的形而上的道的。故萬物的本性，爲誠的實現，如「鳶飛戾天」如「魚躍於淵」如草木的四時開落，要皆這誠之道實現的結果。——他的這種學說，正是萬物如一的汎神論。所以其極，他說誠之道很費隱，一夫一婦之愚，雖亦可得而知，但其至境，則雖聖人猶有所不該——盡力深置之於幽玄神妙之境，至與前述的天人合一說，及聖人生知安行的思想相矛盾。這是後人的蛇足，也未可知。

第三節　倫理觀

中庸的天道，換句話就是人道。把這人道的本體，具體化的時候，即爲「誠之道」。所以以誠處世時，則圓轉滑脫，自合於天地之德，而本書的倫理，要即說述所以合此德合此道的工夫的。但人性不一，故工夫亦異，上面說過了有生知安行，學知利行，困知勉行三種。生知安行者本無待於教育，所謂天成，但事實上這種人物，初沒出現過，雖釋迦孔子也是勉學不輟的；所以人生欲達於誠道，萬不可不困知勉行，而中人以下者尤必如是。——這是書中所力說的。至於修誠以至於至善的方法，則兩方夾寫：一爲學問的修養法，就是說從來孔子所說的博學審問愼思明辨四者。且曰：

學之弗能、弗措也，有弗問、問之弗知、弗措也，有弗思、思之弗得、弗措也，有弗辨、辨之弗明、弗措也，有弗行、行之弗篤、弗措也，人一能之、己百之，人十能之、己千之，果能此道也，雖愚必明，雖柔必強。（二十章）

——更力言困勉的必要。

這種學問的修養法，但同時是外面的修養法；此外還有一種內面的心理的方法——就是德性的涵養。子思子蓋以博學以下四則爲前者，而以最後的「篤行之」爲後者。而篤行的根本，又以爲在於愼獨的工夫上，人人當以「無愧於屋漏」的內面的心理的嚴肅的的精神，去求性情的中和。這點就是中庸的主張，大有以異於從來的倫理的地方，亦卽其附加了形而上學的意義的地方。蓋從來的倫道，專基於宗教的信念，這信念到中庸纔概念化，纔變爲人性內面的法則，纔至於心理地考察人性。這點正是中庸的偉功，孟子以後至於宋儒，其清新潑溂的性說，都是以牠這點爲基本。

第四節　鬼神觀

中庸的鬼神觀，本不是中庸思想的根幹，但其語鬼語神的地方，亦有不可忽視的特徵存在。原來古代對於鬼神——如說天鬼人鬼山水的鬼等，上下一般都是很尊信的，到孔子，因他不語「怪力亂神」，又曰「非其鬼而祭之諂也、」的原故，這觀念於是遂絕跡。但子思則完全反對，他讚美鬼神的德，謂爲萬物的根本。

子曰、鬼神之爲德、其盛矣乎、視之而弗見、聽之而弗聞、體物而不可遺、使天下之人、齊明盛服、以承祭祀、洋洋乎如在其上、如在其左右、詩曰、神之格思、不可度思、矧可射思、夫微之顯、誠之不可揜如此夫、(十六章)

這樣的思想，孔子是沒有說過的。子思當是因當時大名鼎鼎的墨翟，以鬼神立說，倡「天志」「兼愛」，號呼於天下，故亦爲此。看來當時鬼神問題，是很流行的。

中庸這種鬼神論，到漢代，給過董仲舒劉向父子等很大的影響——在他們的神祕說中；到宋代張橫渠朱晦菴等，又受其影響——在他們各人的哲學的鬼神論裏。

第五節　結論

中庸以誠之道爲根本原理，牠以爲所謂天道，究卽至誠；人的本性，要在於合此原理，合此至誠。牠的顯著的特色，在其對抗老墨那種有組織的思想的地方，而其把儒教深刻充實起來，功勞尤大，殆出孟荀以上。中庸說道，一脫老莊流於空理之弊，其用意的周到，尤堪驚歎。末節雖多少有矛盾出入處，但在學的創始時期，誰也是難免的，不足深責。牠說修養工夫的時候，其綱領分學問與篤行二面。說鬼神的時候，務合於至誠之道，把古來的倫道攝取下來，說天下之達道有五，而行之的時候，牠說要知仁勇三德，且所以行此三德者，又不外卽爲誠之道。——這許多方面，在在發揮其組織力，示其非凡的力量。所以這部書無論如何，非後世末輩所得而企及，所得而擅著的。

第五章　孟子

第一節　略傳及著書

孔子似 Sokrates，大於 Sokrates，孟子則與 Platon 同地位，其聖化其師，擴大其說，使後世思想家必不能不叩其門的功績，二人眞可說是恰好的對照。Platon 創出觀念論 Idee，把他師傅所沒有的形而上的問題，也觸及過，在思想上他的功績當遙駕其師。但孟子則關於這種問題不多說及，一味地出發於人性的道德，及以這道德爲基礎的王道爲其興味的中心，且以根於正義人道的救世濟民爲己任；所以在思想力豐富的點上，雖不及 Platon，但其欲挽狂瀾於既倒的熱情，及其言論的質實的點，則又遠出 Platon 之上。

孟子出現的時候，距孔子已百有餘年。春秋時代尚存在的周代禮文及王伯精神，早已蕩地無存。舉世方以合縱連橫爲能事，——所謂戰國爭亂時代。這種爭亂，不僅在國際間和社會上如是，思想界上亦如是。楊朱墨翟宋牼許行告子莊周等異能之士，前後輩出，正演出前古未有的思想戰。孟子恰好生於其時，氣象豪邁，以生民的先覺自任，懷一種宣唐虞三代之德以救世拯民者舍我其誰的大抱負。抱負如此，意志如此，宜其默默作學究，寄情懷於深沉的思索的餘暇，在他是到底不可得而有。他的心火舌火殆燒盡一切，所向無前。所以他藐視王侯，排擊楊墨，批難宋告。稱王卑霸，重義斥利，浩浩然「富貴不能淫，貧賤不能移，威武不能屈」——一個「大丈夫」自任。其磊磊之概，眞有巨巖之觀。我們若評孔子爲仁德澤潤的玉，則孟子當爲義光輝耀的劍。

孟子名軻，字子輿，魯公族孟孫之後，周烈王四年（西紀前三七二年）生於魯的鄒邑。幼受慈母三遷的教，他一生人格之高，意志之强，看來負庭訓處當不少。鄒邑距孔里指顧間，早親孔範，又可想像。

少時就學於子思的門人，學成後遊說梁齊宋魯間，皆不就。當時君主方趨於專制與私慾，國策方競於功利與攻伐，傾耳於仁義至上主義者至少，咸以他爲迂遠而闊於事情。一生不遇。他於是遂和孔子一樣，晚年和門人萬章等評論詩書，述孔子之意，作孟子七篇。周赧王二十六年（西紀前二八九年）八十四歲歿。

（參考書：清朝焦循孟子正義三十卷，閻若璩孟子生卒年月考，潘眉孟子遊歷考。）

第二節　倫理說

一　性論

性善說是孟子的根本思想，到他才對這問題給過一種學理的根據。古書裏本來人性基於天，人性善的話，是有的，譬如詩經大雅蒸民篇的「天生蒸民，有物有則，民之秉彝，好是懿德」就是一例；——孔子也還說過「爲此詩者，其知道乎」的話。又說過「性相近，習相遠，唯上智與下愚不移」（陽貨篇）及「人之生也直，罔之生也幸而免」（雍也篇）的話。前者是說性有三品，後者是說性是直的。但是雖然如此，孔子對於性的問題，還是很漠然，沒有標題明論過，到子思纔說過「誠之道」及「率性之謂道」等。子思心裏蓋以爲人性在誠，本具善質。現在孟子其學統既受之於子思，那末由子思的誠道演出性善說來，自是意中事。所以這性說在中庸和孟子的思想系統上，是一個很重要的楔子。由此可以推想孟子他舉許多古人的言行，論證這性善說；他方面他又心理地論良心的起原，歸納地辯證人性之爲善。他說：

人皆有不忍人之心、先王有不忍人之心、斯有不忍人之政矣、今人乍見孺子將入於井、皆有怵惕惻隱之心、非所以內交於孺子之父母也、非所以要譽於鄉黨朋友也、非惡其聲而然也、由是觀之、無惻隱之心、非人也、無羞惡之心、非人也、無辭讓之心、非人也、無是非之心、非人也、惻隱之心、仁之端也、羞惡之心、義之端也、辭讓之心、禮之端也、是非之心、智之端也、人之有是四端也、猶其有四體也、有是四端、而自謂不能者、自賊者也、

（公孫丑章句上）。

這是孟子有名的「四端說」。他的學說根據，可以說全在本章內。同時古今來像他這樣明晰簡單地說過良心的起源的，我們確還沒有看過。他以這學理爲基礎，論政治，說道德，述治國平天下之旨。同時又認此四端之情，爲人性固有的內面存在的，決非客觀的；所以他以爲各人把自己這良心弄明白，而培養其萌芽時，就自然能够發揮其善性。他說：

仁義禮智、非由外鑠我也、我固有之也、弗思耳矣、故曰求則得之、舍則失之、或相倍蓰而無算者、不能盡其才

者也、(告子上)。

他的本意蓋以爲能把這良心的善端使之發達的人，就是善人，把這萌芽捨去的人，就是惡人。但是惡之存在，惡之爲甚麽存在的問題，僅僅這樣的辯證，不待說還有未足。性的本體，縱爲惻隱之情，但欲情惡情的存在，也是普遍的事實；僅此四端，斷不能盡性的全體，是很明白的。他對於這點怎樣答復過呢？他說人心之中，除性以外，還有一種異分子存在，由這異分子的衝動，惡於是乎生。他的意思，這異分子就是「物慾」，譬如富歲子弟多平穩，凶歲子弟多凶暴，這并不是各人先天地 (a priori) 賦有善性凶性的原故，乃後天的物慾的念頭，有以陷溺他們使之而然的原故。換句話說，就是他們的善性是先天的，惡性是後天的。我們同地同時種麥，土地的肥瘠，雨露的滋養，及人力的栽培如何，其收穫固決不一致，但是決不能說是麥的本性有變化，同樣人的本性也決不能說是有異芽。個個人都與聖人同質，不過培養不足，物慾所蔽，遂生差異，遂生惡德罷了。——他是這樣說明的(告子章句上)。

他的性善說的大意，大概如是，但他和告子的對話，關於這問題很多可供參考處，現在簡敍一二。不待說二人的對話，本來并不是謦欬相接而成的，乃兩方的門弟子，傳來傳去，間接促成的，所以彼此意志間不免有疎隔處，同時所答非所問的地方也不少。

第一就是性如杞柳說的對論。告子說「性猶杞柳也、義猶桮棬(家具)也、以人性爲仁義、猶以杞柳爲桮棬、」(告子上)。告子蓋對於性持自然主義的，他以爲仁義不過人性的一面。他的意思，性是杞柳的本幹，由此本幹而作的桮棬，就是仁義；我們說杞柳即桮棬，雖不能，但使杞柳無可爲桮棬的性時，又怎能曲縮而成器具呢？同樣說人性卽仁義雖亦不能，但使人性之中，如本無能爲仁義的素質，則縱多施人爲的教化，又如何可使之爲仁義呢？換句話：仁義固是性的一部分，但何能就以之爲性自身呢？——這當是告子的說的正解。但孟子對於這個說「子能順杞柳之性而以爲桮棬乎、將戕賊杞柳而後以爲桮棬也、如將戕賊杞柳而以爲桮棬，則亦將戕賊人以爲仁義與。」告子以杞柳比人性，以桮棬比仁義，然則仁義這東西，將爲戕賊人性而後成的了。這是全逆乎性，且戕乎性，而做作的仁義，這種仁義，决非眞正的仁義。——孟子的意思如是。

他把告子的意見曲解了，議論全然是出奇制巧的，無的放矢的。告子幷沒有說把仁義做作的話，不過說仁與不仁，都是人性內的一要素而止。但孟子一向沒有論到這點，只把自己的所說，循環反復着。

第二、是性湍水說的對論。告子曰「性猶湍水也、決諸東方則東流、決諸西方則西流、人性之無分於善不善也、亦猶水之無分於東西也。」蓋告子以爲人性中有善惡二素質存在，視導法如何，能爲善亦能爲惡。然孟子駁之曰「水信無分於東西、無分於上下乎、人性之善也、猶水之就下也、人無有不善、水無有不下、今夫水搏而躍之、可使過顙、激而行之、可使在山、是豈水之性哉、其勢則然也、人之可使爲不善、其性亦猶是也、」（告子上。）但孟子這躍水過顙的話，要爲善性之有時蔽於物慾的意思，這個比他平常認物慾的情爲惡的根原之根本思想，幷無甚麼增益處。他那種借矛攻盾仰鬼打鬼的辯才，誠不世出，但告子的善惡混合說，他幷沒有論破。

第三、生卽性論。告子曰「生之謂性。」告子因爲自己的性說，孟子幾次不能領會，這回於是把性的本質明論下來。他說一切生物天賦的性質卽是性。捨去這種生理的自然的性以外，別無所謂性，別無所謂性之爲性的所以。但孟子反問他：你所謂生卽是性的話，就如一切皆白，——白羽的白、白玉的白、皆如白雪的白沒差別的意思麼？告子答之曰然。於是孟子又用反證法，然則犬的性和牛的性一樣，牛的性和人的性一樣麼？這個說法，形式上似乎把告子論破了，但實際卻不然。蓋告子的意思，乃說凡生物固有的生理方面的欲望，都當呼之爲性；把性自身的原理抽象起來說的時候，人與牛本是如一。但孟子現在的反證論，一點也沒有突破告子這種根本義。孟子以爲人性之中，除動物性以外，還有人類獨有的理性，——獨有的良知良能。所以把人類和動物幷視，很不應該。這話在他不待說，自是正當，但究不切於告子的題目。他們間接答問，彼此不得盡其意，眞是可惜。

第四，就是仁內義外的議論。告子曰，「食色性也、仁內也非外也、義外也非內也。」在告子——素以本能慾以外，動物性以外，別無所謂性者的告子，現在以食欲色欲那種本能爲性的大部分，本是當然。同時仁愛那種東西，也是和這食色欲一樣，皆如自然的衝動而發的，所以他又說「仁內也」，是性以內的東西。而義則非意志的力，不能行，義來自外，有動吾心而使從之的傾向，故「義外也」——義是性以外的東西。且又補足之曰：「彼長而我長之、非有長於我也、猶彼白而我白之、從其白於外也、故謂之外。」蓋白與長，畢竟都是吾心外客觀的標準，據之以作行爲，與仁情食欲等之自然地迸出於吾心者絕異。但孟子駁之曰「白馬之白也、無以異於白人之白也、不識長馬之長也、無以異於長人之長歟、且謂長者義乎、長之者義乎、」（告子上篇）。孟子以爲馬的長，與人的長的間，當有輕重的差，而這種差別心，正就是義；這個義又正是迸發於吾心之內，而決非性外心外的東西。但告子又曰「吾弟則愛之、秦人之弟則不愛也、是以我爲悅者也、故謂之內、長楚人之長、亦長吾之長、是以長爲悅者也、故謂之外。」他始終以仁愛爲主觀的東西，性內的東西；而長自身則與吾心初不相接，唯以其自身爲主，故以這長爲事，爲悅者爲義時，則義乃客觀的，性外的，和仁愛大有別。但孟子對於這點又駁他說，「嗜秦人之炙，無以異於嗜吾炙，夫物則亦有然者也，然則嗜炙亦有外歟。」孟子這段話，實際上幷沒有觸及告子的論旨。蓋無論秦人做的燒肉也好，自己做的燒肉也好，嗜這燒肉的心既是以我爲主的主觀的東西，那末在告子的論法上，當然是屬於性內，自不待說。全體上告子認仁愛爲本能的自發的，和食色欲一樣，都屬於性內。而客觀的意志的東西，則屬於性外。所以論理上嚴格地講起來，孟子對於這點，應當詰問他那末爲甚麽主觀的，本能的的東西就爲心性內，而客觀的理志的意志的的東西就爲心性外？——這一點的。但事實上孟子的論旨沒有澈底，二人的對話，就告了終局。在孟子一面認許義的客觀性，一面又主張意志的義爲心性內的東西的點上，誠爲卓見；但關於性自身的性質的研究上，告子似比孟子深進一籌。孟子僅以人格爲標準，擁護其性善說。但告子則立足於自然性一般，說生卽是性，其觀察比孟子猶爲廣汎。所以純粹哲學地研究性自身的性質時，我們當先從告子之說入門。告子其人的著書雖不傳，但不失爲一個偉大的哲學家，自不待說。

如上述，孟子一面認人性本質爲善的，理性的之外，他面又認容利己的欲望之存在。他說：

口之於味也、目之於色也、耳之於聲也、鼻之於臭也、四肢之於安佚也、性也、有命焉、君子不謂性也、（盡心章句下）

他的意思，以爲凡物欲都不是根本的東西，依着意志力，當能十分節制得了；同時以寡欲那種理性的節欲法，爲修身工夫之一。

二　先天良心論

孟子倡性善說，又因「四端」論到德性之爲先天的，那末他是一個先天的良心論者，自不待說。他關於「良心固有論」說過下面一段話：

人之所不學而能者、其良能也、所不慮而知者、其良知也、孩提之童、無不知愛其親也、及其長也、無不知敬其兄也、親親仁也、敬長義也、無他達之天下、（盡心篇上）

和四端說一樣，他說得良心的起源極平明，引例又極適切。四端說以不忍之心爲良心的內容，而關於這四端發生的理由，則以爲因先天的良心存在過的原故。他於是說：

盡其心者、知其性也、知其性則知天矣、存其心、養其性、所以事天也、（同上）

蓋以爲人人能明其固有的良心，則仁義的性自可知，天道的誠德自可合。而其結果，推吾心以及物心，一切倫理的關係，自可不求而明。——在他是以爲這種心的機能，人人皆內面地固有的，所以他又於是發一種非常唯心的議論：「萬物皆備於我矣、反身而誠、樂莫大焉」（同上）。這等議論，到後來被佛教思想所養成的宋代學者——程明道、陸象山等更次第敷衍起來，到明朝王陽明的時候，更緻密起來了。程、陸、王等的唯心論，不待說都是受佛教的影響大於孟子，孟子不過是假借一下。但孟子自身有過唯心論的傾向，也自不待論。

三　德論

從來德的綱目中，皆智仁勇幷稱。孔子如是，中庸且更認爲是天下的三達德。但孔子的仁德，同時分廣狹二種。廣種的時候，三德不待說，五倫九德等也概攝在內。但到孟子，則解釋這仁德爲「忠恕」——不如孔子那樣四海同胞的寬。他對於墨子的博愛主義，殆盲目地駡倒。由此我們可以想見他的仁德的範圍了。他說「施自親始」——佛耶那種絕對的平等愛，他是不贊成的，和佛耶程度有差的墨子，他也是不能看過的。所以其結果他極力主張差別的「義」說。「仁人心也、義人路也」（告子上）以爲不使二者爲相對的，則仁道且不可得而全。本來仁義禮智四德是從他的四端說湧出來的，其基礎都很强固，但他對於義的一德，特別地擴充——這是他的創見處。至於孔子的仁德，則他加以制限而使之更適切的適用於社會，竟其實踐的功。他以這仁義爲人道的原理，同時以之批判當時的政治，及論破一切別的學說。

他的仁義既爲如是內具良知良能的善德，那未發而爲體用時，自然形式上當變成中庸的德了。所以在這個意味上，他正是中庸的德的繼承者，且完成者。他之說破楊墨，要不外因其有戾乎中庸。他說：

楊子取爲我、拔一毛而利天下、不爲也、墨子兼愛、摩頂放踵利天下、爲之、子莫執中、執中爲近之、執中無權、猶執一也、所惡執一者、爲其賊道也、（盡心上）

他認子莫那種執一而不融通的「中」，實際上不足爲道德的指導原理，於是他就唱「權道」。這權道的內容，雖語簡不明，但恐是「變通」的意思。如嫂溺援手等之類。中道而行，更重權變。這正是他富於處世才的地方。幷且把從來抽象的意味的「中」，加了許多具體的效果。

總之如上所述，孟子他是一個先天良心論者，以仁義禮智四德爲基於我們固有的良心的。此四德雖常易爲物慾所掩，但其本性，又是觸事應機，自然出頭的東西，所以我們只要能捉其端緒而擴充之，則自能保全我們爲人的天性。至於體用這四德的時候，則他說當以中庸爲尺度。這種注重體用的地方，正是他使從來的道德論更多帶實踐的功效的地方。同時對於德自身的性質，給以一種心理的根據，又是他使這道德說更多帶學理色彩的地方。

四　修養論

他的修養論，就是所以發揮那固有的良知良能的工夫。其工夫極多，就其要者言之，有放心、養氣、寡欲、存夜氣四種。四種於後來宋學，皆有至大的影響。

(一)放心　孟子他從性善說的見解上，提起他自己的全學說，說仁義禮智四德是人性所固有，但同時又因易爲物欲所掩，轉爲不善，所以——他的意思——我們不可不力求良心之不失，而其方法，則在於求放心。放心是甚麼呢？他說：

仁人心也、義人路也、舍其路而弗由、放其心而不知求、哀哉、人有雞犬放、則知求之、有放心而不知求、學問之道無他、求其放心而已矣。(告子上)

他明明以學問的道，爲在於求放心。放心就是去邪欲，皈依於自己固有的良心之謂。其方法工夫——上面說過了，此外還有養氣等三種，但這些方法，都是心理的，我們不可不注意。他的唯心論的傾向，於此也可以證明。要之在他所謂學問者，是爲明良心而求的，雖聖賢也是如此。只要良心一明，我們的四德自備。備四德而推己及人，這就是他的根本修養法。同時這求放心之說，又決不是禪學流的——求此心歸於空寂的意思；又決不是老莊流的——嬰兒狀態歸於無念無想的意思。他是主張於明良心之中，且求意志力之強的。以此意志和良知去處世接物的。所以他的修養論是非常積極，不是禪老那樣消極的，是利物，不是禪老那樣獨善的。寡欲與存夜氣二法，或比較地亦近於消極，但養氣法則不然。

（二）養氣　孟子把人心的要素，分成志、氣、欲三者。這三者於現代語說的時候，志就是理性，（理智）氣就是意志，欲就是欲望。公孫丑章句上說「夫志、氣之帥也。氣、體之充也。故曰持其志無暴其氣。」蓋謂理性乃統率意欲，且指示其進行的方向和目的的東西。意志則從理性的命令，且助援牠以自全其用的東西。此二者渾然一體而活躍時，則為「浩然之氣。」其本體「至大至剛、以直養而無害、則塞於天地之間、其為氣也、配義與道、無是餒也、」（同上。）蓋此氣乃道義內充而英氣外煥的。世間許多無理性的意欲，都是無生命的氣，不足為大丈夫的規矩。此氣乃俗所謂氣力，即意志力。鍛鍊這氣力時，不待說體力方面的修養也必要，但他這兒是專指理性的道義的意志力而言的，而稱之為浩然之氣的。養此氣而得道，則可達於他所謂「大丈夫」之域。「居天下之廣居、立天下之正位、行天下之大道、得志與民由之、不得志獨行其道、富貴不能淫、貧賤不能移、威武不能屈、此之謂大丈夫。」（滕文公下。）——具體地說明那養氣得道者的人格。

（三）寡欲　我們的良心本善，但迫於外面的物欲則暗。「富歲子弟多賴、凶歲子弟多暴」的話，就是說明這個關係。所以他認為節制物欲，是修養的第一要件。他說：

養心莫善於寡欲、其爲人也寡欲、雖有不存焉者寡矣、其爲人也多欲、雖有存焉者寡矣、（盡心下）

欲望多則易陷於不德不義，結果心煩勞而身破滅，所以不可不力求節制。但他的節制範圍，又異於老佛者流。老佛者流唱無欲說。但如食欲色欲等，乃人生固有的東西，無此人生且陷於寂滅。他非寂滅說者；他的節制範圍，乃求以四德爲標準期不牴觸此標準而止。他這個地方，正與 Platon 置情感於理性制約之下，而以節欲的德爲四德之一的點極相類。而這條下的欲，合諸前養氣條下的志和氣，恰成心性的三要素。他括論其體用無遺。

（四）存夜氣　存夜氣的話，是就良心的消長而言的。我們人在白晝的時候，心情爲五官所擾蔽，常易起種種欲心，本性的善卽大稀薄；而反之一到沈沈夜間萬籟無聲的時候，則精神純潔，歸於反省。這純潔反省邪念消沈的心理狀態，他稱之爲夜氣。這夜氣能彀存養不息，則他以爲固有的良知可以發揮，善良的人格，可以養成。這學說到後來宋儒更深進了許多，其中如李延平尤是一個體現者。

第三節　功利說

關於倫理心性的問題，把從來的儒教內容，豐富過擴大過的孟子，更以道德至上主義爲大旆，欲行抱負於天下，遊說於諸侯間，這點正和孔子相同。他初見梁惠王時，王問他何以利吾國，但他毫不客氣，正面攻擊惠王的私利，而進之以君民一體的公利說。卒然讀孟子的人，率以爲他說利的時候少，但實際上幷不然。他不說的利是私利，他攻擊的是爲這私利而相攻伐的諸侯，及爲這私利而弄辯弄佞以求阿附的政客。至於以仁義爲本，施王道而圖民利民福的公利，則正他濟世的主眼。他的社會政策，政治經濟諸問題的議論，在當時諸子百家中，幷無遜色。他說：

文王以民力爲臺爲沼、而民歡樂之、謂其臺曰靈臺、謂其沼曰靈沼、樂其有麋鹿魚鼈、古之人與民偕樂、故能樂也。（梁惠王上）

他謂利樂都是以民爲主眼的。他曾攻擊過墨子的兼愛說，評爲無父無君。但眼前生靈塗炭如此，他望着墨派奮鬬努力的狀態，恐怕也不能禁一掬同情淚。元來學說相爭同時影響相蒙，他的功利說雖不如墨子那般組織的，論理的，但其以仁義爲精神以民福爲政則的點，則二者略同。——除關於社會組織的見解根本地相違異外，他的具體政策，第一是主張使人民一般先有恆產而後行仁政。他繼承管仲「衣食足而後知禮義」的思想，以人民一般經濟上的安定，爲其社會政策的第一步。他說：

五畝之宅、樹之以桑、五十者可以衣帛矣、雞豚狗彘之畜、無失其時、七十者可以食肉矣、百畝之田、勿奪其時、八口之家、可以無飢矣、謹庠序之教、申之以孝悌之義、頒白者不負戴於道路矣、老者衣帛食肉、黎民不飢不寒、然而不王者、未之有也。（梁惠王上）

無恆產而有恆心者、惟士爲能、若民則無恆產、因無恆心。（同上）

這正是他簡單地說明恆產的必要的名言，現代的社會政策家，還屢屢引用不休的。同時，他的恆產方法，爲古來井田制的復興，和現代的資本主義的經濟政策又不同。（滕文公上）要之他的經濟說，乃給民以一定的恆產，然後「以不忍人之心行不忍人之政」的。不忍人之心者，乃「老吾老以及人之老、幼吾幼以及人之幼」的仁心之謂。——他也就是主張以孔子的忠恕行政治的。

第四節　社會觀

孟子對於君臣關係，常常發過激越的言論。但這是專門對於那些利己主義的惡魔——君主而言的，實際上他并不否定這種關係；於君臣之間力倡大義名分的地方，他并不下於孔子。唯其如此，所以他斥墨子爲無君父，排無政府主義者——許行等「爲神農之言」。他認分業爲必要。爲政者不可與民並耕而治國。他所理想的國家，乃上下相對地相信而組織「文質彬彬」的國家社會——這就是他的主眼，完全繼承孔子的社會觀的。所以他以分業的社會組織爲人類社會的進步及發展；他說若以一人的身，行百工的事，則其疲憊困乏，當不可計。同時又引出許多例證——「或勞心、或勞力、勞心者治人、勞力者治於人、治於人者食人、治人者食於人、天下之通義也、」（滕文公上）——以論破許行陳相等的言行（墨家許行之條參照）。這些地方，雖不過他排斥無政府主義的一節，然即此已可證明他的分業的社會觀，及上下相對相信的社會觀。

對於君主和臣民二者，他的思想也是以古來的民本思想爲立腳點的。唯有德者得爲元首，這是古來的不文律憲法。自夏啓私天下以後，於是所謂忠君的思想遂萌芽，然這是君主爲自衞起見扶殖下來的思想。上古的文書裏，決發見不着。——從支那古來的國體看起來，這思想本不是本來的產物。古來唯以「以德配天」的德治主義，民本政治爲眼目的話，我們在第一章第二章裏面已論述過了。在孔子，雖曾以名分主義斷春秋，但這不外是人道上的筆法，并沒曾說過半句雖仕無道的君也不可不死節的話。所以伐紂的文武不稱逆臣，反說是聖人。又小雅裏雖有「普天之下、莫非王土、率土之濱、莫非王臣、」的謳歌，但這是周代王權確立之後，詩人的吟詠。引此以求論證支那民族的思想之爲忠君，可以說殆同兒戲。我們不待說以爲說這民族的本性之爲「王侯將相奚有種」者，轉多近於眞理。

惟其如此，所以夫子當年也說過「道不行乘桴浮於海。」他去故國，爲求行文武周公的德政，周遊天下。他決沒有想過爲魯死節，又決沒有想過爲衰微的周室圖復興，賭一身以作積極的行動。——後世那種忠君的事情他具體地一回也沒幹過。由此夫子他的社會觀之決非私於一人一姓的小乘的，而爲爲天下民衆施仁道、正名分、——的大乘的，可想見了。

那末、然則以孔子爲「木鐸」爲生民以來唯一人的孟子，關於這點和孔子全然異趣的理由，自是沒有而必爲同根，又可斷言了。不過孟子不如孔子的悠揚不迫。他衝雲高峙，有峻嶺之觀，觸圭角而發言言吐火，多少有過激的言辭，蓋亦時勢及性格的關係使然。而大體上要亦不外把古來支那的傳統的民統主義和精神大膽地發表出來而止。我國學者古來就排斥孟子，謂爲不合我國體，在今日看起來，眞是不值一笑的見解，思想家所不應出諸口的。君權與思想二者全然系統不同——不可忘記。

要之當時的時勢，有逼孟子不得不如是者存在。所有的諸侯，差不多無不都是大宮室、強繇役、重租斂、好戰爭。民利涸竭，生產奢費，一讀「齊宣王對」「梁惠王對」諸篇的人，此間消息，當不難察得。宜乎他作激越之言，主張「民爲貴，社稷次之，君爲輕」了。本來有民而後有君、所以民爲本而君爲末。本來有民而後有社稷，君不過是必要上設置的而止。「賊仁者謂之賊、賊義者謂之殘、殘賊之人謂之一夫、聞誅一夫紂矣、未聞弒君也、」——他對梁惠王說過這個話。桀紂那種暴君，他不認之爲君，湯武放伐乃本天意。而自「天視自我民視、天聽自我民聽、」的書經看起來，天意又卽民意。所以他認放伐爲代天行道斷然的手段。

孟子告齊宣王曰、君之視臣如手足、則臣視君如腹心、君之視臣如犬馬、則臣視君如國人、君之視臣如土芥、則臣視君如寇讎、王曰、禮爲舊君有服、何如斯可爲之服矣、曰、諫行言聽、膏澤下於民、有故而去、則君使人導之出疆、又先於其所往、去三年不反、然後收其田里、此之謂三有禮焉、如此則謂之服矣、(離婁下)

這是最明白地他說述君臣相對的意見處。爲人君者，要當常戰戰兢兢，自謹其身，自修其德，以國利民富爲本。而在這種民主主義的國家，君民關係之爲相對的，又自不待說。至於國家之保不保，則要在於君主的良心如何。——孟子他是力主張行民利政策的。

他的這種民權主義的精神和近代歐美的民主思想，非常酷似。「人民自己、爲人民、而行人民的政治、」——這標語中的「人民自己……行」的話，是非常 active (自動的) 在當時不待說不能如實實行，他也沒有這般想過。但他那力言人民的意志當尊重、當實行，爲政者當以這爲政治的第一要件的話，恰和這民主政治的精神相貫通，無出入處。他所倡的王道，正是東洋政治的精華，和現代國家社會主義的思潮，殆同根據。宜乎後來清儒黃宗羲繼承他這思想，(明夷待訪錄) 引爲清朝革命的原因——孟子之影響於近代，眞是非常。

第五節　結論

孟子在學界上的功績，概言起來，其對於心性方面，雖尚未給以十分的學的根據，但其良知良能養氣諸說，又確曾賦以心理的根據。且性善說的完成，尤其顯著。後世儒家——如宋明的理學，受他的影響尤大，在這點上，雖孔子怕也要輸他一籌。至於政治方面，則他主唱以仁義爲基礎的民本政治，社會政策則說井田恆產二法，以期民有所據，——他之爲實用主義的思想家由此可以推測。

第六章　荀子

第一節　略傳及著書

荀子生於孟子晚年，世倍亂，強秦連破山東諸侯，欲吞宇內；而其間權謀的士，又弄術辯，逞詐能，無所不至。倫道的頹廢，人心的險惡，都到其極，所以他有見於此，反對孟子的性善說，以爲爲社會的根本的東西，要不外利欲和爭鬪。這恐怕就是他的性惡說的外因。

荀子他是繼承孔門子夏子弓的學統的大儒，比繼承敦厚謹嚴的曾子的學統的子思孟子等，自然多少傾向不同。子夏長於文學，資性慧敏，乃一時才子，其學說所以也自然有向外面處矜名節處。而荀子自己爲人，又狷介剛愎，深自信恃；——看他非十二子篇及蔽學篇內評倒一切碩儒諸子，皆非我獨是的態度，就可概見。這樣自我心強盛的一個人，自然又易生尊重自己個人意力的傾向，凡百東西，都想自力地觀察，自力地解決，所以天論篇裏，他論破一切天變地妖之無關於人事，非相篇裏，又論破容貌骨相之無關於賢愚。他只尊信個人的意志力，不信任他力的神祕力。他以爲由倫理教育的栽培，人人可達於聖賢的域。——這種特性，正是他性惡說的內因。荀子名況，字卿，曾遊齊秦趙諸國，最後至楚，春申君任之爲蘭陵令，君沒後，遂永住於此，終於此。他的生年日月不明，古來異說紛紛，莫徵一是。其原因要因史記孟子荀卿列傳的句讀，後人讀錯了的原故。「年五十、始來遊學於齊騶衍……田駢之屬皆已死、齊襄王時、而荀卿最爲老師、」——本當這樣讀的。但後人把「齊襄王時」四字附於下文，於是他的年代，遂全然錯亂不明了。（近來胡適氏採用這說，然初爲此說的，我們記得確是九保天隨氏。）那末、然則由他五十歲遊齊算起——當在西紀前二六〇年前後——其死當爲二三〇年左右了。

（參考書：王先謙荀子集解二十卷。）

荀子的著書在劉向校讎的時候，有三百二十三篇，向削其重複約十分之一；然今本中雜駁處尚多，就中大略、宥坐、子道、法行諸篇，尤明是諸書雜集，其他不純的點也還不少。眞正是他的著作，思想一貫，理論明晰，不愧大家之處，當是天論、解蔽、正名、性惡、非十二子諸篇。我們現在以這諸篇爲本，其他爲副，略述述他的思想。

第二節　天論

要論荀子的根本思想——「性惡」說時，當先考察一下他的性惡說的基本——「天」論。古來的儒者，都以天爲人類的父親，倫道的根源，而畏敬之，崇拜之。但荀子則專於自然的意味內解釋天，古人的信念，他全不放在眼裏。古來率以祥瑞祆孽等去忖度天意，儒者如是，墨子如是，莊子外篇亦如是，——都信奉天爲有意志的東西。但荀子不信這些話，甚麼天人的感應，甚麼有命的天意，他都否定；一切天象，他認爲都不足怪異。他說：「天行有常、不爲堯存、不爲桀亡、應之以治則吉、應之以亂則凶、彊本而節用、則天不能貧、養備而動時、則天不能病、修道而不貳、則天不能禍、故水旱不能使之飢渴、寒暑不能使之疾、祆怪不能使之凶、本荒而用侈、則天不能使之富、養略而動罕、則天不能使之全、」(天論篇)。

這正是他自力主義的第一聲。上古時代，對於天的信仰最濃盛，殆有一神教的色彩；到孔子其觀念始漸薄，道德出來了，與之對立。然至荀子，遂全消滅他述其獨得的意志說「天有其時、地有其財、人有其治、夫是之謂能參、舍其所以參、而願其所參、則惑矣、」(天論)。——力言不盡人力而妄參天事，則人類所以參天地的基礎，且爲之失，迷惑莫大。儒效篇裏又說「道者非天之道、非地之道、乃人之道、君子之道、」——絕對的盡人事主義。這種排斥天道，專重人爲的點，在儒家中他眞是特放異彩。尤其於自然地解釋天之外，更進一步積極地說人類不僅能參天地，并且當征服這種自然的地方，使人眞嘆服不置。他說「天不爲人之惡寒也輟冬、地不爲人之惡遙遠也輟廣、君子不爲小人之匈匈也輟行、」(天論)。又說明天地自身的性質曰：「夫日月之有蝕、風雨之不時、怪星之黨現、是無世而不常有之、上明而政平、則是雖並世起無傷也、」(同上)。人事苟盡，自然的脅威何足懼，且人事不是可以勝天的麼？

大天而思之、孰與物畜而制之、從天而頌之、孰與制天命而用之、望時而待之、孰與應時而使之、因物而多之、孰與騁能而化之、思物而物之、孰與理物而勿失之也、願於物之所以生、孰與有物之所以成、故錯人而思天、則失萬物之情、(天論篇)

這種自然征服 (Conquer of Nature) 的議論，和近世西洋文化的根本——科學的精神極相似，非常可注目的。這種意志的自力主義，正是他的學說的源泉。以此思想爲本，他的性惡說於是乎生。

第三節　性惡說

荀子學說的中樞，就是這性惡說。他在天論裏，否定了超自然的神祕思想，又高調了人爲的意志力。他不信人間是由天特賦善性而出世的，如果人性上不加一種人爲的工夫，當全與野性的動物無別，變成弱肉強食的世界。所以聖人起而施僞飾以矯正之。——人性的本來面目，無論如何是惡的。他說：

> 人之性惡、其善者僞也。今人之性、生而好利焉、順是故爭奪生、而辭讓亡焉、生而有疾惡焉、順是故殘賊生、而忠信亡焉、生而有耳目之欲、聲色之好焉、順是故淫亂生、而禮義文理亡焉、然則從人之性、順人之情、必出於爭奪、合於犯分奪禮而歸於暴、故必將有師法之化、禮義之道、然後出於辭讓、合於文理、而歸於治、用此觀之、然則人之性惡明矣、（性惡篇）

人生而有種種欲望，任其自然而放棄之，則必生爭奪而至於亂。所以世的聖賢，與禮義道德以教化之；這禮義道德，正是匡正人類的野性的手段。所以道德，決不是出於人間的本性，乃反其本性而生的僞物。飢思飽、寒思暖、勞思休，這才是人的本性。今飢而讓之長上，或進而盡弟子的勞者，要皆禮這個僞物存在的原故，并不是本性上我們不厭飢苦而然的。換句話說：這種孝悌的道，正是禮義的文理，守着我們的自然性而不辭讓，反是我們的本性。所以由此看起來，人性之惡是很明白的。善者僞也，修飾也，假面也。——他是這個意思。但是這兒自然生個疑問：人性既是這樣全然惡的，那末，又如何會有禮義道德等那些東西進入的餘地呢？荀子對這疑問答曰：與這禮義的聖人，他「積思慮、習僞故，以生禮義、而起法度，然則禮義法度者，是生於聖人之僞，非故生於人之性也。」聖人要爲矯人性成僞善的，其行爲如陶人之埏埴爲器，牛之矯角——都是工人的僞事。我們人間生來的性情，目是好色，耳是好聲，口是好味，心是好利的，并且其性質都是衝動的。依理性的判斷——利或害，善或惡而後行爲的時候，那就是僞了。性與僞的生處決不相同，前者先天的，固有的，後者後天的，人爲的。——他這樣斷定。所以「聖人之所以同於衆而不異於衆者性也、所以異而過衆者僞也。」雖聖人，其性的本質決不異於常人，其卓越於常人的，要爲善積僞，及加人工的點。所以換句話說，人性上堯舜桀紂要皆如一，君子小人的分歧，要在其積僞的修養如何而止。同時他駁孟子的性善說如下：

孟子曰、人之學者、其性善也。曰、是不然、是不及知人之性而不察乎人之性僞之分者也、凡性者天之就也、不可學、不可事、禮義者聖人之所生也、人之所學而能、所事而成者也、（性惡篇）

這是孟荀性說的分界處。孟子以人性爲在於利他的良心上，由這良心固有的基礎上立說，以爲培養此固有物，即可達於聖賢的境界。但荀子則正反對地說，人性固有的本質，乃在於利己的欲望上，所以不得已用禮道去矯正之，否則教化無用，僞飾的禮道，且可以不發生。蓋孟子以爲教化乃培養人性內在的善根的，荀子則反是，以爲教化乃從外面去矯正人性內在的欲性的。——二人根本地全相背反。但孟子論性善之餘，同時後天的欲望，也承認過，所以倡寡欲的修養法，以備學說之不偏惡的說明之不窮。同樣荀子也他面承認過人性有受入仁義道德的素質——以自補其說。他對於當時的俚諺「塗之人可以爲禹何謂也」所下的評論，就是這個。他說：「凡禹之所以爲禹者、以其爲仁義法正也、然則仁義法正有可知可能之理、然而塗之人也、皆有可以知仁義法正之質、皆有可以能仁義法正之具、然則其可以爲禹明矣、今以仁義法正爲固無可知可能之理耶、然則唯禹不知仁義法正、不能仁義法正也、」(性惡篇)——明明地把人性有受入仁義道德的素質的地方，說出來了。日本豬飼彥博在其所著荀子補遺裏，說此文以下皆他篇他文的錯誤混入，非這性惡篇的本論；但荀子這種意見，在別篇文裏也可以發見，例如修身篇裏「見善修然、必以自存也，見不善愀然、必以自省也，善在身介然、必以自好也，不善在身也菑然、必以自惡也、」的話，彊國篇裏「人之所好者何也曰禮義辭讓忠信是也、」的話——都是明述這消息的。這個正和英國Hobbs 的哲學相酷似，Hobbs 在他的 Leviathan 裏面，說人本來有一種自己保存的自然慾，個個都想遂行這自然慾，所以弱肉強食的鬭爭遂起。自然狀態的人間要爲 Bellam Omnium Contra Omnes(一切對一切的爭戰)所以在這自然狀態中人，結果不能保自己的安全，於是其理性，才教以鬭爭之爲非，組織有秩序的國家，以爲己便。國家社會的起源，實基於此；所以在 Hobbs 也是認人的本性爲惡，其爲善的動機，要因有辨別利害的理性存在的原故。其說與荀子的人性爲惡，但有知仁義法正的質的具之說，正相同。荀子雖未如 Hobbs 那樣，對於理性給過明白的概念，但其意思之所指，當如一轍。荀子說：

古者聖王以人之性惡、以爲偏險而不正、悖亂而不治、是以爲之起禮義、制法度、以矯飾人之情性而正之、以擾化人之情性而導之也、(性惡篇)，

這個正和 Hobbs 的思想及社會觀，全然相同。東西哲學家中像這樣類似的，當是稀有的事。

第四節　修養論

一　積僞

荀子在性惡說中，以積僞爲陶冶人性的工夫。他以爲人性雖惡，由積僞可達聖賢的域，換句話：人生可得而化；——這就是他的教育觀，修養法。積僞就是指禮義師法那種人爲的倫道而言的；人性的惡，可以依教化如何得而僞飾——他以爲曲木矯之可以直，鈍金鍛之可以利，人性也是一樣，依修養可以爲大人物，不能者要因這工夫不足的原故——他以爲。但同時人性本惡，雖有取入禮義道德等的素質，但這素質決非本性，其爲善爲義，要迫於利己的必要而然，換句話：是依性以外的理智而僞飾的——他又以爲。這種地方的理論，不待說多少有曖昧處，似乎他也有幾分承認善性本來存在的地方。但大體上他的善的起源論，是以利己的必要爲根據，以依積僞的工夫得而修飾，得而匡正的說法。

二　禮論

荀子他又以禮儀師法爲矯正人性的工具。古來禮的意義有種種，但荀子所意味的禮，是專指倫理的，狹義的，的禮。孟子謂良心爲先天地（A priori）內在，修養這良心時，主張過用禮。荀子現在唱性惡，但匡正這惡性時，亦主張用禮。二人的出發點不同，其關於禮的起源見解不一致，自不待說。荀子曰：

禮起於何也、曰人生而有欲、欲而不得、則不能無求、求而無度量分界、則不能不爭、爭則亂、亂則窮、先王惡其亂也、故制禮義以分之、以養人之欲、給人之求、使欲必不窮乎物、物必不屈於欲、兩者相持而長、是禮之所起也、（禮論篇）

他以利己的欲望爲禮的起源。人人專利己，專遂欲，則必至於爭亂，故聖人制禮教之以辭讓的義，以保社會的安寧秩序。他方面他又說「禮者養也」，「物欲得中庸，然後至於好其別」。「別」卽義之謂。管子所謂「衣食足則知禮義」的意思。備此養，行此禮，知所以養恭敬辭讓的安，知所以養禮義文理的情，遇國難時盡節亡身，且深能自覺其任性使情之徒自滅其身，則禮的效果顯了。所以他又說「一禮義則兩得之，（禮義性情）一性情則兩失之。」

其次對於禮的本質，他更倡禮三本說：

禮有三本：天地者生之本也，先祖者類之本也，君師者治之本也。無天地惡生，無先祖惡出，無君師惡治，三者偏亡焉無安人，故禮上事天，下事地，尊先祖而隆君師，是禮之三本也。（同上）

他認禮是基於天地祖先君師而成的。其中以天地爲萬物的父母的思想，是他繼承古來思想的地方。他又說過祖先乃人身之所基，君師乃制定禮義的聖，聖人乃道的極，此三者是禮之所由出云。根據這個思想，他於是主張天地神祇之當祭，祖先之當敬，喪制之當嚴，三年的喪之當守；他又反對墨子的薄葬說，主張葬儀之當厚。但是雖然如此，在他的性惡說上，既然人的本質是聖凡同質，那末現在聖人所制定的禮，自不無缺乏權威之憾，所以他特倡出這三本說以確立禮的權威，且以之配於天地的德，以求示其深遠。——他說：「天地以合，日月以明，四時以序，星辰以行，江河以流，萬物以昌，好惡以節，喜怒以當，以爲下則順，以爲上則明，萬物變而不亂，貳之則喪也。禮豈不至矣哉」！（禮論篇）

第五節　心理說

荀子在性惡篇裏，雖只論過人欲，但在正名解蔽二篇，則心理問題，知情意三方面的問題，都在在觸及過，在儒家中他組成最緻密的理論。這或者因他生於諸子之後，易於綜合，也未可知，但同時他的思索力非常豐富，自不待說。把精神作用分爲知情意三方面考察過的人，儒家裏面以孟子爲嚆矢。——荀子他現在正學着這個辦法。他說：「所以知之在人者謂之知、知有所合謂之智」——以示知的作用的存在；「性之好惡喜怒哀樂謂之情」——以認情的作用的存在；又曰「情然而心爲之擇、謂之慮」——以證意志作用的存在。而三者之中，特重意志作用的地方，更顯出他的特色。他以這意志作用爲判斷事物的是非的心。又以這判斷力和知的能動力二者所積習而成的東西爲僞。但同時他又認唯這積習力才正是制止欲望或追求欲望而使得乎中庸的心的作用。蓋情不必定是惡，依其欲望的當否而善惡分，所以這意志作用，這心慮，正是統轄心性的樞府。所以他說，「心也者道之工宰也」(正名篇)「心者形之君也、而神明之主也、出令而無所受令」(解蔽篇)——他認心爲主宰精神作用的玉座。至於心慮和物欲的關係如何，他說「凡語治而待寡欲者、無以節欲而困於多欲者也、欲有欲無、異類也、生死也、非治亂也、欲之多寡、異類也、情之數也、非治亂也、」(正名篇)。

這段正是批評老莊去欲而後得治的思想的話。在他以爲有欲之異於無欲，殆如生之異於死。人生存時，不能無欲，欲而矯節之可也。謂有欲則亂，無欲則治，則迂儒之見，當驅人類至於滅亡。所以他說「心之所可而中於理、則欲雖多奚傷於治、」(正名篇)。蓋天下的治亂，本唯基於行爲動作的正不正，而止使心之所可而不正於理，則欲雖寡亦何益於治，而能止亂呢？所以他和孟子一樣，只講節欲，不講無欲。而他心理學上的立說，更比孟子富於學理。

性者天之欲也、情者性之質也、欲者情之應也、以所欲爲可得而求之、情之所必不免也、以爲可而道之、知所

必出也、故雖爲守門、欲不可去、性之具也、（正名篇）

在，他這正是欲望存在的理由。所以我們想制欲望發揮理性的能力時，他主張要用許多工夫。他說一切誤謬的生起要由於我們中心不定、不專一的原故。譬如人心如槃水，至靜專一的時候，則湛濁在下，清明在上，可以鑑鬚眉而察理。然微風一過，則湛濁動亂，眞形不可見，理遂亦不可得而察。所以必「導之以理、養之以情、物莫傾之、則足以定是非、決嫌疑」（解蔽篇）。他蓋以這虛心無邪、專一的精神狀態爲正五官的誤謬，求意識的統一，而達於理性的工具。進一步、他更說明心的三大作用：

治之要在於知道、人何以知道、曰以心、心何以知、曰虛壹而靜、心未嘗不臧也、（藏諸觀念之意）然而有所謂虛、心未嘗不兩也、（同時有受入二三概念的能力之意）然而有所謂壹（心有取捨諸概念的作用之謂）心非未嘗不動也、然而有所謂靜、（解蔽篇）

依靜慮以統一諸概念而做成妥當的觀念，然後行事，——他正是敍述這種工夫。這個挪現代心理學上的術語解釋的時候，正是說明意識統一的作用的。其次他更就臧虛志異等說下一段話：

人生而有知、知而有志、（記憶）志也者臧也、然而有所謂虛、不以所已臧害所將受、謂之虛、心生而有知、知而有異、（判斷力）異也者同時兼知之、同時兼知之兩也、然而有所謂一、不以夫一害此一、謂之壹、……虛壹而靜、謂之清明、（純粹直觀）（解蔽篇）

這志藏虛等，正心理學上的記憶作用。藏者牢記之謂。虛者收諸種種知識，而不使之混亂的統覺作用之謂。異者判斷作用之謂，同時受着許多反對的觀念而不使彼此混亂，能施其取捨識別的心理作用之謂。最後於這些知覺記憶判斷等之外，更能洞識宇宙的本質及究竟原理等的我們的能力——直覺力。他呼之曰大清明。他形容這大清明，這人類獨有的心理狀態，這偉大的能力曰：

疏觀萬物而知其情，參稽治亂而通其度，經緯天地而材官萬物，制割大理，而宇宙裏矣。恢恢廣廣，孰知其極，睪睪廣廣，孰知其德，涫涫紛紛，孰知其形，明參日月，大滿八極，夫是之謂大人。（解蔽篇）

這正是純粹直觀的形容語，以純粹直觀的形式，參採造化的心德的形容語。

要之心有三種作用，意識、記憶、判斷、（理性判斷和純粹直觀的判斷、都含在內）三者。而理性能力更在其上統一之。我們人們若依這理性而行動，則可明參天下，「大滿八極」，理事治世，達於無過的大人的域。——以心理為基礎論倫道的至極，這正是他的特色。

（參考書：章太炎國故論衡下卷明見篇——章氏叢書利帙。）

第六節　論理說

支那的論理學自墨子賦以秩序後，惠施公孫龍等流於詭辯，名實遂為混淆。荀子他是後學，關於這方面雖然沒有甚麼新說，但深有慨於當時詭辯學者的弄奇辭亂名實，故為明是非之形作正名一篇。但是雖然如此，這論理學本來不是他們儒家的地盤，他所以也不過把世上名家的學說按排下來一下而止。其內容又和墨子小取篇的記事，大同小異，我們這兒所以也只好將他所整理按排過的東西要說一下，其詳則讓諸墨子篇中。

他先就正名提出三個根據：

(一)所爲有名——講制名的必要的。

(二)所緣以同異——講制名的根據的。

(三)制名之樞要——講制名的規範的。

(一)一切萬物的形皆不同，且不一定，而人間的心，又復如之，所以各如其心之所思以名物時，則物的名實混亂，將難辨別。所以判定萬人共通的名(name)是很必要的事。

(二)制名的時候，緣何以分同異呢？曰緣天官。他的天官雖是指我們人間的感官身心等而言，但這兒是說依我們五官的作用而制名的意思。蓋他以爲形體色理依視覺辨別，聲音清濁依聽覺辨別，甘苦鹹淡辛酸奇味等依味覺辨別，臭香依嗅覺辨別，疾養冷熱滑鈹輕重等依形體(觸、筋、痛、溫諸覺)辨別，而喜怒哀樂愛惡欲七情，則依心辨別；——因爲心依五官的作用，有認識萬物，判別萬物的能力存在的原故。至於五官的作用則是知覺作用，心的作用，則是思維認識作用，用此二者，以區別事物的異同時，他呼之爲制名的根據。爲甚麼這二者可爲制名的根據呢？因爲我們的心情五官，雖名不同，然決不相背反，——都有相類似處；所以把這些相類似的地方比較研究起來，則一般的通名可附，而事物的辨別可期。——感官心情二者之可以爲制名根據，要爲這個道理。

(三)感覺知覺的作用，雖萬人皆有共通處，但制通名時，名與物又不可不相應合。換句話說，同類的物，當附同名，異類的物，當附異名。又單名可通者則用單名，不能者則用兼名(複合名辭)。譬如「犬」這名辭爲單名時，加過白犬黃犬那種有毛色的屬性，犬僅一犬字，就不明白，這時候就必得加黃白的名辭，以作兼名。但兼名或單名中，不認屬性的時候，則用包含這單兼二辭的共名亦不妨。譬如對於牛羊等而說馬的時候，則僅用共名名之。——蓋共名的範圍廣些，兼名的範圍狹些，而總括一切的共名，以表示的名辭爲「物」。物者乃萬物的大共名，由下屬漸次歸納地概括到此已無再可概括的東西，這是最高的概念。以上是主同的說法；至於主異的時候，則由上而下，由大而小，細別下來，至於無別而止。譬如鳥獸是大別名，但可分爲鳥鶴犬猿等，更可科學地分類下去，至於最後最下的單獨概念——到不能再分而止。他的這種說法，可以說就是說論理學上內延外包的關係的。爲甚麼呢？他的大共名，集合了種種屬性，正和「動物」「植物」那種複合概念一樣。他的大別名，又因概念的內包已達於最小極限，不可再分，所以又和「存在性質」那種概念相當。——要之萬物本來沒有固有的名義，不過我們人間爲便宜起見，附之以名，如作一種約束而止，所以如這約束既成了通俗，則這約束卽爲制名的規範，而稱之曰實名。

以上三條，代表他正名論的建設方面。以這理論爲基礎，他更進一步駁擊當時的詭辯學「三惑」就是。——正是代表他的論理的應用方面的三惑者

第一惑於用名以亂名、

第二惑於用實以亂名、

第三惑於用名以亂實、（以上正名篇）

關於這三惑，他又各舉三例以實證之；第一惑於用名以亂名者如：

（一）見侮不辱、——宋牼說（莊子逍遙遊荀子正名篇韓非顯學篇）

（二）聖人不愛己、——墨子兼愛說

（三）殺盜非殺人也、——墨子小取篇

「驗之所以爲有名、而觀其孰行則能禁之矣、」——他說。這三例都是所以混貴賤、淆異同、——誤制名的根據，而自己不能疏通自己的意見的。何解呢？見侮而辱——見侮而起羞恥的情，是萬人共通的現象，今宋子他說「見侮不辱」這要不外他個人的奇說，其感情非普遍的。又「聖人不愛己」的話也不對，凡說人以上，卽是共名，聖人也好，別的人也好，都含在內；所以如果聖人不愛己時，則不愛己的聖人，當必不愛人，所以聖人不能不愛己。至於「殺盜非殺人也」的話尤不對。盜是兼名，人是共名，盜無論如何，當含於人之內。——說這些的人，要都是惑於用名的。

第二惑於用實以亂名的例：

（一）山淵平——莊子天下篇

（二）情欲寡——宋子說正論篇

（三）芻豢不加甘、大鐘不加樂、——墨子說

「驗之所緣無以同異、而觀其孰調、則能禁之矣、」——他說。這兒他論五官認識的誤謬。看（一）例的時候，山高淵低，是萬人共通的認識；說「山淵平」是和正當的官能作用相反的。（二）「情欲寡」的話，雖和這官能誤謬者不同，但想五欲滿足是人的常情，說寡者正是偏情，和欲富貴而不欲貨財，好美女而惡西施的同其概。（三）和（一）一

樣，也是出於五官的誤謬。

第三、惑於用名以應實者的例：

非而謁、楹有牛、馬非馬也。（公孫龍）

「非而謁」這句話考證不明，上文當有脫落。「楹有牛」出於墨子經說上，莊子天下篇，儀禮鄉射篇，及禮記投壺篇中。但由這些出處看起來，牛字當爲「矢」字的誤，而「馬非馬也」亦必爲「白馬非馬也」的脫落。——三語都是公孫龍的。荀子對於這個說「驗之名約、悖其所辭、則能禁之矣、」——難詰其制名的言實相戾。

古者射矢於屋場，「楹間有矢」者，乃就矢之通過楹楹（柱柱）之間的一瞬間而言的。概念上講起來，本來矢過兩楹之間時，可以說有不行不動的瞬間，所以「楹有矢」的話，在這意味上可以成立。但在五官的認識上，則不能這個時候我們無論如何只能說「矢過楹間」。同樣（三）的「白馬非馬也」也是概念上可以成立，但在論理上，則馬爲兼名，白馬爲單名，馬爲外延，白馬爲內包，斷不能不說「白馬馬也。」

以上是荀子排斥辯的三惑的要旨。此外他對於名詞的定義，更下過下述的解釋：

名也者所以期異實也、辭也者兼異實之名以論（曉悟）一意也、辯說也者、不異實名以喻動靜之道也、期命也者、辯說之用也、辯說也者、心之象道也、心也者道之工宰也、（正名篇）

名是表明個個不同的事物的概念，現於言語時，即成名辭。辭是命題，由主辭賓辭繫辭三者而成。辯說是推理斷定，期命是三段論法中的媒（中）辭，立於大前提小前提之間，結論的時候，作連結這二者的用的。他說「正名而期、質情而喻、辯異而不過、推類而不悖、聽則合文、辯則盡故、（文的本旨）以正道而辯姦、猶引繩以持曲直、是故邪說不能亂、百家無所竄、」——力言正論的效果以作結論。

第七節 政論

荀子和孟子一樣，抱經世的才，不獲用於世，不遇以發。他的弟子裏面出過秦國的大宰相李斯，又出過大政論家古今稀世的天才韓非，所以他自身對於這方面的造詣也決非淺鮮。他的政治觀和孟子一樣，倡正義名分，尚賢能，高調仁義——不愧儒家正派。他說「有亂君、無亂國，有治法、無治人、」（君道篇）。這是他政治觀的根本得賢以治國的思想溢滿了他的遺著。

禹之法猶存、而夏不世王、故法不能獨立、類（法）不能自行、得其人則存、失其人則亡、法者治之端也、君子者法之原也、故有君子、則法雖省、足以偏矣、無君子則法雖具、失先後之施、不能應事之變、足以亂矣、不知法之義、而正法之數者、雖博、臨事必亂、（君道篇）

他的意思，政治之要，要在乎依賢能以運用法，然後法可臻其效。使一國無知法的精神的君在上，則法無論如何巧善，也不會有半點效力。所以世所謂明君其人者，必求賢人君子以行善政，而闇君則只管仗法力以自護。前者政行身安國治，從而功大名美，且竟其王霸的業。

後者則身勞功潰、名辱、而社稷危。所以人君第一不可不致心於求賢人君子，得而與共國，則心逸而功倍。尚書說的「惟文王敬忌、一人以擇」的話，就是這個意思——他說。這種思想，本來是儒墨所共通，二教都是主張人格本位的政治，以爲置政道的根本於爲政者的人格上，然後可得行仁政的。荀子他由此更論過桀紂失天下的理由，說「修其道、行其義、興天下之同利、除天下之同害、天下歸之也、非桀紂去天下也、反乎禹湯之德、亂禮義之分、有禽獸之行、積其凶、全其惡、天下去之也、」——與孟子「誅一夫紂」的論旨全相同。

其次是他的政策。他對於人類的欲望觀，比孟子爲積極。他不絕對地排斥物欲，只要禮義不失，他主張各人不可自忽其功利。他以「衣食足而知禮義」爲標的，樹民利政策。富國篇裏他說制定貴賤的弁服，量地立國，計利畜民，度人力以授事，使民必勝事，事必出利，使利足以生民，衣食百用，皆出入相揜，必時藏餘，謂之稱數……「輕田野之稅、平關市之征、省商賈之數、罕興力役、毋奪農時、如是則國富、夫是謂之以政裕民。」——這不過是他的政論的一例，此外還論過許多重要的政策。并且社會的組織，國家的成立——那種社會學方面的問題，他也觸及過。其一節：

國家失政、則士民去之、無土則人不安居、無人則土不守、無道法則人不至、無君子則道不舉、故土之與人也、道之與法也者、國家之本作也、（致仕篇）

這是概言國家成立的要素的，但這兒所講的法，是社會契約的意思。上有爲政者——君子，制法布政，下有被政者——人民，耕土作基，而更有道法維繫於其間，則國家成立的基本要素全。——這是他的要旨。此外分業法，社會問題等，他還述過種種意見。其研究心的旺盛，和頭腦的緻密，眞是可觀。

第八節　結論

戰國末葉之秋，立於諸子百家之間，闡明儒學，屹然有王者之概者，就是荀卿其人。他的緻密的頭腦，組成他的博大的知識，先秦時代的思想集成於他一人。求諸西洋思想家中，他當比希臘的 Aristotle。後世儒者，率魅於孟子光燄的文辭，歸依於性善說，而疏外他，至於於今。但這要因多於抽讀他的著作，有怠於深研細味的原故。到現在他的思想，還只有字句的解釋，流行於世，要亦根於此。而實際上，在組織力的大，思想的深刻，學者良心的旺盛——諸點上，他眞是儒家的雄。尤其正名，解蔽諸篇中所論述的心理、論理諸問題，遠與 Aristotle 有相吻合處，眞是奇觀。其他哲理以外，孔子經學的精神，由子夏皆流傳於他，漢代以後的經學，因遂都汲引於他。他的多方面的學識，無往不該的才能，古今哲學家中，眞不易得；後世文人，毀譽紛紛，究何繫於他的鼎的輕重呢？

第三編 道家

第一章 老子

第一節 老子學說的淵源

老子學說的起源從來很多異說，大別之可分三種。第一種是說老子的學，乃印度系的思想，不是支那自發的。第二種說是因地理上的關係，所以思想生了懸隔。第三種說這是支那所固有，從古傳來，到老子才大成。

第一說也是法國學者 Lacoupērie 教授等所倡；根據極薄弱，近於架空的獨斷論。其說興起的理由，第一因誤於老子材料的取捨；他們因爲沒有十分了解過老子這書的意義，視盾的一面而忘其他面，要爲說者自身的不明。第二因地理的影響而生的，說是約三十年前我國山路愛山氏所倡的。（愛山著支那思想史日漢文明異同論南北思想之別參照）形式上，這個似乎把支那學者及西洋學者的所說，折衷下來了；但究竟也非常曖昧。蓋西洋學者看着老子無爲自然及瞑想的思想，以爲這無論如何，不是地味很豐饒，氣候很和暖的南國，決發生不來。但其爲說之無據，自不待論；我們日本學者不精查老子的生住地如何，也就一味地附和他們，把老子當作南方人看，眞是很無責任的態度。其實，老子他何曾生住在南方，他也是生住在支那文化發祥地北方圈內的。并且那時候的文化，并無所謂南北，要以黃河爲中心而止。第三就是日支兩國學者從來的學說——說老子乃把支那固有的一方面的學潮思想大集成過的人——這說我們認爲是很得眞締的。

這樣把第三說認定下來的時候，當然要續起的問題，不待說，就是古來支那到底有過那一種文籍，可以認爲作過老子思想的基礎——的問題。這問題依我們的觀察，老子的本體論，和周易多少是有幾分關係，人生觀從黃帝許由鬻熊等當多少受過幾分影響。這些人的事蹟，大概都記載在莊子諸篇，列子黃帝篇，史記伯夷傳，漢書藝文志，高士傳及神仙傳等裏面，其記事半爲神話的Romance（異談）不待說不能盡信；但他們所共通「脫離人類、無爲而化」的思想說和老子學說的要點——「清靜恬淡之道」毫無關係，當不可能。幷且近世史家研究的結果，如伯夷叔齊、如吳泰伯等，都和老子是同系統的人，此外幷且求這種同思想的人物，在支那古典內，決還不少。隨便舉一個例：有史的價値的論語裏所載的楚狂接輿長沮桀溺荷蓧丈人等，都是和老子抱同樣的人生觀的。又同書內的十四隱士，也是一樣。——僅以這一個例，我們以爲老子思想之爲支那固有，即可證明。蓋支那從古以來，即有陰陽二面——那種性質的東西的潮流。這國內非常現實的人物也有，同時非常脫俗的高士也有。和儒教相對立的人物，那一個時代也沒有絕跡過。這個正是大國之所以爲大國。想研究支那國民、國情、思想等的人，這二方面——一陰一陽，一表一裏，一消極一積極，——的潮流，是不可不同時着眼的。依此理以臨老子時，所以他的思想之可植基於支那國民性上，自是明事。何況他方面，老子他並未曾只倡隱者的消極主義，他胸中也抱着澄清濁世的經綸，有一掃文華積弊的言論呢！他的思想決不僅是消極的獨善的。

第二節　略傳及著書

老子是春秋時代陳國（後倂於楚）苦縣、厲鄉、曲仁里的人。姓李，名耳，字伯陽，謚曰聃。史記列傳裏說他做過周的守藏吏居周很久，後見周衰遂去，至「西方之關」關的令尹喜，看見他有隱遯意，強乞其爲己作書，他於是遂著道德之意五千餘言——即現今所傳的老子。太史公說「老子以自隱無名爲務」且稱之爲隱君子。但他的子孫嚴存，到太史公時代猶未絕，是則他和世所謂神仙者，當大有懸異了。古今來大思想家，本來多愛清閒，思仙境，其例決不少。近代的 Kant, Spinoza 都是一生孤獨，Leo Tolstoi 送一生於田園之外，晚年爲更求閑寂，故且終命於驛舍。——老子仙去的話，或其此類。後世神仙傳的紀事，要爲臆說——因他的死時死地不明而生的。

老子他不僅死年月不明，即生年月亦不明。閻若璩在四書釋地裏，說孔子入周晤老子時，孔子正年三十四歲。但我們細味他們兩人當時的對話時，老子似乎那時候當已經是個老成人了——具有堪爲孔子師傅儀表的人格者的老成人了。換句話，至少比孔子當爲二十歲以上的年長者。

著書有道德經上下兩篇，內分八十一篇。但元來幷沒有章篇，這是後來人便宜上幹的；其分法不得當的地方自不少。且此書的通行本多誤字誤句，又間有後人竄入處，讀者當留意。

（參考書：王念祖讀書雜誌餘稿上卷，俞樾諸子評議——春在堂全書第三帙老子評議一卷。）

第三節　本體論

儒教的哲學，是以先王的教，講政治，立德範的，其教之所本，又在於循天意，所以思辨的（Spekulativ）的本體論，在他們是不語不談的。宇宙的本體，到底是怎樣一種東西？——關於這個，他們的思考是唯限於信念的而止。在支那，把宇宙自身當作一「實在」而考究過的人，哲學史上當以老子爲嚆矢。

老子他直觀宇宙的本體，而抽象其性質以應用於人事界，以作規範學（Normwissenschaft）所以他把他的學說根據擱在他的實在論(Real-idealismus)上。他不如儒家那樣信念的，——信念先王的法皆爲正，他用創造的直觀力欲以直參宇宙的核心，所以他的學說比儒學更爲理論的，思索的多許多深味。

老子先說宇宙的根原有一不可名的理，假名之曰「道」；這道的本體，用言語又很難說明，強說明之曰「玄之又玄、衆妙之門」——這是萬物的根原，所以爲造化的原理。換句話：道的性質是無爲自然幽玄微妙的理體，而又能無爲而化的。他把這理稱之爲

道生之、德畜之、

玄牝之門、是謂天地根、

道沖而用之或不盈、淵兮似萬物之宗、

蓋其本體雖爲「無」，然又非絕對的無，乃超越了有無相對的無。現象界一切的事情，皆有相對的差別——如善惡、美醜、難易、高下等，但在絕對的宇宙自身，則其本質乃不生不滅，超越了時間空間的。——他爲辯證這些地方，用極有餘韻，極含暗示的筆致，說明之如下：

有物混成、先天地生、寂兮寥兮、獨立而不改、周行而不殆、可以爲天下母、吾不知其名、名之曰道、(二十五章)

這是他最明瞭地說明這本體的文句。此外他還用種種形式和譬喻，比較辯證過這個；「道沖而用之或不盈，淵兮似萬物之宗、挫其銳、解其紛、和其光、同其塵、湛兮似或存、吾不知其誰之子、象帝之先」(第四章)「孔德之容、惟

道是從、道之爲物、惟恍惟惚、惚兮恍兮、其中有象、恍兮惚兮、其中有物、窈兮冥兮、其中有精、其精甚眞、其中有信、從古及今、其名不去、以閱萬甫」——等都是形容這本體的話。他盡力想具體地說明、借着古來用慣了的「帝」字、以表現萬物的父母的意味、其間煞費苦心。惟其他的語法筆法都是這樣暗示的(Suggestive)、惟其他不訴諸讀者的理知、唯訴諸讀者的氣分(Stimmung)、所以西洋的學者、都說他的思想不可解、不能理會他這玄理。這要因他用這種象徵的暗示的文句、如「似」如「若」如「象」如「恍兮惚兮」等來說明道體的原故、所以讀老子時、當用直覺的推理力、專恃認識作用、是不可能的。

視之不見、名曰夷、聽之不聞、名曰希、搏之不得、名曰微、此三者不可致詰、故混而爲一、其上不皦、其下不昧、繩繩兮不可名、復歸於無物、是謂無狀之狀、無物之象、是謂惚恍、迎之不見其首、隨之不見其後、執古之道、以御今之有、能知古始、是謂道紀、(十四章)

由他的文章、我們已經曉得他的道、超出我們認識作用之外了。更看這種無象的原理、我們五官之失作用、自是當然。

但是用五官力不能認識的道體、同時不可思議地又含有分化萬物的機能。譬如先天地而生的混沌、即是超越了有無的存在物、但這存在物的無象、又就是萬物的母、天地的始——老子說牠內具有這種自然的德。他說:

道生一、一生二、二生三、三生萬物、萬物負陰而抱陽、沖氣以爲和、(四十二章)。

這兒所說的「一」乃指從抽象的本體分出具象的存在的一氣的絪緼而言的、「二」乃說一氣分爲二氣、——

構成陰陽漸成具體的意思。「三」則沖氣，所以示調和陰陽二氣的作用的；由這作用，萬物於是遂次第生成。他這段說話，要爲說明從實在——道——演生萬物的過程的話。至於生成萬物這種德，則他說是無爲自然，全然柔性的(女性的)——這點正是他的哲學的大特色。蓋惟其道爲虛，故能包擁萬物，又惟其能包擁萬物，故能產生萬物。換句話：惟道其體是全然無意志無目的，不自生的東西，所以天地遂能悠久而長生。惟其道亙萬古不歇，自相接續，竟其至大至廣的功，而猶毫末無所恃負，——是這樣一種虛無自然的柔德，所以道之所以爲道。

老子唯其一面述過這道之變爲現象界而發展的過程，他面又述過道的性質的原故，後世儒者，所以遂以他的道爲物質的形而下的。但在老子自身，本來是以 Metaphisik 地說道自身的性質爲主旨的，像易理那樣說道的進展，并不是他的目的。他雖認許陰陽二面分出的作用，但特不取陰陽二元，而僅執陰的一元以明道的本質，又僅以內面的柔道觀構成他自己的宇宙觀 Kosmologie 的地方，正是他怕自己的思想墮於形器，而預防未然的——我們以爲。這種苦心和用意，別的許多地方，還可以發見：譬如十一章裏說的「三十輻共一轂、當其無有車之用、埏埴以爲器、當其無有器之用、鑿戶牖以爲室、當其無有室之用、故有之以爲利、無之以爲用」的話，就是譬喻地說明「無」才是「道」的根本的意思的話。所以後人解他的道爲物質的，眞是一隅的見。蓋周易是以現象界爲對象，專圖人事界處世上的功利的；老子則爲爲明道的本質起見，乃作具體的說明的；——二者思考方式上顯相馳背。易乾鑿度及列子天瑞篇等中所說的從混沌界分出氣、形、質的話，不待說都是受過老子這道的具體方面的影響而然；但老子的「實在」，根本地是無意志、無目的、不自生的。——這種原則，才是天地能悠久長生的所以。又這道亙萬古相接續，竟其至大至廣的功，猶無所恃負——這種絕對的一元論，才是他的本體觀，才是他的本體觀的極致。他的本體，全然是「無」那一元。至於其無之爲超越有無的無，而非有無相對的無，則上面述過了，更不待說。

第四節　倫理說

老子的倫理說，是從其本體觀演繹出來的。我們現在拿他的無爲自然的道去觀察當時的社會狀態時，則能立刻發見繁文縟禮的充斥，奸人僞士的蝟集，腐臭不可近的東西，在在駭目觸鼻。惟其如此，所以他極力主張洗人爲，返古道，歸乎無爲與自然。看來他胸中所蓄抱的，幷不僅止理性，赤餤餤的一股情火，我們當也可以看得出來。由來社會的更生更始，第一步要在乎洗盡一切人爲，反乎原始時代的社會狀態，及脫除從來種種複雜的桎梏。——老子他心理當不少革命的情熱醱酵着。

他的倫理觀，所以正和儒家相反對；刋落一切禮義仁智那些理智的修飾，反乎生來的赤條條的素心素面，這就是他的主張。多少人拿他這一點比諸法國的革命兒 Rousseau；但這等理想不僅 Rousseau 如是，舉凡一切的革命家，無不如是。人爲的道德與法律，要爲害自然人純眞的本性的，所以去之，則眞人間出，而眞社會現。他形容這自然人的狀態曰「如嬰兒」——甚麼智慧技巧也沒有，一味天眞爛漫。本來這等智乃經驗的世俗的的智，幷非眞正的理性。關於這二者的違異，他這樣形容過：「上德不德，是以有德；下德不失德，是以無德」又曰「失道而後有德，失德而後有仁，失仁而後有義，失義而後有禮。夫禮，忠信之薄，亂之首也」（三十八章）。是知用道德禮法那些東西去桎梏人心的時候，正是人的忠純的心已經失了的證據；體道的達人，決不要這種技工的——他的道德觀如是。他立於儒者之外，立於人爲的道德之外——立於自然的大道上，擯棄一切道德。

然則如何就可以復歸於自然的狀態呢？他說其工夫、第一要淸淨寡慾，第二要去人爲，露天眞；第三要自謙。原來我們人間個個都有利慾的念頭，這念頭惟我們的肉體是私驅我們的官能，惟其欲求是赴。所以他說「五色令人目盲、五音令人耳聾、五味令人口爽、馳騁畋獵、令人心發狂、難得之貨、令人行妨、是以聖人爲腹不爲目、故去彼取此、」（十二章。）「寵辱若驚、貴大患若身、何謂寵辱若驚、寵爲下、得之若驚、失之若驚、何謂貴大患若身、吾所以有大患者、爲吾有身、及吾無身、吾有何患、」（十三章。）

這正是說我們的感官使我們起欲望，使我們的身心去追欲望而結果遂爲罪惡邪心發生的基源的話。爲這些東西的去來，而勞心勞神，這要不外因我們自己的我意我執不能去的原故，若能去則我們且立刻歸返乎無我的心理狀態，而與自然的大道相接了——他以爲。（莊列的坐忘，禪的入定，皆出於此。）

其次、就是去人爲的工夫。太古時候，人智純樸，僞飾的風尙不生；人間生活，那時極自然，極自由。但後來這種僞飾的知識漸增加了，於是聖人乃爲之立禮法，以求節制。但禮法繁而奸僞愈長者，這又何故呢？這要因爲奸人出，逆用這禮法，以自遂其非口聖賢而心禽獸者比比皆是的原故。然則徒精法理，卒無濟於治世行道者明了。所以他說「大道廢有仁義、智慧出有大僞、」（十八章）——他認世所謂禮法者，其起源乃在於大道的廢弛，所以要做一個自然的，純眞的忠信的的人，他說當去一切的約束，脫一切的人爲，復其赤條條的本來。

第三自謙的德，乃所謂老子的「柔道。」——後世政事家軍略家，修得此道，成其大功名的人很多。老子說「上善若水、水善利萬物、不爭處衆人之所惡、故幾於道、」（八章）他取「就下不爭而利物之效則至偉」的水爲譬喻，以稱謙遜的德性。又說：

江海所以能爲百谷王者，以其善下之、故能爲百谷之王、是以聖人欲上人、以其言下之、欲先人以其身後之、是以處人上而不重、處前而人不能害、是以天下樂推而不厭、以其不爭、故天下莫能與之爭、（六十六章）

這就是他的柔道，——有體於謙讓的德的。其次他又稱柔能克剛的德曰：

人之生也柔弱、其死也堅強也、草木之生也柔脆、其死也枯槁也、故堅強者死之徒、柔弱者生之徒、是以兵強則不勝、木強則共、（折）強大處下、柔弱處上、（七十六章）

又曰「強梁者不能得其死、弱者道之用也。」老子他既忌剛强，又以驕慢的心爲反乎道，極力排斥之；他說「聖人處無爲之事、行不言之教、萬物作而不辭、生而不有、爲而不恃、功成而不居」又曰「富貴而驕者、自遺其咎」（九章）。——他常從消極方面示謙德的當重。他在本體觀裏以「陰」的一元構成其實在論；現在以這本體觀移到規範學時，又始終從這陰的方面講修養法。——後人所以多說他的道是消極的。但是在他自己像幷未曾這樣信過。他說：

我有三寶、寶而持之、一曰慈、二曰儉、三曰不敢爲天下先、夫慈故能勇、儉故能廣、不敢爲天下先、故能成器長、今舍其慈且勇、舍其儉且廣、舍其後且先、故死矣、夫慈以戰則勝、以守則固、天將救之、以慈衞之、（六十七章）

他盛稱這柔慈寡欲、謙下三德的功效，幷且又說得這道而達於至境時，則稱之爲「含德」；那時候「毒蟲不螫、猛獸不據、攫鳥不搏」——成爲金剛不壞的身子。這說後來到莊子的時候，稱爲「至人」「眞人」很帶幾分神仙味。後漢時代成長的道教，祀老子爲神仙三尊之一，也是因他說過這些話。但在他則不過譬喻地用這些話形容過謙德的極致而止的。

第五節　政治觀

他的政治說，也是基於其本體觀的無爲自然的治，他以爲是最善的政治。而其工夫與方法，則又和他倫理觀內的修爲法相同。他第一認「愚黠首」爲政治的要件，曰「古之善爲道者、非以明民、將以愚之、民之難治、以其智多、故以智治國、國之賊、不以智治國、國之福、」（六十五章。）又曰，「絕聖棄智、民利百倍、絕仁棄義、民復孝慈、絕巧棄利、盜賊無有、」（十九章）——他唯希望民的無智無能。這個大概是因當時主知的周代文化，正由爛熟期移於頹廢期，禮法煩瑣，紛擾無止，他有意於根本地更新，復於自然狀態，所以特爲此說。他這說內含許多警世的，反動的意味；謂爲漠然地主張黠首的無智無能，當爲淺見。由來世界民族之中，比漢民族還長於智術功利的民族沒有，他們好辯的橫議性，與其社會上煩瑣的禮法相結託，愈至於複雜無極，所以僅以智治是很難的。老子的話，不能不說是很中肯要。後來商鞅的愚黠首，李斯的焚詩書，恐怕都是有造詣於他而施於實用，舉其功效的。這個話在他國人或難了解，但在支那人——我們如果理會過他們的性癖，這個處置，當是極得機宜。

老子的政治理論方面如是；至於其具體的政策方面，則他第一就主張減官吏的人數。他說「民之飢也、以其上食稅者多也、是以飢民之難治也、以其上之有爲也、是以難治、」（七十五章。）蓋爲治者多、生產者少的時候，民的飢餓，自是當然；何況爲政者又多好利欲，事奢侈呢。所以他主張一面滅利欲之念，一面要減裁冗員。此外再用上述的三寶以使民，時則民必勇於公事，政令行，國用節，民服其德，而這德到極致時，則絕對自由的社會—— Utopia 可以體現。他說：

小國寡民、使有什伯之器而不用、使民重死而不遠徙、雖有舟車、無所用之、雖有甲兵、無所陳之、使民復結繩而用之、甘其食、美其服、安其居、樂其俗、隣國相望、雞犬之聲相聞、民至老死不相往來、（八十章）

這是他以去一切文明的僞巧，復於太古純樸之世爲理想的地方。後的人因有稱他爲個人的復古主義者的，但古來革命家大概都抱這樣一種 Vision （幻覺）。譬如近世社會革命之父的 Bakunin 以絕對自由爲 International 的目的，否定一切社會契約。Fr. Engels 稱他的理想國爲 Gemein Wesen，政治制度也沒有，社會階級也沒有的絕對自由的社會。現在老子的「理想國」也是去僞飾，斷羈絆，回復於天眞爛漫太古純樸之世，各安其居，各守其分的社會。他的社會組織雖單純，但所謂各安其居，各守其分，甲兵無所陳，各不相侵的那種精神，也恐怕不是理知發達到了極度的哲人同志間，到底不能見諸實現。但老子他信這種實現不成問題——只要人人歸眞返樸。他眞可以說也是一個大 Romantic （浪漫的）的理想家。

第六節　結論

老子以他深遠的本體觀爲基礎，建築了他的倫理學，政治學，比儒教深處也多，廣處也多，而論旨又很徹底。卒然與他的教理相接時，思想上一時可以發見許多異相。所以歐洲學者以爲是印度系，最近 Russel 又以爲是無政府主義。但是他的思想內，沒有印度思想一般共有的「三世因果說，」同時其社會觀也——雖然比孔子多許多理想味，大體上幷未曾否定過社會組織及政治自身。他不過常以社會更新爲旨要，單純政治爲標的罷了。他對於當時周末政治社會的煩瑣虛僞，不感興味，是不待說；但斷他是無政府主義者，怕亦不無見隅之識。看證據就知道：第一他沒有否定過君臣關係，第二治者與被治者之間的關係，他論及過的時候，決不少，後世政治家，體他的學理，實舉過治績的人不是很多麽？法家諸子且以他的政治主張爲極致，大受過他的影響呢。

第二章　列子小論

列子名禦寇，鄭人。「子列子居鄭國十年，人無識者，國君卿大夫眎之如衆庶」（天瑞篇）——傳記就只這幾句話，詳細不明，所以後人多疑其不實，或且以爲出於莊子的寓言。他的著書有八篇，一般都認爲是後人所編纂。近人馬夷初氏作列子僞書考，（國故一號至三號）從內容上歷史上論證這書是魏晉間王弼之徒所僞作的；看來當是定論。但我們嫌這僞作的名字，爲甚麽呢？本書中如楊朱篇那種很完全的他人思想也編入在內，謂爲特意的僞作，似有難言處。依我們的考察，這書大概是列子的斷簡零篇，傳在後世，後之人就任意追加添纂，而又把楊朱莊周等的學說，雜次編入，因成是書的。這個看法相當的穩當，何解呢？因爲支那古書中這樣的事情很多，譬如周易一書，乃自周初迄漢代千有餘年之間纂成的書，幾多思想，都左增右益地編入在內。此外別的著作也一樣，多少差不多都有後人參竄的痕跡。這列子大概也是從漢魏到晉朝，次第增補而成的；看高似孫說的「與莊子之文相出入者及於十七章」——的話，其性質就可推想了。無論誰人讀莊子，看到那一氣呵成的才筆，——尤其內篇及思想的一貫，決不會說這是綴合諸書而成的作品。然則列子編者之爲盜諸莊子，自可斷言了。所以列子自身的內容和史的價值是很薄弱的，以此書爲莊子以前的思想，斷不穩妥；——書內那些地方眞是列子的思想，我們很不容易斷判。況從來認爲列子思想的特色的本體觀——由太易、太初、太始、太素、分化成氣、形、質、三者的本體觀，又確是出於易緯乾鑿度其生死輪迴說，又確可認爲與佛教思想密切相關，那末全書中可稱爲列子的特有思想，可特筆論述的，差不多尋不着了。——要之本書中的特色部分，認爲是後世的東西，可無大差，我們在這兒所以避不論究。

第三章 楊朱

第一節 略傳及著書

楊子名朱，字子居。年代不明，有說他是老子的弟子，又有說他不是弟子，是老子學派一脈。列子楊朱篇裏載有他和墨子的弟子禽子的問答，看來他和墨子當是同時代的人，上後於孔老，下先於孟莊的人。孟子時代，他的思想非常盛行，和儒墨二派殆有三分天下之概。所以孟子對於他極力駁擊，說「楊朱墨翟之言盈天下，天下之言，不歸於楊，則歸於墨」（滕文公下）又曰、「能言距楊墨者，聖人之徒也」、（盡心下）——當時楊學的盛概，可想見了。但他的學派的壽命，比墨子還短——看韓非子顯學篇稱世之顯學爲儒墨，而他不預在內，就可想見。這或者因他弟子中沒有賢才，但他的學說淺薄，易爲世人所抛棄，當也是事實。

他的著書，別無整篇，唯有孟莊韓諸子中的零碎記事，及列子中的楊朱篇而止。不待說，列子中這篇之外，關於楊子的記事還很多，但思想一貫，不像綴集而成的，則僅這一篇，這篇當是關於楊子最可憑信的史料。

第二節　楊子學說的根據

楊子生於孔老之後突然唱其新清大膽的學說，風靡一世，其淵源究當爲源於老子無爲獨善的思想——我們以爲。蓋老子所唱的小國寡民、守分安居、老死不相往來的學說本來不過是他的理想的一面；但在當時世方亂，國方危，這種獨善主義的思想當然對於人心給過至大的衝動，和之者漸衆，楊子遂恰爲其代表者，這又是能容易推得到的事實。不僅此也，并且老子學說中同時又含有一種龜裂；就是他所主張打破一切禮文，復於無智無欲的社會狀態的自然主義之中，他面自不免含一種發揮野性、滿足本能的危險。何解呢？我們不是聖人以上，把一切禮文義智都刋落，委人性於不琢不磨的自然狀態時，勢必不趨於野性，唯本能欲望是求不止。——楊子的學說，正是老子這種間隙產出來的，——換句話：他的學說正是把老子自然生活裏面所存在——如一餘件——的自然欲方面徹底發揮下來的。他立足於這種爲我的快樂觀上，觀察人間的事相；以爲禮義倫道等所說的「名」和其所得的「實」，二者之間，非常有逕庭存在。譬如仁者不必壽，義者不必富，而無人格的人，轉榮華富貴不窮。他於是說「實無名、名無實、名者僞也、」(楊朱篇)——以這種見解爲其根本，儒道二教那種理想主義的問題，他一點也不觸及，他專經驗地——換句話：依歷史的事實，自固其說。所以當作哲學看時，誠不免有淺薄處。

第三節　宿命的人生觀

莊楊列三家，都信人生有定命；壽夭富貴，皆天賦，人力莫能如何。他們所以主張人生先要靜觀；——彷徨齷齪，究何所得，宇宙悠悠，我們究不過世上一瞬間的孑孓寅蠅；猶徒費一生者，是至愚的人，宜各從其欲，遂意行樂以自遺。

百年壽之大齊、得百年者千無一焉、設有一者、孩提以逮昏耄、幾居其半矣、夜眠之所弭、晝覺之所遺、又幾居其半矣、痛疾哀苦亡失憂懼、又幾居其半矣、量十數年之中、逌然而自得、亡介然之慮者、亦亡一時之中爾、則人之生也奚爲哉、奚樂哉、爲美厚爾、爲聲色爾、（楊朱篇）

他的意思，人生的本質是多苦的，百年之間，快樂的時候沒有幾何，所以爲外物的富貴榮繁，自浪費其生者，誠愚不可及。所以當多多求樂。但他這種快樂主義之中，同時又有厭世主義爲其根抵，這點我們也不可看過。

第四節 快樂說

楊子的爲我主義，要爲老子的獨全主義，個人主義的擴充。爲他人一毛不拔，盡天下的物以奉我，但縛束我時，則亦不欲——其主義極有嚴肅的氣概。所以他這種快樂說，和以公衆爲目的的 J. Bentham 及 J. S. Mill 等的不同。他專顧自己的快樂，且專顧自己官能的快樂，和希臘 Epicurus 的所說雖相似，然較彼又多俗態。他的主張，在他和禽子的對話中，全部可以觀取。

禽子問楊朱曰、去子體之一毛、以濟天下、子爲之乎、楊子曰、世固非一毛之所濟、禽子曰、假濟爲之乎、楊子弗應、禽子出語孟孫陽、孟孫陽曰、子不達夫子之心、吾請言之、有侵若肌膚獲萬金者、若爲之乎、曰、爲之、孟孫陽曰、有斷若一節得一國、子爲之乎、禽子默然有間、孟孫陽曰、一毛微於肌膚、肌膚微於一節、省矣、然則積一毛以成肌膚、積肌膚以成一節、一毛固一體萬分中之一物、奈何輕之乎、禽子曰、吾不能所以答子、然則以子言

問老聃關尹、則子言當矣、以吾言問大禹墨翟、則吾言當矣、(楊朱篇)

這是兼愛的禽子和爲我主義快樂主義的楊子，語其學相的違異的很重要的對話。一則欲以積極博愛主義濟世，一則欲以利己的消極的態度和世沒交涉。禽子說孟孫陽的話合乎老子關尹，但老子曾以社會革命爲主旨，視楊子超於社會外——徹底的利己主義者，似猶多殊異處。

楊子的快樂說，所以全不外他自己利己主義的作用：滿足自己的欲望，拼命保全自己的利益，——的倫道工夫。他以樂生任情嗜樂爲主意，——極官能的，其議論又很淺薄，但同時又帶一種大膽而淸新的調子，於其辭文間，看來楊子其人人格必很高。他說：

生民之不得休息爲四事故、一爲壽、二爲名、三爲位、四爲貨、有此四者、畏鬼畏人、畏威畏刑、此謂之遁人、可殺可活、制命在外、(楊朱篇)

他看着世上那些爲禮義、爲名譽、爲財貨、自桎梏其身，把一生涯無意義地白過了的人，心裏非常惻怛；爲想救濟這種「遁人」，所以特倡此說。——看來他的「爲我說」的動機，要亦出於救世濟民——哲人的懷抱。他以爲命運在天，人力無可爲力，而猶營逐不休者，要不外可憐蟲的悲劇。他以爲人生如白駒過隙，富貴於我如浮雲，要當順天命，及時行樂，發揮其自然欲，甚麼羈絆也不受，始終當自保全其自由行動。——這是他的訓教。他呼那爲壽名位貨四者所羈絆的人爲「遁人」，而呼既脫此羈絆的人爲「順民」，我們不可不趕快去作這順民——他說。根據這個理，他更批評古人說：伯夷「矜淸之郵」(甚)遂致餓死，舜禹周孔戚戚一生，終於憂慮；萬世的英名，究於死者有什麼價值而反之如公孫朝端木叔等，擅自然之情以終天年，這才是眞人。桀紂縱欲於長夜，不以禮義等自苦，熙熙焉以至於誅亡，後世縱加以愚暴之名，但這等死後之名，於生前之樂有何痛癢；毋以名自傷苦！——這正是他快樂主義的中心。他雖因說明過於放縱學說，遂有墮於性慾主義之嫌，但他除欲望外，凡害身心的東西，——如名利等，概唾棄過。

第五節　結論

同一快樂說中，有種種差別：從道德的動機出發，倡快樂說，——置其標準於一般人的快樂增進上，而以其動機和法則的調和結合，爲出於神意，——的人則有 W. Paley 墨子等；從自他幸福增進的主眼上倡快樂說，——圖最大多數的最大幸福，所謂自他合一的快樂說——的人則有 Bentham, Mill 等；單以自己一身爲主的利己的快樂說，則有 Epiculus 楊朱等。這最後的利己快樂說中，又有主張精神方面及官能方面的違異，楊朱正是後者。但他同時又決不是全無省察思慮的「刹那主義」者，他說「盡天下之物以奉我，我亦不取」——他爲自己的自由及主義，甚麼東西之前也不屈服，有一種很獨立不羈的精神。

快樂論者的所說，如上述雖有種種，但其他善惡的標準，不置於我們的良心或理性上，而專置於經驗的智識上的點，換句話，其稱「行爲的結果對自他都給快樂之故，所以是善」——的點，則差不多都是一樣。

第四章　莊子

第一節　略傳及著書

莊子名周，宋蒙縣（今河南省歸德府）人。史記說他曾做過蒙的漆園吏，與梁惠王齊宣王同時，那末看起來，和孟子當也是同時了。但因地理上的關係，兩雄一生似沒會過面。他一生的好朋友是梁國宰相——博學的惠施，他們兩人論戰過許多次。這兩人之爲學侶，有許多史料可供推考。莊子天下篇裏「惠施多方，其書五車、」——足知惠施的博學，正和莊子足相伯仲。司馬遷又評莊周，說「其學無所不闚，其文浩洋自恣，雖當代宿學、不能解免。」他的天馬行空的文章，和天才磅礴的魔力，誠使人掩卷三嘆，自然而然地爲所同化。而其博學、人格、理想等的結晶，尤不是斥鷃學大鵬者可得同日而語。楚威王嘗聞他的賢名，命使者厚幣迎之，許之以宰相，但他笑對使者說「千金重利也、卿相重位也，子獨不見郊祀之犧牛乎，養食者數歲、衣以文繡，入於大廟，當此時也，雖欲爲孤豚，豈可得乎、子亟去、毋汚我、我寧游戲於汚瀆之中以自快、不爲有國者之所羈、」終身不仕，高尙其志。

他的著述，依漢書藝文志爲五十二篇，晉郭象刪定，一遍成三十三篇——內篇七，外篇十五，雜篇十一。多少人說這內篇七篇是他的親著，其餘雜篇外篇，依我們看起來，也決不如列子樣，由諸書雜纂接合起來的。其中如天下篇一篇，雖明是莊門的後序，但文品皆高，殆古代哲學概論上無二的好史料。

又內篇七篇，雖古來學者都認爲眞著，但其中逍遙齊物養生三篇文品特高，他的眞筆，恐唯止於此。其理由簡單地說明時，就是第一，這三篇的文辭特異於他篇，光餤燦然，洸洋自恣，意達而理整。第二，他的哲學，全依這三篇形成（Gestalten）的，其餘三十篇，要爲這三篇的補敍部分的精論補說，雖不少，但於三篇以上別無所加。逍遙遊代表他的本體觀、人生觀，齊物篇是他的知識論，養生主是他的實踐倫理學——這樣，他的哲學體系於以完成。這三篇如非莊子弟子的記述如論語，則必為莊子口授的語類——我們以為第三司馬遷說過莊子作漁父盜跖胠篋，詆訾孔子之徒的話。但逍遙遊等三篇中決沒有詆訾儒墨的言語。齊物篇中雖有點點對於儒墨之辯的評語，但不能謂為詆訾；有則自內篇人間世以下諸篇起。又司馬遷所舉的三篇胠篋則郭象收之於外篇，漁父盜跖則收於雜篇，都不是莊子自著；文理劣拙；所以司馬的話也不足實信。——依以上三理由，我們所以認前記三篇為莊子自著，其餘則只可當作他的哲學上的副資料看。

第二節　本體論

莊子的本體論，乃欲闡明絕對的一理——「無」的範疇的。他的學統，受自老子，但他更精明地，平易地，用自己一流豐富絕妙的譬喻，辯證過甚力。他以宇宙的本體為絕對無限的東西，超越時間空間的東西；他以這大原理說明萬象，更以這為基礎，樹其人生觀。

他先以斥鴳的小和鯤鵬的大作比較論。鵬徙南冥時，水擊三千里，搏扶搖直上九萬里，一息六個月，——其大可想見；然斥鴳則不過數仞，有則且數仞而墮——二者在相對的見地上，其大小誠不可同日語了。但大鵬盡其飛搏之極的南冥，又要不外天的一池。然則在絕對的見地上，又誰能小斥鴳而大鯤鵬呢？況其如待風而後能飛翔的能力，二者又固如一麼？——區別其能力，且辨別其形的大小者，要為相對界的知識；一放心眼看絕對界時，此等差別相，當概歸於無有。——這樣地他辯證宇宙本體之超越空間。

次說明間的無限。朝菌不知晦朔，蟪蛄不知春秋，楚之南有冥靈者，以五百歲為春，五百歲為秋，——生存中上古時代有大椿、以八千歲爲春、八千歲爲秋、——生存過、然人間今以七百歲的彭祖爲長命、想倣學他、這不是很可憫的癡人麽？——他說。相對地看起來、不待說朝菌蟪蛄是短命、冥靈大椿是長命、但從時間的無限性上直觀的時候、又誰能以彭祖的八百歲爲長呢？不是同爲電光石火的一閃麽？是則物的大小長短等、要爲相對相、要不外觀相界的假相、至於宇宙眞正的本體、則超越了這種假相、爲無爲無相的東西了。——他以這絕對一理爲學說的根柢。他呼這絕對理爲「眞君」、爲「眞宰」、構成他有名的齊物論的論理。

他依這種論理辯證宇宙的大道之外、更演繹這原理及於人生觀、而傾吐其獨特的見解。他評論當時的達人宋榮子、曰、宋榮子雖爲達人、但猶見那「知效一官、行效一鄉、德合一君、而徵一國者」而笑、是尙不能稱爲達人、不能謂爲得道、何解呢？因爲笑的裏面還有是非心判斷心存在的原故。又批評列子、曰、「夫列子御風而行、泠然善也、……此雖免乎行、猶有所待也、」——意謂出乎是非得失之外、飄飄乎御風而行、其識見之高、誠過於榮子、但其待風而行的地方、猶爲「人爲的、」不能說已臻至道。若夫已臻至道的人、則甚麽也不羈、甚麽也不據、絕對無爲自然的。所以說「至人無己、神人無功、聖人無名、」——得道的人的人格、正是如此。能去彼我的差別的「至人、」他認爲才正是理想的人物。

以上是他從同萬物、一萬化、的本體論、轉而至於人生觀的辯證的大略。但他又逆行地辯證過本體的「自然分化」、作後來宋儒「理一分殊說」的先驅。

夫道有情有信、無爲無形、可傳而不可受、可得而不可見、自本自根、未有天地、自古以固存、神鬼神帝、生天生地、在太極之先而不爲高、在六極之下而不爲深、先天地生而不爲久、長於上古而不爲老、豨韋氏得之以挈天地、伏戲得之以襲氣母、維斗得之終古不忒、日月得之終古不息、(大宗師)

這是辯明萬象得其道保其序的理的話。但進一步他更說明這道分化的理——於有名的「東郭子對話」中曰:

東郭子問於莊子曰、所謂道惡乎在、曰無所不在、東郭子曰期而後可、莊子曰在螻蟻、曰何其下邪、曰在稊稗、曰何其愈下邪、曰在瓦甓、曰何其愈甚邪、曰在屎溺、東郭子不應、莊子曰夫子之問也固不及質、(知北遊)

萬物縮則歸於一無，擴則遍於三界——他的哲學正是這種一元的汎神論。後來宋朝的周子說萬物之中各藏一太極，——看法正和他相同。至於問到萬物爲甚麼都從無爲的絕對裏自化出來，且各自體其道——的理論的時候，則他又和老子不同；他不取老子那種分出的發展論爲說明，而取思辨的知識論爲說明，以謀宣示其物我一體的哲理。

今且有言於此、不知其與是類乎、其與是不類乎、類與不類、相與爲類、則與彼無以異矣、雖然請嘗言之、有始也者、有未始有始也者、有未始有夫未始有始也者、有有也者、有無也者、有未始有無也者、有未始有夫未始有無也者、俄而有無矣、而未知有無之果孰有孰無也、……天地與我並生、而萬物與我爲一、既已爲一矣、且得有言乎、既已謂之一矣、且得無言乎、一與言爲二、二與一爲三、自此以往、巧歷不能得、(齊物論)

他以爲物有始則更不可不有始的始，更不可不有其始的始的始——無窮地把「無」積下去。但所謂始者，終不可有，同時所謂有無者亦究孰爲有，孰爲無，亦不可知。這恐怕是絕言語的東西；但既謂之無則有的理念(Idee)也自會生出來。是則天地與我乃並生，乃同根，萬物與我且又爲一了。——他這樣述他物我一元的哲理，幷且論由無至有的過程時，他不學老子那樣認物象爲漸次分出地發展的東西，而取 Theses（定立）及 Antitheses（反定立）的形式，以作辨證；這正是思考的精徵上比老子還進一步的地方。

第三節　辯證法

莊子出世的時候，辯論術大流行。一方有墨家的論理派，本其師法，更加精密，以與當時他學派相周旋。一方又有公孫龍惠施等許多詭辯學者，各以名論卓說呼號天下。概念的分析，三段論法的應用，時間空間的問題，生物的種的起源，——差不多都是這時代出現的思想。看莊子天下篇裏惠施的「歷物十事說」就曉得惠施也倡過一種萬物一體的大原理，和莊的齊物論相對立過了。又「辯者二十一事」的論斷，都是講概念的分析和種的起源的。譬如「火不熱、目不見、馬有卵、卵有毛」等即其一例。

處這種論說紛紛，互相上下的時代，莊子蓋諦觀於其間，徐徐案出自己一流的辯法，以期掩定諸家的。

他爲論破世上差別的知識起見，第一倡天籟、地籟、人籟三籟說。大塊噫氣的風，雖本無音，但大風作時，萬竅怒號，依其穴形物形，其音千差萬異，這爲地籟，——換句話：就是世間一切差別觀。再換句話，風聲的不同，乃因於物的形象，不源於本體，——「風」自身同樣。宇宙的本體乃一絕對的理。此理自發自展自進化，而後成現象界的一切差異相。世人因不直觀這理，所以遂起許多差別的異論。

這理、這絕對的觀念、和現象的關係，我們若不能直觀得到的時候，則我們始終聽得着的只有地籟和人籟，所謂天籟者，永與我們無緣——這樣的「我們」莊子他稱之曰「大哀。」終生役役，不知所歸的人。而反之以成心（純粹直觀）達觀過宇宙本體的人則決不妄妄然迷於是非之見所以異論不生。唯大哀的人常執我見；儒墨之徒囚於世的抽象知識，日以小辯爲事者，正是爲此。——他始終欲以一切現象當作觀念（絕對）的自然發展看，而統一是非上的見解。（齊物論。）但他的論理學序論雖如此，後儒的註釋，一向不得要領。

至於他的辯證學本論，則要爲方法論。他曾以甚麼形式作根據呢？他一則曰不可不明老子所說的「萬物生於道、歸於道」的法則——述「方生說；」二則曰萬物的發展進化乃永世無窮，——比方生說更進一步，他名此法曰「道樞。」

這道樞的思想，又正是他獨特的辯證法。其形式酷與德國 Hefel 的辯證法相似。論者或以爲 Hefel 乃專辯證論理的概念的進展，最後乃變爲實在自身的發展，換句話：他的辯證乃是「理性卽實在」的辯證；而莊子則不然，較此遙爲物質的，所以二人相比甚不得當。但這是唯物觀地解老子道的進展的人的話。其實老子的自然道，幾曾僅是物質的？他的道的本體，乃一絕對理乃觀念；(Idee) 而莊子則正怕這道之墮於形式，所以其本體論，特不取老子的分出發展說的論式，而取辯證法的論式。——這點我們在前節已經說過了。

所以他的辯證法，決不是僅以辯論爲決事件的是非而已足的。當時一般辯者，大概都是以辯爲手段，但他則根本地立腳點不同；他的論理，就是宇宙的眞相，就是他的哲學的全部。所以他否定過止揚 (Aufheben) 過、當時諸子理論的差別，更立高一步，促過思想的進展。他說：

物無非彼、物無非是、自彼則不見、自知則知之、故曰彼出於是、是亦因彼、彼是方生之說也、雖然、方生方死、方死方生、方可方不可、方不可方可、因是因非、因非因是、是以聖人不由而照之於天、亦因是也、是亦彼也、彼亦是也、彼亦一是非、此亦一是非、果且有彼是乎哉、果且無彼是乎哉、彼是莫得其偶、謂之道樞、樞始得其環中、以應無窮、是亦一無窮、非亦一無窮、故曰莫若以明、（齊物論）

這是他論理的中心，他的辯證法盡在這一篇。本來他非墨子者流，以辯定是非，不是他的主旨。他的目的，在辯證本體（絕對的觀念）的進化發展。他的道樞的樣式，所以可以說很像 Hegel 的辯證法。「甲」與「非甲」依第三者「乙」的力而被否定，而被止揚，於是遂成乙的發展。乙又生「非乙」，二者復爲新出的高思想「丙」所統一。——於是發展遂至於無限。現在「彼亦一是非、此亦一是非、果且有彼是乎哉、果且無彼是乎哉、彼是莫得其偶、謂之道樞、樞始得其環中、以應無窮」的話，正和這思想發展的形式——這 Dialektik 無異，我們以爲。（把這方式多少變姿一下，後世禪學多採用之。）

此外他又批評過當時有名的詭辯家，公孫龍的「白馬非馬說」及「指物論」。他說這種概念，沒有分析的價值。這兒他的意思，不待說是說差別的分析之當否定的意思。但後世的老莊學者，遂以此解他的論理，說他是無差別的達觀主義者，對於他的論理全體，毫不注意，眞是可惜。

第四節　人生觀

莊子的人生觀，恰是他的本體觀的應用。由上二三節當已明其大概了。他認萬物一體，生死一如，運命要卽自然。他用了許多巧妙的譬喻，趣味津津地說述他這種人生觀。但本書的性質這些敍事方面不能詳述，只好割愛。

（一）萬物一體　萬物在現象界上，雖現出種種異相，但其本體究爲同一的無爲自然，恰如大塊的噫氣一樣；這噫氣對着萬竅怒號，雖生萬音的差別，但這要爲萬竅自身的形狀的結果，初和本體無關；至於本體——風自身，則本是無音無聲的東西。同樣人間動物等，都是無意地自然地生出來的，全是偶然的——決非如一神教信者之所倡說，人間是依神的意志產出來的。無論其爲人爲馬爲鼠，要皆自然的分化，死則爲同樣的枯骨。換句話：「萬物皆出於幾入於幾」爲人不足樂，爲鼠不足悲；毛嬙西施人之所美，然魚見之深潛，鳥見之高飛，在牠們眼裏看起來，我們人間當無異於羅刹惡鬼。是則以自己的主觀對萬物，當是我執的見，決沒觸到物的眞相。我們從廣大無邊的自然大道上看的時候，萬物都是一體。站在這見地上，判斷人生的價値時，所以富貴高官、有德無德，那些無謂的皮相事，眞不足一掛牙齒。——莊子他一生放達不羈，悠悠自適於「無何有之鄉」。

（二）生死一如　他由這種達觀，又認生死爲一如。他說有生卽有死，有死卽有生，這是自然的大道；所以生不足喜，死不足悲，我們當仰諸自然，送生迎死。從永劫無窮的時間上看起來，人間一生，眞不過電光的一閃，不悟此理，視生死如臨斷崖者，眞愚昧之甚。古者艾的封人，有美女名麗姬者，初嫁晉時，涕泣沾襟，及後爲王妃，得王寵，擅榮華於一國時，則悔當年涕泣的無謂（齊物篇）。人的生死，也是一樣，死後轉覺樂，當悔當時爲何恐怖。畢竟人生是夢，夢中飮酒者及旦而泣，夢中哭泣者及旦而獵，當其夢時，不知其爲夢，而有時更不知其爲夢中的夢；惟大覺者能覺得人生之爲夢。——他用有名的喻言「莊周胡蝶夢」表示這物化的理，及生死一如的大覺。(齊物篇)又外篇至樂篇中有髑髏和莊周的對話，髑髏曰「生可厭、死可樂」雖南面王亦不能易此。又莊子他喪妻的時候，箕踞鼓盆而歌，說人之初始幷無形體，乃雜於芒芴之間，氣變而後成人形；現在正氣變氣散，歸於自然的巨室，有甚麽可悲的理由？生死要不外如寒暑、如風雨的去來，能這樣自然地達觀人生的人，他稱之爲「帝之縣解」「至人」或「眞人」。他的書裏關於這生死問題的解說極多，下這種解說之前，他努過力的地方當不少，而這種力當是最嚴肅且最有價值的力自不待說。

(三)宿命說　莊子他以現象界的表象(Vorstellung)當作本體的假相(Schein)看，所以同時認自然的狀態，即爲大道的分化。——自是當然的結論。自然的狀態自身最合理，以「人爲」改之，則最不合理。我們都是秉命於自然而生的，所以如其所秉而順受之，以樂天然，才是人生的本意。我們縱生於貧賤、或生成畸形，但皆不足悲、不足怨。他引了許多事例，辯證這點。養生主篇裏公文軒和右師的問答，人世間篇支離疏的言語，即其代表。——他的宿命觀和世間的運命論者不同，他達觀一切，非常帶着樂天的傾向。

第五節　倫理觀

莊子的理想，要在於超出這相對的世界，逍遙於絕對境，不爲一物所羈，悠悠自適其天年——的點上。達這境地的人，他稱之曰「至人」「眞人」而象徵其人格曰：「肌膚若冰雪、綽約若處子、不食五穀、吸風飲露、乘雲氣、御飛龍、而遊乎四海之外、其神凝、使物不疵癘、而年穀熟、……之人也，物莫之傷，大浸稽天而不溺，大旱金石流土山焦而不熱、」（逍遙篇）。至於依甚麼修養法，就可以達到這種眞人的境地，則他說第一當無爲自然，第二當無欲恬淡，第三當以心齊坐臥養其精。

（一）無爲自然　爲合於自然道起見，不可不無爲自然——這是老莊思想裏最根本的倫道。在前數節，其大概已說盡了他的意思要爲捐去一切區區的差別，早早地復歸於宇宙的大道，弄差別的小智適足以自滅其身，「眞人」則

不知悅生，不知惡死，其出不訢，其入不距，翛然而往，翛然而來而已矣，不忘其所始，不求其所終，受而喜之，忘而復之，是之謂不以心捐道，不以人助天，是之謂眞人。（大宗師）

這是他關於眞人的心境及修養的代表的說明，要爲生死如一，自然爲懷的意思。

（二）無欲恬淡　無欲這句話在人生上講起來本是很不合論理的；但老莊的無欲，非如佛教，不論欲的性質如何，一切否定下去者可比。他們所否定的欲，乃專指反乎自然道的欲，如名利那種東西。所以爲名而餓死於首陽的伯夷，爲利而死於東陵的盜跖，一樣都是背乎自然的道，自傷其生的。想爲眞人的人，第一對五官的欲當恬淡，第二這名利欲當忘卻。

（三）心齊坐忘　心齊者所以達乎無爲自然的大道的心理的修養法。和禪宗的坐禪，道教的養精等相同—虛心坦懷，雜念不萌的意味。坐忘者心齊的結果，——忘我而純一無垢的心理狀態之謂。「南郭子綦隱几而坐、仰天而噓、嗒然若喪其偶、」（齊物論）正是這個境地。然大宗師篇的孔顏對話，尤爲好例。

顏回曰、回益矣、仲尼曰、何謂也、曰、回忘仁義矣、曰、可矣、猶未也、它日復見、曰、回益矣、曰、何謂也、曰、回忘禮樂矣、曰、可矣、猶未也、它日復見、曰、回益矣、曰、何謂也、曰、回坐忘矣、仲尼蹴然曰、何謂坐忘、顏回曰、墮肢體、黜聰明、離形去知、同於大道、此謂坐忘、

蓋主客觀的統一，內外的統一，自我抽象知的吐盡，冥冥地吻合於自然的本體之謂。禪宗無門的法則，怕是脫化於此。

積過以上幾種修養的人，并不單是消極的人物，乃無論遇着甚麼難境，猶能通達無礙，所謂「大澤焚而不熱河漢沍而不寒」——那種泰然如巨崖樣的人物。

第六節　處世論

莊子生於亂世，又學老子的道，所以自然其人格多超世的氣概，有白眼看世之風。結果所以老子那種更新社會的精神、和熱情，他一點也沒有，——完全一個哲人的派頭。又他的思想純為歸乎自然，一洗人為的文華；所以對於社會制度和政策，他更不感興味——因此後世幾多人遂呼他為「無政府主義者」。但在他的自著中，此等思想卻又很不容易發見——政府乃無用的贅疣的話，他從沒有說過。不過厭忌過那種不能全其自然道的政府而止罷了。他的這種獨立自由的韜晦主義，在當時那樣的亂世，但不能不說是一種很實切的處世法。他由是且倡過「無用之用」說。無用之用者，凡人間動植物等，若是無用的廢物時，則一不被人所利用，二不與人生交涉。其結果在自己的獨立、安全、天年上，轉大有利益。譬如樹木中的有用的，必依此有用而遭砍伐，狐豹等又必因皮美而被殺剝，

甘泉因甘而涸，梨栗橘柚等因實而折，——皆不得終其天年，有用乃爲性命的禍根。同樣，人間也是一樣，有才能的人，被用作種種事但偶遭不意，或蒙其恥，或喪其身，所以我們想順自然的道，保獨立不羈的生時，一面當去名利的欲望，他面又不可不力保不爲人所利用的態度。——他用了許多巧妙的譬喩說明這個要訣。

第七節　生物進化說

莊子至樂篇裏有「種有幾」之說——論生物適用其環境，生出種種類，由下等動物至於次等，由次等至於高等的進化過程。這等進化說本來在墨子的經上裏有「化、徵易也」，經說裏有「化、如鼃之爲鶉」，又天下篇辯者說裏有「卵有毛、犬爲羊、馬有卵」等，都是對於幾的化生的觀察。其說到底是莊子一派所創見，抑是詭辯學者一派所創始，抑是當時學界的輿論，不待說我們現在無從知道；但這思想不是儒家一門所有，則至少可以斷言。關於這思想的記載，以莊子書中爲最詳，便宜上敍述於此（列子天瑞篇裏也有這同一的記事，當是從莊子抽出來的。）

種有幾、得水則爲㡭、得水土之際則爲鼃蠙之衣、生於陵屯則爲陵舄、陵舄得鬱棲則爲烏足、烏足之根爲蠐螬、其葉爲胡蝶、胡蝶胥也化而爲蟲、生於竈下、其狀若脫、其名爲鴝掇、鴝掇千日爲鳥、其名爲乾餘骨、乾餘骨之沫爲斯彌、斯彌爲食醯、頤輅生乎食醯、黃軦生乎九猷、瞀芮生乎腐蠸、羊奚生乎不箰久竹、生青寧、青寧生程、程生馬、馬生人、人又反入於機、

從來註釋莊子列子的人，率以幾爲變化，最近胡適氏則引易經繫辭傳「幾者動之微、吉凶之先見者也」之說，謂元來幾从𢆶，𢆶字从𢆯象生物胞胎的形狀，所以這兒的幾字當是指生物最初時代的種子而言，當如現代科學

上的原子云。胡氏這說的當否，姑暫不論，然幾自身之含變化的意義，則看上文當很明白。蓋種有變化性，得水則變成一種微生物名之曰𢇇；𢇇入水土混交的溼地時則變成鼃蠙之衣，那種下等動物入於陸地則化成陵舄那樣多少具形的動物；由此更次第進化，則成高等動物；最後遂成人間，而人間死滅後又成幾——恰似佛教的輪迴說。但佛教的輪迴說是依過去的因業而轉生，這則依自然的實證而起源、而進化；前者出於主觀的宗教觀，這則全然客觀的自然觀。

這種進化說，不待說和那由精細的科學研究，論到於「自然淘汰」「適者生存」的 Darwin（達爾文）不可幷較；但關於進化論的要點——種的起源的點，由下等動物漸次發達至於高等動物的點，其思考雖極單純，但決未嘗失其眞。尤其說那依外圍的狀態如何，其形狀和習性即因之而異的地方，在二千餘年的古代即已能觀察到此，使我們眞不能不愕然一驚。看來莊子這學說，當是由老子萬物化生說漸次發展下來的；他在內篇裏雖沒有這種議論，但外篇秋水篇至樂篇裏都有，而雜篇寓言篇中的「萬物皆種也、以不同形相禪、始卒若環、莫得其倫、是謂天均」的思想則更有深進處。看來這思想，在當時依儒者以外的學者似乎考究了許多，僅以研究法不完備，遂至於萌芽即萎，後世毫沒發展，眞是可惜。

第八節　結論

所謂本於黃帝的道家哲學，到莊周遂告大成，恰如孔教之於荀子。莊子之前沒有可比莊子的人，其後更不待說，他實在是這學派的中樞思想家。他的書瓌瑋，他的言諔詭，「連犿無傷」，則如天下篇之所自道。他的思想博大而

「思辨的」的點，尤先秦時代第一人。後世的道家不待說，儒家、佛家、文人墨客、等，不受他的洗禮的人差不多一個也沒有。——他對於思想界文學界，給過這般大的影響。他無遺憾地把老子的虛無哲學發揮盡致了；然他方面他對於俗世界毫無交涉，又不如老子觸及種種社會問題。他一味地沒頭於自然道的闡明——支那思想家中稀有的現象。

（參考書：郭慶藩莊子集釋十卷，王先謙莊子集解八卷，章炳麟齊物論釋一卷——章氏叢書第二帙。）

第四編　墨家

第一章　墨子

第一節　略傳及著書

墨子名翟，魯國人，作過宋國的大夫，生於孔子末年，大抵和子思同時代（推考年月西紀前五〇〇年至四二〇年。）生國和孔子相同的關係上，也曾學過儒術，自可想像，但他的器大，默默滿足於這種學術，到底不可能。他夙抱濟世大志，遊說諸國，熱烈的同胞愛，適中時弊，其學說遂風靡天下。所以孟子從儒者差別觀的見地上，駁擊他的平等博愛說「能言距楊墨者，聖人之徒也。」但是墨子其人人格的高，言行的一致，實現力的強大，恐怕孟子也不能不低頭。莊子天下篇批評墨子曰「亂之上也，治之下也」——似不贊同其行爲。但對於其眞摯的態度，亦說「實天下之好也，……才士也夫。」韓非子顯學篇說「世之顯學，儒墨也。」——可見當時先秦時代，墨學正和儒學二分天下的思想界。周室方亡，形式文明的虛文虛禮方墮地，墨子起爲新說，宜乎天下風靡。他矯社會的墮落，警人心的輕浮，示勞動的神聖，給一般以大感化。

著書漢志有七十二篇，今本只五十三篇。在韓非子的時候，這書尚大行於世，到秦始皇統一天下，焚書坑儒的時候，他這種社會主義的平等思想，自無倖脫虎口的理，所以看來，墨家在王權確立天下統一的時候，表面上卽已歸於湮滅，其不僅依孟子一人的排擊而然，當可瞭然；而到中世時代，猶不得擡頭，當也是因同一理由。——爾後遂不復爲後學之所顧及，著書內容亦至於非常蕪雜，一般皆認爲難近的書。但到清代，經過大儒畢沅的校訂，孫詒讓等的訓詁，其體遂漸備，一般識者亦漸著目。現代把這學思想史地攻究過，并且舉過相當的功績的學者，則有梁啓超胡適二子。梁氏有墨子學案及墨經校釋二著，胡氏則於中國哲學史大綱內，對墨學尤多精述——都是非常有價值，可供參考的作。

現今傳存的五十三篇中，眞可認爲墨子自著的諸篇，一般率分爲上中下三段而排列之，而三段中的文句內容，又殆相同。這個大概是因墨學後來分成過相里氏相夫氏鄧陵氏三派，（韓非子顯學篇）後人把這三家的傳本集合編纂的時候，任意這樣排分的。何以見得呢？這上中下的記事，要皆大同小異，而思想則尤一貫而共同，譬如其中尙賢尙同兼愛非攻天志非命六篇，各有上中下三篇，節用節喪明鬼非樂非儒五篇，或臏上中，或臏上下，而這十一篇又正是墨子思想的中樞，所以當是墨子的眞言，門人弟子之所記錄的。其次墨子又有論理學的書，——墨經。這書分經上下、經說上下四篇，外又附以大取小取二篇。而後二者尤多少具有系統，其中小取一篇又非常和荀子正名篇的論理相類似，所以其爲後之人想組織地構成論理學而作的東西，在稍具論理思考的人，當一讀即能了然。

說墨經不是墨子自著的人，古今來有張惠言孫詒讓胡適等三子。孫張二子說該經內的堅白異同的辯，和公孫龍及莊子天下篇內惠施的言相出入，其言似戰國時代墨家別傳之所說，未嘗盡墨子的本旨。胡子則更伸引其說，謂經說四篇及大小取二篇，都不是墨子自著，其文體和思想，都異於墨著他篇，又兼愛諸篇的論理形式，較大小取遙爲簡單，且小取篇中所稱的墨者和莊子天下篇中所稱的「南方墨者——俱誦墨經而倍譎不同相謂別墨」、相當云。(胡氏中國哲學史大綱上別墨)。

對於胡子這說，梁子則謂大小取固是後人所追加，但天下篇裏既有「南方之墨者俱誦墨經」的記載以上，則所謂墨經者必儼存於別墨者流的辯說以外無疑。且書名既爲墨經，則又必和墨子有關係無疑。何況經上下諸篇的文章，皆古樸有似於老子及周易的彖象文呢！所以當確是墨子自著，不過經下篇經過墨門弟子的補足罷了。——要之這經說二篇，當如公羊傳之於春秋，乃墨門之士引伸經說而成的，其間或因傳流的關係，有後人的案語竄入本文的地方，但大體上墨經要爲墨子植基而後人加過敷衍或附過他說的書。(梁氏墨經考釋)——簡言之，梁氏是不認墨經爲後人寄託墨子而編纂的。

案考起來，經上下文的簡古，誠如梁氏所言，其性質本力求簡略，非如記誦體的東西，所以文體思想多少異於他篇，自不容已。并且其題材也還是仁義等所以謂爲全然理想不同，尤不能說。何況要證墨經的存在，又有莊子的天下篇及晉朝魯勝的墨辯鈔的記載，這種記載又多少可認爲有權威呢！所以結果如胡氏所說——惠施、公孫龍等的辯說，合纂在現行本的墨經內，因此現行的墨經就非墨子自著——的話，當尚不免論據薄弱之瑕。這部書，我們以爲當作傳統的產物——這是支那古書所常有的事——看是很妥當的。換句話，這部書是由墨子樹其基礎，其後一二世紀之間，各家有價值的詭辯論又被統合纂入於其中——這樣看當很妥當的。

其次貴義、公孟、魯問、公輸諸篇，則當爲墨子言行的作備，城門以下十一篇，則爲兵書，卷頭修身親士所染三篇，則爲雜道家之言的僞託書法家以下四篇則爲墨門之手所編成的墨學概論，——恰如儒教的大學。

（參考書：孫張胡梁四氏的著作外，王念孫墨子雜志六卷章炳麟國故論衡下卷原文篇——叢書三帙。）

第二節　墨學的基礎

老莊之學富於哲學的思辨，儒家之學發揮倫理道德的特色，——我們可以這樣說時，那末墨子之學當爲以宗教的信念宣揚人類社會平等的大理想的。在三思想家的資格上，他和前二者老孔當鼎足而三。呂氏春秋當染篇說墨子曾學於史角的子孫；那末、其學之多少有異於儒學，自易推察。但同時他又精通儒學，看他許多地方衝擊儒學的弱點，就可知道。他是否定一階級或一家族的差別的小利小愛，而倡平等愛的；向新社會的建設和實現上，努過大力的。

至於歷史地論他學說的淵源，則有「則於夏法」——大禹的精神，及「出於清廟之守」二說。二說都有相當的根據。前者乃列子楊朱篇及莊子天下篇之說，二篇都說過大禹以王者之身，不惜勞苦，疏浚九河，且宮室質素，一意專以蒼生爲重；——其人類愛的精神，自己犧牲的精神，迄戰國時像猶未易消滅於人心，孔子也說過「禹吾無間然矣、」深讚美其鴻業。而墨子之徒，則更衣葛帶繩，食菽麥，從苦役，倘平和說兼愛，盡命以奮鬬，以努力的點，恰如以大禹的人格及事功爲法則；且墨子書中稱禹功的地方復不少。

後者——「出於清廟之守」的說，乃漢書藝文志所倡；其說雖不如前說的有力，但元來這清廟乃祀周的祖先姜嫄的。其構造極質朴清潔，而守司則又用學者。現在墨子之學既受之於史角的子孫，而史角當年又曾作過這廟的守司，那末由這關係上，墨子的信念方面，當受過許多影響，結果至於敬天信鬼。

以上是從來古人對於墨學系統下的歷史的考察。但墨家之不僅依這樣簡單的理由而生起，自是了然的事。墨學出現的由來，最大理由當因當時的社會狀態——我們以爲。蓋周代形式文明的積弊，和貴族世襲的政治，給當時的人民實有忍無可忍的悲苦。社會上無爲不事生產之徒日事增加，諸侯又連年稱兵，禍結不解。墨子他蓋有見於此，有感於此，所以他以形式打破、階級打破、私利私欲打破爲標的，崛起於其間，而促社會革命的實現。他稱天意天道，以樹其說，思想不根於論理，而率根於宗教的信念，這正是他比老孔二學祖大異其趣的地方。他以天志及聖賢的行爲爲儀表，和這相反的東西，他一切不取，合者則無論甚麼困苦艱難，必淩之而求實現，——這地方又最發揮其强大的信念力意志力。他的學說的根據，要之不置於理論上，而置於宗教的信念上，因以圖其兼愛公利的。又他所信仰的天，有主宰者的意味，恰如一神教的神(God)。他於主宰者之外，又信人間的靈魂，及山川的靈鬼等。他以爲這等鬼神是承天帝的命，監察下民的。他的這種心理，很像耶穌教徒依耶穌的名而禱於 God 的心理。他又引用了許多史事，證明這種天神鬼靈的存在。譬如這種時候，古的聖賢就祭神，那種時候就祭鬼，——他一一舉例實證。這種地方又可見他的好實證、惡臆說的科學精神。他始終認鬼神爲居於天神和人間之間的東西，監視人事而行天意的東西。天志上篇他說「上尊天、中事鬼神、下愛人」，他的神學的兼愛說，遂於此樹出。

所以他的兼愛尙賢平和諸說，都是推原天意博證史實而立說的，——很有不容易發見破綻的特色。本諸天意而行社會革命，——他是這樣一個宗教的思想家。

第三節　論證法

支那的古書，一般地沒有系統，換句話沒有組織。都是非論理的平面描敍；一時論人道，忽轉入古人的月旦，一時論仁義，忽跳入政治的範圍，而形式則更多爲語錄體，毫無一貫的系統。但到墨子，則非常富於科學的頭腦，其論說皆首尾一貫，具論文的形式，成組織的體裁。他以後所以莊子的齊物論、荀子的正名論、性惡論等，都非常論理化起來了。又其着想的點，在儒道二教，率傾於理想而疎於實行，他則不然，常具體地實行地立論，處處有知行合一之風。儒家的煩文虛禮，他大概都聽厭了，所以學風這樣趨於着實。貴仁篇說：

今天下君子之名仁也、雖禹湯無以易之、兼仁與不仁、而使天下之君子取焉、不能知也。故我曰天下之君子、不知仁者、非以其名也、亦以其取也、（言其善惡不能擇）

這是說仁義易言而難行，所以警告那些無實行力的說明者的話，眞是逼眞有餘。他是這樣一個人——實直而精密的一個人，所以辯說文章上，在在主張其論理的一貫，當非偶然。非命上篇

子墨子曰、必立儀、言而毋儀、譬猶運鈞之上而立朝夕者也、是非利害之辨、不可得而明知也、故言必有三表、何謂三表、子墨子曰、有本之者、有原之者、有用之者、

這是墨子論理的三表說，他說辯事理時，當依此。

（一）本　其論的所本，換句話爲其論的根本的東西。他主張當以天鬼的志，及聖王的事蹟爲本。這要即現今論理學上的演繹法。

(二)原　依他說這「原」當用演繹歸納二法。前者是指依古聖王的教理以演繹的時候，後者是指察一般民衆的耳目，專基於經驗而考察的時候。他常用這法的兩方或一方。

(三)用　應用之於刑政，增進人民的福利，而觀察其合於天志與否的方法；換句話，卽人民有益則用，否則去之的歸納的方法。但這方法兼肯定否定二面，必待實行而後可決，所以在論理學上不是很有力的東西。

墨子他依這幾種方法，構成他的論文。他的這些方法，都是論理的方法，自不待說，所以關於原理方面——思維(Deuken)的性質及方法等，他也發過許多議論與否，現在尙屬不明。我們因爲經說四篇及大小取兩篇——上面說過了，都是墨子以後的別墨及其他的論說混集而成的書，而小取篇又多少帶有論理書的形式，所以原理論方面的記述讓諸下章別墨論的條下。

第四節　兼愛說

墨子以兼愛說博名，這說是他的學說的眞髓。蓋當時社會狀態和人心多有反乎天志的地方，他看到了非這學說不能得到救濟，所以倡了出來。其論法又爲實證的，客觀的，公平無私，所以尤有價值。本來愛這東西的內容是有種種差別的。譬如唯愛自己的心，圖未來的解脫，則有印度婆羅門那樣的愛。只愛自己的身，拔一毛而利天下也不幹，則有楊朱那樣的愛。由親及疏，貌爲仁愛而實爲差別，則有儒家一流的愛。但現在墨子的愛和他們都不同，他視人的親如己的親，人的身如己的身，兼相利，兼相愛，其間無絲毫差別，——無差別的平等愛，這就是他的兼愛。惟其如此，所以這兼愛觀念生出的動機要當是宗教的信念；有他那樣深刻的信念，所以這觀念才能見諸實行；因於差別愛內的俗物，對他這個眞是牆高九仞，望塵莫及了。他的兼愛主義，要和基督的博愛主義，佛陀的四海同胞主義，同其軌，胸中有這宗教的熱情，而後這主義可得而實行的。

墨子他應用上面述過了的三表法，構成這學說。他先本諸天志，論這兼愛的理的當否曰，「天子者、天下之窮貴也、天下之窮富也、故欲富且貴者、當不可不順天意、順天意者、兼相愛、交相利、必得賞、反天意者、別相惡、交相賊、必得罰」（天志上）。得賞的是三代的聖王禹湯文武，得罰的是三代的暴君桀紂——他證明兼愛之出於天意，以固其立論的「本」「原」。其次及於兼愛的「用」，則結論之曰，天下的亂，要因個個人騙於私慾，爲自利心所昏的原因，去這自利心，致天下於治平，而增進萬民的幸福，則莫若兼愛以期互利。換句話說就是：

視人之國、若視其國、視人之家、若視其家、視人之身、若視其身、是故諸侯相愛、則不野戰、家主相愛、則不相篡、人與人相愛、則不相賊、君臣相愛、則惠忠、父子相愛、則慈孝、兄弟相愛、則和調、天下之人皆相愛、則強不執弱、衆不劫寡、富不侮貧、貴不敖賤、詐不欺愚、凡天下之禍篡怨恨、可使毋起者、以相愛生也、是以仁者譽之、（兼愛中）

能用這種兼愛的人，他說大概都是古的聖王賢君，他引了許多史例，歸納地證明過。其中尤其讚美大禹兼愛公利的精神，及文王治岐時，不以大侮小，汎愛其民的事。他說惟其大禹文王的治政如此，所以其結果老而無子的人得全其天年，孤而無兄弟的人得謀生業，少而無親的人得保生長，——都是因行兼愛用兼愛的緣故。

——他的兼愛是這樣一種平等愛，博愛。但他行這博愛的動機，則又和佛耶二聖不同。佛耶是全出於純粹善念及慈悲他則多少有功利處，有以社會發展爲眼目處。他方面他又認社會上貴賤貧富的階級，怕兼愛的結果易墮於惡平等，於是又高唱一「義」字。這種地方，是他和現代的社會主義者——甚麼理由也沒有一味地要把社會上某一階級的富平均分配，殆和掠奪相同的主張，——根本地旨趣不同的。

他的義是甚麼呢？其本原也基於天。譬如大國不侮小國那樣的事，就是義的一面。實際上和儒教的義一樣，作正義正理解的。他說：

天欲義而惡其不義者也、何以知其然也、曰、義者正也、何以知義之爲正也、天下有義則治、無義則亂、我以此知義之爲正也、然而正者無自下正上者、必自上正下、是故庶人不得次己而爲正、有士正之、士不得次己而爲正、有大夫正之、大夫不得次己而爲正、有諸侯正之、諸侯不得次己而爲正、有三公正之、三公不得次己而爲正、有天子正之、天子不得次己而爲正、有天正之、（天志下）

由這些話看起來，他的兼愛決不是破壞人倫，掠奪財產，帶野獸性的東西了。他認君臣父子的義，富貴貧賤的別，由天志以把持人道的正義。下剋上那種事情，他認爲是亂的根本，深深戒告過。所以他的兼愛，決不如孟子所罵無人倫無階級觀念的東西；同時又決不和現代無政府主義者的無差別的平等主義同意趣。他在諸篇中在在高調過以天志爲本的正義，戒告過人心之流於惡平等。而古來竟沒一人解他這番心事，都雷同於孟子的獨斷論，斥他爲無父無君，眞是怪事！這點當正是支那人暴露其國民性的缺點的地方，他們都有自利的、個人的、形式的、的性癖，墨學流行，在他們雖正是一副清涼劑，可以矯正他們的惡癖，但他們當不起、禁不住這種平等愛的試驗。一個一個還是回到他們個人主義的老巢去，附和地排斥墨子。而他方面君主政治的幕下，數千年君民又都是以個人為本位，所以墨學尤遭忌惡——迫壓之餘，遂至於一淪不振。

第五節　非戰論

墨子時代幾多學者，都以富國強兵的策略干諸侯，諸侯亦皆以戰爭征伐為能事。廢墟滿天下，廢人遍中國，和野獸一樣，磨牙厲齒以相搏擊，都恬不為怪，反以為樂。我們無論從那一方面觀察，都能看到比戰爭還不仁不義的事情沒有，但時運的末流，無可如何，而他——墨子又恰生在這時潮的渦中，所以遂倡非戰論，高調平和。但他在這非戰論中，也是以本於天志的人道愛，及社會上經濟上的大慘禍為論旨，從兼愛及功利二面申言其說。

他說今有一人入人園圃，竊其桃李，則衆人皆認為非，官府且從而罰之，謂為侵奪他人財產。又所竊的如非桃李，而為雞犬，則罪更重，竊牛馬則愈重，殺人而奪其物則尤重，萬人且皆衆口鑠金地，痛擊之為大不仁，大不義。但今者興戰爭，殺人盈城，拋骨盈野，而世人且稱之為義戰，這不是連義與不義的區別也不明麼？眞是愚莫過於此！殺一人而不義，則殺十人當十倍不義，百人當百倍不義了，此而不辨，則當如視一個黑石為黑，視百個黑石轉為白者同其瞶瞶了！少苦為苦，多苦為甘者同其麻木了！攻土殺人而譽為義，這果是明義不義的別者麼？——他先從論理上論破戰爭之為不義。

其次又從社會上經濟上論戰爭之為非。他說每次戰爭，人民壯丁必多徵發，耕稼穫斂，遂在遭妨害，而軍需品的搜求，人民更蒙一重損害。何況壯士去不復返，牛馬戰具多成廢物，戰事延長，則野滿餓莩，疫病且從而生，其死亡更無數。這個從經濟方面看起來，生產不便、不利、且不能，其損失實不可計。又戰而敗時，則身作亡國的民，家爲他人所有，慘狀更難言語。縱一戰而勝，然實際上亦所得不償所失，何解呢？要攻三里的城，七里的郭，不用銳不折兵徒手得來的事古往今來尚得未曾有——至少要喪數千人命是一定的。所以求攻城野戰以開國的人，其愚誠不可及。與其行這種不仁不義的事，何如萬乘的國內，好好整頓開墾其空地之爲愈呢！不待說，好戰的人或會這樣說：齊晉的君，其始封也不過數百里，以攻城略地，遂有土數千里，有衆數十萬，這不都是攻戰的賜麽？但這個是論者一端的見，齊晉二國的強大，雖是事實，但其裏面幾多小國遭了滅亡，受了大禍，辛慘備嘗呢！今有醫生以藥試病人，如萬人之中僅癒其二三，這醫生我們可以說是名醫麽？同理，因戰爭得了強大的國家雖有一二，我們能彀忘記被過害的國家且無數，而斷戰爭之爲利益麽？——他這樣論破下來，最後以非戰的是非質於天志而結論曰：

夫兼國覆軍、賊虐萬民、以亂聖人之緒、意將以爲利天乎、夫取天之人、以攻天之邑、此刺殺天民、剝振神位、傾覆社稷、攘殺其犧牲、則此上不中天之利矣、意將以爲利鬼乎、夫殺之人、滅鬼神之主、賊虐萬民、百姓離散、則此中不中鬼之利矣、意將以爲利人乎、夫殺之人爲不利於人也博矣、又計其費、周生之本、竭天下百姓之財用、不可勝數也、則此下不中人之利矣、（非攻下）

上質天、中問鬼、下鑑人事——三方面上他主張非戰論。同時於言論外，他并實際上力求過這非戰的實現。諸侯攻伐時，他曾賭着生命在其間奔走過，這是尤當特書大書的事。公輸篇，楚攻宋時，墨子他方在齊國，聞此事，晝夜兼行十日間至郢，謁楚王，痛論戰爭之爲非，楚王不聽，最後命爲楚作攻具的公輸般和墨子在王前作攻守模擬戰，謂如墨子勝則止兵。公輸般攻九次，器盡不克，墨子九次擊退之，而守禦有餘，楚王於是乃罷戰云。幷且那時他對楚王說，王如殺我以爲可以除宋的守禦，則我們人禽滑釐以下三百餘人方擕我所發明的守具站在宋國城頭上待王的兵，縱殺我王也不能克宋云。由這些地方看起來，他這個人眞是一個言行合一的活學者，不和儒家一樣專作抽象的空論了。幷且同時他又是一個很有技工的人，經上以下的辯經裏且間有物理的定理；備城門以下十一篇的兵書在當時當是很重要且流行的著作。——他是議論實行兩方面都力求過實現的一個平和論者。

第六節　經濟政策論

一　理論

林放問禮時，孔子說「禮與其奢也寧儉，喪與其易也寧戚」（八佾）——以戒當時的虛禮。墨子後於孔子五十年，那時以禮文爲國教的周代文化餘弊更甚了，更趨於繁縟了，士以虛僞爲事，世以奢侈爲風。所以孔子也說「先進於禮樂、野人也，後進於禮樂、君子也」意謂貴族子弟無禮樂，野人的民間反有禮樂。由此當時的世襲貴族幾多挾威權事奢侈，可想見了。墨子生於其時，爲和濁世惡潮相頡頏，故倡天志兼愛諸說，但具體的經綸策上他還主張過節儉主義的經濟政策。——

現在便宜上把他的經濟論分爲理論和政策二面分述一下；前者是尙同篇，後者是節用節葬非樂非戰非命諸篇。

尙同也是出於他天志兼愛的根本思想而來的，是說上自國王，下至鄉長，——凡爲政者，皆不可不「一其義」

的「一其義」者，換句話就是凡爲政者，不可不求國論——輿論的一致，萬不可使民意生不一致之謂。他在這兒用一種道德的理想爲前提，他說一國一鄉的爲政者，都不可不是仁者。這點和英國 William Godwin 的思想極相似；他的意思爲政者總而言之，萬不可不以民衆的輿論爲基礎而樹立其政策。惟其如此，所以他以爲凡一國或一鄉之中，如有生異議的時候，這要因爲政者沒有善體過民意行過善政的原因。若行仁政，這種異議決不會發生。總之爲政者當樹上下一體的論策，使國內不起不平的聲——這就是尙同篇的理論。

二　政策

那末然則如何就可以施行這種政策呢？他說第一當匡正社會積弊的病源，以謀社會全般福利的增進。他的政策所以全以這一般福利爲對象，恰和現代社會主義的經濟政策有相酷似處。爲一二階級，使一般人民陷於貧窮，這是他所不能堪的，當以天志爲本，謀富及機會的均等——他說。不待說他的理論和現代社會主義的理論根據非常不同，後者依唯物史觀，固其基礎，其理則爲科學的，生理的，前者墨子則爲基於天志的人道的實證論——出發點和論法明明相異。但其倡人道愛，圖一般人的幸福，尤其對於下層百姓的困苦，想用物質的救濟的精神，則二者殆全如一。

墨子他的政策，我們與其呼爲富國的積極策，不若稱爲節儉的消極策。他以省費爲主眼，和後來法家的政策根本不同。他先從衣食住三者說起，他說衣服本來是防寒暑而作，居屋防雨露，食物防饑餓而作的，但後世富貴的人，好作錦繡文彩靡曼的衣服，且鑄金爲鉤，琢玉爲珮，遂使女工不能不作文彩，男工不能不作刻鏤，以供需用；而此外宮室則求宏大，食物則期珍美，衣食住以外的器物，如舟車兵器等，又亦好施文采，鏤金銀，以競奢侈，較虛榮，致妨害一般人民的農事，產業遂爲之減少，重稅之下，有時且連生活必需品亦不可得，其結果國家亦遂歸於凋敗。這要因政治變成了小人的私慾政治，沒遇着君子賢人施其仁政的原故。如施仁政，則民利倍加，國利亦且倍蓰。其原因幷非稱兵得地以爲益，乃國家自身省其費，節其用而然的。（節用上）——去文就實，他教人拚命地節用；其說和現今經濟學者在其救貧策上，倡富者當節儉，毋奢侈，以便一般民衆的生活必需品產出上沒有阻礙，且國家愈實行其所以小貧富的懸隔的政策時，則貧乏者當愈趨於少數——的說相該當。他的節用政策，要爲此意。

站在這種見地上，所以他對於當時的厚葬主義，及耽溺於音樂的人，力言節用的必要。本來由他的節葬篇看起來，葬禮至於傾產毀身，或者天子王公三年不得聽政，士民三年不得執業，葬式所使用的衣棺裝束等，又爲價不貲，中產階級，且或半失其產，而如葬者爲王公天子，則更支費多端，人民因而增負擔不小——的點上看起來，漢人葬禮的虛飾厚費，在他國人眞咋舌不能解，一國公私經濟之受打擊，自是必然的事了；宜乎他倡夏制，尙薄葬，——

> 古聖王制爲葬埋之法，曰桐棺三寸，足以朽體，衣衾三領，足以覆惡，以及其葬，下毋及泉，上毋通臭，壟若參耕之畝，則止矣。死者旣已葬矣，生者必無久喪，而疾而從事，人爲其所能，以交相利也。（節葬下）

眞是最得中庸的論，比莊子以己屍飼鳥鳶，穩當得多，而僻論如孟子以下儒家者流的攻擊排斥之不得其當，更自不待說。且孔子對於喪葬，也戒過虛禮，說過盡哀；毀身破產以事厚葬，在倫理上也反乎孝道，何況害及於一國的生產，誤及於上帝鬼神的祭祀呢！——他的上質鬼神，厚葬反乎天意之說，是這樣歸結下來的。

其次他說過非樂。這個但他也不是說要把一切音樂全然破棄的意思。他是說如對於音樂太熱心的時候，則市多遊民，而野妨生產，——好樂不可好到這樣地步的意思。儒敎倡理想主義，古來就以禮樂二者爲維持風紀及精神修養的資材，禮樂幷行，鼓腹擊壤，弦歌之聲不絕於上下，他們就以爲達到了理想政治的域境。但事實上，孔子時代，鄭齊的淫樂，已入於朝廷，壞禮樂，亂風俗，孔子亦發過嘆息；到墨子時，諸侯作長夜之飲，恣佚遊，尙淫樂，蓄伶優，費用加於人民之外，他方面這種淫靡的音樂，又已由上而下，播及了社會全般，傷風敗俗。是則他說音樂消磨剛健的氣風，使萬民流於墮落，害生業，減生產，終且爲國家滅亡的因，——其言眞非無謂了。他引了許多史證外，更論及音樂的效用時，說無論如何音樂奏得好，決不能彈琴瑟以卻寇，又不能吹笙簫以退兵，這東西要爲害多利少的東西，想興天下的利，除天下的害時，正不可不禁牠，——但他雖這樣說，其眞意要爲指當時的淫樂而言的。

以上節用、節喪、非樂三篇，是他經濟政策的消極方面，反之非戰、非命二篇，則爲其積極方面。非戰論我們在他的兼愛說之次，已經說過了，現在只賸非命一條。這條本來認作他的政策是不無疑義的，但他說這話時，確是從一國經濟的立場上下筆，而這樣的觀察和思想，在西洋經濟學說中，又斷發見不着，所以我們以爲也是一個要點。

他第一就非難當時運命論者的主張，他說「命富則富，命貧則貧，命衆則衆，命寡則寡，命治則治，命亂則亂，命壽則壽，命夭則夭，命雖強勁，何益也，以上說王公大人，下以駔百姓之從事，故執有命者不仁」(非命上)。其次他更引了許多例，如鑑古聖的言行，察百姓的耳目，——等，辯難甚力。運命論者說：治國家時，命治則治，命亂則亂；但古時桀亂之後，不是湯王受之而治，紂亂之後，不是武王受之而治麽？世界沒有變，人民也沒有變，在桀紂則亂，在湯武則治，這還可以說有命麼？然現在世的君子，猶好說有命，眞是怪事！先王之書，沒有說過「福不可請，禍不可諱，敬無益，暴無傷」的話，然則如有命論者所云「爲善無益，爲惡無罰」，當無此理。在昔聖王爲百姓盡人事，百姓亦爲聖王宣勤勞，都不曉得運命是甚麼東西，但後世這些有命論者，唱這種不合理的迷說，惑百姓的聽聞，而百姓又初不是好信運命的，信運命的要爲世的暴君窮人，所以決非仁者之言。——他這樣論破了之後，更力述上下之當一致勤勞，以求國力充實。他的政策一言以蔽之曰，是神意的勤儉主義。

第七節　結論

墨子和孔子一樣，也是以經國一事爲唯一的理想。但看他的學說，則社會制度和風俗習慣的改良等，又是他唯一的目的。他一面說兼愛非攻，一面又倡上下的別，以聖王的政治爲無二的憑據，這點確同孔子一樣。其人格也崇高，和孔子相類，確是一個智仁勇兼備的君子。但孔子採「文質彬彬」的周禮，仁道也傾於差別的，他則尊事功，重名利，法於夏制，其思想較儒教的「理想的」，多傾於「實行的」，所以遂主張兼愛。但同時他又高倡一義字，嚴上下，毫無以無差別的社會爲目的的意思。後世學者動以他的學說的衰微，爲因孟子的排擊，或則謂因漢武以儒教爲國教，從而壓迫異教，所以他的學說就永遭白眼；——這些地方，不待說也是重要的一二側面，但其大原因，要在於支那國民性的個人主義的利己心，和他根本地不相容的點上。我們如果想到現在支那國民最缺乏的東西，就是這異教精神——博愛的公義的犧牲的諸點時，那末想誰也不能疑我們的斷案爲誣。

第二章　宋牼子

第一節　墨門的分裂

由墨子諸篇及先秦諸子的記載看起來，墨學自其師歿後，卽漸分離，變成了事功和論理兩派。論理派的事，讓諸後章別墨論。現在專就這事功派考述一下。墨門諸子中，爲墨子的正系，人格高邁，和墨子相終始，作過諸生的儀表的人，當是禽滑釐，其次則耕柱子，高石子，高孫子等，——都是墨門的柱石。但這些人的著述一點也不傳，他們的思想，無從知道，很可惜的事。他們這事功派之中，又分爲兩派；一派專門傳道，一派則專實行其道。後者集許多同志組織一種墨家的社會，我們在韓非子及呂氏春秋裏，多少可以曉得他們的事。傳道派爲他們的道的時候，雖死也不辭，有這種犧牲的精神，所以殺身以成仁那種任俠的氣風，遂由這兒生起。呂氏春秋所記的孟勝田襄子腹䵍等「巨子」就是（上德、去私篇）。又韓非子說，「儒以文犯法，俠以武犯禁」（五蠹篇）當也就是指這時弊。本來他們那些「巨子」，實有「宗教團」裏「使徒」「宗師」之風，而這種意氣，實行派遂藉以施諸實地。但實行派中，有把墨子思想推衍過甚的地方，如許行陳相等就是明例。

此外著書或思想之散見於諸子中的有名的人，則有宋牼子尹文子等，——各代表其師的一面。就中宋子則繼承墨子兼愛說之外，且體得老子的柔道處世法，他構成過一種異樣的學說；——不待說猶可認爲墨門的正系。尹文子則依其著作看起來，似是馳騁於名法二家之間的，嚴格地講時，當屬於法家部類。許行則擴充其師的兼愛平等諸說，實行過無政府主義及共產主義，多少和墨子有違異處。

第二節　宋子說

宋牼子，宋人，和孟莊同時，比二人還多少是先輩人格也像很高二人都很尊敬他呼之曰「先生，」或曰「宋子。」宋鈃、又曰宋榮子又曰子榮子、牼鈃古音通自是同一人的名字無疑。他和那驍勇無比的禽滑釐等，都是墨子的高弟。他繼承墨子平和主義的思想和人類愛的精神，又更從老子受過無爲恬淡說的影響，比墨子還站在高處凝視人間。

他沒有整篇的著作，從諸子書中所散載的去概觀他的思想時，他像以寡欲平和主義終其身。莊子逍遙篇裏「夫知效一官、行比一鄉、德合一君而徵一國者其自視也亦若此矣而宋榮子猶且笑之」韓非子顯學篇裏「宋榮子之議、設不鬬爭、取不隨仇、不羞囹圄、見侮不辱。」由這些話看起來，他的德行的高志操的堅，可概見了。并且見侮不辱這話，換句話就是不起「怒」的感情的意思，他既主張過個人間如是，國際間如是，那他正當和佛陀的忍辱，耶穌的無抵抗主義同樣了。這方面的思想，他不待說是受於老子的，但比老子還深進了一層。

孟子曾在石丘遇過他，那時他正向秦國去；孟子問他「先生將何之」他說我聞秦楚構兵，想他們不要構往說過楚王，楚王不聽現在想到秦國說秦王去。孟子又問他那末先生將用甚麼話說秦王？他說我想從戰的利不利上說他。這兒孟子於是就拉出自己一流的思想來說，先生何不從仁義的王道上說他們，何必要說利不利呢？——滔滔說了一大篇，而宋子的話就只上面那樣幾句（孟子告子下。）這宋孟非攻論之孰當孰不當，姑暫不論，但由此可以曉得他也和墨子一樣，爲戰禍爲平和曾奔走過天下了。難怪莊子天下篇裏這樣批評他：

不累於俗、不飾於物、不苟於人、不忮於衆、願天下之安寧以活人命、人我之養畢足而止、以此白心、古之道術、有在於是者、宋鈃尹文聞其風而悅之、作爲華山之冠以自表、接萬物以別宥爲始、語心之容、命之曰心之行、以聏合歡、以調海內、請欲置之以爲主、見侮不辱、救民之鬬、禁攻寢兵、救世之戰、以此周行天下、上說下教、雖天下不取、強聒而不舍者也、故曰上下見厭而強見也、雖然、其爲人太多、其自爲太少、……以禁攻寢兵爲外、以情欲寡淺爲內、其大小精粗、其行適至是而止、

荀子非十二子篇中墨翟宋鈃並稱，解蔽篇說「宋子蔽於欲而不知得」——雖其過於寡欲。

他的思想是這樣受老墨二家的影響而成的。但他雖體得老子寡欲恬淡的修爲法，又決不如道家者流專顧獨全；他爲兼愛之故，又如其師奔走天下，盡過人事，他的思想本流所以也是墨子的人道教。他和楊子恰好成個對照，莊子說他不顧自己和弟子的饑餓，只留五斗米，不忘天下，日夜奔波云——其崇高的精神可想見。

第三章　尹文子

漢書藝文志說他曾說過齊宣王；莊子天下篇又把他和宋子並稱，所以看來，他大概也是和孟莊同時而先於公孫龍的人。藝文志把他列於名家，由他的著作看時，這列法多少是有根據的。

他和宋子同受教於墨子，一面又像習過黃老學，但讀他的著述又是一個探究科學(論算)的人，作過別墨派的先驅的。天下篇說他「接萬物以別宥爲始語心之容曰心之行。」這別宥二字何解呢？宥與囿通，有區別物的意義。所以看來他和愼到田駢一派以「一是非齊萬物爲道」的思想全然不同；意思是說人生天地間，不可不區別萬物，說明其理由，——蓋從心理方面主張法理的。所以其「心之行」三字當正是正名實正名檢分，以定名分的意思。

他說大道無形。形雖是有形，但名不必定是有形的東西。蓋形雖不附以名，猶不失其黑白方圓的實名則要爲表概念的。且名存於心內形存於心外，二者自不能常常一致；從而名實的爭所以必不能不起。若使衆名皆得其正，則大道自治，儒墨名法自廢，是則以儒墨爲治者，究不能離道，且不能稱之爲至道之治了——他這樣說。蓋他以老子無名的道爲至道，以儒墨名法等爲未足。他說：

道不足以治則用法，法不足以治則用術，術不足以治則用權，權不足以治則用勢。勢反則用權，權反則用術，術反則用法，法反則用道，道用則無爲而自治。（大道上）

——他是這樣看的。愈用法術權勢等，則愈流於煩瑣，愈流於煩瑣，則形名的一致愈缺，而距大道就愈遠。但同時他又說大道不是容易能彀實現的，這不過是一個理想，所以求名實之合法合理，當爲經世家第一要諦——由此他於是遂倡出他個人獨得的法理論：

他說名有三科，科有四呈。三科是

(一)爲命物之名——說方圓黑白的，

(二)爲毀譽之名——說貴賤善惡的，

(三)爲況名——如賢愚愛憎等。

四呈是

(一)不變之法——如君臣上下，

（二）齊俗之法——如能鄙異同，

（三）治衆之法——如慶賞刑罰，

（四）平準之法——如律度權量。

他說先要這樣分類，以定名實，明上下，分貴賤，制律度，且使其間彼此無相侵雜，而後治國的法始可行。

又曰名名形者也、形應名者也、然形非正名也、名非正形也、則形與名居然別也、不可亂亦不可相、無名故大道無稱、有名故名以正形、今萬物具存、不以名正之則亂、萬名俱列、不以形應之則乖、故形名不可不正也、善名命善、惡名命惡、故善有善名、惡有惡名、聖賢仁智命善者也、頑嚚凶愚命惡者也、（中略）故曰名不可不辨也、名稱者何、檢彼此之虛實者也、自古迄今、用此無不得、用彼無不失、失者由於混名分、得者由於察名分、

（大道上篇）

——他更這樣地反復說述過形名二者所以必要的理論，旨極得要領。他以這法理為治世的根本，看來他是一面奉老子的大道，一面把這道具體化的時候，又參取了孔子正名的法理，及墨子論理的精神，以樹其說的。他以仁、義、禮、樂、名、實、刑、賞八者為五帝三皇治世的要術，而名之曰八術。這種地方，可以看出儒家及於他的影響。但他同時又論過聖人和聖法的區別，他說「聖人者從己出也、聖法者從理出也、理出於己、己非理也」——高調法理的神聖，後來且為法家一派的金科玉律。并且他說法理的時候，理論明析，毫無詭辯的臭味。

第四章　許行陳相

漢書藝文志說「農家者流蓋出於農稷之官播百穀勸耕桑以足衣食、……此其所長也及鄙者爲之以爲聖王無所事欲使君臣並耕悖上下之序。」——古來是單以許行陳相之徒爲神聖農業勞己以奉人的但這種觀察法非常素樸（naive），他們不是依這樣簡單的理由勃起來的可不待煩言而解。

蓋支那戰國時代是一最有興趣的時代思想界不待說社會上經濟上可研究的事情也非常不少。現在論許行陳相的時候我們可有機會一瞰當時的世相和學相了。一口說盡當時學派對於社會的影響時我們可以說就：是儒道二家專談文教上思想上的問題不切實用有時縱亦涉及社會改革及政治方面但實際上沒有大影響大勢力。他們多是理想論迂闊而不適於時用。而反之眞正作當時政治社會的中心非常適合時宜的轉爲名法二家的經世派。這二派內在其反映於時潮的點上法家又尤爲時代中心的產物。這法家的特色，一言以蔽之曰，就是以個人主義的經濟政策爲基礎施行其軍國主義的政治當時管商申韓等那些法家固不待說卽各國中稍有名的政治家也無不是以這帝國主義爲基本介於列強虎視眈眈之間磨牙利爪內視人民如土偶使之奉公守法而結果遂致專制的軍國主義於異常發達的域境。所以當時一般民衆的狀態恰和近代 Proletaria 階級（第四階級、無產階級）相酷似而呻吟於悲慘的社會契約之下，不得伸屈的情勢，或且過之。

情勢如此，所以必然的反動不能不起了——和資本主義的政策之下萬不能再堪忍了的近世社會主義一樣，萬不能不激起了。那末這時候的 Karl Marx 是誰呢？不待說就是墨子。墨子在他活動的時候，法家諸子雖還沒出現，但事實上法家主義的政策，那時已經見諸實行，其弊害已經非常顯著。要墨子——同胞愛的觀念抱得最强的墨子，不流眼淚看過當時民衆一般的慘狀，他的眼裏，未免眼淚太多了。——所以他義不顧身，東奔西走，艱苦備嘗，爲一般人民號呼於天下。他的打破個人主義的精神，雖本諸他學說上的天意，但把這精神演繹起來，施諸實際的時候，則當和現今社會主義的精神和社會主義的政治相該似。——那末由這種關係，許行陳相等那種無政府主義的思想的出現，在思想發展的徑路上看起來，自是必然的歸趨或結果了。

許行乃南方楚國之產，不是墨子正統的人。但他的學系師承的關係雖不明，從其以勞動爲神聖，及其賢者和民共苦樂以治國的話的精神上看起來，他當和墨子一脈相通，受過墨學的影響很大。莊子天下篇裏說的「南方墨者」，恐怕就是他和墨子的中間人。并且墨教入南方荊楚而盛大的話，除天下篇外，還有呂氏春秋上德篇說過：孟勝死於義，從之死者弟子百八十三人——當時南方墨者之多，可想見了。看來墨子尙生時，教到南方，已得了許多信者。

許子聽着滕文公復行古代的井田法，率徒數十人到滕，謁文公說「遠方之人，聞君行仁政，願受一廛而爲氓。」文公諾，於是遂歸化滕國（孟子滕文公上。）其徒皆衣褐捆屨織席以爲食，全然共產主義。他的道行像很高，儒者陳良的高師陳相（陳良陳相陳仲恐怕都是一家）一聽他的學說，就立刻歸服了他，做了他的門徒。滕文公上篇裏有孟子和陳相的問答，由此我們略可推知他的道。

他的根本盡在「賢者與民並耕而食，饔飧而治。今也滕有倉廩府庫，則是厲民而以自養也」一句。這句話不待說和現今共產的無政府主義的思想全相同。孟子從儒家差別的見解上，倡分業主義，且說人智有上下，所以治者被治者二階級，是必不可免——以爲由此論破了陳相。但實際上，這要不外理論單位不同之所致，幷不能說孟子是而陳相非——而許子非。許子他幷不是全然不認主權者的，他見文公時說的「聞君行仁政」這句話，一面是表他喜歡共產的井田法復活了，他面又是表他承認復活這井田法的主權者，統治者的意思的。他所最反對的，本就是個人主義的政治和政策，無治是他的理想；至於共產主義那種內含許多困難問題的主義，本無能一般實行的道理。他是用墨子的兼愛利他主義爲根據，爲一般人民圖共存共榮的。——和近代無政府主義者以相互扶助的利他精神，圖人類一般的福利者，正同其揆，社會改革的理想，他們都是一樣。在這見地上，所以專爲一階級謀利益而視一般人民則如奴隸，如手足，那樣的政府，像專爲個人利益而設的政府，他是主張要撤廢的。

次之就是他的經濟觀。陳相說：

從許子之道，則市賈不貳、國中無僞、雖使五尺之童適市、莫之或欺、布帛長短同、則賈相若、麻縷絲絮輕重同、則賈相若、五穀多寡同、則賈相若、屨大小同、則賈相若、（滕文公上）

他的意思，生產手段的支配原則上，生產物的私有當禁止，而改作公有；至於其生產的目的，則爲爲社會全體。——和現代社會主義的經濟觀正大同小異。蓋在資本主義的社會裏，生產的目的，全在於個人營利的一點，其利益和損耗也全歸該生產者個人所負擔，所以生產者只爲自己的利益而生產，商賈則亦唯以多得利潤爲目的。但在共產主義之下，則生產唯求於自足，足不足的負擔，亦在於全體，不在於個人；而生產品的性質——由上面許子的話就可曉得——純是以實用爲本位，商人的利潤，則更自一定；且物品又不依類種而異其值，主要的生產品，如絹布米麥等都是同量同值地交換。許子的道，蓋共產的道；生活必需品的價値既同一，所以決不蒙甚麽大影響，且勞動和原料皆出於同一的懷中在他或以爲同價地交換轉多便利。又商人農人工人既都沒有財產所有權以上，逐利弄詭的事情自不會發生；行他的道，天下的富自然平均，徒食的遊民階級，也不至於有。——這個和現代社會主義者間所倡的「不勞則不得食」的標語，不勞則不得食的經濟思想，正相共通。

但是這種廣漠平等的無差別說，在主張個人主義的差別論的孟子不待說自是格格不能入。他說「夫物之不齊、物之情也、或相倍蓰、或相什百、或相千萬、子比而同之、是亂天下也、惡能治國家」——對於許子一點也不了解。不僅他不能理解，幷且從古以來，就拘泥於禮教，執着於差別觀的漢人，一般也不能理解。要他們理解這個共鳴這個的時候，他們未免太個人的，太實際的了。所以不久許子陳子的教，遂歸於衰滅。但他二人自己以崇高的精神，實行其理想，持以和當時滔滔的個人主義相反抗，這又正是當時社會現狀的反映，史家所不可看過的。

第五章　別墨論

第一節　系統

莊子天下篇說「相里勤之弟子、五侯之徒、南方之墨者苦獲、己齒、鄧陵子之屬、俱誦墨經、而倍譎不同、相謂別墨，以堅白異同之辯相訾、以觭偶不仵之辭相應、以巨子爲聖人、皆願爲之尸、冀得爲其後世、至今不決。」韓非子顯學篇說「自墨子之死、有相仲氏之墨、有相夫氏之墨、有鄧陵氏之墨。」

——都是說墨子死後墨學分裂的情狀的。上述的莊韓之外，荀子也說過；三者都是現在研究別墨上最上的史料。看莊韓的話，當時南方的墨者苦獲己齒鄧陵等已把墨子的辯論術擴充下來，倡堅白異同的辯，漸和事功派分離起來了。——莊子正是說的這個。換句話：當年由墨子樹過基礎的論理書現在被他們南方的墨者附加了許多詭辯。他們把現今流傳墨子內的墨經四篇加了增補外，大小取二篇也確被他們裏面那一個多少組織化了一下了——這宗事情是不容疑的，(參照本編第一章墨子第一節)。并且這樣增補組織的時候，他們還把古來喧傳過的詭辯論也取來按配進去了。——這宗事情我們也只要稍一留意察其內容當自能曉悟。不過卒然對之沒有察及其爲這樣雜纂的時候，則如胡適氏那樣的異說就會生出來——墨子以後的詭辯家皆爲「別墨」的那樣異說就會生出來了。不待說古代哲學家各人有各人的學的論據，那時候所謂論理學，還沒有形成；譬如老子以無名爲論據，孔子以正名爲論據，墨子以言三表，楊子以名無實實無名說，公孫龍以名實論，莊子以齊物論，尹文子以形名論，荀子以正名論——各人構成過各人的論理，誠如胡氏所說。但我們如一察這其間名學發達的歷史的過程時，則所謂墨經是一種甚麼性質的書，當自能略略推測得到(第五編第一章名家起源論參照)。蓋經說四篇及大小取二篇在其辯的形式上及其關於諸種學術的原理所下的解釋上，都是一種雜纂——一言以蔽之曰帶現今科學辭書那樣的形式的書。其文字至於個個分裂沒有統一，也是因這個原故。——那末不在這些地方着眼，僅依這書內的記事就說當時的論理家都是別墨，概括之於別墨系統之下，其爲說眞是極大膽而又極武斷，我們不能不說了！

蓋我們以爲把墨經及大小取等六篇，當作一冊論理的發展史——學理植基於墨子，別墨則增大其內容，且雜取古今的辯說而集成之——的一册論理的發展史，而加以研究，當爲妥當。春秋以後，各家所述的辯說原理，我們信爲都集成在這書內。何以見得呢？蓋墨經四篇如爲辯的原理書，則大小取當然是想應用這原理而謀組織辯的方則的書。那末其間論理思考之必然的發展的過程，不是自然明示了麽？

第二節　辯的形式

把別墨一派的論理多了組織化了的著作中，有梁氏墨子學案第七章墨家之論理學及其他科學和胡氏中國哲學史大綱第八篇別墨二著；——別墨的論理的學理由此多少鮮明了幾分。但二著尙猶不免唯精於字義的解釋，而疏於其辭語在現代論理學上到底有怎樣的意義的研究的嫌。不待說這本是極難的一個問題，誰也不容易達於無遺憾地的解答的，所以我們對於二氏的研究，不待說很表敬意。

現在我們因爲本概論的篇幅關係上，在這兒沒有作充分研究的自由，所以僅簡單地，且務期合於現代論理學的形式地，一試論其要旨而止。

小取篇裏述辯的要旨有下列幾句話：

夫辯者將以明是非之分、審治亂之紀、明同異之處、察名實之理、處利害、決嫌疑焉摹略萬物之然，論求羣言之比、以名舉實、以辭抒意、以說出故，以類取、以類予、有諸己不非諸人、無諸己不求諸人、

這是概論辯的目的方法及各種關係的。其意之所在，俟後段當再詳說，現在先舉其要領如下。

第一、辯的目的，爲(一)明是非，(二)審治亂，(三)明同異，(四)察名實，(五)處利害，(六)決嫌疑——六項。

第二「摹略萬物論求羣言之比」二句，是總論辯的方法的。「摹略萬物」者，乃由思維作用去探求萬象的意思。摹有索取的意義，略有求的意義。蓋思維作用這個東西乃成生於直觀作用加反省作用的時候的，而反省作用把牠細別起來，則爲比較、辯別、分析、綜合等作用；從而記憶作用想像作用二者也不能不認爲含蓄在內。——所以「摹略萬物」這句話，當爲由思維作用以探究萬物的眞僞的意味。次之「論求羣言之比」一句，是述論理學上的法則的意味的。法則之中有自然的法則，和規範的法則二種。前者是心理學及自然科學等所研究的；後者則爲我們要達一定的目的時所不能不守的法則，論理學倫理學美學等職責所在，不能不研究的。這兒「論求羣言之比」的話，要爲根據這後者——規範的法則，去論究羣言之到底正確不正確的意思。(胡適說的不得要領)

第三「以名擧實，以辭抒意，以說出故」的話，乃指思維作用的三形式——概念、判斷、推理作用，——而言的。在論理的方法上講起來，這是演繹法。所以「以名擧實」的「名」，是概念的表示，「實」者指物象自身而言的。——給「實」以「名」稱時則謂之曰「名」。經說下說的「所以言名者卽實也」的話，是說概念的構成的，概念由判斷的結果而生，概念形式(Begriffpform)所要的判斷，一般特呼之爲原始的判斷；其種類則如比較諸種表象的異同的判斷，辨別諸種表象的異同的判斷等都是。譬如三角形之中，有無數大小不等的三角形，把這些三角形比較起來而抽象其「皆範圍於三線」的共通點而綜合之的時候，則「三角形」的概念於是成生。這概念用言語表出的時候，則遂爲論理學上的名辭(term)。其次「以辭抒意」這句話則爲意味判斷形式的，恰和論理學上的命題(Satz)相該當。「以說出故」則爲說推論形式的；經上說的「說所以明也」乃就推理作用，論因果關係的這推理作用，乃比判斷作用，更深一層發展了的複雜的精神作用。蓋判斷出於反省之後，而推理則更就判斷反省幾下尋究其理由的時候而生的。譬如對於「墨經者僞作也」這個判斷，我們第一就生「何故？」這個反省，而其所以爲僞作的理由(故)「因其中多含墨子以外之學說之故」一句，遂恰和「以說出故」的話相當。用印度的因明來說的時候，恰和三支中的因相當。

第四、「以類取、以類予」的話，是說論理學上的比較類推作用的；是就「以名舉實、以辭抒意、以說出故」三者，要引出斷定的時候，不可少的比較類推作用而言的。那時候要求種種事例的同類項，而歸納之，類推之，以證命題，以下斷案；若反之不集同類項而集異類項，則推理論斷當不能成立。例(依印度因明三支法)

聲是無常的東西……………………………………宗

因爲聲是做成的……………………………………因

凡做成的東西都是無常的，譬如瓶………………喻

依上例，聲與瓶都屬於「做成的」的一類，做成的東西又是「無常的」的一類，所以「以類與」即是說的這個。但同時這個例又是把瓶與聲對比於萬物之中而推到聲爲無常的的所以，又謂之「以類取」。若這比類錯誤時，則一切推論都爲無效，所以大取篇說「夫辭以類行者也，立辭而不明其類，則必困矣。」

其次「以說出故」的故，正與 Cause 相當，正與三段論法的論結時由大小二前提得到「是故云云」的「故」相當。經上說「故、所得而後成也、」正是意味這個。經說上更分這「故」爲大小二種說「小故有之不必然，無之不必然、

大故有之必然、無之必不然、若目之成見、」這大故小故的區別，是說判斷形式上的特稱(particular)全稱(universal)的關係的。特稱就主位概念的一部分加說明，所以由前提所得的結論中有「有之」那種肯定(affirmative)和「無之」那種否定(negative)二種。小故是特稱命題，其原因結果都是部分的，可變動的。大故則是全稱命題——說明主位概念的因果關係的，所以其爲肯定否定都確定不能變動。例如「凡甲都是乙」就是這類。

以上關於其論理學上的原理，大概說完了；至於其方式，亦多和印度因明裏面用的宗因喻三支的組織，及現代定言三段論法的法式相同。其用例在墨經內尋出，是很容易，但這等事讓諸註釋這書的人，我們現在把該書內最有精彩的方法論，簡述一下罷。

方法論

墨經裏提出一個「法」字，釋明其意義如下：

「法、所若而然也、」(經上)

「法、意規圓三也俱可以爲法、法同則觀其同、法異則觀其宜、」(經說)

說文釋法字爲模範，有以一物爲標準，而模效之的意義。換句話說，由同一的模形，生同樣的結果的理由之謂。所以說「有所由(若)而然也」又說運用其法的時候，必意規圓三者合致，始得完全。這個以例說明之，就如畫一圓時，當具三種模範，圓的概念(意)作圓的規及已成的圓形(員)——三者具而後可以爲合法。法這個字有這樣的意味。經下說：

一法之相與也盡類、若方之相合也、說在方、

經說又說：

一方盡類、俱有法而異、或木或石、不害其方之相合也、盡類猶(由)方、物俱然、

——這都是就物之同一方形者盡相類的那「樣式」說明法的精神之爲何的話。嚴密地說的時候，凡物縱性質分量相異但從「方形」那樣式上說的時候，該方形不論爲金爲木，他物皆可依同法而得比類——的意思。這樣地同類相集而歸納之，說明之，以闡明事物的因果關係，卽就是墨經中說的「法」的意義。其精神和現今以科學的方法觀察事物歸納彙類事物者正相同。至於其「以同法推到同類」的話，則爲演繹方法；「從同類中求出同法」的話，則爲歸納方法。小取篇裏舉了辯的七法：一或，二假，三效，四辟，五侔，六援，七推——將該法說得很詳。

辯的七法：

(一)或　「或也者、不盡也、」

經上說「盡莫不然也。」「或」卽古的域字，有區分的意義；又疑而未定之辭，如中庸「或學而知之、或困而知之、」的類。所以這兒稱之曰「不盡」。例如稱馬爲或白或黃時，馬的概念自不能十分表出。這是論理學上所謂特殊命題。

(二)假　「假也者、今不然也、」正是論理學上所謂假言命題，如「丙若爲丁、則甲爲乙」的類。

(三)效　「效也者、爲之法也、所效者、所以爲之法也、故中效則是也、不中效則非也、此效也、」

效者要爲法則的意思，這兒乃指演繹的論證而言的。這種論證是先立一主概念，再把這主概念演繹起來，而以證命題自身的。至於其法則，則爲三段論法的形式；一般三段論法中如大小兩題間的媒辭(中辭)其比類相反時，則前提當成「不中效」議論且陷於破綻。所以必不能不依「同法的必定同類」的法則以「說出故」

(四)辟　「辟也者、舉他物而明之也、」

辟與因明三支中的喻相當。經下「物之所以然、與所以知之、與所以使人知之、不必同、」的話，正是說論理學上自悟他悟的區別的。蓋專以用譬喻爲他悟的要訣，因以闡明主要概念的。

(五)侔　「侔也者、比辭而俱行也、」

這是論理學上的枚舉推理法。在推理法上這是價值最少的一法，但其概括多數事實，因以省思考上的推敲處，也很有效果。

(六)援　「援也者、子曰然、吾奚獨不可以然也、」

說文、援者引也。這蓋是援引類推，以明事物的本相的法則。和歸納的推理相類，而又確與之相異，乃根據於類推(analogy)的法則。這類推法是枚舉的推理法及歸納的推理法都不能用的時候用的；研究學問上相當地可以收到效果。(清朝「考證學」家多用這法) 蓋這法乃由一個特別時候，推論他的特別時候的法則；雙方的事情，種種地方有類似處，於是遂推論一方的屬性，(attribut) 他方也必含有的法則。其形式譬如「A爲a，b，c，B爲a，b，c，而又爲D時，則A爲D，」之類。這種推理法，常爲蓋然的，或然的，不能說是絕對地確實，自不待說。但由蓋然的結論，——以蓋然的結論爲假說，更研究下去的時候，又常能發見普遍的法則。

（七）推　「推也者、以其所不取之同於其所取者予之也、是猶謂也者同也、吾豈謂也者異也、夫物有以同而不、率遂同、辭侔之也、」

右「也者同也」「也者異也」的「也」字，有「他」字的意味，和「他者同也」「他者異也」一樣。——全文是講歸納法則的。

本來歸納的推理，是以特殊的事實爲前提，而謀導出普遍一般的眞理或法則的歸納法 (induction) 這句話本來有廣狹二義；廣義的歸納法，卽科學上所用的研究方法；科學上不待說演繹法也用，但其目的因在於闡明種種現象間所存在的普遍的法則之故，所以歸納法最用的多。前文小取篇總論裏「以類取、以類與」的話，正是講的這法。「推」者述其方則之謂，「取」者「予」者則一爲推理上的舉例，一爲斷定的意味，而所謂「也者同也」則和 J. S. Mill 所說的歸納五法中的契合法（又曰一致法）(The Method of Agreement) 相當，「也者異也」則和差異法 (The Method of Difference) 相當，「有以同而不」則和一致差異併用法 (The Joint Method of Agreement and Difference) 相當。全文比 Mill 缺共變法 (The Method of Concomitant Variation) 及剩餘法 (The Method of Reduce) 二種。

（一）契合法（求同）

這法是將我們要研究的某一現象的同類事例，多多搜集，而觀察其原因和該現象二者間的關係，是否恰如因果的。譬如要研究固體何解變成液體的問題時，先取冰、石、金等許多溶解的事例，而比較而推究其原因，最後得到熱是溶解的普遍原因，熱是因，溶解是果，——的結論時，這契合法於是成立。經上裏「法同則觀其同」的話，說裏「法、法取同觀巧傳」（四部本）的話，都是說的這個道理。「觀巧傳」當是知得這一般普遍的原因的意思。

（二）差異法

Mill的公理：這差異法是我們想研究的某一現象，如其出現與不出現，唯依一宗事情的存在與否而異的時候，則該唯一的事情，當為該現象的原因或結果，又或其原因的要部。

經上說「法異則觀其宜、」

說說「法取此擇彼、問故觀宜、以人之有黑者、有不黑者也、止黑人、與以有愛於人有不愛於人、止愛人、是孰宜止、彼舉然者以為此其然也、則舉不然者而問之、」

都是同中抽異取此擇彼的意思。「問故觀宜」恐怕是挪兩個例，比較起來，謂其唯於原因結果的有無處相異，而其他一切則不可不同——的意思。這個差異法，只要比較兩個事例即已足，不必搜集比較許多事例，如契合法。蓋差異法多用於實驗的時候，契合法則多用於觀察的時候，觀察只要事例多，理由自明；實驗則非十分注意，常效果不能舉。譬如在空氣中搖鈴則聞着音響，真空中搖鈴則聞不着音響，由實驗的結果，我們就能明白音響之出現不出現，要用於空氣這一宗事情——有空氣則有音響，無空氣則無音響——這一宗事情而然；這是差異法的最好例。其方式亦簡單，契合法所推得的因果關係的正確與否，由此可更精查。（但經說所舉的事例，多不適切。）

(三) 一致差異併用法(同異交得法)

差異法不可用或用而不便時，則用此法。依 Mill 的公理，這法是我們想研究的某一現象，該現象出現的幾多事例中都有唯一的共通事情存在，該現象不出現的幾多事例中，該事情不存在，且此外毫無別的共通點的時候，則該事情當爲該現象的原因或結果或該原因的要部。用這方法的時候，無論該現象有原因的時候也好，沒有原因的時候也好，別的點不必一定全要同一；又研究其原因時，不必以兩個例爲已足，多多集攏比較而定其因果更好。

經上說「同異交得知有無」的話，就是說契合差異二法參同併用的意思。其方式先因契合法比較某現象出現的幾多事例而推定其中當有一事情爲該現象的因或果，更又補之以差異法而確定其因果關係的蓋然性。(但經說的事例不得要領)。大取篇裏

長人之異、短人之同、其貌同者也，故同。指之之(於)人也、與首之人也異、人之體非一貌者也，故異、

一段，多少和我們現在說的事例相合。蓋自形體上說時，身長的差本不成問題，形貌縱有同一的時候，但切指、首、各部分而比看時，決不能說是全然同一。人體不是由一貌組織而成的，乃由四體百肢而成，且各具其機能的。

以上七種辯的方法之中，「或」「假」是名辭的用法，「效」是演繹法，「辟」「侔」「援」「推」是歸納法。其中尤以「推」——其說明雖不完全，但遙與 Mill 歸納法中的主要部分相該當，眞可驚異。

其他墨經內還有許多對於物理學的定理，數學的初步，與乎倫理上的名辭，政治經濟上的術語等，加過一定

的解說的地方。這種學理，決不是一朝一夕所能成的，換句話：決非墨子一派的人，突然所能作爲，乃把古來漢族天文地理攻城野戰築城乃至人生哲學上諸問題的知識——總合下來的。但這些學理獨獨收輯於這墨經，而不收輯於他家中的地方，又適所以證墨子其人之多科學才，其門弟子於這方面又造詣甚深。

第五編　名家

第一章　名家起源論

詭辯派這東西果如梁胡二子所說起源於別墨麼？抑自春秋至於戰國，諸子百家，競鬭權謀術數，其結果辯論術遂漸次發達，經鄧析、至惠施，其發達遂達於極端，諸子學皆蒙其影響，別墨之徒，至於忘卻自家的本領，趨附之以詭辯爲事麼？——二者到底孰眞孰假，我們以爲確有闡明的必要。

胡適氏說「古來有名學無名家、附以這種名稱的人、是漢代司馬談劉向劉歆班固之徒、他們只曉得先秦諸子的一點皮毛糟粕、卻不明諸子的哲學方法、」而別墨的後進公孫龍等，又於這方面的研究特高，於是他們遂冠之以「名家」之稱，其實他們所稱的「名家的人在當日都是墨家的別派」（哲學史大綱一八八頁）。他說這段話最有力的根據第一、就是惠施公孫龍等的辯論說無不網羅在墨經之內；第二、就是晉朝魯勝所作的墨經註序文裏的「名者所以別同異、明是非、道義之門、政化之準繩也、孔子曰、必也正名乎、名不正則言不順、言不順則事不成、墨子著書作辯經、以至名本、惠施公孫龍、祖述其學、以正刑名、顯於世、孟子非墨子、其辯言正辭、則與墨同、荀卿莊周、皆非毀名家、而不能易其論也、」的一段話（晉書隱逸傳）——這二者正是胡梁二子以支那詭辯家爲起源於墨子別派的根本理由。但我們以爲這種見解，決不得當；在前篇墨子條及別墨條下，我們已經述過了墨經這部書，本是辯的辭書，其大部分非墨子所著，乃莊子天下篇裏所說的那些「辯者之徒、」把古來喧傳的辯說，竄綴集成的；所以唯其如此，墨經中之含鄧析公孫龍惠施等名家的學說，正所以證明別墨之徒受過他們的影響，——因而吸取他們的學說於墨經內。本來在別墨的時代正惠施作辯者的教導者的時代——天下篇「惠施以此為大，觀於天下，而曉辯者，」的話，正其明證。但惠子他雖作這些辯者（這就是胡梁所稱的別墨）的指導者，他方面他自己幷不一定和這些辯者同一系統；——同一系統的證據，甚麼地方也沒有。何況他的著述，如歷物十事，辯及辯者二十四事諸篇，其內容率為論宇宙的無限，時間的無窮，萬物無絕對的差別，及生物變化的原理等呢！他的學統由是看起來，一不屬儒，二不屬墨，乃全和老莊列一派同其歸趨呢！（參照第三章惠施以下）

以上是由墨經的內容上觀察得來的話，至於當時的學者——諸子對他們如何觀察過，則莊子亦僅說過墨派的分裂，亦沒提及惠施和別墨是同一系統，幷且顯截地把別墨的傳和惠施桓團公孫龍等辯者傳區別過。——天下篇裏所說的「辯者」乃當時辯論家一般的總稱，「別墨則為其中的一團——」(circle)。至於荀子——先秦學的集成者，博大精密，其言有權威，其學為實證的的荀子，則亦以惠施為與鄧析同系統——同是詭辯家一派。他說：

不法先王，不是禮義，而好治怪說，玩琦辭，甚察而不惠，辯而無用，多事而寡功，不可以為治綱紀，然而其持之有故，其言之成理，足以欺惑愚衆，是惠施鄧析也。

又不苟篇裏他還說過「山淵平，天地比，齊秦襲，入乎耳，出乎口，鉤有須，卵有毛，」諸說很難持，而惠施鄧析能之的話——他始終認二子為同一系統的論理家。（這山淵平諸說現在都收在墨經內）所以我們如甘心作曲論，強說這是別墨之所創作，那末自是別一問題；否則信認荀莊諸子的話，而大觀當時時代的趨勢，時則所謂先秦的詭辯家生於別墨的議論，自無成立的可能性——我們以為何況鄧析乃在孔子青年時代活動過的政治家，其「兩可」之說恰和現代論理學上的二律背反（Antinomie）相符合；當時這種詭辯術幷且很像盛行過看孔子作魯司寇七日，而誅好辯惑政的少正卯當可推得。——那末由此看起來後來惠施派所倡的辯論，其源正當求之於古代，又安可說是墨子死後突然興起來的東西呢！尤不僅此，惠施是作過宰相執掌過政治的人，使他誠如胡氏所說，是墨子系統的人物，則他當不僅倡詭辯術而止，在理對於墨子一生所懷的政見，必當具體地有所應用；然事實上這種地方他沒提及過半句，是又可以證明他和墨派是截然兩途的了！要之如果惠施是別墨，則荀子不會以他和鄧析並稱，莊子不會說「以曉辯者，」尹文子也不會名、法、儒、墨、四家並記——這是鐵證，不容強辯的。何況前編裏也說過墨經的性質和形式，乃如一種科學辭典，其中所收，初不僅止於辯術，古來築城術兵學等皆在在拉入呢！

所以由上許多理由論證下來，無論如何，詭辯家鄧惠公孫等初不屬於別墨，而所謂別墨一流的辯者，轉為詭辯家的學徒——我們不能不說了。唯其如此，所以他們合纂墨經時，遂把公孫鄧惠的學說拉入於內。我們現在取去這一部分時，本書——辯的辭書的本書，當非常寂寞，自不待說。胡梁諸子，蔑視這許多先秦諸子遺來的史料，過信後人魯勝的序文——取捨之誤，已不能免；使僅以鄧惠公孫等的學說存在於墨經內的理由，即可呼鄧惠公孫等為別墨，則同樣僅以都談仁義智材的學理的理由，孔子孟子亦不能不為別墨的學徒了！世有這樣可笑的曲說麼？

那末由是論起來，漢代司馬談劉向父子等呼惠施公孫一派為「名家，」又更是當然合理的了。名家者要和現代所謂論理派相同。質諸公孫等學說的內容，亦初未嘗名實不相符麗。何況公孫等既發明了一新機軸，司馬等從而附以別名，以標明其質體，又是很必要的事呢！

第二章　鄧析子

依崇文書所載及漢劉歆的序文，則鄧子乃鄭人，好刑名，操兩可之說，設無窮之辭，在子產之世，常難過子產之法云。列子立命篇裏有子產遂戮之的話，但這是誤傳；春秋左氏傳昭公二十年子產卒，其子大叔嗣，定公八年大叔卒，駟獻嗣，其明年乃殺鄧析用竹刑云——這話當是眞的，鄧析死當在子產歿後二十年。列子楊朱篇又載有子產苦於其兄弟的放蕩無賴，往告鄧析詢過救濟法——眞僞雖不明，但他是當時唯一的辯術家，法學者，當無錯誤。

他所用的兩可說，當就是開近世辯證法的基礎的二律背反法(Antinomy)。這法乃二法相背然又兩立的法則。這個在我們的理性想思維那「無條件者」的時候，蓋必然地不能不陷入的矛盾。譬如說「至善之內，富與德一致地存在」——這個「正」(These 定立)是成立的，但同時「否，富與德是全相違的二概念，不並存也」——這個「反」(Antithese 反定立)也可以成立的。所以想以無條件的命令法治國家的人，其「正」these 的政令，遇着長於詭辯的論理家提出「反」(Antithese)的時候，非常受打擊，自不待說。

次之就是他的「無窮之辭」。這恐怕就是指荀子非十二子篇裏所載「山淵平，天地比，齊秦襲」，諸詭辯而言的。本來由宇宙無限大的觀念上立說時，這些話都可以成立。——山淵的高下，齊秦的遠近等，都可以認爲同一。但執這種洸洋的理論，以臨現實社會的事物時，則被指爲無窮之辭，當也是沒有法子的事。

總之鄧子他揶這二種理論，論難過當時的政治，一時大名鼎鼎的子產也爲所辟易他如是遂多口興戎且以此自滅其身眞是可惜。

他的著書有無厚轉辭二篇收在百子全書裏；近來出了四部本其中沒有甚麼詭辯，只有法家的言論。——政論家的他的見解，有很可觀處。但這書事實上怕是後人編纂的，取他學說的斷片，修飾下來的。他說：

循名責實、君之事也奉法宣令、臣之職也、下不得自擅、上操其柄而不理者、未之有也、（無厚篇）

更辯「三累」「四責」而比君臣關係如車馬曰：

勢者君之輿、威者君之策、臣者君之馬、民者君之輪、勢固則輿安、威定則策勁、臣順則馬良、民和則輪利、爲國失此、必有覆車奔馬折輪敗載之患、安得不危、（無厚篇）

又說善治國的人見諸無形，聽諸無聲，當平心靜氣，定是非，分異同，蓋他亦如別的法家一樣，以老子無爲之治爲政治極致的。要之他是名法二家兼備的學者，在著作內則僅有前者，後者則散見於諸子中，當據以爲研究材料。

第三章　惠施

惠施和莊子同時代，作過梁惠王的宰相。戰國策說惠王死時，他還生存；惠王死是西紀前三百十九年，他的在世，看來當爲西紀前三百八十年到三百十年之間。

莊子天下篇說「惠子多方、其書五車、」這到底是說他的藏書，還是著書，不待說不明白，但其爲一代碩學，是不可諱言的。他和莊子當是伯仲之間——兩人總是辯論。他又該博，又巧妙，譬如用蝸牛頭上的妙喩，使魏王茫然自失，遂止伐齊（莊子則陽篇）——那樣的事情，就是明證。他的學說，在荀子不苟篇呂氏春秋及淮南子裏，都散見多少，但最完全的當以天下篇裏的歷物十事辯爲最。

歷物十事之後的辯者二十一事，是公孫龍等受了惠子的影響而作的。「氾愛萬物、天地一體也、」以上十條，文章正告一段落，以下「惠施以此爲大觀於天下、而曉辯者、」之文後，接着就是二十一事，其後又接着就是「辯者以此與惠施相應、終身無窮、桓團公孫龍辯者之徒、飾人之心、易人之意、能勝人之口、不能服人之心、」等句——所以歷物以後二十一事之說，當爲桓團公孫龍等與惠施相應而作的。

歷物十事

(一)至大無外、謂之大一、至小無內、謂之小一、

(二)無厚不可積也、其大千里、

(三)天與地卑、山與澤平、

(四)日方中方睨、物方生方死、

(五)大同而與小同異、此之謂小同異、萬物畢同畢異、此之謂大同異、

(六)南方無窮而有窮、

(七)今日適越而西來、

(八)連環可解、

(九)我知天下之中央燕之北、越之南是也、

(十)氾愛萬物、天地一體也、

從來學者多以詭辯家——名家的學說，爲不可解，取敬遠主義。惟近代碩學章炳麟氏在他國故論衡的明見篇裏(收在章氏叢書利帙內)解釋過，最近胡適氏在他的哲學史上，多少訂正過，論述過而止。依章氏，上面十條當分爲下記的三範疇：

第一、(一)(二)(三)(六)(七)(八)(九)七者，是辯空間的分割之非實相的；

第二、(一)(四)(七)三者，是辯時間的區別之非實相的；

第三、(五)是辯一切的同異都非絕對的；(十)是結論以上三組的。

逐次現在略解之於下：

例(一)本來分割空間爲天地，爲東西，爲上下等，要爲人間便宜上所附的假名，其實空間是沒邊際的。「至大而無外」的。但同時宇宙最小部分的單位也不可窮，所以謂之「小一」「至小無內」。惠子蓋以空間爲大亦無窮，小亦無限，這種世界觀他和莊子一樣，莊子在逍遙篇裏尤與趣津津地解說過。

(二)把空間分割至於點的時候，這時候一無幅，二無厚，誠不可積了。但以之比諸無限的小時，其大則又如千里。

(三)「天地卑、山澤平」的話，是講我們如果從宇宙無限大的見地上看世界時，則天和地，山與淵等的區別，

都必至消失的意思。我們若是站在茫茫的平野，或大海裏遙望地平線，或水天相接處時，則天與地方合爲一，我們若騰入天空遙瞰地面時，則山澤平平殆無高下。

(四)是辯時間之有無限性的。方以日爲中時，則日已斜，所謂百年千年等的區別，在無限的時間自身看起來，眞是不過一瞬間的倏忽。時間有甚麼區別，唯有無始無終而已。

(五)從萬物的自相及共相上看的時候，萬物的異同，都不是絕對的。譬如植物這個名稱是共相，從這共相看的時候，無論甚麼草甚麼木都可以說是大同的植物。——這就是「大同異。」但從一草一木自身上說的時候，則無論那一草一木，又決不是同一。——這就是「小同異。」所以大同異小同異，都不是絕對的，便宜上的區別而止。

(六)空間地指着南方說的時候，南方是無窮的。地理地說明的時候，是有窮的。

(七)今日適越昨日來——胡氏周髀算經(四部叢刊內)所舉的日動地不動之說甚好。周髀說日運行在極北，則北方日中南方夜半；日在極東，則東方日中西方夜半；日在南極則南方日中北方夜半；日在西極，則西方日中東方夜半。——這是把地球作圓形，太陽包着轉的見解，在 Galileo Galilei 未倡地動說以前，大概的民族都是這樣思維的。所以逐日而東到越國去的人，當生這種結束。

(八)「連環可解」的話，是說空間乃無限無窮，不可分斷的；本來并不是連環——明此理則連環解了的意思。要之也是說空間的無限大的。

(九)天下的中央，是燕之北，越之南，這話當是說把地球作圓形看時，則北方的燕南方的越都可以說是天下的中央的意思。又從空間無限大上說的時候，燕越的距離與懸隔，殆不成問題。所以無論挪那一個作中央，都可成立。

（十）是上九則的結論。惠子他由以上的宇宙觀，至此忽一轉及於人生觀，異很可注目。蓋他以為我們體宇宙之為無限及差別之為假相，而後對萬物時，則世間一切差別觀內的見解，皆可歸於消滅，而天地一體的博愛心，又自可容易生出。他的這種宇宙觀人生觀，要和莊子是根本相同，而和墨子則根本相異的。墨子雖亦說博愛，但是由神意演繹出來，非如他和莊子由宇宙問題演繹出來的。他認天地如一體及一切時空差別物相同異，皆非絕對的「實在」。這些地方，和莊子「齊物論」的哲學一致。齊物論說「天下莫大於秋毫之末、而大山為小、莫壽乎殤子、而彭祖為夭、天地與我並生、而萬物與我為一」。——所以我們說思想上惠莊二人當是兄弟輩；世的別墨論者，還說惠施是別墨系麼？

第四章　公孫龍

第一節　略傳及著書

公孫龍字子秉，趙人，以堅白異同的辯，鳴於當時，曾作過趙平原君的客（史記平原君傳）。本是儒家學者，後歸依於惠施，益逞詭辯，遂為支那名學史上的中心人物。

著書、漢志說有十四篇，但現行本只六篇，其中第一篇跡府是略傳，後人追加的；餘五篇皆他自著，論理整然，唯間有脫誤處，可憾。他的議論中，最有名的就是白馬非馬論，堅白異同論二者。在平原君處作客時，有孔子的子孫孔穿者，曾對他說，你如取消這白馬非馬論，則我願爲弟子，但他斥其請，說這論是我學說的根本，去此我且無以教人。（跡府）——他這樣地看的這白馬非馬論，重他自誇其 original（獨創）他論名實的關係，闡明其概念，將以定是非。

第二節　學說

（一）白馬非馬論　這是研究概念的分析的。詳言之，就是白是名色的，馬是名形的，名形者不含色的概念，名色者不含形的概念。今白馬是合形色二者而爲一的，所以從馬的自相上講起來，這不是馬的議論，可以成立。——「盜非人」「狗非犬」等，和這同樣，在現代看起來，幷不算甚麼大不了的詭辯。

（二）指物論　「物莫非指、而指非指、天下無指、物無可以謂物、非指者、天下無物、可謂指乎、」這是就我們的認識和對象下的議論。「指」者當是指物體的特性而言的；他的意思，是說若是我們人間沒有認識「指」那物性的知識時，則物那對象，當最初就不存在。又若物本無指那特性時，則物那存在也不會有。蓋物這名字的生起，乃由物指及我們的知覺作用二者始能認識的。

次之他不僅說感覺及物指的認識，他還說我們的理性，也能認識物的性質及因果關係；又物指這個東西，也離開我們的感覺而存在。

天下無指者、物不可謂無指、不可謂無指者、非有非指也、

他又說「指非非指也、指與物非指也、」——這些話當都是說物自身的獨自性的。莊子在齊物論裏，評之爲

「未到，」意謂其作這種認識的分析，以「指喻指之非指」、「不若以非指喻指之非指」之爲愈。在莊子是主張萬物一如的否定認識的區別的論理根本不同，批評自不得當。

(三)通變論　這是說我們當於認識上求名實之合一的話，和白馬非馬的議論，恰正相反對。一不可謂之二，二不可謂之一，左手不可變作右手，右手不可變作左手，否則且各失其實，實與名且將混淆。我們的認識作用，不能容許這種曖昧的變通，我們當對於一物一體，各給以一定的定理，類以類別其同異，以究其實。譬如牛羊雞分類時，雞有兩足，合其支配這兩足的行動的心足爲三足，牛羊四足，合這心足爲五足，所以牛羊同類，雞異類——的這種話是概念上的分類，不是認識上的區別，這樣說時正是亂名。不取同類相比較時，我們不能明善惡；要問那牛之材良不良時，我們當取同類的牛來相比較；名實之闡明，要由於吾人的認識作用；概念的分類法，是不行的。——由是以察物的同異，材的適否，分的上下，因此維持社會的秩序才好——他說。

(四)堅白論　這論是他的知覺分析論。本來「堅白石」這東西是依觸覺則堅，視覺則白，而物體自身則爲石；——堅的性質，白的性質，及石的物質，三概念集合而成的。三屬性集合而成的。所以他從感覺上分類起來，說白石和堅石異種類。

(五)名實論　這篇是他的辯說的結論。論旨正正堂堂，毫無詭辯痕跡。他說「以其所以正、正其所不正、其所正者正其所實也、正其所實者正其名也。」蓋不能得名實契合的名，則名實且全混淆，變成「彼此而彼且此、此彼而此且彼。」蓋「名求實後、則彼此應其名、」若名當實，而實不符名時，則謂之「不行，」結果且爲亂本。譬如一無實力的政治家作宰相時，宰相的名和宰相的實不相合，結果政治必不行，且成亂階。所以古的明王，必審名實，愼其所言，維盡爲至，——他說。他本論的要旨如是，看來他的本領也在於治國平天下，非單談定理的。

第五章　辯者二十一事

莊子天下篇裏還載有桓團公孫龍等的辯說——二十一則。其中和前惠施公孫龍章下所述的大同小異的地方也不少，所以已經解說過的就只記錄其名，其他則疏解之如下。

(一)卵有毛、

(二)雞三足、

(三)郢有天下、

(四)犬可以爲羊、

(五)馬有卵、

(六)丁子有尾、

(七)火不熱、

(八)山出口、

(九)輪不蹍地、

(十)目不見、

(十一)指不至至不絕、

(十二)龜長於蛇、

(十三)矩不方、規不可以爲圓、

(十四)鑿不圍枘、

(十五)飛鳥之景未曾動也、

(十六)鏃矢之疾而有不行不止之時、

(十七)狗非犬、

(十八)黃馬驪牛三、

(十九)白狗黑、

(二十)孤駒未嘗有母、

(二十一)一尺之棰日取其半、萬世不竭、

第一項 (一)(二)(四)(五)(六)五條是以動物的種的化生進化爲題材辯萬物從種的自相上看起來都是同樣地變化的話。(十三)(十四)(十七)三條則反之是辯萬物各從其自相上看的時候無一相同的話。——較惠施歷物十事的第五則不過多集了幾個異例罷了。(一)(五)(六)(七)四條的見解莊子至樂篇裏曾詳密論過。墨經上篇裏「化、徵異也、」的話及經說篇裏「化、若鼃爲鶉、」的話也和這四條同意見都是取之於莊惠自不待說。

現在略加解釋時，就是（一）卵的種中有羽毛的性質；（二）馬的牝者有卵巢，必受雄精始生馬；（三）由卵生成的「丁子」，其初有尾，經過若干時始成蝦蟆；（四）龜卵較蛇卵尤爲橢圓形，故自種的共相上說時，龜較蛇長。

（十三）「矩不方規不可以爲圓」的話，是說無論如何作同形的方圓，終不能得到同一的方形或圓形的意思。——乃從自相上觀察方圓自身而下的詭辯。（十四）「鑿不圍枘」也是說無論如何巧妙地作鑿和枘，終沒有全無間隙的事，所以從鑿自身的自相上說時，鑿不能圍枘。（十七）「狗非犬」和「白馬非馬」相同。

第二項　論時間空間的無窮無限。（三）（九）（一五）（一六）即其例。這類惠施章下說了很多，現僅就新異者略解一下。（九）的「輪不蹍地」的話，是說當車乘勢轉輪時，自有輪不點地的瞬間存在；把時間節節地分割看時，要說是可以說得的。（十五）「飛鳥之影未嘗動也」，也和前例同，鳥影固隨其翱飛而移動，但執其移動的瞬間而言時，則影固有不移動的時候。（十六）也是一樣，取鏃矢疾行的一瞬間立論時，矢固有不行不止的瞬間。——要之都是概念上的時間分析說。

第三項　這項是對於我們的認識作用，由心理的立場上分析知覺和概念二者的。（二）（七）（八）（十）（十一）（十八）即是。——和前章公孫龍的堅白石同一主意。（二）「雞三足」者，雞本有兩足，再加一隻意志的心足，是爲三足——概念上可以說的。（七）（八）（十）（十八）四條分析知覺的，火依觸覺始知熱，視覺上則只留赤色的火燄，初不知其爲熱爲冷，故曰不熱。（二）和（二一）乃論物質的不盡性的。「指不至至不絕」者，是說物質（指）的本性，不可得而分析的意思。譬如縱分析之至於原子電子，猶不外人智的力之所能及而止，在物質自身則概念上猶有能彀分析至於無窮的可能性存在。——這要爲概念上的議論，實際上電子以上我們是再分析不了的。(二一)同樣不待解釋也很明白。

第四項　(四)(一九)(二〇)三條——論名實的。在名實定名之初，本來(四)呼犬爲羊，稱黑爲白，都是不要緊的，但白爲黑黑爲白則必如荀子所說「異形離心交喻異物名實玄紐」。(正名篇參照)結果至於名實混淆，難於辨別。故不能不基於一般的約束而定名。但是雖然如此，名究爲人爲的，不是物的實相，所以呼黑爲白，白爲黑，於物的實相，當毫無變化。不過一般地對於物既附了正名，那末名實玄紐那樣的困難可除，所以(二〇)「孤駒未嘗有母」；蓋既云孤駒，其無母自無釋，而有母的駒不能稱孤駒，亦自不待辯，二者不可幷立，二名不可移易——這樣的名，才是正格的名。

以上是辯者二十一事的略解。時空的無限，時間的分割，物質的不盡性，知覺及概念的分析諸問題，他們得意地辯了許多。但他們之中，除公孫龍外，論理的思考力出於惠施者極少——僅公孫一人，嘗試過知覺及概念的分析而止。看來惠子教過辯者——莊子天下篇之言當不誣了。

要之鄧析以來的支那名學，到惠施而大發展，當時的學者無論詭辯家或別墨，都受了他們的影響——這當是蓋然的(probable)的事實。這名學到公孫龍的時候，又多少充實了幾分，但後繼者，僅承受他的分析學，不能更有所宏大發揮，眞是可惜。

第六編　法家

第一章　法家概論

法家在今日學問的分野上看起來，純全是政治經濟方面的學問，哲學倫理學那些問題，他們沒有多及過。別的學派大概都有本體論人生觀，其治道的要點，也率立足於這上面；但唯法家不以這種理想爲基礎，以說道制法，他們始始終終，唯黏着於實現，圖君權的擴張國家的富強。不待說他們也幷不是沒有理想——黃老無爲的治，他們裏面很多人也是非常讚仰過的。但是要他們取這種漠不着實，且形同死灰枯骨的政策，以臨當代，則他們自己心目中所懷抱的政治經濟的策略，就未免太現實的，太實際的了。蓋他們攝取當時春秋戰國的時代精神，逐其潮流，始終以積極地實行其政策爲特色。這時代從他方面看起來，又正是漢民族自身最有潑剌的活力的時代，發揮其精進氣銳的精神力的時代，而法家又正是這時代精神的反映。所以他派率以其理想繫於過去，「言必稱堯舜」；法家則「堯舜是甚麼！」氣概不可一世，唯繫理想於未來的追求——積極的，活動的 (active)，所以實際上施之於政策上，非常有效。

又當時的時代精神既如此，保守派諸家的思想和政策之不受歡迎，自是當然。所以商子說「治世者不二道，便國者不必古。湯武之王也，不循古而興；商夏之亡也，不易禮而亡。……三代不同禮而王，五霸不同法而霸。」荀子韓非子中也有同樣的議論。又漢書藝文志說「法家者流，蓋出於理官」——暗暗裏指這是出於三代時代掌刑政的皋陶。但這要不外形式論，不足輕重；司馬談「嚴而少恩，然其正君臣上下之分不可改」的話，（太史公自序）也是從法家的政績上下的批評，不關大處。要之在當時法家的政治是最合時潮的，當不待反復而後明。

第二章　管子

第一節　略傳及著書

普通史家率以管仲為法制主義的鼻祖。但事實上他並未嘗專重法制；不過他既以功利主義的經濟策為唯一的政策，非法制厲行的國家，自不能如意，這是不待說的。蓋齊乃太公望所封的國，在太公到國時，即依俗約禮，通工商業，興魚鹽利，以功利主義作過國策。爾後所以和周公旦所封的魯國，重禮道者，恰生過正相反對的國風。而他方面，功利和法治二者的關係，又正如車的兩輪，所以管子的政策，要為基於太公的遺意。

管仲字夷吾，潁上人，卒於周襄王七年（西曆前六四五年）。生時輔齊桓公，伯諸侯，攘夷狄，革制度，使區區的齊，執牛耳為天下重，都是他這大人傑的事功。宜乎孔子也說「微管仲，吾其被髮左衽矣」——蓋深讚其保中國攘夷狄的功績的話。

著書漢志有八十六篇，但現行本只七十六篇。這書不待說是後人的偽書，不是管仲親著；司馬遷作他的傳贊時，說過讀牧民、山高、乘馬、輕重、九府的話——引證之以為他作傳。但司馬所讀的這幾篇，不能必斷為是他的親著，他是孔子百年前的人，生時執掌國務，第一、不是能有工夫悠悠著書的人。第二、其文體思想等，都是後世的東西，有時管仲以後的事蹟也插雜在內；所以愈足證其為偽著。此書要為戰國時代的人，敷衍他的言行而作的——這樣看當無大差。但同時在研究春秋戰國時代的經濟思想上，又是一册極重要的資料。

第二節　政策論

春秋時代的齊國，和現在的山東省相當。在當時土地瘠澆，專以農產物爲主，決不能說是天惠豐饒的國土，所以想做強國霸天下，勢不能不行非凡的經綸。書中先述治國的「三綱領」政策，則述「三本」「四固」「五事」，前者是其理論方面，後者是其實際方面。

三綱領，第一爲富民，第二教育民，第三尊敬神明。凡人君每年在春夏秋冬四時，當留心農事，使民衣食有足，而致於富。富則遠方的民來移居，國土乃可漸次開闢；國土開闢則民安居；安居則民多；多則國強。——在二千六百餘年前的當時看來，求居民之多，像是富國策上第一義；三百年後商鞅實施之於秦，果收過大效。他的有名的話：「倉廩實則知禮節、衣食足則知榮辱」——道盡三綱領中的前二者。孟子「民無恆產則無恆心」的話，當也是繼承他的。民既富了，那末自知禮節；禮節知了，那末其次就是教育。教育是四維的教育，一禮、二義、三廉、四恥；「禮不踰節、義不自進、廉不蔽惡、恥不從枉(邪)」——他說這種教育眞能十分施行時，結果自能如他所說：「不踰節故上位安、不自進故民無巧詐、不蔽惡則行自全、不從枉則邪事不生」而君令能行。

第三尊敬神明的話，是說當養成一般人民敬神的氣風。苟敬神明、鬼神、山川、宗廟、天命等，則自然可以生正直純樸的風尚，同時愼天時、務地利、倉廩實、野無蕪曠，那樣的結果，又自可期待。他的牧民的要旨，要爲如此。解釋雖是後人的筆，但「倉廩實則知禮節、衣食足則知榮辱、上服度則六親固、四維不張國乃滅亡、下令如流水之源，使民心順，」——這些話司馬遷也引證過，我們認作是他政策的理論方面當無大錯。

至於具體的政策則上面說過了：就是三本、四固、五事。三本是爲政的資格，四固是治國的方法，五事是富國策。「德不當其位、功不當其祿、能不當其官」謂之三本，乃治亂的源——他說這個不待說明，就是用這種人當政局，國政必至於紊亂的意思。四固是(一)雖大德如非至仁，亦不可授以國柄。(二)見賢不能讓的人，不可與以尊位。(三)避親貴的人不可使主兵事。(四)不可不好本事(農業)不可不務地利，不可輕賦斂，而化成都邑(立政)。五事則爲經濟策，(一)山澤不救(警)火，草木不殖成，則國貧，——獎勵殖林事業的。(二)溝瀆隘而不遂，鄣水不安其藏，則國貧，——圖灌溉的利，謀農產物的增殖的。(三)桑麻不殖於野，五穀不宜其地，則國貧，——戒浮華奢侈的。

他的經濟政策，此外尤有堪大書特書的，就是開礦，採銅，煑海鹽，捕魚介，賣之於山西諸國，而收其關市的稅，以益國庫一事。這等事情在當時眞是破天荒的積極政策，比上述的五事不可同日語。所以僅僅二三十年之間，齊國富強甲於天下，——他的經綸眞是卓越。

現今所傳的管子裏，甚麼霸者道德論，老子虛靜主義的政策，種種後人僞託的議論，在在皆有。而法治主義的議論，更非常的多。但其實在他自身，乃以功利——經濟政策爲主，法治主義爲副的。

第三章　申不害

申不害，鄭國京邑人，微賤起身，仕韓昭侯爲相，周顯王三十二年(西曆前三三七年)卒。當時韓國介於齊楚二強之間，大有孤城落日之概，但他善處之，維其國勢，終其身使二國無所乘也，是一個人傑。

著書、史記說二篇，漢書藝文志說六篇，但現今都不傳，只玉函山房輯佚書裏錄其斷片而止。諸子中、如荀子解蔽篇及韓非子外儲說左右諸篇中的記載可作資料。韓非子定法篇說「申不害言術、公孫鞅爲法。」術法二者本無輕重，相待而後政令可得而行的；韓子蓋以爲二子各偏，所以不能成其王伯的業；且解其術曰，「因任而授官、循名而責實、操殺生之柄、課羣臣之能也。此人主所執也。」又解法曰，「憲令著於官府、刑法必於民心、賞存乎愼法、而法加乎姦令者也。」——看來法和現代的法律毫無違異，術則君主制御臣下的一種方法；施之於實際時，二者是不可分離的，分離則必如二子，各得其偏。——韓子的法，以作這樣解爲宜。

然則申子的法術內容究如何呢？他的法不待說也是一樣：見功給賞、依能授官的。他以爲既設法任官，則不當挾私情、聽近臣的言；否則生姦而導亂；所以人君當以冷靜的態度臨臣下——這正是他體用黃老的地方（外儲說左上）。他的意思蓋以爲爲人君的，如自示其好惡的情，則臣下立察其意，必競來迎合，此不可者一。又人君如自示其知識見解，則臣下又必百方裝飾其知識和見解，以取悅容；所以最好就是純樸不用智慧，那末臣下也就必習樣成風。——無爲、自然、虛心，使臣下無所窺伺，這是保法作君的要道。他說：

愼而之言，人且女知；愼而之行，人且女隨。而有知見，人且女匿；而無知見，人且女意。女有知乎，人且女臧；女無知乎，人且女行。故曰唯無爲可以規之。（韓非子外儲說右上）

由這些話看起來，司馬遷說他的學說基於黃老，當是適評。荀子說他「蔽於執而不知智」，意謂他只留意於權勢，一方面忘卻了當用智能的實際政策。但所以使他如是者，當時的風尙當任其咎；縱橫之士各以智術乘人主所以害國亂法者不少，申子他殆有見如此，故爲此言的。——他也是一個時勢的兒子。

第四章　商子

第一節　略傳及著書

商君衞的庶公子，姓公孫，名鞅，周顯王三十二年，被刑死於秦（西曆前三三八年）。和申不害同時，較孟子爲先，少好刑名，初事魏相公叔座爲中庶子，叔座死後入秦因寵臣景監見於孝公，獻得意的富國強兵策，遂爲秦相，伐魏有功，秦封以於商十五邑，號稱商君。商君相秦十年，政令大行，秦國富強甲於天下。但他用法酷冷，貴戚不避，怨謗叢集，又不謀所以處之的道，孝公一死，他於是就也不久被囚，且遭磔死。

著書，漢志說二十九篇，現只存二十四篇，其爲後世法家的徒之所假託，而非他自著，則和管子一樣。如來民篇裏，說「長平之勝」（商君死後的戰）及屢稱「秦王」（秦西紀三三五年始稱王）的地方，都是書中時代錯誤，畫蛇添足的明證。

第二節　富國強兵策

韓非子定法篇說「申不害言術，公孫鞅爲法。」他專任刑法以爲治，毫無恩情，結果且自殺其身；本書又言論淺薄，無學說之足云，法家著述中最不足觀的一書。其論法律制度的起源時，說過「古者無君臣上下時，民亂不治，是以聖人列貴賤、制爵位、立名號，以別君臣上下之義、地廣民衆而生姦邪、故立法制爲度量以禁之」（君臣篇）的話；但亦要爲模學他人口吻而止，別無出色處。但是他的特色，似乎在彼而不在此。他的思想雖貧弱單純，他的實行力當是他絕大的卓越點，並且「不師古」（更法篇）置理想於未來，任獨法行大改革的地方，也是當特書的。

他第一主張以農本主義為富國策之一。農戰篇說：農民寡而游食者衆則國危。蛆蠐蚼蠋的蟲雖春生秋死，然一發生，其害之及於民間且數年。但使一國之內，一人耕而百人食，則其害當較這蛆蠐蚼蠋等為尤甚。聖人倡詩書，但於治國毫無益處；治國要當以農為第一義。百人之中僅一人就他業，其餘九十九人理農事時，其國當富而至於王。十八人中有九人業農，其國猶可以自保，但使半農半居，則國必危。——他說。他於是用了許多方法，謀增加農民的數目，而實行其重農主義的政策。其中如「愚黔首」就是一條。他以為民愚則純直自易守法，否則一知半解，發言盈廷，徒使人增長邪智。所以他說「詩、書、禮、樂、善、修、仁、廉、辯、慧十事，有之則其國必弱」——一種文學亡國論。這種論調與內容，當是得之於老子。蓋勞働和文化二者之難一致，在理論上或有許多異議，但事實上是一點也不錯的。他的餘風，所以傳及李斯，遂焚書坑儒，一摒堯舜以來的儒政。

第二就是重關市，禁奢侈，滅商人，以求農民增加，使之開墾原野；又立分家法，廢井田制，招三晉的百姓，以圖人口加多，——一朝有事，糧與兵皆可以無缺。

第三為強兵計，力持「信賞必罰」——法家的標語為基礎，視人民如木偶；這方策又因當時秦地人民知識幼稚，收了大效果。韓非子定法篇說「商君之法、斬一首者爵一級、欲為官者則為五十石之官、斬二首者爵二級、欲為官者則為百石之官、官爵之遷與斬首之功相稱」——這種政策，在愚黔首的人是幹得出來的。韓非子揶揄過他：說這個誠哉是名策，但於今如果封斬首者為醫官，或建築官時，則如何？這種醫官不能治病，這種建築官不能建房子，弄成了許多又有甚麼用處？換句話說：斬首是勇力，做官要知能；這種無知的勇士和士百姓，給他一個官的時候，如何可以全官守？——深論其法之未爲盡善。但事實上商子用此，秦國軍規大振，肅兵力大強盛，呑六國一四海，都是這信賞必罰的功效。

第三節　內治

他的內治有三法：一法、二信、三權。法是君子所共操，信是君臣所共立，權是君所獨制——他說（修權篇）。其中尤重法，他說明主當愼法制，言不中法者勿聽，行不中法者勿高，事不中法者勿爲（君臣篇）。他的法只許遵行，不許橫議——極端的專制主義，始終以愚民爲事，使之從事於農業和戰爭，其專制殆史上無儔。

韓非子定相篇裏又說商君設過坐相法，其法爲責實，如有姦不告者腰斬，告則與斬敵者同賞；且連什五同罪，如一家有姦，揭告者無罪，其餘九家同罪。他賞厚而信，刑重而必，所以一時人民都畏服他，但非心服，自不待說。後年他敗遁亡命至關下時，店主以商君的法，無籍的人不得舍宿爲辭，拒他投宿，那時候他自己也不覺喟然自歎過其法的桎梏（史記商君列傳）。但他的政策中可取處也非常不少，後世政治受過他的大影響，更不待論。

第五章　愼子

愼子，趙人，習黃老術，因而發明之，敍其意旨爲十二論。當時天下紛紛，唯齊國稷下獨免戰塵，天下學者集於此，各發表其學說，聳動聽聞。其中如愼到，彭蒙，田駢，騶奭，淳于髡，環淵，接子等，尤其卓卓。（都是西紀前三〇〇年到二三〇年間的人物）。愼子的著作，劉向校定的是四十二篇，隋唐志都說是十卷，崇文總目則爲二卷三十七篇，今本百子全書本則爲短短的五篇而止。但近年出版的四部叢刊本（江陰繆瀟氏香鑁的藏本，寫本附影印的）則和從來的四庫本、守山閣本及輯收佚文的羣書治要、太平御覽等全異其趣，篇章多了許多，分內外二篇，內篇三十六事，外篇五十事。——當是學者所當研究的一册書。

學說、他的書是後人採輯佚文而成的，不待說記事沒有統一，所以想把握他的思想，很是困難；但莊子在天下篇裏，曾括論過他的思想，當可根據。莊子說：

公而不當、（黨）易（異）而無私、決然無主、趨物而不兩、不顧於慮、不謀於知、於物無擇、與之俱往、古之道術、有在於是者、彭蒙田駢愼到聞其風而悅之、齊萬物以爲首、曰天能覆之而不能載之、地能載之而不能覆之、大道能包之而不能辯之、知萬物皆有所可、有所不可、故曰選則不徧、教則不至、道則無遺者矣、是故愼到棄知去己、而緣不得已、

這議論和莊子的齊物論一樣，萬物的大小美醜，在絕對的見地上，可以說是同一，不過在差別的自相上，則物各有個性，沒有一個是齊一的。「萬物皆有所可、有所不可」就是這個道理。所以人爲的工夫——施教化，教育究何能合乎自然的大道？——他所以去人間皮面的知識，空己乃不得的事，他以爲。又同篇裏還說：

不師知慮、不知前後、魏然而已矣、推而行之、曳而後往、若飄風之還、若落羽之旋、若磨石之隧、全而無非、動而無過、未嘗有罪、是何故、夫無知之物、無建己之患、無用知之累、動靜不離於理、是以終身無譽、故曰至於若無知之物而已、無用賢聖、夫塊不失道、

這正是他和彭蒙田駢等所謂「大道」，其人生觀全和老莊相同，（老子十五章莊子大宗師眞人等參照。）所以當時豪傑相與笑之曰「愼到之道非人生之行，乃至死人之理」，

他的人生觀如是，所以他的政策也就和法家的毛色不同。他說人間當棄去自己主觀的小智慧，當歸依自然(hatur)的理法。——非常帶自然的客觀的色彩。譬如說「有權衡者不可欺以輕重，有尺寸者不可差以長短，有法度者不可巧以詐僞」，（君人五。）——意謂無論甚麼聖人，挪着自己的能力，總不能和衡權尺度那種正格的標準相比較。又法度也是一樣，聖人作製的都有種種疎漏，所以眞欲立法度時，最好是從自然無知的存在物取標準；——比這還安全還妥當的方法沒有。看來他和孟子是根本地意見不同的。孟子以爲「遵先王之法而過者未之有也，」又說：「規矩、方員之至也，聖人、人倫之至也」，（孟子離婁篇。）孟子蓋以爲先王的法是絕對的；但他則不如是，他貶聖人，尊自然，此外且和商子等的見解亦異其趣。他的法的觀念，比商子的多許多學理上的根據；蓋他以爲法而不由於自然的大道，則賞罰之施，必偏於主觀，被刑法者必不心服；所以取範於先王的話，是很曖昧，而依主觀又更危險，所以務必法有權，法獨立，我們對他取客觀的態度，超然於法的權外才可。愼子這種見解，蓋有激於當時的時弊——專制政體之下，君主自爲好惡，上下其手，法不能平——而言的。所以依他，則法權獨立，不受侵犯，受刑者亦坐罪自甘，別無怨恨。他說分馬用策，分田用鈎，這等事並不是大過於人智的，但進一步講到去私塞怨一層，則用人智和用策鈎，當不可同日而語；所以人君當任法而不任躬。「法之所加，各以其分，則蒙賞罰於君無望」（威德篇。）——這話和天下篇「棄己去知，緣不得已」的話正一致。

其次他又說執法的人，和爲政的人，不可不爲內具威嚴，很有人格的，否則其法當不能運行。他說「賢人詘於不肖者、則權重位尊也，無權雖有才能無所用」、(韓非難勢篇)。但韓非駁過他政事要必才德權勢二者相俟而後可以奏功，僅有權勢能彀得甚麼效果？——愼子他要爲想把法從個人的主觀上分離下來，而使之獨立如一切自然的法則，以保其威嚴的。

第六章　韓非子

第一節　略傳及著書

韓非是韓國的諸公子，喜刑名法術的學，和李斯同受業於荀子，斯因自己不及他，所以很畏敬他。他爲人口吃，短於言辭，所以著書屬文——該博而不羣。時韓國國事日非，數爲強隣所凌侮，他屢上書韓王，皆不見用，他於是著說難、孤憤、五蠹、內外儲說、說林——等十餘萬言自述其志。其中孤憤、五蠹等篇，爲當時秦王所見，深歎服其才學，說「寡人得見此人與之遊，雖死不恨。」後來他果爲使臣到秦國，但那時又偏遇着李斯爲秦相，隔阻他，讒謗他，幽囚他，最後且藥殺他——善說難的人，而不能自脫於禍，斃於非命，君子悲之。

著書、漢志五十五篇，和今相符合，其中初見秦、存韓二篇，是後人的僞託，古來已有定評。有度、忠孝、人主、飭令諸篇，亦似後人附益，卽內外儲說、說林、說難、孤憤中亦有後人藉非說而加引伸的地方。譬如內儲說上下裏面的右經當是他自己的，至於傳則必爲後人的解釋。其中明明是他的著述，且作其學說的中心的，則是難勢、問辯、定法、詭使、六反、五蠹、顯學諸篇，所以這幾篇爲主，其餘爲副，當不會有大錯誤。

本來韓國是申不害曾用法術治過的國，素好刑名的學的他，所以受過申子的影響，自不待說。但他又研究過商鞅治秦的政道受過大影響；所以商法申術當是他學說的中樞。不僅此也他的儒學先生，又是荀子；荀子是主張過性惡說的人，以禮義爲矯正性惡的工具的人——儒家中最帶法家色彩的人；宜乎李斯和他，都出其門。又不僅此也，他於老子的學造詣也很深，喻老、解老二篇，且有人說是他著的。——看來儒道法三學統，他都稟承過，先秦思想的潮流，匯集於他了。他的性質及時代的影響，唯驅他於政事方面的研究，我們不待說感一種寂寞；但他今古稀奇的博識，和攸往咸宜的文章，又正是先秦思想的殿將，不愧爲一大學宗。

第二節　學說的根據

大凡完成一學統的大學者，率有確乎不拔的學的論據，屹立於其全籍間。現在韓子怎麼樣呢？我們一讀其全集時，第一就容易曉得他的論文，大半都是論人間利己心的動機的；他多多地引了些實證外，最後又說我們不可不以嚴正的法規制御這種動機；——他的這種見解，不待說是繼承其師荀子學說而來的。荀子說人性惡，利己心是先天的，但當矯正之以禮。他也說人性惡，利己心是先天的，但當制御之以法。——所差唯這法與禮的變易而止。他的學說要和荀子是同出一爐。

他雖不和荀子一樣著過整篇的性惡論；但他徹頭徹尾把人生當作利己的東西看，這種例證，全書差不多占了大半。現在略舉一個：他說人間一切的行爲，都是爲名爲利，其動機沒有純眞的，譬如醫生治傷，木匠售棺，都是希望人間多病多死，以謀利益，所以這種不情不義的行爲，他們都幹得出來。又縱父子間亦如是；父子的關係是人間最親愛的關係但其間的行爲和動機，也是根於相互利用的觀念。譬如生男則賀，生女則殺，同出父母的懷，而待遇達異如是，要不外以爲男子於己將來有利，女子則於己將來有損；——純出於打算的心腸。所以其極父子間無恩愛的時候，且至於因利害關係，干戈相見，（六反）。而關係非父子者，則更不待言。古者鄭夫人欲立其子，則毒殺其夫，驪姬欲立奚齊爲太子，則譖殺申生；——大罪惡的動機，要根於利己心。所以父子夫婦間尙如是，君臣之間互相利用，以至於權謀術數，巧言佞色，無所不至者，更是自然之勢了。——內儲說上下篇中，論「七術」「六徵」關於這點剖掇無所不至。

在太古純樸之世，人性雖天成地利己，但土廣人稀，生活上別無衝突和困難；但現在則人口衆多，生產律遠遜於消費律，所以人民競爭的心起，雖信賞累罰，猶不能禁亂。儒墨之徒，憑你怎樣說，又何能把現世當作太古看，挪你們悠長的道德，去治天下？這種天下要治的時候，當有和這種天下相當相應的治法。像你儒墨之徒言必稱堯舜，墨守其教理，以爲天下可運之於掌上的見解，眞是緣木求魚，非頑卽冥。大凡人類的道德法律，是當和其進步發展一樣變化改良的。古代堯舜禹湯的治世，其法度也決不一樣。若夏后氏而鑽燧，殷周時而決瀆，則不會見笑於鯀禹湯武麼？那末居今之世，而高談堯舜禹湯之治，以此爲極致，其迂闊不更事，當誰也不能禁其噴飯了；（五蠹）。——他從人類進化的過程上，痛擊儒墨尊古主義之非，和商子的精神一樣；在支那思想史上，法家獨開一潑溂的方面者，要基於此。

第三節　法治論

心度篇說「治民無常、唯治爲法、法與時轉則治、治與世宜則有功、」——他不和儒道墨三家一樣，緊理想於過去，或以復古爲歸宿。他主張現代的事當應用現代的新知識以處理之；他把人類進步的目標，置之於未來，其說嶄新尤切實用，所以一日也不可缺。他先論古昔聖賢依甚麼動機而立法，曰「聖人之治民也、度於本而不從其欲、期於利民而已、故與之刑、非所以惡民、愛之本也、刑勝而民靜、賞繁而姦生、」（心度。）——他以爲法的動本義，要在乎護良民，在「齊天下之動。」所以儒家講的那種禮義，在少數的君子間或有效，以之律及一般，則必不能遍行；所以他又說：「夫聖人之治國、不恃人之爲吾善也、而用其不得爲非也、恃人之爲吾善也、境內不可以什數、用人不得爲非、一國可使齊、」（顯學篇）同時引了許多實證，痛論儒家德治主義之力微效薄而可憫。他說：「仲尼、天下聖人也、修行明道、以遊海內、海內說其仁、美其義、而爲服役者七十人、蓋貴仁者寡、能義者難也、故以天下之大、爲之服役者七十人、而爲仁義者一人、魯哀公下主也、南面君國、境內之民、莫敢不臣、民者固服於勢、勢誠易以服人、故仲尼反爲臣、而哀公顧爲君、仲尼非懷其義也、服其勢也、」（五蠹。）——儒墨既這樣教偉而力弱，不能治萬民，那末萬民當如何而後可治呢？他說當求法的嚴正，以防罪惡於未萌，所以結果刑罰不可不重。譬如有不才的子，父母鄉人的命都不聽時，州官郡吏如操兵推法，以嚴刑繩之，則亦必怵然而改行，（五蠹。）——民固驕於愛而聽於威的。古聖王有行刑而流涕的，但這是君的仁心之所致，和法是判然兩物。——垂泣而不欲刑，是仁，不可不刑，是法，先王勝其法而不聽其泣（同上。）——法愛混同，爲婦女子的仁，他是絕對排斥的。他主張法律之前，無論貴者、智者、勇者、大臣、匹夫，都是一樣，不可不矯失、詰邪、治亂、決繆、絀羨、齊非；（有度）法是神聖不可侵犯的。成文法，是誰也不可不遵守的。——他宣言司法獨立，力論法治主義的精神。

第四節　法術論

法的精神既如此，所以人類組織社會，誰也不能不守法。「釋法術而心治，雖堯不能正一國，去規矩而妄意度，奚仲不能成一輪」（用人）。然則這尊嚴的法術，實際上如何運用呢？關於這點，他分治者和被治者兩面，前者即人君南面的術，後者則和商子相同——重刑罰。

但他雖重刑罰，又不如商子那樣極端；他把握了法的根本，認定刑罰的本義，在乎保護良民，為良民的害的人，才加刑，否則不問；執法者賞有功，罰有罪，不失其當而止。——要之，他的重刑，是怕人民狃於法輕而易為亂的原故。

至於治者——運用這法的人君——的南面術如何？則他說第一當審明法的主體，萬不可妄以自己的主觀，加於法上；治者當以靜為主，無為、自然，以虛明其心，毋易為臣下所窺伺；否則小智起，私慾生，臣下的姦入，私情之所趨，法且至於敗滅。他關於這點，頗費了苦心，「七術」「六微」的議論，皆生於此，很有趣味的（七術在內儲說上，六微在內儲說下）。不待說，這裏面多少有勸人君弃小智小慧的地方，但當時的世道人情，是這樣，他為此言，當有不得已處。要之他認治者的要道是「靜退以為寶，不自操事而知巧拙，不自計慮而知福咎，是以不言善應，不約善增」（主道）——這等心理狀態，他以為最是必要；蓋他想把老子的「柔道」和「自然道」應用於這法術的實用上的。不待說，他於老子，僅這一點相呼應而止，至於政策方面，則老子那種消極的非現實的哲學，他絕不採納。

第五節　參驗與實用

韓子立學說時，又倡過「參驗」一則。這參驗正和現代語的「實證」或「實驗」相當。他排斥一切無證據的空談臆說，專以現代科學的精神爲論據，這是他——法學者的他最有異彩的地方。研究一個對象或問題時，本來毫不參驗於證據，專依直覺和推理，是不能免於獨斷之嫌及不合理的結果的；又縱根據證據，如該證據無歷史的價值，——是一種寓言或傳說的類時，我們的結論或論斷，猶還不免價值低少的憾恨。他蓋非常留意過這一點，所以引用史實的時候，或研究事實的時候，決不如從來的學者，一味流於空疏。儒墨之徒都主張他們自己是堯舜的教，且欲審明之於當時——數千年之後。但「殷周七百餘歲、虞夏二千餘歲，不能定儒墨之眞，今乃欲審堯舜之道於三千歲之前、意者其不可必乎。無參驗而必之者愚也、弗能必而據之者誣也、故明據先王必定堯舜者，非愚則誣也」(顯學篇)——他嗤笑他們「故愚誣之學、明主不受」——他主張處事立說，乃至登庸人材，皆不可不以參驗爲根據。名與實的參同，他認爲是最必要的。

實用　他抱着這樣一種實證的精神，所以古代曖昧的聖賢學，他自不會重視，同時悠悠於文學的辯說的徒輩，不待說更和商子一樣非常嫌忌。他說：「亂國之俗，學者多稱先王之道以藉仁義、盛容服、飾辯說，以疑當世的法、貳人主之心、其言古者，爲設詐稱、借外力以成其私、而遺社稷的利」(五蠹)。——他視文士如遊俠兒，這些徒輩增則健全的國民思想壞，產業衰，社會腐蝕，結果國家且必陷於亂。亂國則國平上蔽，廢畏法的民，養儒俠(儒墨)文學的士，國難至則思甲士，拒敵則恃士卒——「所利非所用、所用非所利」。

所以人君眞欲治其國時，第一宜去儒俠私劍之徒，明其法令，使萬民各從事於實實在在的業務，一旦有事時，則這種剛健服法的農民，必能爲國家有大貢獻，收大實效。當今孫吳兵書家藏戶喻，而兵益弱者，要因被甲的士太少。所以明主當用其力不聽其言，賞其功必禁無用，則民必盡死力以從其上；否則遊俠之徒，以口舌取富貴，人民又誰肯苦勞以事其生產，拋生命以當國難呢？其必肥馬輕車學遊俠兒殆可必了；——去華就實，他力以實用主義爲國家經濟的根源，和墨子的經濟觀，殆如一轍。但同時他又不反對利己心；國家的見地上，個人的見地上，他都不排斥。不僅不排斥，他並以爲惟其有這利己心，所以國家的生產，可得而維持，而發展。——墨子爲社會主義的經濟學，他當是個人主義的經濟學。

第六節 結論

許多人以他的學說爲基於黃老，其政治觀的極致，是在於無爲而化的理想上。但這要不外他的理想方面而止，至於實際方面，則他論述過法的應用，至爲健實；而黃老這種理想，他幷曾沒道及過。他曾在喻老、解老、大體、說疑、諸篇內，否定過智術，主張過治國之要在乎主靜；但這要不外說述法家的理想而止，他的學說根柢，要基於其師荀子性惡說而來的；所以司馬遷稱之爲「慘礉少恩」，但其主張法的獨立，以實用爲旨，以參驗爲重，不師古代，始終以現在眼前的政治爲主眼，而策國家的發展的地方，精勁而明徹，最煥發其英才。——一個法家的大成者，所以晶耀於千古不滅的原因，不是在這點上麽？